BERNHARD MARXEN

AF666551

Modellsystem der realen Welt:

Beitrag zur
Synthese und Reduktion von Information

ERSTER BEITRAG: Welt als Information und Aufgabe

ZWEITER BEITRAG: Gesetzlicher Zusammenhang der Welt

Bibliografische Information der Deutschen Bibliothek

Bernhard Marxen

Welt als Information und Aufgabe:

Beitrag zur Synthese und
Reduktion von Information

ISBN 978-3-9812389-5-2

Entwürfe 1988 bis 2008
Erste Auflage 2012

Ethos-Verlag, Postfach 1103
D-21231 Buchholz i. d. N.
Internet: **www.ethos-verlag.de**

Herstellung: BoD - Books on Demand GmbH
D-22848 Norderstedt

Alle Rechte vorbehalten, auch die der Internetnutzung,
der phototechnischen Wiedergabe und der Übersetzung.

Von Bernhard Marxen liegen vor - als Beitrag zur Modellierung der Welt insgesamt (in dreißig Jahren erarbeitet und mehrmals überarbeitet):

1. Entwicklungslinien naturphilosophischen Denkens in der Auseinandersetzung zwischen Materialismus und Idealismus *(132 S., nur die aus 2008 stammende Auflage ist gültig und erhältlich)*
2. Modellsystem der realen Welt: Beitrag zur Synthese und Reduktion von Information *(interdisziplinär, 280 S., erste neue Ausgabe 2017)*
   - Welt als Information und Aufgabe
   - Gesetzlicher Zusammenhang der Welt
3. Die Aufgabe: Zum sittlichen Recht *(116 S., erste neue Ausgabe 2017)*
4. Weltweit denken - Ortsnah handeln: genetischer Eingriff an der kapitalistischen Gesellschaft *(176 S., nur die aus 2007 stammende Auflage ist gültig und erhältlich)*
5. Auf Wegen zum innersten Licht *(der Jugend gewidmet, 428 S., erste Auflage 2006)*
6. Die Religion Abrahams: Judentum - Christentum - Islam *(216 S., erste Auflage 2005)*
7. Entschlüsselte Religion: Epoche des „dritten Tags" *(64 S., Auflage 2013/2015, erste neue Ausgabe 2017, veralteter Titel: A-B-C der Religion)*
8. *Gesetzlicher Zusammenhang der Welt (76 S., erste neue Ausgabe 2017, siehe 2.)*
9. Meine Heimat sei gelobt: Geschehen am Waldsee *(36/64 S., erste/erw. neue Ausgabe 2017)*
10. Allgemeine Statuten des Vereins durchsichtige Parteinen (VdP e.V.): Satzung - Geschäftsordnung - Grundsatzprogramm *(48 S., erste Version 1989, neue - gemeinnützige - Version 2017)*

Die genannten Bücher stellen eine Einheit dar. Als Modellsystem sind sie zielgerichtet und in sich schlüssig - in naturgesetzlichen Zusammenhängen! Das **erste** Buch gilt als Grundlage für das **zweite**, auf dem das **dritte** bzw. **vierte** (reich bebildert) aufgebaut ist.

Das **fünfte** Buch - mit autobiographischem Anteil - ist die „Wurzel" der genannten Bücher. Es kreist um ein rätselhaftes Geschehen, das dem Autor vor Jahren widerfuhr. Weil alle Deutungen mangelhaft gewesen sind, hat er es verdrängt und vergessen. Unbewusst aber ist er den Weg gegangen, der ihm gewiesen wurde. - Er ringt um Erkenntnis, durchdringt Theorien und Philosophien. Politische Arbeiten folgen, theoretisch und praktisch. Nach langer Suche erst, im „fernen Land", erkennt er ein *Leuchtbild* und findet seine Seelenruhe.

Das **sechste** Buch ist ein Ausschnitt des **fünften**.

Das **siebente** Buch ist eine notwendige Ergänzung des **sechsten** und **fünften**.

Das **achte** Buch ist ein Ausschnitt des **zweiten** (siehe dort). Mit ihm erst ist das *Prinzip der kleinsten Wirkung* bzw. *des kleinsten Aufwands* neu erkannt und wegen seines natürlichen und universellen Charakters auf das 3. und 4. Buch bezogen worden - als *neues Paradigma* auch für Ethik, Politik bzw. Parteiarbeit. Die Ethik gehört, begrenzt, zur Naturwissenschaft.

Mit dem **neunten** Buch ist das rätselhafte Geschehen endlich entschlüsselt - auf Grund der kantschen „Kritiken". Übrig bleibt dennoch ein „Rest", der als Berufung gedeutet wird.

Dreistelliges Modellsystem (Subjekt - Modell - Objekt)

Die Kreise meinen die Bücher des Autors, die zusammen eine Einheit bilden und in sich schlüssig sind (Kreisgröße und Seitenzahl stehen in keiner Beziehung zueinander). Nur die Bücher 1, 2, 3, 4/10, 8/9 kennzeichnen das Modellsystem. Die Bücher 5, 6, 7 sind von religiöser Art, dem Modellsystem sind sie aber verhaftet.

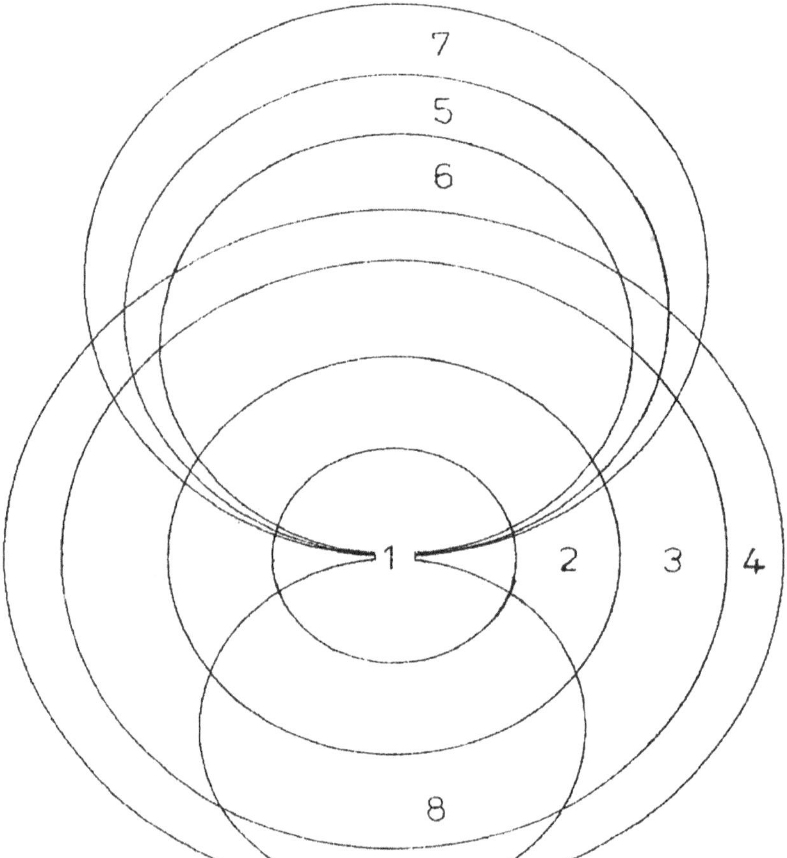

Die Bücher 1 bis 10 könnten *zweibändig* herausgegeben werden. Titel: „Vom Symbol der Bosheit zum Bewusstsein sittlicher Freiheit". Reihenfolge: 5 - 7 - 9 - 1 - 2 - 3 - 4 - 10 (das 8. Buch ist im 2. enthalten; das 6. Buch ist im 5. enthalten; das 10. Buch ersetzt die Statuten im 3. und 4.; die Seitenziffern eines jeden Buches sollten nicht verändert werden).

Das 9.* Buch (zweite Auflage 2015) enthält Gedichte und Anmerkungen des Autors.

ERSTER BEITRAG:

Welt als Information und Aufgabe

Inhaltsverzeichnis

ERSTER BEITRAG:

Welt als Information und Aufgabe

Der gesunde Verstand ist die bestverteilte Sache der Welt; denn jedermann glaubt, dass er genug davon besitzt. Dass sich hierin alle täuschen, ist nicht wahrscheinlich; vielmehr beweist es, dass die Kraft, gesund zu urteilen, von Natur gleich ist bei allen Menschen, dass wir unser Denken nur in verschiedenen Bahnen bewegen und nicht dieselben Dinge berücksichtigen. (R. Descartes)

*

Zum Modell der realen Welt muss ein *natürliches* Gesetz gehören, das sich unter verschiedenen Aspekten beschreiben lässt: dem physikalischen, biologischen und *ethischen* Aspekt. Das natürliche Gesetz erzeugt Strukturen, die als Information wahrnehmbar sind. Jedes Gehirn hat ebenfalls Strukturen, trägt folglich *ethische* Information!

Zur menschlichen Natur gehört ein Streben, das sowohl die Person als auch die Gesellschaft höher entwickelt - vergleichbar dem Entfalten eines Kerns, der Entwicklung an einer „Anlage“ gemäß natürlichem Gesetz.

Gesetz und Information sind aufeinander bezogen. Natürliches und staatliches Gesetz ebenso: Das staatliche Gesetz ist Information, das natürliche Gesetz ist „Geist“.

Das staatliche Gesetz ist veränderbar - das natürliche Gesetz nicht. Mit Hilfe des staatlichen Gesetzes werden innere Potenzen bzw. äußere Potenzialitäten aufgebaut, die dem natürlichen Gesetz folgen müssen! Nicht die Person allein, auch die Gesellschaft hat Potenzen bzw. Potenzialitäten aufgebaut, die sowohl fördern als auch unterdrücken.

Person und Gesellschaft sind dem staatlichen und natürlichen Gesetz verpflichtet - unter allen Aspekten, auch dem *ethischen* Aspekt.

Vorwort (erster Beitrag)

Physikalische, biologische und ethische Phänomene (Geschehnisse), die zwischen Subjekt und Objekt direkt ablaufen, können häufig nicht richtig verstanden werden, und zwar aus Mangel an Objektivität. Wird jedoch zwischen Subjekt und Objekt ein Modell errichtet, so ergibt sich ein **dreistelliges Modellsystem** in Abhängigkeit von der **Zielsetzung** des Subjekts (Beobachters), wobei nach Struktur-, Funktions- oder Verhaltensmodellen unterschieden wird. Für das Subjekt also kann das Modell sowohl als Mittel der Erkenntnis als auch der operativen Einwirkung auf das Objekt (Umwelt) fungieren. Unter dieser Vorraussetzung ist das vorliegende Buch geschrieben worden, dessen erster Beitrag die gesamte Thematik (Subjekt-Objekt-Beziehung) **auflockern** soll. Im zweiten Beitrag erst wird das „Kernstück" aufgegriffen und gründlich behandelt (natürliche Gesetzeseinheit).

Das vorliegende Buch besteht aus zwei Beiträgen, die in der Reihenfolge meiner Bücher den zweiten Platz einnehmen. Als Fortsetzung des ersten Buches „Entwicklungslinien naturphilosophischen Denkens ..." stammen **Entwürfe** für den ersten Beitrag aus den Jahren 1988 bis 2008, womit ich ein „Geschehen" weiter zu deuten versucht habe, das als **Bild** und **Gedanke** mir kam und mir rätselhaft gewesen ist (fünftes Buch, Kapitel 1.5). Alle Versuche meiner Deutung sind auf Gesetze bezogen worden - auf **natürliche Gesetze**, auch bezüglich meiner eigenen Entwicklung. Ohne diese Grundlage wäre ich überfordert gewesen, hätte das Wesentliche nicht begreifen können. Weil Neugierde mich getrieben hat, beginnen Kapitel bzw. Unterpunkte auch ohne Übergänge. Nicht so sehr Harmonie ist mir wichtig gewesen, viel mehr Wissen vom Aufbau der realen Welt insgesamt.

In Form von Entwürfen ist der erste Beitrag, wie erwähnt, schon erschienen (alle Entwürfe sind ungültig geworden). Während des Schreibens spürte ich, dass das **3. Kapitel** mir Schwierigkeiten bereitete und mich längere Zeit beanspruchen würde. Weil die Entwürfe als Beiträge für ein Gesamtmodell geplant waren (Modellsystem der realen Welt), entschloss ich mich, das 3. Kapitel kurz und vorläufig abzufassen, trotz seiner zentralen Stellung. Nur als **vorläufig** darf das 3. Kapitel gewertet werden!

Mit dem zweiten Beitrag „Gesetzlicher Zusammenhang der Welt" ist das 3. Kapitel (samt der Entwürfe) nun ausgearbeitet und - seiner zentralen Stellung wegen - auf meine Schriften insgesamt bezogen worden. An zwei Begriffen sind meine Schriften hauptsächlich ausgerichtet: dem der **Entwicklung** und dem der **Synthese** bzw. Reduktion von Information! Weil das erwähnte „Geschehen", samt der Deutungsversuche, mich selbst betrifft, bitte ich um Nachsicht für einige Bemerkungen hinsichtlich meiner eigenen Entwicklung (vgl. Literaturliste, dort 5. Buch).

Mit vierzehn Jahren verließ ich die Volksschule, noch als Kind, etwa ein Meter fünfzig groß. Ich hatte die acht Schuljahre ohne jegliche Schwere erlebt (mir sind die Jahre als langwährendes Spiel in Erinnerung geblieben). Schon als Kind aber hatte ich meinen Eltern helfen und etwas Geld dazuverdienen müssen. In der Volksschule hatte ich wenig gelernt, doch das Wenige gründlich.

Nach der Schulzeit wurde alles viel schwerer: In Staub und an dröhnenden Maschinen erlebte ich meine Lehrzeit und die ersten Berufsjahre. Vor Erschöpfung zitterte mein verschmutzter Körper abends. Lesen konnte ich nach verrichteter Arbeit nicht mehr. Erst nach zehn Berufsjahren, doch mit wertvoller Erfahrung als Facharbeiter/Techniker, besuchte ich abends ein Gymnasium. Danach erhielt ich ein Stipendium und durfte studieren. Dafür bin ich meinem Land dankbar und nach wie vor verpflichtet.

„Jeder ist seines Glückes Schmied", höre ich Leute reden. Während der Feier am Ende der Volksschulzeit sagte ein Mädchen ein Gedicht auf, von dem ich nur noch den letzten Teil erinnere: „ ... du musst steigen oder sinken, herrschen oder dienen, leiden oder triumphieren, Amboss oder Hammer sein." Erst nach Jahren kamen die Worte mir wieder in den Sinn: Wie Hohn wirkten sie auf mich! Mein „Weltmodell", das andere mitaufgebaut hatten, war teils schon zusammengebrochen. Ich erkannte Mängel in meinem früheren Denken und entschloss mich, das Reden von Autoritäten, die mich gelenkt hatten, zu hinterfragen. Dafür brauchte ich Freizeit und einen freien Kopf und natürlich Information, um verschiedene Ansichten überprüfen zu können. Darum hatte ich lange gerungen.

Über Freiheit habe ich einiges gelesen. Dass zur Freiheit auch Geld und Information gehören, habe ich selten lesen können. Deshalb werde ich das Problem der Freiheit aus meiner Erfahrung erörtern, zudem das der Gleichheit, Solidarität, Gerechtigkeit, ohne absolute Wahrheit beanspruchen zu wollen. Meine Erfahrung nämlich ist nicht die Erfahrung der ganzen Welt, sondern nur ein Teil davon. Vielleicht wird das „offizielle" Bild von der Welt, so hoffe ich, durch meine Erfahrung etwas bereichert.

Vernunft und Erfahrung sind für mich die verlässlichsten Werkzeuge, um Wahrheit erkennen zu können. Ich weiß aber, dass beides von Mensch zu Mensch variiert. Das liegt sowohl am einzelnen Menschen, an seiner genetischen Anlage, als auch an seiner Umwelt, die prägend auf ihn gewirkt hat. Da ich zwar beides sehe, jedoch Ansichten von verschiedenen Autoritäten kenne, die zum einen die individuelle Anlage, zum andern die individuelle Umwelt als primäre Größe herausgestellt haben, sehe ich mich gezwungen zu untersuchen, wen meine Vernunft und Erfahrung als bestimmend herausstellt; denn es ist, wie gesagt, nicht jedem vergönnt, sich frei entfalten zu können. Doch gewährte Freiheit könnte jeder für sich nutzen.

Als Christ habe ich die Pflicht, mich am Aufbau einer friedvollen Welt zu beteiligen, erst recht wohl wegen des gewährten Privilegs einer geistigen Bildung. Zuerst aber habe ich die reale Welt begreifen wollen! Von daher bitten ich einzusehen, dass der weltweite Rahmen, den ich gesetzt habe, nicht nur günstig, sondern auch zwingend gewesen ist, hauptsächlich wegen der natürlichen Gesetze.

Schon als Student wurde mir bewusst, dass ein Individuum in der Gruppe zusätzliche oder andere Eigenschaften zeigt als im isolierten Zustand. Ähnliches gilt im anorganischen Bereich: Zusätzliche oder andere Eigenschaften kann man an Materie oder Ladung beobachten, wenn andere Materie bzw. Ladung ihr genähert wird, also Wechselwirkung zwischen beiden besteht. Damals fragte ich einen meiner Lehrer, ob „Leben“ oder „Geist“ aus der Wechselwirkung spezifischer Materie bzw. Ladung resultieren könnte, erhielt aber keine befriedigende Antwort. Nach meinem Studium erst erfuhr ich, dass die beiden philosophischen Grundrichtungen „Materialismus“ und „Idealismus“ eine je verschiedene Antwort darauf geben, auch hinsichtlich moderner Systemtheorien.

Auf die Anlage-Umwelt-Problematik habe ich schon gewiesen. Der Begriff der Materie ist auf die individuelle Umwelt gerichtet, der Begriff des Bewusstseins auf die genetische Anlage. Da im Sozialismus mehr die individuelle Umwelt, im Kapitalismus mehr die genetische Anlage betont wird, ist bezüglich verschiedener Gesellschaftsformationen eine Untersuchung - wie im ersten Buch geschehen - wichtig gewesen. Hier geht es in der „Einleitung“ erneut um den Materiebegriff, der in unzulässiger Weise auf Gruppen und Völker übertragen worden ist.

Die Anlage-Umwelt-Problematik lässt sich unter physikalischem, biologischem und ethischem Aspekt erörtern, wobei das Gesetz der Natur (natürliche Gesetz) betont wird. Entwicklung von Natur, Mensch und Gesellschaft folgt dem **Gesetz allgemein** - dem primären Prinzip **gewissermaßen** (Schlusssatz des ersten Buches). Meine Schriften sind als Einheit aufzufassen, als Modellsystem der realen Welt, das einen natürlichen und interdisziplinären Charakter besitzt.

Der Begriff „Gesetz allgemein“ hat folgende Bedeutung: Mit Hilfe des staatlichen Gesetzes (Gesetz des Rechts) werden innere Potenzen bzw. äußere Potenzialitäten aufgebaut, die dem natürlichen Gesetz (Gesetz der Natur) folgen müssen! Innere Potenzen und äußere Potenzialitäten sind vereint, ebenso staatliches und natürliches Gesetz. Weil von Potenzen bzw. Potenzialitäten auch **Wirkungen** ausgehen und sowohl staatliches als auch natürliches Gesetz daran beteiligt sind, ist die Frage nach der kleinsten Wirkung bzw. dem kleinsten Aufwand wichtig.

Das **Prinzip der kleinsten Wirkung** bzw. **des kleinsten Aufwands**, das im zweiten Beitrag erklärt wird, ist von naturgesetzlicher Art und gehört zum „Gesetz allgemein“. Als **primäres Prinzip** soll es fortan gelten. Der Schlusssatz des ersten Buches ist zwar „allgemein“, jedoch nicht falsch! Er lautet: „Das Gesetz allgemein, das begreifbar ist, soll *gewissermaßen* ‚primäres Prinzip‘ sein (was in folgenden Büchern berücksichtigt wird.)“.

Im Text stehen **eingeklammerte Ziffern**, beispielsweise (17.1). Als Kapitelnummerierungen weisen sie auf Textstellen, die man nachlesen, aber auch übersehen könnte.

Man könnte das Buch nach dem Lesen noch einmal **durchblättern**. An den Überschriften, den fettgedruckten Stellen und den Zusammenfassungen tritt der Gesamtzusammenhang hervor.

Falls im Text einige Rechtschreibfehler stecken, möge man das entschuldigen. Meine Bücher habe ich selbst redigieren müssen.

In einem Zeitraum von über dreißig Jahren sind insgesamt 10 (11) Bücher von mir geschrieben worden - als in sich schlüssige Einheit. Einige Literaturbelege könnten als „veraltet“ eingestuft werden, der Inhalt der Einheit jedoch keineswegs!

Buchholz i.d.N. 1988/2008/2012 Bernhard Marxen

1. Einleitung und Ausblick

Hunger als Waffe ist eine bittere Wahrheit. Wie in biblischer Zeit das Volk der Juden durch Empfang von Getreide unter Ägyptens Macht kam, so sind afrikanische, lateinamerikanische und andere Völker unter die **Macht des Nordens** geraten. Mit Lieferung von Nahrung, Technik und Krediten wird politisches Wohlverhalten belohnt, mit Lieferstopp hingegen Strafe verhängt, so die Europäische Union, die Vereinigen Staaten von Amerika und andere, die sich bereitwillig zeigen gegenüber hilfesuchenden Völkern, die vom politischen Regime her eher genehm sind.[1]

Bei miteinander **gekoppelten Wirtschafts- und Gesellschaftssystemen** bestimmt das höher entwickelte das niedere in stärkerem Maße als umgekehrt.[2] Dieser Sachverhalt ist am Verhältnis der Industrieländer zu den Ländern der armen Welt vielfach belegbar. Ein Beispiel soll genügen.

Nahrungsmittel aus technisierter Landwirtschaft sind billiger als manuell herangezogene. Getreideüberschüsse aus der Europäischen Union werden, wie jene aus Kanada und den Vereinigten Staaten von Amerika, auf dem Weltmarkt angeboten, wo Afrikaner „preiswertes" Getreide ebenfalls einkaufen. Binnenmärkte sind so destabilisiert, Produktionsanreize für afrikanische Bauern zerstört worden.[3] Auf der Suche nach Arbeit wandern Millionen Landbewohner in Slums und Elendsquartiere nahe der Großstädte. Ereignissen in Europa während der Industrialisierung ist dies zwar ähnlich. Doch andere Ursachen sind dafür vorhanden.

Um mit hochwertigen Nahrungsmitteln (Fleisch) auf dem **Weltmarkt** konkurrieren zu können, ist die Europäische Union auf möglichst billiges Futtermittel angewiesen (Soja usw.), das unter anderem aus afrikanischen Ländern eingeführt wird. Mit Gewinnen aus diesen und anderen Gütern werden Elektronik, Autos, Kliniken ... finanziert, die einerseits afrikanischen Oberschichten mehr zugute kommen, andererseits Arbeitsplätze und Profit in reichen Industrieländern schaffen bzw. erhalten. Ähnliches geschieht mit anderen Produkten (Öl, Erz ...) und in anderen Weltregionen. Der letzte Weltkrieg, das „größte" Unglück der zivilisierten Menschheit, forderte in Kampfhandlungen etwa so viele Menschenleben wie derzeit der Hunger pro Jahr! Entwicklungen dieser Art sind Rückschritte in der Menschheitsgeschichte.

Hungerbekämpfung und Lieferung von Nahrung haben nicht selten das

Ziel, neue Märkte für Industrieprodukte zu erschließen. Gut funktionierende Marktwirtschaften existieren vielerorts längst nicht mehr. Rohstoffbesitzende, jedoch schwache Völker sind **Seinsfundament** geworden, verarmen angesichts einer reichen Welt.

Probleme wie Armut, Kriminalität, Arbeitslosigkeit sind in reichen Industrieländern ebenfalls entstanden: Die Verarmung ganzer Weltregionen hat **Migration** ausgelöst, ist begleitet von Aktivitäten des internationalen Terrorismus, der Drogenmafia und anderer Übel. Politiker und Medieninhaber fragen in der Öffentlichkeit nicht nach den Ursachen des Übels: Sie propagieren Kampf und führen ihn auf ihre Weise. Auch hier sei nachdrücklich angemerkt, dass jedwedes Verbrechen zu bekämpfen ist! Doch es stellen sich andererseits Fragen: Warum Hunger und Überfluss, warum Terror und Drogengeschäft? Warum Verödung und Migration? Warum Rohstoffkrieg und Glaubenskrieg? Warum Verschmutzung der Luft, Böden und Gewässer? Warum fehlende Moral?

Die Fragen weisen auf Menschen und Ideologien: Der Mensch ist Gestalter der Welt, seiner Geschichte und seiner selbst. Sie weisen, bei Verzicht auf oberflächliche Antworten, auf die Grundlagen der abendländischen Geistesgeschichte: auf die **idealistische** und **materialistische** Philosophie. Was ist geschehen?

Beide Richtungen haben sich angenähert, sind sich näher gekommen aufgrund **naturphilosophischer Synthesen** (erstes Buch). Ein „Drittes" ist notwendig geworden, auch hinsichtlich entsprechender Gesellschaftsformationen (Titel des dritten Buches). Progressive und ethisch wertvolle Elemente beider Formationen lassen sich vereinen. Der weltweite Kapitalismus aber hat vorerst gesiegt.

In diesem Buch geht es wieder um **Entwicklung**, nicht um naturphilosophische Entwicklungslinien, auch wenn solche hin und wieder angesprochen werden. Hauptsächlich geht es um zweierlei: um die Entwicklung der **Person** und die Entwicklung der **Gesellschaft**. Da sowohl Personen als auch Gesellschaften unterschiedliche Entwicklungsstände aufweisen, ist die begriffliche Fassung von „Entwicklung" und „Unterentwicklung" problemhaft. Einerseits könnten bei Gewährung von Entwicklungshilfe sich die Nehmerländer gedemütigt fühlen, andererseits die Geberländer, wie erwähnt, sich Vorteile verschaffen.

Zur Entwicklung, im Sinne von Höherentwicklung, gehört auch Zwang.

Nach Hegels „Wissenschaft der Logik“ folgt Zwang aus innerem Widerspruch. Sowohl die Person als auch die Gesellschaft entwickeln sich insofern höher, als sie einen Widerspruch in sich haben (**Seinsdialektik**). Der innere Zwang ist nicht selten an äußerem gewachsen, was besonders Eltern und Erzieher bestätigen können.

Äußerer Zwang darf weder die Person noch die Gesellschaft überfordern. Das wird in Bezug auf heranwachsende Personen jeder einsehen. Wie aber wird mit sogenannten Entwicklungsländern verfahren? Schon seit langem profitieren die Vereinigten Staaten von Amerika, die Europäische Union bzw. die Bundesrepublik Deutschland vom internationalen Handel überproportional. Man befürwortet den freien Weltmarkt und verkündet, dass Entwicklungsländer stärker als reiche Länder wachsen, dass ein wesentlicher Beitrag zur Bekämpfung von Armut so geleistet würde.[4] Doch der **Weltmarkt**, ohne Kontrollinstanz und sittliche Norm, überfordert die Entwicklungsländer. Hunger und Unterentwicklung haben mit Informationsvorsprung und Machtbeziehung zu tun.

Die vorliegende Arbeit gründet auf dem **ersten Buch** „Entwicklungslinien naturphilosophischen Denkens ...“[5] Mit Blick auf Gesellschaftsverhältnisse und das Verhältnis der Gesellschaften untereinander wird das **Begriffspaar** Form - Materie bzw. Bewusstsein - Materie noch einmal herangezogen, nicht hinsichtlich der anorganischen Natur und des menschlichen Individuums: Das Begriffspaar passt auf den gesamten **Stufenbau der Welt**, auch auf geschichtete Gebilde wie Gruppe, Volk, Gesellschaft. Nach idealistischer Auffassung „hat sich ein“ erweitertes und „anderes Materieprinzip als charakteristisch für alle Seinsverhältnisse erwiesen. Auf allen Gebieten überhöhen einander die Stufen der Formung ... und in dieser Überhöhung ist stets die niedere Stufe Materie der höheren, diese aber die Formung der niederen.“[6]

Das Verhältnis Form - Materie bzw. Bewusstsein - Materie ist am alten aristotelischen Beispiel vom Hausbau verbildlicht und auf die Gesellschaft neu übertragen worden. In Bezug auf das Verhältnis der Gesellschaftsschichten untereinander heißt es z.B. bei N. Hartmann in **idealistischer Beschreibung**: „Ziegel und Balken bestimmen nicht Plan und Gestalt des Hauses; wohl aber lassen sich in diesem Material nur Bauformen ausführen, die seiner Haltbarkeit Rechnung tragen. Insofern determiniert auch die Materie mit ... Aber gemessen an der Inhaltsfülle der Form ist diese Determination doch nur eine minimale, gleichsam ein Rahmen möglicher Formung.“[7]

Der Wichtigkeit wegen sei wiederholt: Nach idealistischer Auffassung besteht das Verhältnis Form - Materie bzw. Bewusstsein - Materie in allen Systemen oder Seinsgebilden der Welt, die je in sich geschichtet sind. In den höheren Gebilden wie Gruppe, Volk, Gesellschaft soll das Verhältnis nicht einheitlich durch alle Stufen oder Schichten laufen, sondern je auf gewisser Höhe abbrechen und erneut dann anfangen.[8] Eine solche Grenzscheide soll zwischen Seelischem und Geistigem liegen.

Die seelischen Akte treten nicht nur im Individuum, sondern auch im Sozialgebilde auf: „Ein Volk hat seinen Lebensraum, seinen organischen Lebensprozess nach der Weise des tierischen Artlebens mit Selbstwiederbildung und Generationsfolge; es hat auch seine seelische Arteigenheit, und erst über alledem erhebt sich sein Geistesleben. Es ist ebenso geschichtetes Wesen wie der Einzelmensch.“[9] Die seelischen Akte sind aber nicht Elemente, sondern nur Träger oder Fundament der geistigen Gehalte. Im Bereich der geschichteten Gebilde Gruppe, Volk, Gesellschaft erhält so die untere Schicht - die darin lebenden Menschen - keine bestimmende Rolle mehr; denn „Entscheidung, Initiative und Aktivität liegen nicht bei der Menge, sondern stets beim personalen Geiste, der in Gestalt einzelner Individuen die Führung übernimmt.“[10] Dort ist der Einfluss der niederen, der breiten unteren Schicht noch weiter herabgesetzt: „Da ist die **niedere Schicht** nicht einmal Materie der höheren, sondern nur ihr **Seinsfundament**, determiniert also nur noch, wie die Tragkraft einer Unterlage determiniert. Denn auch ein Fundament kann nicht Beliebiges tragen, sondern setzt dem Getragenen gewisse Grenzen.“[11]

Erkennbar ist: Bis zur Grenze seiner Tragkraft ist das Fundament belastet, ja die Grenze schon überschritten. Entwicklungsländer wollen für Europa, Japan, die USA ... nicht mehr Seinsfundament sein - ein Begriff, der mit dem Wort „**Internationale Arbeitsteilung**“ umschrieben wird. Man erkennt: Gegenkräfte wachsen heran (Islamismus), Kriege nehmen zu. Was haben jene zu verlieren?

Das Verhältnis Form - Materie bzw. Bewusstsein - Materie erinnert an das Verhältnis Übermensch - Untermensch bzw. Herr - Sklave in Hegels „Phänomenologie ...“, wo der Kampf auf Leben und Tod beschrieben wird, im Kleinen wie im Großen. Doch jener Weg zum **Übermenschtum**, der im „Römerbrief“ (Paulus) angedeutet, im Protestantismus (Luther, Calvin, Zwingli) vorgezeichnet, im „Zarathustra“ (Nietzsche) ausgeschmückt und im 20. Jahrhundert gegangen wurde (Nationalsozialismus), ist entschieden zu verweigern (vgl. Faustsage).

Zurecht weist man darauf hin, dass Kirchen zur kulturellen Entfremdung beigetragen haben. Der übelsten Gewalt haben sie häufig einen gewissen sakralen Charakter zugesprochen. „Die Tatsache, dass sich die institutionelle Kirche von Seiten der nutznießenden ... sozialen Klasse protegieren lässt, hat sie zu einem Zahnrad im Apparat des gesellschaftlichen Systems werden lassen und aus der christlichen Botschaft eine Komponente der herrschenden Ideologie gemacht.“[12] (**Gnadenwahl** bzw. **Prädestination**, 11.2.2) Die Hoffnung von Unterdrückten ist auf ein Jenseits ausgerichtet worden, ohne Beziehung zur realen Welt.

Christen reicher Länder sollten mehr Verantwortung spüren für den fernen Nächsten, für den, den sie nicht sehen und kennen. Das Verhältnis Form - Materie bzw. Form - Seinsfundament beinhalten strukturelle Gewalt, Glanz und Elend der Menschen. Es beinhaltet die dürre, schmutzige Gestalt des Kindes, dessen anklagende Augen. Geboren, aufgewachsen und geprägt in einem der Slums, zur Prostitution, zum Diebstahl, zur Räuberei bestimmt. Daneben die saubere Gestalt des anderen Kindes, dessen strahlende Augen - gefördert, gebildet. Später spricht es von Kultur, erlebt sie in seiner Familie, im Freundeskreis und nimmt für seine Arbeit wie selbstverständlich einen hundertfachen Lohn. Man frage sich: Was wäre, wenn man die Plätze vertauscht hätte?

Die aufgeworfenen Fragen sollen beantwortet werden, auf Grund empirischer **Daten** und wissenschaftlicher **Theorien.** Weltweite Abhängigkeiten machen es notwendig, einen weltweiten Rahmen zu setzen: die Welt als strukturierte Einheit, als System zu beschreiben, in dem der Einzelne lebt. Mensch und Welt als strukturierte Einheit ist aus der Sicht des Individuums übrigens nur erkennendes Weltbewusstsein, Wiederkehr seiner selbst und aller Dinge in der Vorstellung, in Gedanken, der Meinung und Beurteilung. Es ist zwar nur eine inhaltliche Wiederkehr im Ausschnitt, und auch das nur näherungsweise, aber dennoch eine Art Wiederkehr: eine **zweite Welt** als Darstellung der ersten im Individuum (**Modellsystem** der realen Welt), aber nicht neben der ersten, sondern in ihr. Denn das Individuum ist von der ersten mitumfasst.[13]

Bei dem Versuch, die reale Welt zu **modellieren** und ihren Lauf zu beeinflussen, sind **Grenzen** anzuerkennen. Die Welt zeigt physikalische, biologische, ethische Strukturen, die entsprechende Informationen tragen und verschiedene Freiheiten ermöglichen. Weil die Menschen nach größtmöglicher Freiheit streben, jedoch Zwängen unterworfen sind, muss das Modellsystem an der **sittlichen Freiheit** sich orientieren.

Bekannte **Daten** und **Theorien** werden herangezogen. **Datensynthese** und **Datenreduktion** (Untertitel des vorliegenden Buches) sind wichtige Ziele heutiger Forschung. Auf das erste Buch sei gewiesen, auf die großen **Synthesen** der physikalischen Wissenschaft (Kapitel 8 bis 12), die zum Vorbild für die Wissenschaft allgemein werden könnten.

Im ersten Beitrag wird die gesamte Thematik (Subjekt-Objekt-Beziehung) nur **aufgelockert**, im zweiten Beitrag dann zum Modellsystem erhoben. Alle Beschreibungen werden **kurz** und **knapp** gehalten.

Ausgegangen wird vom Schlusssatz des ersten Buches: vom **Gesetz allgemein** (Vorwort), das von natürlich-kultureller Art ist und stets „bedingt" auftritt, also Information darstellt. Weiterhin wird die Informatik angesprochen, die sich auf Zahlen stützt (Pythagoräismus, erstes Buch, 2.7), danach die Anlage-Umwelt-Problematik behandelt - im „Geflecht" der verschiedenen Gesetze! Erst danach lassen sich Rechtsforderungen herleiten, für Personen, Gruppen, Gesellschaften. Über die Person hinaus prognostiziere ich dann die Entwicklung der realen Welt allgemein und lege ein politisches Handlungskonzept nahe, das die Begriffe **Ordnung** und **Offenheit** sowie **Strategie** und **Ziel** in sich vereint.

Dem politischen Handlungskonzept liegt das **Prinzip der kleinsten Wirkung** bzw. **des kleinsten Aufwands** zu Grunde, das während der Arbeit am achten Buch (zweiter Beitrag) tiefer verstanden und als primäres Prinzip identifiziert worden ist (Kapitel 9.4.2 bis 10). Weil es sich als **natürlich** und **universell** erwiesen hat, ist es zuerst auf das Gesetz allgemein, später auf das Handlungskonzept bezogen worden - als neues Paradigma auch für Ethik, Politik bzw. Parteiarbeit. Mit richtiger Bezeichnung liegt es dem zweiten und dritten Buch zu Grunde, mit anderer Bezeichnung - doch inhaltlich richtig! - auch dem vierten und fünften Buch. Eine Zusammenfassung aller acht Bücher und deren Hauptbegriffe erscheint unter Kapitel 14 (Nachwort) im dritten Buch.

Keine Theorie kann ohne metaphysische Annahme auskommen. Ein einfacher Satz soll als Grundlage gewählt werden: ein **Axiom/Axiomssystem**, das weder einer Begründung fähig noch bedürftig ist und folglich als wahr angenommen wird (Energieerhaltungssatz in der Physik; *Kant*sches Sittengesetz oder Goldene Regel in der Ethik bzw. Religion).

Für das Modellsystem wird eine *natürliche Disposition* als Axiom/Axiomssystem gewählt. In jedem Menschen ist sie vorhanden und als **Idee**

der Gerechtigkeit schon vorgeformt - mit der Tendenz, den **Maßstab der Gerechtigkeit** aufzubauen, durch den „gut“ und „böse“ bestimmbar wären (7.2.1/11.3.2/12.2/14/16.6.3/17.1). Der dialektische Gegenpol zum Guten ist das Böse und umgekehrt. Als Ursache des Bösen werden Ambivalenzen und pervertierte Formen der Ichhaftigkeit genannt, die in Phänomenen der Grausamkeit sich auch äußern.

Die Idee der Gerechtigkeit kann als **naturwissenschaftliches Analogon** zum *Kant*schen Sittengesetz aufgefasst werden, ebenfalls zur Goldenen Regel: zum größten Gebot im(!) Gesetz des Rechts (Bibel, Mt 22,36-40). Jede der *Ideen* weist auf den Maßstab der Gerechtigkeit - als kulturelle Aufgabe der Menschheit insgesamt!

Nur weil das Böse real existiert, ist eine Ethik des Guten erforderlich, die sich am Begriff der **Ordnung** und am Begriff der **Offenheit** orientieren muss. Weil das Böse ebenfalls geordnet auftreten und erst so maximal wirken kann, ist der zweite Begriff erforderlich: der der Offenheit, mit dem eine **Strategie** einhergeht, die ein **Optimum** erzielen kann (Prinzip der kleinsten Wirkung bzw. des kleinsten Aufwands).

Ordnung und Offenheit sind auf das Handlungskonzept bezogen, das im *dritten*/vierten Buch vorgestellt wird. Ein kurzer Hinweis muss vorerst genügen: Die Mängel der **Gesetzgebung** sind die Mängel der politischen Parteien, der Parlamentsparteien! Was ist zu tun?

An der Tradition wird festgehalten, d. h. dem Prinzip der **Optimierung** muss das politische Engagement ebenfalls folgen. Zur **Strategie** gehört ein **Ziel**: die Offenheit (durchsichtige Parlamentsparteien) - wohl wissend, dass politische Offenheit mehr behindert als gefördert wird.

Strategie und Ziel (durchsichtige Parlamentsparteien => innerparteiliche Demokratie => repräsentative Zusammensetzung der gesetzgebenden Parlamente = > Gleichheit der Gesetzgebung) werden im zweiten Beitrag begründet - **naturgesetzlich**. Durchsichtige Parlamentsparteien übrigens lassen sich mit **vernetzten Computern** herstellen ... Die Gleichheit der Gesetzgebung ist im Grundgesetz verankert (Art. 1 (3); 2(1); 3; 33).

Blickt man auf kapitalistische und sozialistische Realitäten, so ist erkennbar, dass **gewaltige Umbrüche** längst begonnen haben - gewaltige Umbrüche zum höheren Dritten (Dialektik). Den Einzelnen aber gefährden diese Umbrüche. Nun zuerst ein systemtheoretischer Abriss.

2. Systemtheoretische Betrachtung

Systeme funktionieren derart, dass das Produkt ihres Funktionierens von ihnen selbst verschieden ist, aber auch so, dass sie ihre eigenen Komponenten produzieren und sich selbst so erhalten und dann fortpflanzen, z.B. biologische Zellen, die als autopoietische Systeme gelten. Ohne auf moderne Systemtheorien näher einzugehen, hier eine verkürzte, allgemeine Betrachtung, die für spätere Texte erforderlich ist.

Was ist ein System? Ein System besteht aus mehreren **Elementen** oder **Teilsystemen**, die voneinander verschieden und zu einem Wirkungsaufbau vernetzt sind, also nicht wahllos nebeneinander liegen. So ist etwa ein Haufen Steine kein System, weil man Teile davon vertauschen kann. Dabei verändert sich weder die Beziehung der Steine untereinander noch der Charakter des gesamten Steinhaufens. Anders beim System, etwa einem Teich, in dem Tiere und Pflanzen sich befinden: Dort entstehen durch Vertauschen andere Beziehungen, ohne dass sich das Wesen des Systems ändern müsste. Man hat den Systemen eine Ordnung gegeben.

Als Systeme „**nullter Ordnung**" gelten die materiellen Elemente eines Systems, die im Rahmen des betreffenden Systems nicht weiter unterteilbar sind. Die Zusammenschaltung solcher Elemente ergibt Systeme „**erster Ordnung**", die Teilsysteme bzw. Elemente von Systemen „**zweiter Ordnung**" sein können. Durch Zusammenschaltung dieser Elemente bzw. Systeme zweiter Ordnung konstituieren sich Systeme „**dritter Ordnung**" usw. „In diesem Sinne ist etwa ein Molekül des Gases Methan ein System zweiter Ordnung. Es besteht aus Systemen erster Ordnung, nämlich den Kohlenstoff- bzw. Wasserstoffatomen. Diese Teilsysteme sind ihrerseits wieder komplexe Systeme, deren Elemente Elementarteilchen sind. Die Elementarteilchen spielen hier die Rolle von Systemen nullter Ordnung, da sie selbst nicht weiter aufteilbar sind."[1]

Die Begriffe des Systems, des Teilsystems und des Elements eines Systems sind auch relativ zu sehen: „Was innerhalb eines Systems als Element auftritt, d.h. als letzte, nicht mehr weiter aufteilbare Einheit, kann innerhalb eines anderen Systems den Charakter eines komplexen Teilsystems besitzen."[2] So ist etwa in der Astronomie die Erde ein Element im Sinne des Systembegriffs. In der Geophysik hingegen ist sie ein System extrem hoher Ordnung.

Die Schaltung hierarchischer Systeme ist unterschiedlich realisiert, etwa indem das System hoher Ordnung die Systeme der nächst niederen Ordnung steuert, die ihrerseits die ihnen nachgeordneten Systeme steuern usw. „Ein hierarchisches System kann aber auch so zusammengeschaltet sein, dass die einzelnen Teilsysteme eine relative Selbständigkeit besitzen und die Steuerung nur die **Aufrechterhaltung des inneren Milieus** des Gesamtsystems bewirkt.“[3] (17.5)

Teilsysteme sind relativ stabil. Ihr **Wesen ändert sich nicht**, wenn in Grenzen eine bestimmte Anzahl untergeordneter Systeme bzw. Elemente verloren geht oder hinzu kommt oder wenn die verlorene oder zusätzliche Menge für das Teilsystem nicht wesentlich ist. „So kommt es z.B. durch die Exstirpation (operative Entfernung) bestimmter Teile des Gehirns, an die bestimmte psychische Leistungen vorwiegend gebunden sind, zwar vorübergehend zu deren Totalausfall, jedoch wird nach und nach die ausgefallene Funktion durch andere Teile ersetzt, sodass der alte Systemzustand ... wiederhergestellt wird.“[4] Ähnliche Eigenschaften besitzen soziale Teilsysteme, etwa politische **Parteien** oder gesetzgebende **Parlamente**. Personelle Veränderungen, beim Ausscheiden von Mitgliedern, sind ohne Wesensänderung möglich.

Nicht jedes System, das sich in einem übergeordneten System befindet, kann Teilsystem des übergeordneten Systems sein. Als **Teilsystem** gilt jenes Element bzw. System, aus dem ein systemspezifisches Verhalten des übergeordneten Systems resultiert. So sind beispielsweise Atome Teilsysteme des Moleküls, nicht aber Teilsysteme des Organs. Oder: Zellen sind Teilsysteme des Organs, nicht aber Teilsysteme des Organismus'.[5] Dies ist einsehbar, da bei ständigem Absterben von Zellen nicht notwendig der Tod des Organismus' eintritt. Entsprechendes gilt für soziale Systeme, die biologischen Systemen ähnlich sind.

„Ein System“ gehobener Ordnung - „gleichgültig ob belebt oder unbelebt“ - besteht immer aus anderen Systemen bzw. Elementen. Die gesetzmäßige Anordnung der in Wechselwirkung stehenden Elemente wird Struktur genannt. Das System „zeigt Eigenschaften, die weder an den Einzelelementen zu beobachten noch als bloße Summe von Eigenschaften der Einzelelemente nachzuweisen sind. Systemeigenschaften entstehen erst durch die Wechselwirkung zwischen den Systemelementen“ und sind folglich ihrem Wesen nach mehr als die Summe dieser Elemente. „So lässt sich aus **Struktur** und **Funktion** der einzelnen Nervenzelle nicht ableiten, dass eine Vielzahl miteinander verknüpfter Nervenzellen in der Form des Gehirns Bewusstsein und Denkvorgänge ermöglicht. Gegenüber nichtlebenden Systemen (Kristallen, Maschinen) zeichnen sich lebende Systeme durch eine außerordentlich komplexe Beschaffenheit aus. Dies führt zu einer Reihe von Systemeigenschaften, die sich nicht aus unserer Erkenntnis über den Aufbau der Atome ableiten lassen."[6] Hinzu kommt, dass alle uns begegnenden Systeme in übergeordnete Systeme, letztlich in die Einheit der Welt, eingebunden sind. Von daher ist zur Eigenschaftsbeschreibung eines beliebigen Systems die Angabe übergeordneter Systeme (**Umwelt**) anzuraten. Bestimmte Systemeigenschaften sind ja nicht nur von der Eigenbeschaffenheit, sondern auch von der Gesetzmäßigkeit des jeweiligen Bezugssystems abhängig. Eine solche Abhängigkeit hat zur Folge, dass ein und dasselbe System (Kind, Familie ...) in verschiedenen Umweltstrukturen **verschiedene Eigenschaften** zeigt.

Systeme bringen nur in Bezug auf andere Systeme bestimmte Eigenschaften hervor, die sich mehr oder weniger als Konstruktionselemente für bestimmte **Klassen von Systemstrukturen** eignen. Die Fähigkeit der Systeme, in verschiedenen Klassen von Systemstrukturen auftreten bzw. nicht auftreten zu können, beweist, dass die Systeme selbst Systeme von Eigenschaften sind.[7] Werden Systeme, z.B. Menschen, aus ihren Beziehungen gelöst (Arbeitslosigkeit), so können sie ihre Potenzen nicht voll entfalten, kein Gemeinsames bilden.

Die Beschreibung eines bestimmten Systems sollte hinsichtlich seiner Stellung im Hierarchiegefüge der Systeme (Umwelt) oder speziell hinsichtlich seiner Ordnungszahl in Relation zu Ordnungszahlen übergeordneter Systeme erfolgen. Aus der Nichtbeachtung dieser Relationen entstehen Vorstellungen im Sinne des **Mechanizismus**. Auf die eine oder andere Weise sind die Realitätsbereiche auf die Bewegungsgesetze der Atome bzw. der gerade erkannten kleinsten Einheiten der Materie reduziert, da diese in allen stofflichen Gebilden existieren.

Auch der **Vitalismus** greift auf die wechselseitige Abhängigkeit der Systeme im Systemgefüge unzulänglich zurück. Er nimmt einen ganzheitsgestaltenden, nichtmateriellen Faktor an, der die materiellen Vorgänge in den biologischen Organismen zwecktätig und zielgerichtet lenkt (Entelechie). Der Vitalismus ist von idealistischer, der Mechanizismus von materialistischer Art (mechanistischer, nicht dialektischer und historischer Materialismus).

Demgegenüber lässt sich ohne theistische oder atheistische Verquickung fragen, ob Leben eine Eigenschaft von Systemen bestimmter Ordnung und Zusammensetzung sei, ob die Eigenschaft „Leben" aus der Wechselwirkung bestimmter Systeme bzw. Elemente herrühre (s. Vorwort). Der Versuch, diese Frage zu beantworten, führt zu neuen Fragen, die letztlich auf das Wesen der Materie zielen. Die Elementarteilchen bzw. die gerade erkannten kleinsten materiellen Systeme, die in übergeordneten Teilsystemen existieren und den Menschen gleichfalls aufbauen, müssten dann Strukturierungs- und Organisationsfähigkeit besitzen oder genauer: leben- und geistaufbauendes Potenzial, was sich nur unmittelbar und ohne weltliche Beeinflussung, also durch anderes Geistpotential erforschen ließe. Der Mensch ist jedoch in diese Welt eingebunden, mit ihr eins. Er kann das tiefste Wesen, die letzte Ursache des Seienden nicht ergründen. Dies bleibt ihm für alle Zeit verwehrt (was zum „Glauben" berechtigt).

Durch die **modernen Systemtheorien** sind wichtige Aussagen der materialistischen Philosophie anerkannt worden. Eine Zusammenfassung und Darstellung moderner Systemtheorien enthält das Buch von R. Beisel. Der Hinweis „alter Wein in neuen Schläuchen"[8] bestätigt die materialistische Philosophie, die nach dem Sturz im sozialistischen Lager (1989) teils integriert und in modernen Systemtheorien berücksichtigt worden ist (**Aufstieg des neuen Paradigmas**, höheres Drittes). Auf die Quantenphysik sei hier gewiesen, für die der Informationsbegriff wichtig geworden ist. Der Ausspruch aus dem Jahre 1989 ist ein Indiz für die **ideologische Revolution**, die *zum höheren Dritten: zwischen Kapitalismus und Sozialismus* führen wird: „it from Bit." Übersetzt: Die Wirklichkeit bzw. unsere Welt („it") entsteht aus Information („Bit"), die sich uns mitteilt. Auf das erste Buch sei diesbezüglich gewiesen: Kapitel 1/11/12.

Wegen der angewachsenen Literatur und der Aufspaltung in verschiedene Forschungszweige (Kybernetik, Chaosforschung, Synergetik usw.) sei angemerkt, dass man hinsichtlich physikalischer, biologischer und sozialer Systeme **interdisziplinär** arbeitet und das Problem der Selbstorganisation und Selbstregulation neu deutet. Zur „Lösung des Rätsels" (Ordnungsentstehung und Ordnungserhaltung) wird kein ganzheitsgestaltender, nichtmaterieller Faktor mehr angenommen: Ein beliebiges System (Molekül, biologischer oder sozialer Organismus) besitzt eine Struktur, die es aus sich selbst heraus entwickelt hat.

Als nächstes wird das 3. Kapitel bearbeitet - nur vorläufig! Mit dem zweiten Beitrag erst wird es seine Endfassung erhalten!

3. Gesetzlicher Zusammenhang der Welt

Die Welt gilt als Einheit in Raum und Zeit. Sie ist ein System von Systemen verschiedener Ordnung und jedes System ist wieder eine Ordnung für sich. Sie zeigt sich als Systemhierarchie, als Einheit von Teilsystemen, deren Bestandteile noch einfachere Systeme bzw. Elemente sind.

Systeme bzw. Elemente sind in Ruhe, Bewegung und Entwicklung - gemäß verschiedener **Gesetze**, die von **natürlicher** und **staatlicher Art** sind. Die natürlichen Gesetze sind das Wesentliche, Dauerhafte, Identische in wandelbaren Erscheinungen. Vom Bewusstsein des Menschen sind sie unabhängig, können weder hervorgerufen noch abgeschafft werden. Nicht nur die Gesetze der Physik, auch die der Biologie seien hier genannt: der Molekulardarwinismus, die Verteilung der Erbeigenschaften nach G.Mendel (1822-1884) oder der Zusammenhang zwischen Keimesentwicklung und Stammesentwicklung nach E.Haeckel (1834-1919).

Eigentlich sind die natürlichen Gesetze von den staatlichen Gesetzen zu unterscheiden, deren Einhaltung durch staatliche Organe gewährleistet wird. Staatliche Gesetze sind nicht notwendig das Dauerhafte in wandelbaren Erscheinungen. Sie sind der Geschichtlichkeit unterworfen und selbst wandelbar. Insofern sind Mensch und Trieb, sind die Ursachen der Entwicklung zu behandeln.

Gesetzeszusammenhänge existieren sowohl in der Natur als auch in der menschlichen Gesellschaft. Daher ist es angemessen, die verschiedenen Gesetze zu unterscheiden. Schon in der Antike wurde eine Unterteilung nach Natur, Staat und Moral vorgenommen, wobei alle Gesetze auf einen göttlichen Ursprung zurückgeführt wurden. Erst die Neuzeit, in der eine Entgöttlichung der Welt stattfand, hat die Krise des Gesetzesbegriffs auffällig gemacht.

An die Stelle der göttlichen Autorität ist die vernunftbegabte Person als Gesetzgeber getreten, womit das Verhältnis Staat und Moral wichtig geworden ist. Der moralische Rang des Gesetzgebers nämlich ist nicht immer sicher, sodass die Personenauswahl und das Gesetzgebungsverfahren zu behandeln sind. Doch erst später, im dritten Buch, wird diese Forderung aufgegriffen. Hier sollen als nächstes die verschiedenen Gesetze und ihre Wirkbereiche erörtert werden. Vorweg sei erwähnt, dass die natürlichen Gesetze nicht voneinander getrennt, sondern als **natürliche Gesetzeseinheit** aufgefasst werden - ähnlich einem „Feld“ mit unterschiedlichen **Segmenten**: dem physikalischen, biologischen und ethischen Segment.

NACHTRAG: Im Folgenden wird von einer metaphysisch-ontologischen Potenzialität ausgegangen, die jeder Materie eigen wäre und die natürliche Gesetzeseinheit, mit zunehmender Freiheit, hervorwachsen ließe, und zwar mit jedem Organismus wiederholt (beim Menschen bis zum ethischen Segment). Im zweiter Beitrag erst (achtes Buch) soll dieser Ansatz als Hypothese definiert und mit empirischen Ergebnissen belegt werden. Hier werden die **Segmente als Gesetze** angenommen (physikalisches, biologisches und ethisches Gesetz).

3. 1. Metaphysische Bestimmung

Naturwissenschaftliche Ergebnisse weisen sowohl methodisch als auch inhaltlich auf ein einheitliches Weltbild. Die Strukturen anorganischer Materie sind bis zu einer bestimmten Grenze mit der Quantentheorie beschreibbar (erstes Buch). Das *Planck*sche Wirkungsquantum, das der Quantentheorie zugrunde liegt, setzt **diese Grenze**, die nicht etwa in der menschlichen Unzulänglichkeit, sondern im Wesen der Natur gründet! Eine mit der Quantentheorie **nicht erfassbare Struktur** (Vorgang, Zustand) liegt sozusagen „vor" der physikalischen. Möglicherweise ist sie ein System von Eigenschaften (Klasse von Systemstrukturen, 2). Hier soll sie **metaphysische Ordnung** heißen - im „vorphysikalischen" Sinn!

Niemand kann die vorgegebene, zur Natur gehörende Grenze verschieben und Metaphysisches eindeutig bestimmen. Keine Ursache „hinter" der Grenze lässt sich objektiv erforschen: Alle Theorien darüber sind mangelhaft (Mangel an Objektivität). Metaphysische Vorgänge dringen ins Physikalische und Biologische, beeinflussen Lebensbereiche und das Leben selbst (Bewusstsein). Im Metaphysischen verbirgt sich nicht nur die Ursache für die „Auflockerung des Kausalzusammenhangs" und das sogenannte „Dritte", was im ersten Buch[1] beschrieben worden ist. In ihr verbirgt sich die **Ur-Sache** jeder Entwicklung, ja die Ur-Sache alles Seienden. Bezüglich Mensch und Trieb wird dies im *siebenten*/achten Kapitel zu erörtern sein.

Alle Elemente bzw. Systeme sind mit metaphysischen Eigenschaften behaftet. Zur metaphysischen Ordnung (welcher Dimension auch immer) könnte - vereinfacht - ein **metaphysisches Gesetz** gehören (Naturgesetz). Vollständige Erkenntnisse hinsichtlich des menschlichen Wesens und der realen Welt im Ganzen sind uns - wie erwähnt - für alle Zeit verwehrt. Ein Minimum metaphysischer Annahmen (Glauben) sei mir deswegen hier gewährt.

3. 2. Physikalische Bestimmung

Die physikalische Ordnung - einschließlich chemischer Vorgänge und Zustände - ist die nächst höhere Qualitätsstufe. Als System von Eigenschaften (verschiedene Klassen von Systemstrukturen, 2) umschließt sie die metaphysische Ordnung, baut auf ihr auf und erstreckt sich wie diese auf den gesamten Kosmos. Früher wurde der Kosmos als statische Einheit gesehen, seit Beginn des 20. Jahrhunderts gilt er als sich entwickelndes Gesamtsystem.

Ob sich der Kosmos endlich oder unendlich in Raum und Zeit ausdehnt, weiß die Wissenschaft nicht genau.[2] Vielleicht findet man - ähnlich der „**unteren**“ mikroskopischen Grenze - irgendwann eine „**obere**“ makroskopische **Grenze**. Mit ziemlicher Sicherheit ist der Kosmos ein allumfassendes System, in dem sich die Elemente (Elementarteilchen, Atome, Moleküle) zu immer höheren Systemen entwickelt haben.

Die Elemente, ihre Verbindungen und Eigenschaften erklärt die **Quantentheorie** (Quantenmechanik bzw. Wellenmechanik), in der die Entwicklungslinien von **Physik** und **Chemie** verschmelzen.[3] Grundsätzlich gibt sie Rechenschaft von allen Vorgängen und Zuständen in den Atomhüllen, den Molekülen, den chemischen Bindungen, den Festkörpern. Auch das Verhalten der Atomkerne hat sie weitgehend erklärt. Hinsichtlich verschiedener Ordnungen hat sie **definitorische Funktion**. Mit ihr ist die physikalische Ordnung abgegrenzt: einerseits zur biologischen, andererseits zur metaphysischen Ordnung hin.[4]

Die Systemtheorie behandelt Grundlagen der Organisationsentwicklung. Zu ihr gehört die **interdisziplinär** arbeitende **Synergetik** (Lehre vom Zusammenwirken), deren Ziel es ist, Vorgänge der Struktur- und Musterbildung, bei denen Selbstorganisation vorliegt, zu analysieren und allgemeine Gesetzmäßigkeiten aufzuzeigen. Als Beispiel aus der Physik sei die Lasertheorie von H.Haken genannt. „Die Lichtquelle **Laser** ist heutzutage ein bestens verstandenes Vielkomponentensystem und ein Paradebeispiel für die **Entstehung von Ordnung** durch Selbstorganisation.“[5] Die Theorie des Lasers[6] ist eine folgerichtige Weiterentwicklung innerhalb der Quantentheorie von Licht und Materie.

Die Quantentheorie erklärt weder die Ursache der Gesetze noch die des Lebens noch die des Makrokosmos'. Auch zur Allgemeinen Relativitätstheorie steht sie im Widerspruch, erlaubt jedoch eine Theorie der kosmischen und irdischen Formen der Materie. Kurz: Zur physikalischen Ordnung gehört das **physikalische Gesetz** (erstes Buch), das wahrscheinlich ein weiteres **Naturgesetz** (das metaphysische) in sich birgt.

3. 3. Biologische Bestimmung

Die biologische Ordnung beinhaltet die physikalische, ist dieser übergeordnet. Als System von Eigenschaften (verschiedene Klassen von Systemstrukturen, 2) umfasst sie alle biologischen Organismen, die auf dem Land, im Wasser, der Luft existieren, obwohl die Erde nicht der einzige lebentragende Planet in der Weite des Kosmos wohl ist.

Der Einzelorganismus kann nicht unmittelbar aufgetreten sein. Er muss sich zu dem entwickelt haben, wie er heute erscheint. Wie konnte das Leben überhaupt entstehen? Ist es aus dem Kosmos gekommen oder auf der Erde entstanden? Zuerst müssen sich wohl organische Stoffe, insbesondere Eiweißmoleküle, aus anorganischen gebildet haben. Das heißt, der biologischen Evolution ist wahrscheinlich eine physikalisch-chemische vorangegangen, was schon Miller vor Jahrzehnten untersuchte, und zwar in Verhältnissen, die jenen vor Milliarden Jahren ähnlich waren.[7] Auch sei die Theorie der molekularen Evolution von M.Eigen genannt, der nachweisen konnte, „dass das Phänomen der natürlichen Selektion nicht an belebte Materie gebunden ist, sondern unter bestimmten Bedingungen bereits in unbelebten Materiesystemen in Erscheinung tritt."[8] Als Voraussetzung selektiver Selbstorganisation gilt, dass das System offen ist und sich in einem Zustand fern vom thermodynamischen Gleichgewicht befindet (erstes Buch: 2. Hauptsatz der Thermodynamik).

Alles Bekannte spricht dafür: Leben erscheint nur dort, wo Zellen sind. Die Zelle ist bereits ein hochgradig strukturiertes System - aus vielen Elementen bestehend, aber auch aus Teilsystemen, in denen chemische Umsetzungen ablaufen. Wichtigstes Teilsystem ist der Zellkern, der vom Zytoplasma durch Membran abgegrenzt ist. Der Zellkern besteht hauptsächlich aus Nukleinsäuren, den Bausteinen der Gene. Die Nukleinsäuren des Zellkerns und des Zytoplasmas tragen die Gesamtinformation für Struktur und Funktion der Zelle, die durch Teilung an jede Tochterzelle weitergegeben wird.

Für ihre Lebensvorgänge brauchen die Organismen Energie. „Für die Zelle gilt der Satz von der Erhaltung der Energie“ ebenfalls. Sie bezieht ihre „Energie durch Umsetzung chemischer Verbindungen, die ihr mit der Nahrung zugeführt werden oder die sie bei Besitz von Chloroplasten durch Photosynthese selbst gewinnt.“[9] Im Prozess der chemischen Umsetzung unterscheidet man **endergonische** Reaktionen, die der Energiezufuhr bedürfen, und **exergonische** Reaktionen, die Energie freisetzen.

Eine endergonische Reaktion (**Synthese**!) kann erst dann ablaufen, wenn sie mit einer exergonischen, die mehr Energie liefert als die endergonische benötigt, gekoppelt ist. „Die überschießende Energie wird als Wärme frei ... Es scheint günstig zu sein, wenn in der Zelle jede exergonische Reaktion mit ein und derselben endergonischen Reaktion gekoppelt ist. Diese endergonische Standard-Reaktion ist in den meisten Fällen die Bildung von Adenosintriphosphat (**ATP**) aus Adenosindiphosphat (**ADP**) und einem Phosphorsäurerest ... Weil sich ATP bei Energiezufuhr leicht aufbauen und unter Freisetzung dieser Energie auch leicht wieder abbauen lässt, ist es eine geeignete Verbindung, um Energie von einer Reaktion auf die andere zu übertragen, ebenso um bei exergonischen Reaktionen freigewordene Energie zu speichern oder um eine Energieform in eine andere zu verwandeln. ATP ist in allen Zellen vorhanden und kann als eine **Schlüsselsubstanz** des Lebens bezeichnet werden.“[10]

Aus dem Aufbau der Zelle lässt sich nicht ableiten, was aus vielen Zellen entsteht. Im Organismus sind die Funktionen auf verschiedene Zelltypen verteilt, die in Gestalt, Form, Struktur z.T. deutliche Unterschiede zeigen (**funktionsspezifische Differenzierung**). Trotz dieser Spezialisierung ist jede Zelle **genetisch totipotent** ausgestattet: Jede verfügt über eine identische Genausstattung. Unter dieser Voraussetzung ist der Organismus ein sich selbst regulierendes System. Ein ganzheitsgestaltender, nichtmaterieller Faktor ist überflüssig, was die materialistische Philosophie und die moderne Systemtheorie bestätigt haben.

Wahrscheinlich waren die ersten Organismen Pflanzen und Tiere zugleich. Die Annahme eines einheitlichen Ursprungs liegt nahe, weil jeder kernhaltige Organismus seine Erbsubstanz durch Zellteilung weitergibt. Auch zeigen geizeltragende Einzeller pflanzliche wie tierische Eigenschaften. Man kann deshalb annehmen, „dass die ersten Organismen massenhaft und synchron im Urozean der Erde entstanden“[11], sich in verschiedene Arten aufspalteten, sich strukturell fortentwickelten und allmählich das Festland eroberten. Im Laufe von Jahrmillionen entstanden die heutigen Arten aus einfacher gestalteten. „Der Zeitraum, währenddessen sich eine Art in eine andere umwandelt, wird im Verlauf der Erdgeschichte immer kürzer".[12] Die Entwicklung zu immer höheren Formen beschleunigt sich, was fossile Funde eindeutig belegen (eine beschleunigte Entwicklung ist an Sozialsystemen ebenfalls erkennbar).

Den Entwicklungsgedanken vertrat zuerst J.de Lamarck (1744-1829), etwa 50 Jahre vor C. Darwin (1809-1882). Die Veränderung der Lebewesen führte er auf Gebrauch oder Nichtgebrauch der Organe zurück. Er nahm ferner an, dass sich individuell erworbene Eigenschaften als Ergebnis umweltbezogener Anpassung an die Nachkommen vererben. „Eine Vererbung erworbener Eigenschaften (aber) ist bis heute nicht bewiesen; vielmehr lehren die Ergebnisse der Genetik, dass **Modifikationen** (auf Umwelt zurückführbare Abwandlungen) nicht vererbbar sind."[13]

Eine Klärung brachte Darwins „Natürliche Zuchtwahl und Selektionstheorie", die zu einem umfassenden Gedankengebäude geworden ist, in dem Mendels Vererbungsgesetze, Haeckels biogenetische Grundregel usw. schlüssig enthalten sind. Alle freilebenden Pflanzen und Tiere sind einer natürlichen Zuchtwahl ausgesetzt (Mutation - Selektion). Im Kampf ums Dasein geschieht die Auslese nach **biologischem Gesetz**, das sowohl das physikalische als auch das metaphysische in sich trägt. **Biologisch zu überleben** - bezüglich Individuum und Art -, beschreibt das biologische Gesetz im Wesentlichen.

Starke wie schwache Nachkommen sind dem Kampf um Licht, Nahrung, Lebensraum usw. gleichermaßen ausgesetzt. Da viele Nachkommen zu Grunde gehen, bleiben jene übrig, die lebenstüchtige Merkmale haben (Tarnfarbe, Sinnesschärfe ...). Als erster wies der Holländer H.de Vries (1848-1935) auf die Bedeutung sprunghafter Erbänderungen (Mutationen), die z.B. bei radioaktiver oder kosmischer Bestrahlung auftreten (sprunghaft: Quantentheorie). Heute besteht kein Zweifel darüber, dass sprunghafte Erbänderungen neue Rassen hervorbringen.

Die Selektionstheorie gehört zu den fruchtbarsten und best begründeten Theorien überhaupt, obwohl manche Frage offen bleibt. So weist man darauf hin, dass Entwicklungslinien auch in Sackgassen führen, was die Abstammungslehre nicht erklären kann, auch nicht die Exzessivbildung wie z.B. das schwere Geweih des Riesenhirschs, die gewaltig gekrümmten Stoßzähne des Mammuts, die überschwere Panzerung gewisser Saurierarten. Bündige Aussagen darüber sind allerdings schon deshalb nicht möglich, weil man die Lebensgewohnheiten und Umweltbedingungen jener ausgestorbenen Tiere schlecht rekonstruieren kann.

Ältere wie neuere Funde belegen, „dass die Entwicklung der Lebewesen den Weg von einfachen Formen zu immer vielgestaltigeren Formen mit immer weiter vorangetriebener Arbeitsteilung der Gewebe und mit immer leistungsfähigeren Organen führte und dass in dieser Entwicklung der Mensch ... eine einzigartige Sonderstellung einnimmt."[14]

Moderne Systemtheorien gehen vom materialistischen Ansatz aus, so die Theorie der **molekularen Evolution** (Miller, Eigen) oder die Theorie autopoietischer Systeme (Maturana, Varela). Sie beschreiben Systeme, die in der Lage sind, „den Zustand des thermodynamischen Gleichgewichts (maximale Entropie) zu vermeiden, indem sie Energie aus der Umwelt aufnehmen, sie dann in anderer Form wieder abgeben."[15] Solche Systeme der Selbstregulation können ihre Zustände und Zustandssequenzen selbst erzeugen, sind aber auf bestimmte Umwelten angewiesen, wenn die Selbstreproduktion gelingen soll.

Auch die modernen Systemtheorien stehen vor grundsätzlichen Problemen. Fraglich ist z.B., wie das Kommando für die Genaktivität zustande kommt. Vereinfacht sei angenommen, dass die „Ur-Sache" dafür in metaphysischer Ordnung liegt, auf Physikalisches „belebend" wirkt und unter bestimmten Bedingungen als vorwärtsdrängende Lebenskraft biologische Aktivität auslöst. Das biologische Gesetz, das **Wachsen** und **Reifen** einschließt, erzeugt biologische Strukturen, von den Pflanzen bis zum höchst organisierten Tier.

3. 4. Rechtliche Bestimmung

In der Evolution ist der Mensch aus der Pflanzen- und Tierwelt herausgewachsen. Er kann Sonnenenergie nicht unmittelbar nutzen, auch nicht organische Stoffe aus anorganischen aufbauen. Energie und Baustoff müssen Pflanzen und Tiere liefern, sodass sein Leben von deren Lebenstätigkeit abhängig ist. Die Pflanzen und Tiere sind dem Menschen zwar unterlegen, können jedoch ohne ihn leben!

Am stärksten unterscheidet sich der Mensch vom Tier durch die Entwicklung seiner Denkfähigkeit. Als Daseinsschutz hat er keine besonderen Glieder, kann jedoch Zusammenhänge begreifen, Werkzeuge, Geräte, Maschinen bauen und als Handlungsverstärker nutzen. Der Hammer entspricht der Faust, die Schaufel der Grabhand, die Fahr- und Flugmotoren verstärken und ergänzen die Arme und Beine. Die Rechen- und Datenverarbeitungsanlagen erweitern Hirn- und Bewusstseinsfunktionen, sind **Denk- und Handlungsverstärker**, die als äußere Potenzialitäten dem natürlichen Gesetz folgen müssen.

Mit Hilfe des **staatlichen Gesetzes** lassen sich Denk- und Handlungsverstärker bzw. **äußere Potenzialitäten** aufbauen, die nach innen und außen nutzbar sind. Die **inneren Potenzen** von Personen sind deshalb nicht notwendig primär, lassen sich steigern oder mindern durch das staatliche Gesetz, das der Staat (Exekutive, Judikative) durchzusetzen hat, als einzigen Zweck seines Daseins. Mit hoheitlicher Macht versehen ist der Staat selbst Denk- und Handlungsverstärker, um Potenzen von Personen, Gruppen, Völkern zu regulieren! Auf natürliche Weise allein sind die Potenzen also nicht entstanden, sondern durch staatliches Gesetz gesteigert bzw. gemindert worden. Von daher ist die Unterscheidung zwischen natürlichem und staatlichem Gesetz berechtigt! Das natürliche und staatliche Gesetz ist als **Gesetz allgemein** definiert worden (Vorwort).

Der **Staat** ist nicht die Gesellschaft, sondern Denk- und Handlungsverstärker mit **größter Potenzialität**. Ihn zu erobern muss das Ziel der Bevölkerung sein: erreichbar durch **Politik**, deren einzige Aufgabe darin besteht, das staatliche Gesetz zu erlassen. Echte Demokratie und sittliche Freiheit gehören zusammen, andererseits Habgier, Demagogie und sittlicher Verfall. Die Eroberung des Staats ist einzelnen Menschen zu oft gelungen, gegen das Verlangen der zugehörigen Mehrheiten.

Hinsichtlich Trieb und Vernunft ist der Mensch ein Sonderentwurf der Natur. Unter allen Lebewesen nimmt er eine Sonderstellung ein. Mit ihm ist die biologische Ordnung abgegrenzt und die **menschliche Gesellschaft** entstanden, die sich wieder als System von Eigenschaften (verschiedene Klassen von Systemstrukturen, 2) auffassen lässt.

Die Staaten und Völker sind zusammengewachsen: zur menschlichen Gesellschaft, die in neben-, über- und untergeordneten Systemen und Teilsystemen existiert. Die Systeme und Teilsysteme sind die Vereine und Verbände, die Produktions- und Dienstleistungsstätten, die Gesellschaften und gesetzgebenden Parlamente (Legislative). Im Verhältnis untereinander, aber auch nach innen hin sind sie Recht und Gesetz verpflichtet. Systemtheorien wie Synergetik, Chaosforschung usw. beschreiben solche **Ordnungen** bzw. Systeme.[16]

Recht und Gesetz sind fortentwickelt und in globales Recht umgebaut worden. Solche Prozesse, die Recht globalisieren, sind nicht abgeschlossen: Gesellschaften sind weiterhin bestrebt, globales Recht zu erlassen. Gesetze und Rechtsregeln, Völkerrecht und Verfassungen sind damit gemeint, die - vereinfacht - **staatliches Gesetz** (Gesetz des Rechts) heißen sollen. Anders als natürliches ist staatliches Gesetz veränderbar!

Auf **Erfolg** und **Anerkennung** ist der Mensch ausgerichtet worden. Ohne diese Ausrichtung gäbe es keine Hochkulturen, keine technischen Wunderwerke, keine Entwicklung zum Weltbürgertum. Auf Krieg und Zerstörung aber ist eine Komponente gerichtet, die Erfolg und Anerkennung ebenfalls erstrebt. Trotz schwacher Bremse und Tendenz zur **Eskalation** lässt sich die Komponente minimieren.

Unter biologischem Aspekt tritt der Mensch reduziert auf, erscheint jedoch als System, das sich selbst reguliert und ständig erneuert. Wichtigstes Teilsystem ist das Gehirn, als Träger des individuellen Bewusstseins. Die Vielzahl der vergangenen und gegenwärtigen Kulturformen zeigt, dass das individuelle Bewusstsein **unendlich formbar** ist! Die reale, zum Menschen gehörende Bewusstseinsprägung ist nur eine von unendlich anderen Prägungsmöglichkeiten.

Ähnlich biologischer Zellen haben die meisten Menschen vermutlich **gleichstarke Potenzen**, wären je befähigt, jede Funktion im Gesamtsystem auszuüben (bei entsprechender Umwelt bzw. Förderung von Anfang an). Weil niemand alle Vorgänge im Gesamtsystem kennt und niemand das Gesamtsystem als Ganzes lenkt, sind bei Tod von Einzelnen keine wesentlichen Veränderungen erkennbar. Andere übernehmen die freien Positionen, verrichten die dort anfallenden Arbeiten. Ein ganzheitsgestaltender, immaterieller Faktor ist nicht erforderlich. Die menschliche Gesellschaft reguliert sich selbst, baut sich, ähnlich dem biologischen Organismen, aus artgleichen, **genetisch totipotenten** Zellen auf: den menschlichen Individuen. Sowohl die Zelle als auch das Individuum ist funktionsspezifisch differenziert.

Ohne staatliches Gesetz lebte der Einzelne im **Naturzustand** bzw. in biologischer Ordnung (Naturrecht, 10). Zum sittlichen Wesen könnte er nicht werden! Als Geistwesen begreift sich der Mensch, ist Höherem als sich selbst verbunden. Für als richtig erkannte Ziele setzt er sich ein, geht für andere bis in den Tod. Weniger biologisches als **geistiges Fortleben** (3.3) ist dem Streben des Menschen gemäß (Religion, Gewissen etc.).

3. 5. Ethische Bestimmung

Zum sittlichen Bewusstsein reicht das biologische Gesetz nicht hin: Organe, Anlagen und Instinkte des Menschen sind auch zerstörerisch, bedürfen ethischer Normen. Da jeder auf Förderung und Kontrolle angewiesen ist, sind sie auf den Einzelnen nicht allein bezogen, sondern auch auf sein Verhalten zum Mitmenschen und zur Gesellschaft insgesamt. Sie leiten sich aus der Vernunft des Menschen her, betreffen das Wesen der Glückseligkeit: der Freundschaft und Liebe zum Mitmenschen, der Mäßigung und Klugheit; sie fördern Streben nach allgemeinem Nutzen, meinen Befriedigung von Bedürfnis hinsichtlich aller Menschen.[17]

Antike Denker schufen Mythen von einer paradiesischen Urzeit, als Protest gegen die erlebte Ordnung, aus Sehnsucht nach menschenwürdigem Dasein.[18] Dem paradiesischen Dasein - dem Goldenen Zeitalter - legten sie all jenes bei, was Menschen entbehren mussten, von dem sie glaubten, dass es einmal existiert hatte. Seither begnügten sich Einzelne nicht mehr mit übernatürlichen Erklärungen für die Übel der Welt, sondern suchten sie auf natürlicher Grundlage, durch methodisches Denken zu erklären.

Griechen glaubten an die Fähigkeit, „gut“ und „böse“ zu unterscheiden. Protagoras (um 485-415 v.Chr.) sah den Menschen als „Maß aller Dinge“ und „die damals beginnenden philosophischen Versuche, ein allgemeines Menschenbild zu schaffen, in dem sich wesentliche, allen Menschen gemeinsame Eigenschaften zusammenfassten und das zugleich auch als Leitbild praktischen Verhaltens allgemeine Gültigkeit besitzen sollte, konnten auf die Dauer ... nicht dabei stehenbleiben, nur die Freien als Menschen gelten zu lassen.“[19] Bereits im 4. Jh. v. Chr. übertrugen Denker die Ideen der **Gleichheit, Freiheit, Gerechtigkeit** auf alle Menschen, auch auf die Frauen und Sklaven.[20] Der mit der Sophistik beginnende Denkprozess wies auf Politik und Ökonomie, gewann die Idee von der Einheit des Menschengeschlechts: der menschlichen Gemeinschaft in naturgesetzlichen Grenzen (**ethisches Gesetz**).

Die Erhebung des Menschen zum Maß aller Dinge brachte kritische, ja revolutionäre Ideen, die sich gegen solche Verhältnisse richteten, die dem Verlangen der Mehrheit entgegenstanden. Zwar erlitt der kritische Standpunkt Rückschläge, jedoch ist er bis zu uns erneuert worden. Kulturelle Rückschritte wertet die Geschichte relativ. Perioden des Rückschritts folgen Perioden des Fortschritts. Der geschichtliche Prozess schreitet nicht linear fort. Ein **geschichtslenkendes Gesetz** ist denkbar, sollte nicht ausgeschlossen werden (17.1).

Ideologie und Unterdrückung werden durch Vernunft bekämpft. Die soziale Struktur reichert sich an, entwickelt sich weiter zur **menschlichen Gemeinschaft**, die dem **ethischen Gesetz** folgen müsste (Naturrechtsnormen ebenso wie religiöse Gebote künden davon, 10). Gleichheit, Freiheit, Gerechtigkeit wären ihm gemäße Prinzipien - auf Staaten und Gesellschaften bezogen. Zuwendung, Anerkennung, Liebe wären ihm gemäße Forderungen - auf Personen und Gruppen bezogen.

Dem Menschen ist ein Streben angeboren, das ihn und die Gesellschaft höher entwickelt - vergleichbar dem Entfalten eines Kerns, der Entwicklung an einer „Anlage" nach biologischem Gesetz. Auch die **Naturliebe** ist angeboren, das ästhetische Bedürfnis nach grünen Pflanzen, Landschaften und Gewässern. Viel stärker ist die Liebe zum Kleinkind, die **natürliche Disposition** zur Fürsorge, die durch niedliche Körperformen und tollpatschige Bewegungen ausgelöst wird (**Kindchen-Schema**). Natürliche Dispositionen lassen sich ankoppeln, erweitern und vernunftgemäß kultivieren: für die Gesellschaft, zu der wir gehören - für Völker, die wir gar nicht kennen. Wir sprechen bekanntlich von Brüdern und Schwestern, von Vaterland und Nation, von Weltgemeinschaft.[21]

Analog dem biologischen Organismus wäre die menschliche Gemeinschaft aus Systemen, Teilsystemen und Elementen aufgebaut. Die meisten Elemente, die **genetisch totipotenten** Personen, hätten etwa gleichstarke Potenzen, wären je befähigt, jede Funktion im Gesamtsystem auszuüben (bei entsprechender Umwelt bzw. Förderung von Anfang an). Ein ganzheitsgestaltender und nicht-materieller Faktor wäre überflüssig (3.4). Die menschliche Gemeinschaft regulierte sich selbst: Korrigierender Faktor wäre das **gerechte staatliche Gesetz**.

Das staatliche Gesetz, das innere Potenzen bzw. äußere Potenzialitäten fördert/mindert, muss sowohl dem physikalischen als auch dem biologischen als auch dem ethischen Gesetz folgen, wobei die untergeordneten im übergeordneten enthalten sind. Um sowohl Personen als auch Gruppen als auch Gesellschaften regulieren zu können, muss das staatliche Gesetz befolgt werden. Wird vom **Gesetz allgemein** gesprochen, dann vom natürlichen und staatlichen Gesetz als Einheit.

Anders: Das Gesetz allgemein, das bedingt auftritt, ist von natürlich-kultureller Art. Es zeigt sich als Information bzw. **gesellschaftliches Sein**.

Nach materialistischer Philosophie ist das gesellschaftliche Sein, dem **gesellschaftlichen Bewusstsein** gegenüber, primär, muss aber dem physikalischen, biologischen und ethischen Gesetz folgen, was als „idealistisch" gelten und mit Kants Sittengesetz (11.1) belegt werden könnte. Das gesellschaftliche Bewusstsein andererseits ist an materielle Strukturen gebunden, die dem natürlichen Gesetz entsprechen, mit Hilfe des staatlichen Gesetzes aber veränderbar sind.

Mit Hilfe des staatlichen Gesetzes lassen sich Denk- und Handlungsverstärker (äußere Potenzialitäten) aufbauen, womit biologisch schwache Personen - gegenüber biologisch starken - überlegen wären. Erst in der menschlichen Gemeinschaft wären die äußeren Potenzialitäten gerecht verteilt - in Kombination zweier Gesetze: dem natürlichen und staatlichen Gesetz als **gerechtes Gesetz allgemein**.

3.6. Zusammenfassung und Ausblick

Der Mensch strebt nach Wissen, nach weltweiter Erkenntnis. Theorien führt er zu Synthesen, stellt dies als „Weltbild" heraus. Im Bereich des Begriffs Weltbild sind Fragen aus der Physik wichtig geworden. Mit Blick auf Zusammenhänge im Mikrobereich ist wichtig zu betonen: Zum Wesen der Natur gehört eine „untere" mikroskopische Grenze, die für sicheres und eindeutiges Wissen unüberbrückbar bleibt (Unbestimmtheit, Mangel an Objektivität). Jene Strukturen, die „dahinter" liegen, werden metaphysisch (vorphysikalisch) genannt.

Die Welt gilt als Einheit in Raum und Zeit. Ihre verschiedenen Ordnungen entsprechen verschiedenen Strukturen bzw. Informationen, die dem physikalischen, biologischen und ethischen Gesetz folgen müssen (natürliche Gesetzeseinheit). Zudem existiert ein staatliches Gesetz - mit dem natürlichen als Gesetz allgemein definiert.

Als Denk- und Handlungsverstärker tritt der Staat auf, um Potenzen von Personen, Gruppen, Gesellschaften zu korrigieren. Der Staat selbst ist dem staatlichen Gesetz verpflichtet, ebenso die Staatsführung. Weil der Staat (Exekutive, Judikative) ebenso wie die Staatsführung (Legislative) dem physikalischen, biologischen und ethischen Gesetz folgen muss, ist das Gesetz allgemein zum primären Prinzip erhoben worden, zum neuen Paradigma auch für Ethik, Politik bzw. Parteiarbeit (Vorwort/16.6.3).

Vom ethischen Gesetz zeugen religiöse Gebote, ebenso Naturrechtsnormen, die anerkannt worden sind. Auch sei erwähnt, dass Geschichtstheorien von einem die Gesellschaft treibenden Naturgesetz sprechen. Ohne Bestätigung oder Verneinung sei gesagt, dass sich die menschliche Gesellschaft - zweifelsfrei durch menschliche Arbeit - höherentwickelt hat.

Der Einzelne ist ins Weltgeschehen eingebunden. Wie weit er zur Entfaltung gelangen kann, ist nicht nur von seinem Wollen abhängig, sondern auch von seiner Umwelt, die umgekehrt sein Wünschen und Wollen beeinflusst. Einerseits wird der Einzelne durch Umwelt geprägt, andererseits durch Erbanlagen, als Träger genetischer Information.

NACHTRAG: Wenn das Reale und Wahre in den Naturwissenschaften mit dem Guten und Gerechten in den Gesellschaftswissenschaften zusammenfällt, dann entsteht eine Ethik und Jurisprudenz des Naturrechts - als wichtigstes Ereignis der Welt von heute und morgen.

Die Begriffe der menschlichen Gesellschaft und der menschlichen Gemeinschaft sind der Vereinfachung wegen gewählt worden, jedoch auch der natürlichen Gesetzeseinheit wegen. Die Frage, ob die Gesetzeseinheit wirklich existiert, muss vorerst unbeantwortet bleiben. Erst im zweiten Beitrag (achtes Buch), als Neubearbeitung des vorliegenden Kapitels, soll dieser Frage nachgegangen werden.

Im Folgenden wird die natürliche Gesetzeseinheit aber vorausgesetzt. Den Pflanzen, Tieren, Menschen wird ein gemeinsamer, jedoch gegliederter Freiheitsraum zuerkannt, der sich nach „oben" hin kegelförmig aufweitet. Insgesamt könnte die Welt als Raum-Zeit-Gebilde aufgefasst werden, dem der kegelförmige Freiheitsraum (Raum-Zeit-Öffnung) eigen wäre, der selbst in metaphysischer Ordnung beginnen würde. Nach „oben" hin - zur größer werdenden Öffnung - würde die physikalische Ordnung sich anschließen, danach die biologische und die ethische, also die der Lebewesen, die bei Tod wieder nach „unten" sinken würden.

Das vorgestellte Bild soll nicht dem Modellsystem der realen Welt zugeordnet werden, soll nur deutlich machen, dass zu jedem Lebewesen ein vorgegebener - naturgesetzlicher - Spielraum gehört. Im Gesamtsystem sind natürliche Grenzen erfahrbar und anzuerkennen bei Strafe von Verletzung oder Untergang. Die natürliche Gesetzeseinheit ließe den Spielraum erfahrbar werden, sprich: dessen natürliche Grenzen, die zusätzlich abzusichern wären, durch gerechtes staatliches Gesetz. So gesehen, hätte das staatliche Gesetz nur **erfüllende Funktion** (16.6.3).

Ohne dem Modellsystem der realen Welt das vorgestellte Bild zuordnen zu wollen, sei eine Graphik beigefügt, ein raum zeitliches Schema von der natürlichen Gesetzeseinheit (Kugelgestalt A). Im naturgesetzlichen Spielraum (Kegelgestalt B) wäre das gerechte staatliche Gesetz sozusagen eingebettet, und zwar komplementär zur natürlichen Gesetzeseinheit. Die Grenze des vorgegebenen Spielraums (Kegelwand) wäre dadurch zusätzlich abgesichert. Andernfalls - beim Übertreten der Grenze - ließe die natürliche Gesetzeseinheit den Spielraum erfahrbar werden.

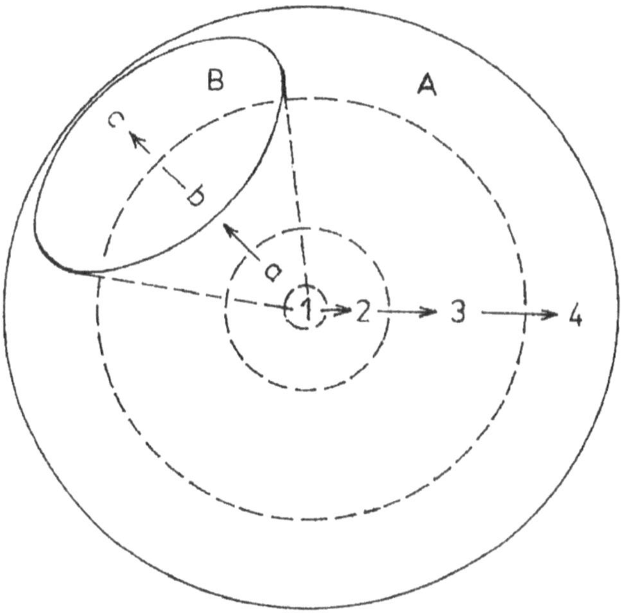

A: Raum-zeitliches Schema(!) von der natürlichen Gesetzeseinheit:
- metaphysisches Segment (auch Bereich, Ordnung, Aspekt) 1
- physikalisches Segment (auch Bereich, Ordnung, Aspekt) 2
- biologisches Segment (auch Bereich, Ordnung, Aspekt) 3
- ethisches Segment (auch Bereich, Ordnung, Aspekt) 4

B: Spielraum in der natürlichen Gesetzeseinheit:
- *im* physikalischen Segment (auch Bereich, Ordnung, Aspekt) a
- *im* biologischen Segment (auch Bereich, Ordnung, Aspekt) b
- *im* ethischen Segment (auch Bereich, Ordnung, Aspekt) c

Näheres dazu im siebenten Buch, insbesondere Kapitel 3.5/3.7/4.3.1.

4. Informationstheoretische Betrachtung

Umgangssprachlich meint Information eine Botschaft, die zu einem Partner läuft und ihn ggf. zum Handeln veranlasst. Hinsichtlich moderner Medien hat der Terminus Information einen erweiterten Sinn erhalten, der auch die Signale erfasst, die in Rechnern, Datenverarbeitungsanlagen, ja in tierischen und menschlichen **Nervennetzen** übertragen werden.[1] Zuerst eine kurze biologische Betrachtung.

4. 1. Biologischer Aspekt

Grundlagen der Informatik lassen sich am biologischen Erbgut erkennen, im elementarsten Bereich des Lebens. Im Kern einer Zelle ist die Gesamtinformation zu deren Aufbau und zum Aufbau des Individuums vorhanden. Rund um die Uhr werden Daten verarbeitet: Es wird gelesen, kopiert und sozusagen neu gemischt.

Zellen arbeiten nicht mit Bits (Nullen und Einsen), sondern mit vier Molekülen: den DNA-Basen **Adenin**(A), **Cytosin**(C), **Guanin**(G) und **Thymin**(T). Aneinandergereit kodieren sie den Bauplan der Proteine, aus denen die Lebewesen bestehen (Pythagoräismus, erstes Buch, 2.2/2.3/ 2.7). Dabei verwenden alle Zellarten den gleichen genetischen Code, entsprechend der Maschinensprache z.B. eines Siliziumprozessors.

Höher entwickelte Zellen verwenden meist einen aus Original und Spiegelbild gedoppelten DNA-Strang. Durch diese Basenpaarung entstehen weniger Fehler, was größere Speichermengen ermöglicht. Der Bauplan eines Virus z.B. umfasst einige Kilobytes. Eine menschliche Zelle kommt mit vier Milliarden Basenpaaren auf etwa ein Gigabyte DNA-Information (zwei bits pro Basenpaar).

So wie Computer für einen Buchstaben acht bits (ein Byte) aufwenden, kann der **DNA-Code** als spezielle Sprache verwendet werden.[2] Bei der Beschreibung des Menschen und seiner Umwelt soll vom biologischen Erbgut ausgegangen werden, dem Träger genetischer Information.

4. 2. Wissenschaftlicher Ansatz

Laut Theorie muss Information messbar und mathematisch ausdrückbar sein, unabhängig davon, ob eine Gruppe von Zeichen bzw. Signalen sprachliche Bedeutung (semantischen Gehalt) besitzt oder nicht. Sinnlose

Töne, Zahlen oder Buchstabenreihen tragen ebenfalls Information, auch wenn Inhalte nicht ausgedrückt werden. Diesbezüglich wird mit einer elementaren Darstellung des Informationsbegriffs begonnen.

Nach der Informationstheorie gehen Zeichen auf eine Quelle zurück. Häufig stammen sie aus einem Zeichenvorrat (Zahlen, Alphabet usw.), werden vom **Sender** in eine dynamische Form gebracht (Ton, elektrischer Impuls) und zum **Empfänger** geleitet, und zwar über einen Kanal, der der Signalform angepasst ist. Unter Umständen kommt es im Kanal (Nervenfasern usw.) zu Störungen, wobei das Signal verändert oder zerstört wird. Beim Empfänger angelangt, wird das Signal dekodiert und seiner Bestimmung zugeführt. Jede Kommunikation, von der einfachsten Tiersprache bis zu technischen Nachrichtensystemen und der menschlichen Wahrnehmung, läuft vermutlich auf diese Weise ab. Doch zurück zur Auswahlentscheidung der verschiedenen Zeichen.

Die einfachste Möglichkeit einer Auswahlentscheidung ist gegeben, wenn der Zeichenvorrat aus zwei Zeichen besteht, z.B. den Ziffern **Null** und **Eins** (Binärziffer). Es ist vorteilhaft, diese, aus zwei Möglichkeiten bestehende Auswahlentscheidung als **Maßeinheit** für den Informationsgehalt zu nutzen. Diese kleinste Maßeinheit nennt man **1 bit** (im Gegensatz zur Binärziffer Bit).

Wenn im Zeichenvorrat mehr als zwei Zeichen sind, dann könnte die Entscheidung für ein Zeichen durch mehrere Binärentscheidungen zustande kommen. So lässt sich aus dem Vorrat von vier Zeichen (A,B, C,D) der Buchstabe B dadurch bestimmen, dass der Vorrat zunächst halbiert und eine Entscheidung für die linke Vorratshälfte (A,B) getroffen wird (erste Binärentscheidung). Danach wird diese Vorratshälfte erneut halbiert. Die Entscheidung für die rechte Hälfte der Hälfte (zweite Binärentscheidung) liefert den Buchstaben B.

Allgemein gilt: Der Informationsgehalt eines Ereignisses aus zwei gleichwahrscheinlichen Möglichkeiten (Wahrscheinlichkeit einhalb) beträgt ein bit, der aus vier gleich-wahrscheinlichen Möglichkeiten (Wahrscheinlichkeit ein Viertel) zwei bit usw. Der Informationsgehalt eines Zeichens aus unserem Vorrat (vier Zeichen) beträgt also zwei bit.

Für einen Zeichenvorrat aus N Elementen ist der Informationsgehalt eines Zeichens gleich Logarithmus zur Basis zwei aus N, jedoch nur unter der Voraussetzung, dass alle Zeichen mit gleicher Wahrscheinlichkeit auftreten. Im Fall verschiedener Wahrscheinlichkeiten (z.B. bei den Buchstaben der natürlichen Sprache oder den Basen der DNA) wird der obige Ausdruck komplizierter. Gewiesen sei auf die entsprechende Fachliteratur.[3]

Komplikationen entstehen, wenn die Zeichen des Zeichenvorrats nicht nur mit unterschiedlichen Wahrscheinlichkeiten auftreten, sondern untereinander noch abhängig sind, etwa bei den Buchstaben der Sprache. Mit Hilfe der Theorie der bedingten Wahrscheinlichkeit lassen sich mathematische Ausdrücke für den Informationsgehalt auch in solchen Fällen liefern, bei denen die Wahrscheinlichkeiten der Aufeinanderfolge zweier oder mehrerer Zeichen des Vorrats (DNA-Strang) berücksichtigt werden.

Die mathematische Beziehung für den Informationsgehalt eines Zeichens (bei voneinander verschiedenen Wahrscheinlichkeiten bezüglich aller Zeichen) weicht ab vom mittleren Informationsgehalt der Zeichen des Zeichenvorrats, der nach der sogenannten *Shannon*schen Formel berechnet wird. Wegen formaler Ähnlichkeit mit der *Bolzmann*schen Beziehung, die in der Thermodynamik die Entropie[4] eines physikalischen Systems bestimmt, nennt man den mittleren Informationsgehalt auch **negative Entropie** bzw. **Negentropie** (negativ, weil die thermodynamischen Prozesse zur gleichmäßigen Verteilung der Elemente tendieren, also zur größten Mischung oder **Unordnung**, während Informationsprozesse gerade umgekehrt verlaufen, nämlich von der Ungewissheit zur eindeutigen Gewissheit oder **Ordnung**). Man kann den Sachverhalt auch anders begründen.

Zwecks Übertragung von Information wird stets ein materielles Trägermedium benötigt. Dies hat die Erkenntnis gefördert, dass Information keine autonome Entität, sondern eine **strukturale Eigenschaft** des physikalischen Trägers ist. Zur Beschreibung eines komplexen Systems, das sich weit vom thermodynamischen Gleichgewicht befindet, bedarf es einer großen Menge von Information. Anders beim niedrig geordneten System in der Nähe des thermodynamischen Gleichgewichts. Weil dieses System weniger Angaben erfordert, wird sein Informationsgehalt mit negativer Entropie (Negentropie) gekennzeichnet.

Nach dem Zweiten Hauptsatz der Thermodynamik nimmt die **Entropie** im geschlossenen System zu.[5] Das heißt: Information geht verloren, weil der **Ordnungsgrad** des Systems abnimmt. Umgekehrt kann Zuwachs von Information nur auf Kosten eines solchen Systems erfolgen, das das andere in sich einbettet. Dieses einbettende System zeigt eine stärkere

Zunahme von Entropie (Abnahme von Ordnung bzw. Information). Das konkrete Ordnen von z.B. Buchstaben in eine sinnvolle Reihe (Wort, Satz) ist Arbeit, die ihrerseits von der **Entropiezunahme** ihrer Umwelt lebt (zuarbeitende Personen). Mehr dazu in Kapitel 6/8.2.

Der Informationsbegriff ist gemäß der Theorie ein **statistischer Begriff**. Er gibt - semiotisch - nur den syntaktischen Aspekt von Zeichen wieder. Doch Zeichen stehen nicht nur zu anderen in Beziehung (syntaktischer Aspekt), sondern auch zu deren Bedeutungen (semantischer Aspekt), ferner zu den bezeichneten Objekten und den Systemen, zwischen denen Zeichenverkehr stattfindet (pragmatischer Aspekt).

Für Theorien, die es gestatten, den syntaktischen, semantischen und pragmatischen Aspekt zu fassen, liegen mehr als Ansätze vor. Eine abgeschlossene Theorie fehlt noch. Dennoch wird im Folgenden versucht, sowohl den Menschen als auch seine Umwelt mit dem Informationsbegriff zu beschreiben. Ausgegangen wird dabei - wie erwähnt - vom biologischen Erbgut, dem Träger genetischer Information.

Allgemein ist Information ein Name für den Ordnungsgrad bzw. die strukturale Eigenschaft des materiellen Trägers (auch des Gehirns). In diesem Sinn wird der Informationsbegriff gebraucht.

4. 3. Information als Nachricht

Nachricht ist die klassische Art journalistischer Darstellung. Die seriöse Zeitung gewichtet ihre Nachrichten nach der Position des Ereignisses in einer vorgestellten Bedeutungshierarchie, die Boulevard-Zeitung nach dem Sensationseffekt usw. Auch die genaueste Nachricht kann das Ereignis nicht genau fassen, nie in allen Ursachen und Folgen. Selbst dem Realisten ist die Nachricht kein vollständiges Abbild der realen Ereignisse. In komplexen Gesellschaften konstruieren Massenmedien soziale Wirklichkeiten.

Nachrichten sind **künstliche Ausschnitte** ohne Anfang und Ende. Oft prägen sie falsche Vorstellungen, greifen Höhepunkte heraus, richten sich nach der räumlichen Nähe, der Schwere des Vorfalls, der Prominenz beteiligter Personen, der Macht des betroffenen Staats usw. Solche Nachrichten zeigen, dass Gewaltakte, Verbrechen und Katastrophen größere Chancen auf Öffentlichkeit haben als geräuschlose Pflichterfüllung, Akte der Menschlichkeit oder geordnete Verwaltung (**Negativismus**: menschlicher Grundtrieb, 8.2).

Nachrichten erreichen Menschen in Worten und bewegten Bildern. Früher kamen sie mehr aus der nahen Umgebung, heute liegt der Horizont weiter, im Weltraum, vermittelt durch Massenmedien. Nur selten ist der Vergleich mit realen Erlebnissen noch möglich. Die bewusste Welt ist nur teils erlebte Realität.

Wer über Information verfügt und sie zu nutzen weiß, hat Vorteile gegenüber anderen (Wissen ist Macht). Zu allen Zeiten sind Anstrengungen unternommen worden, sich **Herrschaftswissen** anzueignen und nach unten hin abzuschirmen. Von daher ist erkennbar, dass Vereinzelung erwünscht ist (teile und herrsche). Man schaue auf unterentwickelte Weltregionen, aber auch auf unsere Gesellschaft. Die gesamte Menschheitsgeschichte könnte unter dem Aspekt des Kampfes um **Offenheit** (1) und Freiheitsrechte gesehen werden (Versammlungsfreiheit, Meinungsfreiheit usw.). Allein das Wissen, **Offenheit** herstellen zu können, hat enorme Auswirkungen auf Personen in Führungs- und Machtpositionen.

In demokratischen Institutionen (Parlamenten) geht die Gewalt vom Volke aus, das seinerseits das Recht und die Pflicht hat, sich über Gegenstände von **öffentlichem** Belang zu informieren, aber auch über Aufbau, Struktur und Arbeitsweise wichtiger Organisationen (insbesondere politischer Parteien). Je mehr Teilhabe an der Leitung der Gesellschaft gewährt wird und je aktiver Gebrauch davon gemacht wird, um so mehr ist darauf zu achten, welche Leistung die Medien erbringen. Der Grad der realen Informationsfreiheit im Land war und ist ein untrüglicher Maßstab für den Charakter des installierten Herrschaftssystems.

Eine höhere Empfindlichkeit für Verletzungen der Menschenrechte in Entwicklungsländern ist für die Beseitigung von materieller und geistiger Armut besonders wichtig. Weil die grenzüberschreitende Nachricht nicht selten zu einer wirksamen Hilfe für Unterdrückte und Verfolgte wird, sind **Medienrecht** und **Mediendarbietungen** zu beachten. Wichtig ist das „Gesetz der Aktualität", das nur solche Wirklichkeitselemente als nachrichtenfähig zulässt, die für den Empfänger neu sind und eine Veränderung der Wirklichkeit anzeigen. Das heißt, eine Auswahl aus der Gesamtwirklichkeit muss nach dem Kriterium „Veränderung" oder „Entwicklung" getroffen werden.

Weil der Informationsbegriff und die beschriebene Informationsvermittlung an Beispielen deutlicher wird, ist ein Auszug aus einem Lehrvortrag beigefügt, bezüglich „Wort“, „Begriff“ und „Bewusstseinsbildung“. Dabei ist davon auszugehen, dass **Information** sowohl **bildlich** als auch **verbal** wahrgenommen wird, dass Informationsverarbeitung auch ohne Sprache geschieht (7.3).

4. 4. Vortrag

Ein Kind entwickelt Vorstellungen über jene Person, die es streichelt, nährt, säubert usw. Ihr gegenüber bringt es seine Vorstellung mit dem Wort „Mama“ zum Ausdruck. Das **Wort** ist eine Lautfolge, der **Begriff** eine Vorstellung. Mit dem Wort „Mama“ wird die Vorstellung - der Begriff - fixiert und stabilisiert.

Alles um uns herum trägt Information: Gegenstände, Klänge, Gerüche, die sinnlich erfasst, mehr oder weniger verarbeitet und ins Bewusstsein eingebaut werden. Als ideelle Widerspiegelung eines Teils der Welt könnte das individuelle Bewusstsein gelten, als komplexes System von Information allgemein. Um dies vor Augen zu führen, etwa in der Schule, erscheint folgende Überschrift an einer Wandtafel:

Information (Bewusstsein).

Information baut sich gestuft auf. Man beginne mit der untersten Informationsstufe, auf der Gegenstände bzw. Bilder (Klänge, Gerüche usw.) sinnlich erfasst werden, wie auch Tiere das können. So sieht z.B. ein Vogel während seines Fluges einen großen Gegenstand (Eiche). Nach Verarbeitung fliegt er hinein oder weicht ihm aus. Um die erhaltene Information vor Augen zu führen, erscheint unter der obigen Überschrift eine Zeile, mit Bild:

Erste Informationsstufe: Bild(!) einer Eiche.

Nur der Mensch ist fähig, von Gegenständen, Bildern, Klängen, Gerüchen usw. Begriffe zu bilden. Von unserem Gegenstand wird der Begriff „Eiche“ gebildet. Wieder folgende Tafelanschrift unter der letzten Zeile:

Zweite Informationsstufe: Eiche.

Mit dem Begriff der Eiche ist nicht nur der Gegenstand, den der Vogel wahrnimmt, erfasst. Gegenstände ähnlicher Form sind ebenfalls fixiert, etwa solche in weit entfernten Ländern. Das heißt, mit dem Begriff der Eiche werden Gegenstände mit gemeinsamen Merkmalen erfasst. Durch Begriffsbildung wird die Vorstellung - das Denken - aufgeweitet. Tiere können das nicht, können keine Begriffe bilden.

Neben der Eiche (erste Informationsstufe) soll das Bild eines zweiten Gegenstandes stehen, z.B. das einer Birke. Der gemeinsame Begriff heißt dann „Baum“. Wieder folgende Tafelanschrift unter der letzten Zeile:

Dritte Informationsstufe: Baum.

Danach sollen neben den Bildern der Eiche und Birke (erste Informationsstufe) die Bilder Tulpe, Hund und Berg erscheinen, sodass untereinander(!) die Begriffe *„Pflanze“ (vierte Informationsstufe), „Lebewesen“ (fünfte Informationsstufe)* und *„Natur“ (sechste Informationsstufe)* erarbeitet werden können. Andere **Begriffshierarchien** setzen sich aus zehn und mehr Abstraktionsstufen zusammen, mit zunehmend weiterem Erkenntnisradius.

Nimmt ein Kind ausschließlich Gegenstände, Bilder, Klänge wahr (Fernsehen, Illustrierte usw.), dann erfasst es nur Informationen auf der ersten Informationsstufe. Sein Denkvermögen wird eingeengt, seine Vorstellung und Fantasie verkümmern. Nimmt ein Kind Bilder und Worte gleichzeitig wahr (Fernsehen), dann wird das Bild bevorzugt. Das Kind konzentriert sich auf die Wahrnehmung des Bildes - des schönen Bildes! Der Sehsinn ist der stärkste unserer Sinne: Zu unseren Augen laufen viel mehr Nervenbahnen als zu unseren Ohren!

Kinder brauchen Gegenstände, Bilder, Klänge, Gerüche zur Begriffsbildung, als Grundlage geistiger Entwicklung. Komplexe Zusammenhänge lassen sich damit einengen und personifizieren (Märchen, Mythen), was alle Religionen ausnutzen: Dort existieren Engel, Teufel, Dämonen. Der Engel verkörpert das Gute: er ist schön; der Teufel das Böse: er ist hässlich, was entsprechende Gefühle auslöst. Alle **Religionen** erzeugen Gefühle, rücken Personen, Bilder, Klänge, Gerüche in den Vordergrund, nicht nur gegenüber Kindern! Die Vernunft - das klare Denken - spielt eine untergeordnete Rolle. Existieren Teufel und Engel tatsächlich? Auf das siebente Buch sei gewiesen: Entschlüsselte Religion.

Das **Bild** - schön anzusehen - liegt auf der niedrigsten Informationsstufe (von Schema und Kunst abgesehen), auf die wir ständig zurückfallen. Nicht nur Bilder, sondern Sinneserregungen allgemein (Sehen, Hören, Riechen, Schmecken, Tasten) lassen **Gefühle** entstehen. Mit zunehmender Begriffshöhe nimmt die Stärke der Gefühle ab! Auf Gefühle brauchen wir nicht stolz zu sein, was zwischen Personen und Geschlechtern oft strittig ist. Doch jene Personen, die es in Medien verstehen, breite Bevölkerungsgruppen zu animieren, könnten - falls erwünschtes Programm - auf ihre Fähigkeiten stolz sein.

4. 5. Zusammenfassung und Ausblick

Individuum und Umwelt tragen Information, die nicht notwendig an eine Bedeutung der Termine im sprachlichen Sinn gebunden ist. Weil Information stets ein materielles Trägermedium braucht und eine strukturale Eigenschaft des Trägers ist, wird sie mit den physikalischen Begriffen der Ordnung und Entropie verbunden. Nach dem Zweiten Hauptsatz der Thermodynamik geht Ordnung des Systems bei wachsender Entropie verloren - und umgekehrt. Je weniger Ordnung bzw. Information im System, desto größer dessen Entropie - und umgekehrt (Zuwachs von Information auf Kosten einbettender Systeme: Personen, Gruppen usw.).

Information ist ein Name für den Ordnungsgrad bzw. die strukturale Eigenschaft materieller Systeme (DNA, Worte usw.). Weil der Aufbau der Lebewesen dem der DNA folgt, also dessen Zahlenverhältnissen entspricht, könnte dem Pythagoräismus - begrenzt - zugestimmt werden. Nach ihm bestimmen Maß und Zahl die gesamte Natur, auch die des Menschen (erstes Buch, 2.2/2.3/2.7). Maß und Zahl jedoch zeigen sich nur **bedingt**: als Information! Weil der Mensch selbst zur Natur gehört, zeigt sich ihm die bedingte Natur immer nur bedingt. Bedingtheit liegt also an **zwei Seiten** vor: in der Natur und im Menschen, der seinerseits die Natur zu erforschen versucht, am tiefsten in der Physik. Im Grunde aber ist die Welt nicht begreifbar!

Information lässt sich manipulieren, nicht jedoch natürliches Gesetz. Zur Information gehört das staatliche Gesetz! Dessen Träger heißt Staatsführung und Staat.

Hohe Ordnungsgrade zeigen biologische und soziale Systeme. So ist z.B. das menschliche Gehirn als Träger des Bewusstseins ein System extrem hoher Ordnung, allerdings ein offenes System, das einerseits durch Umwelt, andererseits durch genetische Information aufgebaut wird. Die dort ablaufenden Prozesse sind mit dem Ordnungsbegriff wahrscheinlich deutbar. Möglich ist es, dass von außen kommende Information als strukturale Eigenschaft des Trägers erst bei übereinstimmender Gehirnstruktur „verstanden“ wird (Aha-Erlebnis). „Verstehen“ hieße dann, „zueinander passen“. Zwei verschiedene, vielleicht komplementäre Strukturen „verstehen“ sich, wie zwei Menschen sich verstehen oder sich verstehen lernen (Erkenntnisdialektik). Beim Verstehen stimmt ein Teil des **gesellschaftlichen Seins** mit einem Teil des **gesellschaftlichen Bewusstseins** überein.

Menschen denken am liebsten in Gegensätzen. Folglich stellt die breite pädagogische Öffentlichkeit die naive Frage: Vererbung oder Umwelt? während Wissenschaftler längst differenzierte Fragen aufwerfen. Etwa: Inwieweit gehen Unterschiede zwischen Individuen auf Anlage- und Umweltfaktoren zurück? Oder: In welcher Wechselwirkung stehen Anlage- und Umweltfaktoren beim Kind? Man kann bezüglich Begabung und Intelligenz, schulische Ausbildung und Beruf (auch wegen des Anstiegs geschulter Individuen) aus Ergebnissen Rechtsforderungen herleiten, die den Maßstab der Gerechtigkeit fördern würden (1).

Das Problem der Gerechtigkeit hat vornehmlich eine objektive und eine subjektive Dimension. In der objektiven Dimension ist Gerechtigkeit an die Grundwerte der Gleichheit, Freiheit, Solidarität gebunden, die später behandelt werden. In der subjektiven Dimension steht der Einzelne im Blickpunkt, um einerseits Rechte und Pflichten nach Bedürftigkeit und Leistungsfähigkeit, um andererseits Bestrafung nach Schwere des Delikts zuordnen zu können. Doch zuvor muss der Mensch allgemein betrachtet werden, danach sein innerstes Motiv (Gerechtigkeitsidee, 7.2.1).

5. Zum Aufbau des Menschen

Das Individuum ist ein relativ selbständiger Reaktionsbereich, ein System bzw. Element übergeordneter Systeme. Seine Umwelt besteht ebenfalls aus Systemen bzw. Elementen der physikalischen, biologischen und ethischen Einheit der Welt.

Der Aufbau des Individuums beginnt bekanntlich mit der befruchteten Eizelle, die sich nach Ablauf einer gewissen Zeit teilt. Die beiden neuen Zellen besitzen identisches Genmaterial und teilen sich wieder nach gewisser Zeit etc. Im Gefüge übergeordneter Systeme ist das neue Individuum ein relativ selbständiger, in sich differenzierter Reaktionsbereich, der Altes ersetzt und ggf. fortentwickelt. Es ist ein offenes System im **Fließgleichgewicht** bzw. geschlossenes System im **dynamischen Gleichgewicht**, weil ständig Stoffe bzw. Informationen verarbeitet werden.

Aus seiner Umwelt - hauptsächlich seiner näheren Umwelt - nimmt das Individuum verwertbare Stoffe bzw. Informationen auf, wandelt sie um, verarbeitet sie und gibt sie in veränderter Form wieder ab (Vorgang der Arbeit). Äußere und innere Strukturen verändern sich ständig, erkennbar innen als Zelldifferenzierung, außen als Gestaltwandlung. Ferner macht sich die dynamische Struktur in Regulationen bemerkbar: auf störende Einflüsse von außen, auf Veränderungen der näheren und weiteren Umwelt. Die Veränderungen werden gleichfalls als Stoff bzw. Information aufgenommen und so verarbeitet, dass die Reaktion der gegebenen Situation entspricht. „Einfache und überschaubare **Regulationen** setzen schon im **molekularen Bereich** bei der Steuerung der Genaktivität ein. Sie verflechten sich auf höherer Ebene (Zelle usw.) zu einem Netz ineinandergreifender Regulationen, die ganz auf die Erhaltung des Individuums abgestimmt sind. Jeder Ausfall der Regulation führt zum Tod.

Besondere Bedeutung für die Regulation in Organismen haben die **Regelkreise**. Sie wirken meist wie die aus der Technik bekannten Regelvorgänge. Die Regulation ist immer auf das Ganze abgestimmt, auf den Organismus insgesamt. Sie erfasst zwar oft nur Teilbereiche; doch sind diese durch das Gefüge der Systemteile so gekoppelt, dass stets der gesamte Organismus beteiligt ist.“[1]

5. 1. Gehirn, Nerven- und Hormonsystem

Das Nervensystem durchsetzt den Körper in feinsten Verästelungen. In konzentrierter Anhäufung liegen Nervenzellen und Nervenfasern im Gehirn und Rückenmark. Die von dort zu den Muskeln gehenden Nervenfasern heißen Bewegungsnerven. Die von den Sinneszellen und Sinnesorganen zum Gehirn und Rückenmark laufenden Nervenfasern heißen Empfindungsnerven.

Die Bewegungs- und Empfindungsnerven werden zusammengefasst und als **Umweltnervensystem** gekennzeichnet, das dem Erfassen der Umwelt dient und das Verhalten und Handeln steuert. Ihm steht das Lebens- oder **vegetative Nervensystem** gegenüber, das die inneren Organe, die Stoffwechselvorgänge, den Wasserhaushalt, die Blutverteilung usw. reguliert.

Erlebnisse wie Angst, Aggression können über das vegetative Nervensystem physische Funktionen beeinflussen. Viele Beschwerden an Organen wie Herzschmerzen, Magenschmerzen beruhen wahrscheinlich weniger auf Erkrankung dieser Organe als auf Störung des vegetativen Nervensystems, das als Bindeglied zwischen Psyche und Physe gilt. Durch Vorstellen allein kann das vegetative Nervensystem schon erregt werden mit Auswirkung auf körperliche Funktionen. Umgekehrt können sich körperliche Störungen auch psychisch auswirken.[2] Umwelt- und vegetatives Nervensystem bilden eine Einheit.

Der wertvollste Teil des Nervensystems ist das **Großhirn** und die gefaltete **Großhirnrinde**, die - unbeschadet ihrer vielfältigen Verbundenheit mit anderen Bereichen - ein eigenes, in sich gegliedertes Organ darstellt. Das Großhirn und die Großhirnrinde bergen Entstehungsorte für bewusste Empfindungen und rationale Handlungen. Beide spielen eine besondere Rolle für alle höheren psychischen Vorgänge wie sinnvolles Schließen, abstrahierendes Denken, gewolltes Handeln.[3] Doch an solchen Leistungen ist immer das gesamte Gehirn, ja der gesamte Organismus beteiligt.

Mittels Nervenfasern steht die Gehirnrinde mit allen Teilen des Gehirns und Nervensystems in Verbindung. Die Nervenfasern enden in den Sinnesorganen und Sinneszellen, die in Haut, Muskeln und Gelenken eingebettet sind. Da die Sinnesorgane und Sinneszellen zum Nervensystem gehören, sind sie Brücken zur Außenwelt. Die von dort kommenden Reizwirkungen werden in besonderer Weise vermittelt.

Vieles erreicht unser Bewusstsein nicht, weil wir keine oder nur schwach ausgebildete Sinnesorgane und Sinneszellen dafür haben. Man kann sagen, dass der Mensch von seiner Umwelt nur das erfassen kann, was er von den Sinnesorganen und Sinneszellen mitgeteilt bekommt.[4]

Beim Reizen der Sinneszellen und Sinnesorgane entstehen elektrische Aktionspotentiale bzw. impulsartige Ströme, die sich entlang der Nervenfasern ausbreiten. Der Reiz muss eine bestimmte Stärke haben und eine bestimmte Zeit einwirken. Er muss die Reizschwelle der Sinneszelle überschreiten. Die Energie für Entstehung und Weiterleitung der Ströme liefert nicht der äußere Reiz, sondern der Stoffwechsel der gereizten Zelle. Der Abstand zwischen zwei elektrischen Impulsen, die **Impulsfrequenz**, stellt das verschlüsselte **Informationselement** der Außenwelt dar. Man sagt: Der Reiz steuert die Entstehung und Frequenz der Impulse; was vom Reiz auf die Frequenz der Impulse übergeht, ist Information.[5]

Impulsartige Ströme fließen zum Gehirn. Welche Vorstellungen und Empfindungen sie dort auslösen, hängt davon ab, in welche Bezirke sie einlaufen. Wie das Entschlüsseln und Umsetzen geschieht, ist weitgehend unbekannt, trotz vieler Teilerkenntnisse. „So fand man z.B. im optischen Zentrum des Großhirns der Katze eine Nervenzelle, die nur dann erregt wird, wenn an einer ganz bestimmten Stelle der Netzhaut eine helle Linie in einem ganz bestimmten Winkel zur Senkrechten verläuft. Verläuft an derselben Netzhautstelle eine helle Linie in einem anderen Winkel zur Senkrechten, spricht die vorher erregte Nervenzelle nicht an, dafür aber eine andere danebensitzende. Wieder andere Nervenzellen sprechen dann an, wenn an derselben Netzhautstelle eine Hell-Dunkel-Grenze verläuft. Je nach der räumlichen Orientierung dieser Grenze werden andere Gehirnzellen erregt. Jeder Netzhautstelle ist eine Vielzahl von Nervenzellen im Gehirn zugeordnet und jede dieser Nervenzellen spricht nur auf eine ganz bestimmte Reizsituation an der Netzhautstelle an."[6] Auf diese Weise kommt mit hoher Wahrscheinlichkeit - auch beim Menschen - das Erkennen von Formen zustande.

Im menschlichen Großhirn existieren „Rindenbezirke, in denen offenbar **Erinnerungsbilder** früherer Eindrücke gespeichert sind, die wieder ins Bewusstsein zurückgeführt und mit dem neuen Eindruck verglichen werden."[7] Oft bleiben Erinnerungsbilder - insbesondere aus Kindertagen - bis ans Lebensende erhalten. „Man vermutet deshalb, dass die Gedächtnisinhalte in stofflicher Form, z.B. in bestimmten Strukturen von Makromolekülen, niedergelegt sind."[8] Zwecks Überprüfung übertrug man von trainierten Tieren Gehirnauszüge auf untrainierte Tiere. Denn Gehirnauszüge enthalten möglicherweise solche Stoffe, die Gedächtnisinhalte gebunden haben. Die Versuchsergebnisse zeigten, dass einige untrainierte Tiere von trainierten Gedächtnisinhalte erhalten hatten.[9] Die Ergebnisse blieben nicht unwidersprochen. Sie weisen dennoch auf die Tatsache, dass Denken und menschliches Bewusstsein an physikalisch fassbare Stoffe gebunden sind und nicht in abgetrennten Bereichen existieren.

Durch Sinnesreizung entstehen Empfindungen und Vorstellungen. Schon der Druck aufs Auge kann Lichtempfindungen - ja Bilder - entstehen lassen. Man nimmt Geräusche, Gerüche, Wärme usw. wahr, wenn das Sinnesorgan bzw. eine Nervenfaser elektrisch oder anderweitig gereizt worden ist. Daraus wird verständlich, dass vegetative Störungen, Gewebsveränderungen oder defekte Sinnesorgane zu **Visionen**, **Halluzinationen**, zu übersinnlichen Erscheinungen führen können, die mit der Außenwelt nicht übereinstimmen. Auf „wundervolle" Erscheinungen sei hier gewiesen (Geschehen am Waldsee?? fünftes Buch, Kapitel 1.5).

Das Nervensystem, insbesondere das vegetative, steht in enger Beziehung zu den **Hormondrüsen**, die mit Fasern des vegetativen Nervensystems ausgestattet sind und zwischen psychischen und physischen Vorgängen vermitteln. Hormone dieser Drüsen werden über das Blut transportiert und erreichen jene Zellen und Gewebe, die dafür empfänglich sind. Neben Hormonen aus Drüsen existieren Gewebs- und Zellhormone, deren Wirkung auf das Entstehungsgebiet und dessen Umgebung beschränkt ist.

Eine Zentralstellung unter den innersekretorischen Drüsen nimmt die **Hypophyse** (Hormondrüse) ein, die mit dem Zwischenhirn eng verbunden ist, das als zentrale Schaltstelle des vegetativen Nervensystems fungiert. Hormone beeinflussen nicht nur das menschliche **Gefühlsleben**. Sie verursachen geistige Veränderungen, die bis zum Schwachsinn reichen können.

Die Hypophyse scheidet Hormone aus, die die Schilddrüse, die Nebennierenrinde und die Keimdrüsen anregen, sodass eigene Hormone abgegeben werden. Der Anstieg dieser Hormone wirkt über das Zwischenhirn auf die Hypophyse zurück und verringert die Abgabe der Hypophysenhormone (negative Rückkoppelung).

Hunger, Durst und andere Gefühlszustände sind gegen Übermaße gesichert, nicht aber Streben nach Erfolg, Anerkennung und Macht. Gewinnt ein Sportler ein wichtiges Spiel, dann steigt sein Testosteronspiegel erheblich an, verliert er, dann sinkt er deutlich ab. Anstieg oder Abfall treten bei **Erfolg** oder **Misserfolg** auf, wirken motivierend oder demotivierend, neigen zur Eskalation, denn Streben nach Erfolg, Anerkennung und Macht ist eigendynamisch, kann zerstörerisch auch wirken. Diese Disposition bzw. positive Rückkoppelung, die der Kontrolle bedarf, ist für spätere Erklärungen wichtig. Hier sei angemerkt, dass mit Erfolg „**positive Information**", mit Misserfolg „**negative Information**" gemeint ist (6/8.2). Zurück zum Problem des Erkennens und Begreifens.

Die physischen Prozesse im Hormon- und Nervensystem verursachen psychische Vorgänge wie Empfinden, Vorstellen, Denken, Urteilen usw. Unsicher ist, wie sich der Übergang vom im Hormon- und Nervensystem vorhandenen raum-zeitlichen Erregungsmuster vollzieht, wie Erregungsmuster bewusst werden. Zur Verdeutlichung betrachten wir das Blatt einer Primel.

Wir fragen nach dem Vorgang, der zur Aussage führt: „Das Blatt ist rot". Der Vorgang ist zunächst von physikalischer Art: Das Blatt absorbiert vom Sonnenlicht einen bestimmten Wellenbereich. Der andere Teil wird reflektiert und gelangt auf die Netzhaut des Auges, wo ein raum-zeitlich geordnetes Muster elektrischer Potentiale bzw. Ströme entsteht. Die Ströme fließen über Sehnerven zum Sehzentrum im Gehirn. Bis zu dieser Stelle ist der Vorgang experimentell fassbar. Danach tritt die Wahrnehmung „rot" auf, die als Bewusstseinsvorgang etwas Unbekanntes ist und verschieden gedeutet wird. Die aufgestellten **Theorien** haben entweder einen **idealistischen** oder **materialistischen** Charakter. Zur Verdeutlichung zwei kurze, sehr einfache Beispiele:[10]

Die Theorie des **psycho-physischen Parallelismus** ist von idealistischer Art. Sie geht davon aus, dass ein Bewusstseinsvorgang genauso lange existiert, wie der physikalische Erregungsprozess andauert. Beide Vorgänge laufen synchron, entsprechen einander. Zwischen beiden findet keine Wechselwirkung statt. Wie ein solcher Gleichlauf entstehen kann, bleibt ungewiss.

Die **Identitätstheorie** fasst Psychisches und Physisches nicht als zwei getrennte Wirklichkeiten auf, sondern als zwei verschiedene Erscheinungen einer einzigen Wirklichkeit (natürliche Gesetzeseinheit). Die materialistische Richtung dieser Theorie (die nicht von atheistischer Art sein muss) sieht das Psychische als Eigenschaft oder besonderen Zustand der Materie. Vom spezifisch geordneten Stoff bzw. von neurophysiologischen Strukturen stammt die Ursache des Psychischen, die ebenso Wirkung sein kann. Ist das Psychische aber Wirkung einer materiellen Ursache, so kann von einem Parallelismus nicht gesprochen werden.

Bewiesen ist, dass der fassbare Prozess im Hormon- und Nervensystem mit dem Psychischen irgendwie korrespondiert und dass die Umwelt, oder genauer: die aus ihr stammende Information, das Psychische verändert und umgekehrt. Mehr dazu in 7.1. und 7.3.

Elektrische Potentiale bzw. Ströme laufen, wie erwähnt, impulsartig zum Gehirn, tragen Informationselemente der jeweiligen Umwelt. Ein sich zeitlich ändernder Strom induziert entlang seiner Ausbreitungsrichtung elektrische und magnetische Felder, die Substanzen strukturieren können. Ob entlang der Nervenfasern solche Strukturen tatsächlich vorliegen, die Information für z.B. Laute, Schriftzeichen, Bilder tragen, könnte überprüft werden. Wie aus solchen Strukturen kognitive und affektive Merkmale entstehen und wie diese sich selbst erkennen, darüber könnte gerätselt werden.

Will man Merkmalsabweichungen zwischen Individuen ergründen, dann müssen entweder ihre Anlagen oder ihre Umwelten identisch sein. Diese Forderung wirft im Allgemeinen(!) große Schwierigkeiten auf: von den Anlagen und Umwelten der zu vergleichenden Individuen her.

Die Gleichheit (Identität) der Erbanlagen ist das Besondere an **eineiigen Zwillingen**. Die vorhandenen Merkmalsabweichungen sind nur auf verschiedene Umwelten zurückzuführen. Der Vorteil, dass zwei erbgleiche Individuen in verschiedenen Umwelten aufwachsen, kann aber nur zu verlässlichen Aussagen über diese Individuen führen. Alle Vergleiche mit anderen beinhalten neben verschiedenen Anlagen auch verschiedene Umwelten, sodass Verallgemeinerungen schwer möglich sind. Um aus Merkmalsabweichungen dennoch Schlüsse ziehen zu können, muss die Anlage und Umwelt genauer betrachtet werden.

5. 2. Anlage - Umwelt - Problematik

Vorweg sei erwähnt: Das Begriffspaar „Anlage - Umwelt“ lässt sich auf zwei Begriffspaare in der materialistischen Philosophie beziehen: auf Bewusstsein - Materie und auf gesellschaftliches Sein - gesellschaftliches Bewusstsein. Der Bewusstseinsbegriff kann analog dem Begriff der genetischen Information verwendet werden. Anders der Umweltbegriff. Nach **materialistischer Philosophie** unterscheidet der Materiebegriff das, was außerhalb des Bewusstseins existiert (Umwelt), unabhängig vom Abbild im Bewusstsein. Was sich so zum Bewusstsein verhält, ist dem Materiebegriff zugewiesen: physikalische Systeme, raumzeitliche Strukturen, biologische und gesellschaftliche Bewegungen usw. Materie ist daher keine Leerformel, sondern philosophische Kategorie im Verhältnis zum **gesellschaftlichen Bewusstsein**. Sind die gesellschaftlichen Beziehungen nur gemeint, also die zur Natur und der Menschen untereinander, dann benutzt man den Begriff des **gesellschaftlichen Seins**. Im Folgenden wird das Begriffspaar „Anlage-Umwelt“ vorrangig benutzt.

Der Mensch entwickelt sich auf Grund seiner genetischen Anlage, aber auch auf Grund seiner individuellen Umwelt. Zur Verdeutlichung ein Beispiel aus der Botanik: Der Ertrag von Kulturpflanzen, die auf steinigem Boden stehen, ist geringer als auf gut gedüngtem und tiefgründigem Boden. Besonnung, Niederschlag, Temperatur, Behinderung durch andere Pflanzen usw. wirken sich ebenfalls aus. „In einem berühmt gewordenen Versuch wurde eine junge **Löwenzahnpflanze** durch einen Längsschnitt halbiert und die eine Hälfte im Tiefland, die andere im Hochgebirge angepflanzt. Die beiden völlig erbgleichen Pflanzen (eineiige Zwillinge) entwickelten sich ganz verschieden. Die Tieflandpflanze zeigte hohen, kräftigen Wuchs, war kahl und hatte eine kurze Wurzel, die Hochgebirgspflanze war von ganz kurzem, gedrungenem Wuchs, war behaart und besaß eine tiefgehende Wurzel ... Wird ein Nachkomme einer ins Hochgebirge verpflanzten Löwenzahnpflanze nach mehreren Generationen ins Tiefland zurückverpflanzt, so entwickelt er sofort wieder die Tieflandsform.“[11]

Die Entwicklung der Löwenzahnpflanzen hängt ab vom Einfluss physikalischer Strahlung und Felder. Bekanntlich weist das Licht elektro-magnetische Felder auf, die Plasmabewegungen und Wachstumsänderungen auslösen. Die Stärke und Richtung der Gravitation wirkt sich ebenfalls aus. Jedermann weiß, dass die meisten Pflanzen an Hängen senkrecht nach oben wachsen. Kommen sie durch Erdbewegung in eine schräge Lage, dann bilden sie ein „Knie“ und stellen sich senkrecht wieder auf. Auch Faktoren wie Temperatur, Druck und Luftfeuchtigkeit beeinflussen das Wachstum der Pflanzen.

Eine Vielzahl wissenschaftlicher Ergebnisse zeigt, dass verschiedene Umwelten verschiedene Eigenschaften an erbgleichen Organismen auslösen. Bezüglich des Anlage- und Umweltfaktors wird die einzelne Eigenschaft **Merkmal** genannt. Bei Änderung des Umweltfaktors variiert das Merkmal am konstanten Anlagefaktor. Das heißt, jeder Anlagefaktor hat eine gewisse **Reaktions-** oder **Modifikationsbreite** (Freiheit) - gemäß natürlichem Gesetz. Man kann folglich vom Bild eines Organismus' (**Phänotyp**) nicht ohne weiteres auf sein Erbbild (**Genotyp**) schließen. Vererbt wird nur die Art und Weise auf die Umwelt zu reagieren.

Die Modifikation eines Merkmals kann bei gleichbleibender Erbanlage nicht nur kontinuierlich, sondern auch sprunghaft erfolgen. Wieder ein Beispiel aus der Botanik: Zieht man „eine **chinesische Primel** bei einer Temperatur von über dreißig Grad Celsius, so blüht sie weiß, hält man sie auf niedriger Temperatur, so blüht sie rot."[12] Die Bildung der Blütenfarbe „rot" ist vom Umweltfaktor Temperatur direkt abhängig. Beim **Russenkaninchen** z.B. - einer im allgemeinen weißen Kaninchenrasse, wo Ohren, Pfoten, Nase und Schwanz schwarz gefärbt sind - kann man erkennen, dass die Schwarzfärbung auf der niedrigen Temperatur dieser der Abkühlung stärker ausgesetzten Körperspitzen beruht. Kühlt man andere Hautstellen ab, so wachsen die Haare schwarz nach, rasiert man die schwarzen Haare an der Nase weg und hält das Tier warm, so wachsen die Haare weiß nach, ja man kann Tiere durch Warmhaltung ganz weiß, durch Abkühlung ganz schwarz machen.[13] Mit hoher Wahrscheinlichkeit lässt sich folgern: Eine Veränderung am Umweltfaktor physikalischer Art führt sowohl zu einer fließenden als auch umschlagenden Merkmalsveränderung - auch in psychischer Hinsicht (natürlicher Gesetzeseinheit).

Die Merkmale eines Organismus' sind nach Art der sinnlichen Wahrnehmung einteilbar. Wir bleiben beim Beispiel: Die Haarfarbe des Russenkaninchens ist abhängig vom Umweltfaktor Temperatur. Geht man davon aus, dass das Tier, wie der Mensch, Farben bewusst wahrnimmt, so müsste es sein Haarkleid zum einen „weiß", zum andern „schwarz" wahrnehmen. Wie lässt sich das erklären?

Nach der Temperaturabsenkung könnte sich am Haarkleid etwas verändert haben. Das trifft auch zu. Eine genaue Untersuchung zeigt, dass die physikalisch-chemische Struktur der Haare anders geworden ist. Vor Veränderung reflektiert die Haarstruktur alle Farbkomponenten des weißen Sonnenlichts, die ins Auge dringen, sodass das Kaninchen sein Haarkleid „weiß" wahrnimmt. Wird nun der Umweltfaktor, oder genauer: die Temperatur, abgesenkt, so verändert sich die Haarstruktur erneut, und zwar in der Weise, dass alle Farbkomponenten des weißen Sonnenlichts absorbiert werden (maximale Nutzung der Außentemperatur). Weil kein

Licht an der Haarstruktur reflektiert wird, kann nichts ins Auge dringen, sodass das Kaninchen sein Haarkleid „schwarz" wahrnimmt.

Bei der weißen chinesischen Primel, die bei Temperaturabsenkung „rot" blüht, ändert sich die Feinstruktur der Blüte ebenfalls. Alles Licht, bis auf die Farbkomponente „rot", wird durch die physikalisch-chemische Struktur der Blüte absorbiert. Die nicht absorbierte und reflektierte Farbkomponente dringt ins Auge eines Betrachters, der die Blüte „rot" wahrnimmt. Der Farbton „rötlich" entsteht auch, wenn bestimmte andere Komponenten reflektiert werden und sich untereinander vermischen.

Merkmale, die man sinnlich wahrnimmt, werden **physische Merkmale** genannt. Wird ein Umweltfaktor (Temperatur, Druck usw.) verändert, dann das physische Merkmal ebenfalls. Jedes physische Merkmal hat eine Modifikationsbreite, die am Umweltfaktor variiert.

Die meisten physischen Merkmale sind unmittelbar nicht erkennbar. Nur einige liegen an der Oberfläche des Körpers, sind hauptsächlich an dessen Form erkennbar. Der größere Teil der Merkmale liegt im Inneren des Körpers und bleibt dem menschlichen Auge, oder allgemein: den menschlichen Sinnen, verborgen. Innere Merkmale sind aber an äußere gebunden. Über Äußeres kann auf Inneres (Psyche) geschlossen werden.

Im Folgenden wird auf den Menschen allgemein eingegangen, auf dessen Eigenschaften und Merkmale, die ähnlich wie bei Pflanzen und Tieren entstehen. Zunächst ist die Anlage und Umwelt getrennt zu beschreiben.

5. 2. 1. Anlage als Information

Die gesamte physisch-psychische Anlage eines Menschen ist in dreiundzwanzig Chromosomenpaaren gespeichert, die sich im Zellkern befinden. Unter anderem sind die Chromosomen aus einer bestimmten Nukleinsäure aufgebaut, der **DNA**, die als stofflicher **Träger der Erbanlage**, als molekularer Baustoff der Gene gelten muss. Die Gene sind bestimmte Abschnitte auf der Nukleinsäure. Für die Ausbildung von Merkmalen tragen sie eine Anweisung, eine Information, die an der Aufeinanderfolge der Basen von Nukleinsäure erkennbar ist (4.1). Gemeinsam verkörpern sie den Gesamtplan für den Aufbau sowohl der Zelle als auch des Individuums.

Seit 1990 wird an der **Entschlüsselung** des menschlichen Erbguts gearbeitet, das aus etwa dreißigtausend Genen besteht. Man erhofft sich Kenntnisse darüber, wie das Erbgut „verwaltet“ und die „Aktivität“ der Gene gesteuert wird, wie sich die Erbinformation in der Evolution entwickelt hat. Daneben wird das Erbgut bestimmter Pflanzen und Tiere entschlüsselt; denn Vergleiche untereinander können zeigen, welche Informationen für das Leben bestimmend sind. Außerdem entwickelt man Tests, die rasche Auskunft darüber geben, unter welchen Bedingungen Gene aktiv werden. Nur die Gene können in Eiweißmoleküle übersetzt werden. Im Erbgut tragen sie die Hauptinformation. (Im Mai 2006 gaben Wissenschaftler bekannt, dass die Sequenz von Chromosom eins, vom letzten menschlichen Chromosom vollständig entziffert worden sei.)

Jede Zelle besitzt das vollständige Programm für Struktur, Aufbau und Funktion des Individuums. Beim Aufbau des Individuums, im Zellteilungsvorgang, wird das Gesamtprogramm an jede Tochterzelle weitergegeben, was ein **universelles**, in der Natur und Gesellschaft geltendes **Aufbauprinzip** zu sein scheint.

Die Verwirklichung des Gesamtprogramms ist auf alle Zellen des Organismus’ verteilt.[14] Das heiß, in jeder Zelle arbeitet nur ein winziger Teil des Gesamtbestandes der Gene. „Welche Teile des Gesamtbestandes sich in einer Zelle verwirklichen, hängt vom zytoplasmatischen Aufbau der Zellen, von ihrer gegenseitigen Beeinflussung und von Stoffen ab, welche die Zellen als Informationsträger erzeugen.“[15] Mit Hilfe der Theorie autopoietischer System lässt sich die Zelle näher beschreiben.

Man stellt fest, dass in der Zelle gerade jene Gene aktiv sind, die ihre besonderen Eigenschaften bestimmen, während andere Gene - sogenannte **Repressoren** - die Genaktivität **regulieren**, sprich: die übrigen Gene **blockieren**. Anpassung an Umwelt kommt durch äußere, in die Zelle gelangende Einflüsse zustande, durch die bestimmte Repressoren außer Wirkung gesetzt werden, was zur Einschaltung blockierter Gene und folglich zur Veränderung am Individuum führt.[16] Auf das individuelle **Bewusstsein** und die **Gesellschaft**, wo ähnliche Steuerung vorliegt, wird später eingegangen (11.5/16.6.2). Hier sei Folgendes wiederholt:

Zur menschlichen Natur gehört ein Streben, das sowohl die Person als auch die Gesellschaft höher entwickelt - vergleichbar dem Entfalten eines Kerns, der Entwicklung an einer „Anlage“ gemäß biologischem Gesetz. Hinsichtlich der Gesellschaft ist mit Anlage das gesetzgebende Parlament gemeint: dessen personelle Zusammensetzung. Mehr dazu im *dritten/*

vierten Buch (Prinzip des kleinsten Aufwands, 1).

Mit der Anlage eines Organismus' sind dessen Merkmale unvollständig definiert. „Eine Anlage kann sich nur so weit auswirken, als es die Umwelt zulässt; doch auch die Umwelt kann nur so weit eine Wirkung ausüben, als die Anlage ihr entgegenkommt."[17]

Veränderungen an der genetischen Anlage werden Mutationen genannt, die sowohl in Körper- als auch Keimzellen vorkommen. Mutationen in Körperzellen wirken sich auf das Individuum aus, Mutationen in Keimzellen dagegen auf nachfolgende Generationen!

In einer beliebigen Zelle treten meist solche Mutationen auf, die das einzelne Gen betreffen. Daneben treten Mutationen am gesamten Chromosomenbestand auf. Jede **Mutation** hat eine Richtung. Mit der **Selektion** stellt sie eine **Komplementarität** dar. Unter der Voraussetzung, dass die natürliche Gesetzeseinheit existiert, könnte die Evolution eine Richtung haben - unter Wahrung der menschlichen Freiheit (zweiter Beitrag).

Während der vollen Lebenszeit des Individuums bleibt die Anlage - von Mutationen abgesehen - eine Konstante. Nur im Wechsel der Generationen, im Prozess der Fortpflanzung, entsteht durch Kombination zweier Anlagen oder Konstanten eine neue Anlage, die während der vollen Lebenszeit des neuen Individuums wieder konstant bleibt usw. Das Individuum (Gruppe, Gesellschaft) ist jedoch kein gleichbleibender, sondern ein sich ändernder Organismus, der seiner Umwelt als einer ebenfalls sich ändernden Größe ausgesetzt ist.

5. 2. 2. Umwelt als Information

Die Umwelt ist vom Individuum (Gruppe, Gesellschaft) aus zu definieren. Sie existiert in unendlichen Formen und Bewegungen, die auf das Individuum einwirken. Die verschiedenen Umweltgrößen, deren molekulare Systeme, deren Kombinationen und Verbindungen, deren Formen und Bewegungen in Raum und Zeit tragen Information. Die gesamte Umwelt wirkt auf das Individuum als Information, die von Zellen aufgenommen wird.

Information ist an Stoff gebunden, der Zellen erregt. Der Stoff besitzt Masse und Energie. Er zeichnet sich im Mikrobereich durch seine korpuskulare Struktur aus (Teilchenstruktur). Die moderne Physik hat allerdings klargestellt, dass der Stoff nicht nur korpuskular, sondern auch wellenförmig auftritt, also dualistischen Charakter besitzt. Auch ist der Stoff nur eine Erscheinungsform der Materie. Stoff, Strahlung bzw. Feld durchdringen sich gegenseitig, gehen in elementaren Prozessen ineinander über. Zwar ändert sich der qualitative Zustand der Materie dabei, jedoch Masse und Energie bleiben erhalten.

Materie ist immer geformt, also informationstragend. Es gibt keine ungeformte Materie! Die elementare Materie, ihre raumzeitliche Verteilung und Bewegung, kann durch Arbeit - durch Energiezufuhr - in übergeordnete Form bzw. Information gebracht werden. Die übergeordnete Information ist an Stoffumsetzung, Energieaufwendung, kurz: an zusätzliche Materie, gebunden, womit gesagt ist, dass der Materiebegriff einen Unterbegriff in sich trägt: den der Information. Doch Information ist kein physikalisches Objekt. Nur: Die Informationsaufnahme, -speicherung, -verarbeitung und -abgabe ist immer an stoffliche Strukturen oder allgemein an Materie gebunden.

Information baut sich hierarchisch auf. Sie zeigt sich als Eigenschaft und Bewegungsstruktur materieller Systeme. Die in Zellen vorhandenen molekularen Stoffe, die der Umwelt entstammen und zum Aufbau des Individuums erforderlich sind, verhalten sich **komplementär** zu den Basen der DNA als Träger **genetischer Information**, sind ebenfalls Träger von Information.

Die molekularen Stoffe, die sich in Zellen befinden, gehören zur physikalischen Struktur. Laut „Systemtheoretischer Betrachtung" sind es physikalische Systeme niedriger Ordnung, die dem physikalischen Gesetz entsprechen. Ihre Bestandteile: die Elementarteilchen, die Atome und Atomverbindungen, bauen nicht nur den menschlichen Körper auf, sondern auch die informationstragende Umwelt. Die physikalische Umweltinformation zeigt sich im grob geformten Stoff: in Bodenformationen, Himmelskörpern usw., aber auch in Geräten, Maschinen, Häusern, für deren Aufbau ein Plan, eine Information erforderlich ist, die der genetischen Information irgendwie ähnlich ist. Sie zeigt sich in bewegten Teilchen: in Luftformationen, Temperaturen, Tönen und Geräuschen, aber auch in nichtstofflichen Strukturen: in Strahlung bzw. Feld. Sie reicht von den Elementarteilchen über die menschlichen Werke bis zu den kosmischen Systemen. Nicht nur von Sinneszellen und Sinnesorganen wird sie aufgenommen, sondern von allen Körperzellen des Individuums. Die

Begriffe der Umwelt und Information also sind weit, ja kosmisch gefasst. Sie orientieren sich an den behandelten Gesetzen.

Physikalische Systeme hoher und niedriger Ordnung, innerhalb und außerhalb des Individuums, entsprechen dem **physikalischen Gesetz**. Alles, was mit ihm beschreib- und erklärbar ist, trägt **physikalische Information**. Das physikalische Gesetz selbst (ebenso das biologische und ethische) stellt keine Information dar. Es formt die Materie oder ist ihr zueigen und gehört zum Wesen der Information.

Die physikalische Umwelt gilt als fundamentale Stufe der Information. Eine **metaphysische Information** kann nicht nachgewiesen werden. Ihre Existenz liegt jedoch nahe, ebenso ein **solches Gesetz** (3.1).

Aus physikalischen Elementen bauen sich - an genetischen Informationsträgern - die biologischen Organismen auf. Man kann daher - soweit sich die Strukturen und Bewegungen der Pflanzen, Tiere und Menschen mit Hilfe des **biologischen Gesetzes** beschreiben lassen - von einer **biologischen Information** sprechen. Nicht in Stoff allein, auch in Strahlung bzw. Feld tritt diese Information auf. Mit physikalischer Information steht sie immer in Verbindung.

Die individuelle Umwelt trägt weiterhin **rechtliche Information**, die dem **staatlichen Gesetz** entspricht und an äußere Potenzialität gebunden ist. Weil jeder Potenzialität das natürliche Gesetz zugrunde liegt, wird vom **Gesetz allgemein** gesprochen (3.4).

Schließlich trägt die individuelle Umwelt noch **ethische Information**, gemäß eines **solchen Gesetzes**. Altruistische Dispositionen (3.5) lassen vermuten, dass die natürliche Gesetzeseinheit mit jedem Organismus neu aufgebaut wird und im ethischen Gesetz zur Vollendung gelangt (metaphysisches und ethisches Gesetz wären dann vereint). Diesbezüglich sei betont, dass nicht das Individuum allein, sondern auch die Gesellschaft Umwelt hat, die der Gesetzeseinheit entsprechen müsste.

Die Vielzahl der **Symbole** (Lautsprache, Schriftsprache) stellt eine **besondere Umwelt** dar (4.2). Unter anderem trägt sie physikalische Information, die in der Struktur von Stoff, Strahlung bzw. Feld liegt. Das Sprechen z.B. entsteht durch rhythmisch bewegte Gas- oder Luftteilchen. Im luftleeren Raum ist Sprechen nicht möglich. Dasselbe gilt für Musik und andere Symbole.

Die Wert- und Sinnzusammenhänge der Symbole meinen eine weitere, von der Umwelt abstrahierte Information, die über Sinneszellen wahrgenommen wird. Mit Symbolen wird sowohl physikalische als auch biologische als auch ethische Information vermittelt. Durch das staatliche Gesetz bzw. äußere Potenzialitäten lässt sich diese Information fördern bzw. unterdrücken.

In der Regel ist die Informationsdichte der symbolhaften Umwelt größer als die der nicht-symbolhaften, welche meist ortsfest ist. Das Individuum müsste sich zur Quelle hinbewegen, wenn es deren Information wahrnehmen wollte. Zudem ist deren Existenz und Lebensdauer, wie die des Individuums, zeitlich begrenzt, sodass das Individuum ohne symbolhafte Umwelt nichts darüber erfahren könnte.

Die symbolhafte Umwelt informiert über Gegenwärtiges, Vergangenes und Zukünftiges, über das, was andere Personen zu anderen Zeiten erdacht oder erlebt haben oder noch erleben werden. Symbole vergrößern die geographische Reichweite erheblich: Das Individuum kann ortsfest bleiben, kann sich in bequemer, rationeller Weise über Gegenstände, Ereignisse und die Art ihrer Verknüpfung informieren, die andere Personen in anderen Gegenden der Welt erfahren haben oder noch erfahren möchten.

Mit symbolhafter Umwelt wächst der Erlebnisradius des Individuums sowohl räumlich als auch zeitlich. In ihr ist Wissen und Erfahrung anderer Menschen nicht nur gespeichert, sondern auch verdichtet. Dies Wahrnehmen von Umwelt als Umwelterfahrung anderer trägt aber die Möglichkeit der Verfälschung in sich; denn sowohl natürliche als auch rechtliche Umwelt könnte bewusst oder unbewusst falsch verarbeitet worden sein.

5. 3. Bildung individueller Merkmale

Die Genomforschung untersucht das menschliche Erbgut allgemein. Anders die Anlage-Umwelt-Forschung, die sich am Individuum orientiert und vorwiegend dessen Merkmale beschreibt, und zwar von zwei Seiten her. Die individuelle Anlage ist nur unter Einbeziehung der individuellen Umwelt erforschbar und umgekehrt. Der **Fehler**, der sich beim Erforschen der mikroskopischen Anlage einstellt, ist **sehr groß**, weil das Subjekt (die mächtige Umwelt) das relativ ohnmächtige Objekt (das mit der Anlage ausgestattete Individuum) immer beeinflusst. Anders beim Erforschen der makroskopischen Umwelt: Der **Fehler** ist dort **sehr klein** und ohne Bedeutung, weil die mächtige Umwelt zum Objekt geworden und durch das Subjekt (Kind) kaum verändert worden ist. Im Gegensatz zur mikroskopischen Anlage ist die makroskopische Umwelt gut erforschbar (**Erkenntnisdialektik**). Sie liegt offen vor unseren Sinnen.

Der Einzelne entwickelt sich durch Anlage und Umwelt. Seine Anlage hat in Relation zu ihrer Potenz eine große Wirkung durch Umwelt erfahren. Umgekehrt ist die Umwelt in Relation zu ihrer Potenz durch die Anlage gering verändert worden (während der Kindheit). Beide Wirkungen, die auf die individuelle Anlage und die auf die individuelle Umwelt, sind in Relation zu ihren Potenzen zum einen groß, zum andern klein. Doch wegen des Wechselverhältnisses sind beide Beträge gleich groß. Denn während der Bildung von Merkmalen wirkt die Umwelt mit gleichem Betrag auf den Anlagefaktor wie die Anlage auf den Umweltfaktor.

5. 3. 1. Zeit

Die Wechselwirkung zwischen Anlage- und Umweltfaktor läuft ab in der Zeit. Beginn und Dauer der Wechselwirkung sind Bestimmungsgrößen, was die Ausprägung individueller Merkmale angeht. Bezüglich der befruchteten Eizelle und der embryonalen Entwicklung hat man festgestellt, dass ältere Tochterzellen nach vielen Zellteilungen auf bestimmte Funktionen (z.B. Muskelzelle) schon festgelegt sind und sich auf andere Funktionen (z.B. Nervenzelle) nicht mehr umpolen lassen.

Zum andern hat man festgestellt, dass sich Lebewesen klonen lassen, wenn Zellhaufen im frühen Stadium geteilt werden. Jede Zelle (**Stammzelle**) ist dann noch fähig, jeden beliebigen(!) Zelltyp bzw. den kompletten Organismus hervorzubringen. Wenn das in der Natur vorkommt, entstehen z.B. eineiige Zwillinge.

Einen Zellkern von einem ausgewachsenen Tier für die Reproduktion eines genetisch identischen Tiers zu verwenden, ist eine andere **Methode des Klonens**. Man nimmt für diesen Zweck eine Körperzelle vom ausgewachsenen Tier, isoliert ihren Kern und schleust ihn in eine entkernte Eizelle von einem anderen Tier ein (Eizellspenderin). Solche Versuche, die als geglückt gelten, sind jedoch umstritten. Trotz allem sind Biologen zuversichtlich, Körperzellen erwachsener Tiere zur Reproduktion identischer Lebewesen nutzen zu können - und Ähnliches mehr.

Schon oben ist das Individuum mit der Zelle verglichen worden bzw. die

Gesellschaft mit dem Individuum. Unter der Voraussetzung, dass sich das **Individuum** wie die Zelle verhält, könnte es als **Stammzelle** einer beliebigen Gesellschaft gelten und später jede Funktion in der Gesellschaft ausüben, bei entsprechender Umwelt bzw. Förderung von Anfang an. Hier sei auf den ***Marx*****chen Gesamtarbeiter** gewiesen, auf dessen geistige Arbeit, die als Unterfunktionen der Gesamtarbeit gewertet worden ist (16.4.2). Zurück zum Individuum, zu seinen Zellen.

Hinsichtlich individueller Entfaltung ist die Disposition und der Reifezustand der Gene wichtig. Es gibt Gene, die untereinander zeitlich versetzt und im Leben des Individuums nur eine kurze Zeit reaktionsbereit oder reaktionsfähig sind. Bei Tieren spricht man deshalb von Prägung. „Gänseküken" z.B. „folgen kurz nach dem Schlüpfen demjenigen bewegten Objekt ..., das sie gerade sehen. Unter natürlichen Umständen wird dies die eigene Mutter sein. Sieht das Küken jedoch zuerst einen vorbeigehenden Menschen, dann folgt es fortan nur noch dem Menschen und nicht der Mutter..."[18]

Vorbehaltlich kann der Sachverhalt auf den Menschen übertragen werden, denn „viele Verhaltensweisen" des Menschen „lassen sich durch Umwelteinflüsse während der Kindheitsentwicklung, vor allem seitens der Familie, erklären ... So wird das Kleinkind zwischen dem vierten und siebten Monat nach seiner Geburt auf seine Mutter geprägt. Häufiger Wechsel der Pflegepersonen während dieses Zeitabschnitts hindert die **Prägung** und kann zu schweren und nachwirkenden psychischen Störungen führen."[19] Die Prägung, die in einer **sensiblen Periode** des Individuallebens abläuft, ist eine besondere Art des Lernens, dessen Ergebnis zeitlebens beibehalten wird. Doch nicht das Kleinkind allein durchläuft sensible Perioden, die für Entwicklungsprozesse wichtig sind. Auch der Erwachsene könnten noch „totipotent" sein - wie adulte Stammzellen.

5. 3. 2. Physischer Aspekt

Der Versuch an der **Löwenzahnpflanze** (5.2) hat verdeutlicht, dass zum Wachsen nicht nur Nährstoffe erforderlich sind. Auf der Erde herrschen verschiedene Temperaturen, Kräfte, Felder, die individuelles Wachsen mitbestimmen. Eine kleinere Gravitation, wie etwa auf dem Mond, würde bei gleicher Anlage sicherlich einen leichteren Knochen- und Muskelbau zur Folge haben. Auf der Erde wirkt auf jeden eine ungefähr gleich große Gravitation. Doch die Menschen sind unterschiedlich situiert, müssen außer ihren Körpern noch zusätzliche Körper tragen und bewegen (verschiedene Arbeitsbeträge). Ähnlich der Gravitation sind die Körper als Kraft oder Gegenkraft zu werten, die nach Betrag, Richtung und zeitlicher Dauer von Mensch zu Mensch erheblich variiert. Unterschiedliche Erscheinungsbilder werden so mitbestimmt.

Neben mechanischen Kräften existieren elektrische und magnetische Felder, die das Individuum gleichfalls belasten. Auch wirken Kräfte von bewegten Teilchen (Schall, Dämpfe ...), von chemisch aggressiven Substanzen usw. Ähnlich der Gravitation wirken solche Kräfte auf Zellelemente, bringen Veränderungen (Krankheiten, Missbildungen) hervor. Vom Betrag her zwar gering, steigern sie die aufs Individuum wirkende Gesamtkraft, die von Körperzellen aufzufangen und zu verarbeiten ist. Die aufzuwendenden **Arbeitsbeträge**, die von Mensch zu Mensch erheblich **variieren**, werden durch verschiedene Mengen an Stoff (Nahrung) bzw. Information bewältigt.

Weil in Zellen - gemäß biologischem Gesetz - informationstragende Moleküle mit dem informationstragenden Genotyp wechselwirken und sich komplementär zu ihm verhalten, trägt das entstandene Produkt ebenfalls Information: Es ist der Phänotyp des Individuums. Unter anderem äußert er sich in physischen Merkmalen, die nicht stabil sind: Umweltfaktor und Gen (Funktionsgen) reagieren wechselseitig. Ändert sich die Quantität bzw. Qualität des Umweltfaktors, so ändert sich - bei konstantem Gen (Genen) - das Merkmal ebenfalls. Folglich ist das physische **Merkmal** etwas **Drittes**, das aus Umweltfaktor und Gen (Genen) entsteht. Grundsätzlich weist es eine eigenständige **Dimension** auf, ist weder mit dem Gen (Genen) noch mit dem Umweltfaktor vergleichbar. Spricht man nicht nur von der Wirkung eines einzelnen Gens und Umweltfaktors, sondern von der gesamten genetischen Anlage und Umwelt des Individuums, so gilt Entsprechendes.

5. 3. 3. Psychischer Aspekt

Menschen unterscheiden sich nicht nur physisch, sondern auch psychisch. Das individuelle Gesamtbild psychischer Vorgänge und Funktionen - bewusst, halbbewusst oder unbewusst - äußert sich in Bewegungsabläufen, die mehr oder weniger vernunftgemäß koordiniert sind. Die Gegenstände sinnlicher Wahrnehmung und Vorstellung induzieren Affekte, d.h. sich ändernde Zustände der Freude, des Mutes, der Traurigkeit, Angst und Aggression. Affekte - vom Wahrnehmen, Denken, Handeln untrennbar -

sind wichtige Stimulatoren für die bewusste, vernunftgemäße Anpassung an Umwelt.

Das „Denken führt nicht automatisch, sondern vermittelt über die Gefühle (Affekte) zum Handeln.“[20] Das individuelle Gesamtbild psychischer Vorgänge und Funktionen - die **individuelle Psyche** - setzt sich aus einer **kognitiven** und einer **affektiven Komponente** zusammen, mit wechselseitiger Beeinflussung. Die individuelle Psyche lässt sich so besser beschreiben, und zwar einerseits mit Hilfe kognitiver Merkmale oder Merkmalskombinationen (Vorstellen, Sprechen, Schlussfolgern), andererseits mit Hilfe affektiver Merkmale oder Merkmalskombinationen (Wille, Neugierde, Trieb). Dass auch Sozialgebilde (Gruppe, Gesellschaft) je eine Psyche haben, ist im ersten Kapitel - wenn auch einseitig - schon beschrieben worden.

Man kann weder kognitive noch affektive Merkmale voneinander trennen: Mit spezifischen Bereichen der Gehirnstruktur sind sie nicht verknüpft.[21] Auf bestimmte affektive Merkmale wird später eingegangen.

Dass die individuelle Psyche durch Umwelt beeinflusst wird, ist eigentlich selbstverständlich. Die Psyche ist Teil des Phänotyps (Erscheinungsbild), der sich als Produkt der Wechselwirkung zwischen Genotyp (Erbbild) und Umwelt entwickelt. Zum einen lässt sich der Phänotyp unter physischem, zum andern unter psychischem Aspekt beschreiben. Im Einzelnen bedeutet das: Kognitive wie affektive Merkmale sind an physische gebunden, die sich bei konstanten Anlagefaktoren ändern können. Oder anders: Beim Ändern physischer Merkmale ändern sich kognitive und affektive ebenfalls (natürliche Gesetzeseinheit), die sich aus gewissen Anteilen dieser Größen nicht herleiten lassen (Prozentangaben für z.B. die Intelligenz sind völlig falsch). Die kognitiven und affektiven Merkmale gehören zum Phänotyp, sind nichts anderes als ein Ausschnitt des individuellen Phänotyps unter psychischem Aspekt! Gegenüber den Anlage- und Umweltfaktoren weisen sie je eine **eigenständige Dimension** auf, sind an formierte Materie, an bestimmte neurophysiologische Strukturen gebunden, ohne die sie nicht existieren können.

5. 3. 4. Aufbau von Bewusstsein

Neben der genetischen Disposition und den äußeren Einflüssen gibt es zum Glück noch eine **dritte Kraft**, mit der wir unser Schicksal aktiv beeinflussen können: den mehr oder weniger **freien Willen** (Attribut der

Materie bzw. des Geistes) und das sich daraus ergebende Handeln.[22] Abhängig von den jeweiligen Umwelteinflüssen entwickeln sich unsere neuronalen Gehirnstrukturen in einem komplizierten Selbstorganisationsprozess, den die Systemtheorie zu ergründen und zu beschreiben versucht.

Die auf das Individuum (Gruppe, Gesellschaft) wirkende Umwelt trägt immer Information, die, wie erwähnt, natürlichen Gesetzen entspricht. Bezüglich kognitiver Merkmale oder Merkmalskombinationen wird mit Sinneszellen und Sinnesorganen Information aufgenommen: Das Individuum wird chemisch-physikalisch berührt. Die verschlüsselte, sich daraus ergebende Information wird durch elektrische Energie weitergeleitet, umgebaut und ins Bewusstsein eingearbeitet. Die elektrische Energie zum Weiterleiten und Umbau der Information wird aus dem **Stoffwechsel** der Sinnes- oder Nervenzellen entnommen. Als Arbeit am eigenen Körper stellt dieser Vorgang im Einzelnen eine **endergonische Reaktion** dar (**Synthese**), die bekanntlich mit einer **exergonischen** gekoppelt ist.

Die elektrische Energie zum Aufbau höherer Information oder besser: höheren Bewusstseins, stammt aus dem Informationsabbau der aufgenommenen Nährstoffe. Muss das Individuum die zur Verfügung stehende Energie überwiegend für nach außen gerichtete Arbeit verwenden, so kann es kein höheres Bewusstsein aufbauen - auch nicht bei eintönigem Informationsmaterial in monotoner Um- oder Arbeitswelt.

Dem Individuum muss anregende Information begegnen, und zwar überwiegend in symbolhafter Form. Zum Teil wird sie verarbeitet und auf höherem Niveau wieder abgegeben. Dieser Arbeitsvorgang verändert die Psyche ebenso wie die Physe, erkennbar an kognitiven und affektiven Merkmalen. Orientiert sich das Individuum überwiegend an Bildern (an banalem Quatsch), so gehen kognitive Fähigkeiten verloren. Daher ist das Bild auch gefährlich (4.4).

5. 4. Zusammenfassung und Ausblick

Wegen verschiedener Umwelten entstehen an erbgleichen Organismen verschiedene Merkmale. Die individuelle Anlage reagiert mit der individuellen Umwelt und umgekehrt. Abweichend von der Anlage und Umwelt weist das Merkmal eine eigenständige Dimension auf. Weder mit den Anlage- noch Umweltfaktoren darf es gleichgesetzt werden.

Jede Zelle ist mit der vollständigen Anlage des Organismus ausgestattet.

Auf diese Weise liegt nicht nur in der Natur, sondern auch in der Gesellschaft ein universelles Aufbauprinzip vor.

Die individuelle Anlage trägt Information, die in Genen verschlüsselt ist. In jeder Zelle ist nur ein winziger Bestand an Genen produktiv tätig, während andere Gene (Repressoren) regulieren bzw. blockieren, gemäß natürlichem Gesetz (natürlicher Gesetzeseinheit).

Anpassung an Umwelt kommt durch äußere, in die Zellen gelangende Einflüsse zustande, durch die bestimmte Repressoren außer Wirkung gesetzt werden, was zur Einschaltung blockierter Gene und zur Merkmalsänderung am Individuum führt. Auf höherem Niveau (Bewusstsein, Parlament) wird ähnlich reguliert bzw. blockiert. Als „Anlage“ der Gesellschaft gilt das gesetzgebende Parlament, oder genauer: dessen personelle Zusammensetzung (Handlungskonzept, Optimierung, 1).

Die Umwelt des Individuums trägt gleichfalls Information, die von physikalischer, biologischer und ethischer Art ist. Zudem ist Information von rechtlicher Art vorhanden, aufgrund des staatlichen Gesetzes (Gesetz allgemein). Mit sogenannter symbolhaften Umwelt lässt sich jede Information vermitteln (Erkenntnisdialektik).

Das Erscheinungsbild des Individuums wird Phänotyp genannt, der sich unter physischem und psychischem Aspekt beschreiben lässt. Unter psychischem Aspekt sind kognitive und affektive Merkmale erkennbar, die an physische gebunden sind. Wird das Individuum überwiegend physisch gefordert, dann kann es kein höheres Bewusstsein aufbauen.

Von Beginn an reagiert die Anlage mit der mächtigen Umwelt: Das Individuum wiederholt das einmal erlernte Verhalten - auch in veränderter Umwelt - bleibt jedoch lernfähig bis an sein Lebensende.

Aussagen über die individuelle Anlage sind mit großen Fehlern behaftet, nicht jedoch Aussagen über die individuelle Umwelt.

Obige Argumente leiten das Recht der Ungeborenen her, in eine Umwelt hineingeboren zu werden, in der sie ihre Anlagen optimal entfalten können, aber auch die Pflicht der Lebenden, gleiche Möglichkeiten und befriedigende Lebensbedingungen für alle zu schaffen, damit nicht Träger wertvoller Genkombinationen im Elend untergehen, zum Schaden der ganzen Menschheit.

Weil sich die makroskopische Umwelt - im Gegensatz zur mikroskopischen Anlage - gut erforschen lässt, sollten die Hauptgründe für psychische Merkmalsdefizite mehr in der Umwelt gesucht werden. Symbolhafte Umwelt bzw. Information ist der geistig-psychischen Bildung förderlich. Vor Beginn dieses Themas aber muss Information noch auf Arbeit und Energie bezogen werden.

6. Mensch als Informationswandler

Die in Zellen vorhandenen molekularen Stoffe, die zum Aufbau des Individuums erforderlich sind, verhalten sich, wie erwähnt, komplementär zu den Basen der DNA als Träger genetischer Information. Das heißt, die molekularen Stoffe, die hauptsächlich von Pflanzen und Tieren stammen, sind ebenfalls Träger von Information. Oder anders: Die Spaltungsprodukte der pflanzlichen und tierischen Nährstoffe, die unter Einbeziehung anorganischer Stoffe an genetischer Information aufgebaut wurden, tragen je niedrigere Information als die pflanzlichen und tierischen Nährstoffe. Dies sagt die Systemtheorie ebenfalls.

Im Stoffwechselvorgang wird die Information der Nährstoffe in jene der Spaltungsprodukte abgebaut, und zwar unter Freisetzung von Energie (exergonische Reaktion). In Verallgemeinerung bedeutet das: **Energie** entsteht oder Energie wird frei beim **Abbau jeglicher Information**, übereinstimmend mit 4.2.

Ein Abbau von Information, unter Freisetzung von Energie, findet in metaphysischer Ordnung wohl ebenfalls statt (metaphysisch: vor-physikalisch, 3.1). Auf die Radioaktivität sei hier gewiesen, auf radioaktive Atomkerne, deren stoffliche Struktur unter Freisetzung von Energie sich ändert. Das Ausgangsgeschehen dieses Energiestromes, seine Ur-Sache, liegt wahrscheinlich in metaphysischer Struktur. Auch in ihr läge folglich Information.

Energie wird in Körperzellen zum Aufbau artspezifischer Stoffe bzw. Informationen gespeichert (endergonische Reaktion). Den Zellen steht sie als Vorrat (**ATP**) dann zur Verfügung. Durch **Aufbau** von ATP (Synthese bzw. Arbeit am eigenen Körper) entsteht **höhere Information**. Mit Energie wird Arbeit verrichtet bzw. höhere Information aufgebaut, die sich zu Energie wieder abbauen lässt! Oder: Energie wird von der einen in die andere Art gesetzmäßig umgewandelt. Das Gesetz von der Umwandlung und Erhaltung der Energie besagt, dass in einem geschlossenen System, bei Umwandlung von einer Energieart in andere, die Gesamtenergie konstant bleibt, also weder Energie aus Nichts entstehen noch in Nichts vergehen kann (die Zelle ist kein abgeschlossenes System).

Die elektro-magnetische Energie, die als Strahlung bzw. Feld auftritt, lässt sich in chemische Energie umwandeln: Sie kann Stoff aufbauen (höhere Information des Stoffes) und in Stoff übergehen. Man kann die chemische Energie weiterhin in mechanische Energie umwandeln, die Stoff in Bewegung versetzt (noch höhere Information des Stoffes). Die Strahlungsenergie, die nicht nur Licht, sondern Strahlung aller Frequenzen umfasst (auch in der Zelle), hat Feldcharakter. Ihr folgen die chemische Energieart und die mechanische Energieart, je mit Stoffcharakter.

Der in Zellen stattfindende Aufbau von ATP, als Synthese bzw. endergonische Reaktion, ist am Körper verrichtete (nach innen gerichtete) Arbeit! Die endergonische Reaktion läuft nur ab, wenn die mit ihr gekoppelte exergonische Reaktion mehr Energie liefert als die endergonische benötigt. Der überschüssige Betrag ist Wärmeenergie, also Atom- und Molekülbewegung, d.h. mechanische Energie. Oder: Beim **Abbau von ATP** oder anderen Nährstoffen entsteht **mechanische Energie**, die als sogenannte Zellatmung auftritt. Unter anderem führt sie zu Muskelkontraktionen, zu nach außen gerichteter Arbeit, die an der Umwelt **höhere Information** aufbauen könnte! Analog dem Vorgang in der Zelle wäre mehr Energie dafür nötig als in der aufgebauten Information dann steckte. Der überschüssige Energiebetrag wäre Wärme- und Strahlungsenergie.

Man kann in der Umwelt - analog dem Vorgang in der Zelle - auch Information abbauen, d.h. Energie freisetzen. Zum einen läuft der Prozess kontrolliert ab, wobei freiwerdende Energie für den Aufbau neuer Information (Prozess der Arbeit) nutzbar ist, z.B. durch gelenkte chemische Reaktionen, gelenktes Verbrennen von Ressourcen usw. Zum andern läuft der Prozess unkontrolliert ab, in willkürlicher Zerstörungswut: in **Aggression**! Menschen zerstören unter Freisetzung von Energie (Streit, Krieg), was ehemals unter Einsatz von Energie aufgebaut wurde.

Zu unterscheiden ist: **Destruktive** Aggression baut sowohl in der Umwelt als auch im Körper des Individuums Information ab; **konstruktive** Aggression baut in der Umwelt Information auf (Synthese), im Individuum jedoch ab (vom Individuum negativ erfahrene Information, 5.1). Auf das Problem der Aggression wird in 8.3 näher eingegangen.

Man kann festhalten: Das Individuum ist Energie- und Informationswandler (gleich Maschine, Betrieb, Gesellschaft). Nicht nur in seinem Körper, auch in seiner Umwelt baut es stufenweise Information auf oder ab. Mit Muskeln wirkt es Kräften entgegen: Es bewegt sich und andere Stoffe. Die Zellen und Gene stehen sowohl mit der Umwelt als auch untereinander, bei Aufnahme oder Abgabe von Energie, in wechselseitigen Prozessen des Stoff- bzw. Informationsaustausches: Information wird unter Einsatz von Energie aufgebaut, Energie wird beim Abbau von Information freigesetzt! Oder: **Zuwachs** von Information erfolgt **auf Kosten des einbettenden Systems** (Fließgleichgewicht im offenen System), das eine Abnahme von **Ordnung** bzw. Zunahme von Entropie erfährt (Personen, Gruppen, Bevölkerungen, 4.2/5).

Auf- und Abbau von Information findet sowohl physisch als auch psychisch statt. Das Gesamtbild psychischer Vorgänge und Funktionen, die individuelle Psyche, setzt sich, wie erwähnt, aus einer kognitiven und einer affektiven Komponente zusammen mit wechselseitiger Beeinflussung. Im Folgenden wird die individuelle Psyche genauer beschrieben, zuerst von der kognitiven, dann von der affektiven Komponente her. Die **Idee der Gerechtigkeit** (1) ist dabei das Wichtigste.

7. Geistige Bildung

Mit dem Begriff der Bildung ist unter anderem die Auffassung verbunden, Personen zur **Mitgestaltung** an der **Gesellschaft** zu befähigen. Eine im Kontemplativen sich erschöpfende, in sich genügsame und inaktive Haltung hat bei aller Kultiviertheit zurecht an Ansehen verloren. Dennoch bleibt Bildung, die auf das Ich oder andere Personen gerichtet ist, ein persönlicher Vorgang. Als **Bewusstwerdung** vollzieht er sich in der persönlichen Erfahrungswelt und der Welt kultureller Werte, wobei sowohl Strukturen der Welt als auch des Ichs in seinen Möglichkeiten und Grenzen erfahrbar sind. Zunächst muss deshalb der Begriff des Bewusstseins behandelt werden.

7. 1. Bewusstsein

Das individuelle Bewusstsein meint keine einfache, sondern eine ideelle - je nach Person verschiedene - Wiederspiegelung von realer Wirklichkeit. Bei Aufnahme und Weiterleitung von Information verändern sich neurodynamische Strukturen. Dies geschieht in aktiver Weise nach einem Organisationsprinzip, das auf größtmögliche Ausgewogenheit und Widerspruchslosigkeit des gesamten Bewusstseins hinwirkt. Das individuelle Bewusstsein besitzt folglich relative Selbständigkeit, die in Rückkoppelung auf Umweltinformation sich äußert. Ohne sinnliches Wahrnehmen existiert mit Sicherheit kein Bewusstsein. Oder anders: Die Qualität der sinnlichen Wahrnehmung beeinflusst die Qualität des Bewusstseins.

Jedes Bewusstsein lässt sich, **analog genetischer Information**, verändern, und zwar in unendlichen Abstufungen, je nach Kultur und zu verrichtender Arbeit. In Grenzen individueller Umwelt sind gerade jene Bewusstseinsstrukturen aktiv, welche die psychischen Eigenschaften bestimmen, während andere als sogenannte **Repressoren** auftreten, also Bewusstseinsaktivitäten **regulieren** und die übrigen Strukturen **blockieren** (5.2.1). Anpassung an Umwelt kommt durch aufgenommene Information zustande, wobei innere Repressoren außer Wirkung gesetzt werden. Vormals blockierte Bewusstsstrukturen, die nun „eingeschaltet“ sind, verändern Interessen, was Umwelt gestalten könnte. Auf **Sozialsysteme**, die ähnlich funktionieren, wird später eingegangen (11.5).

Ähnlich der Steuerung biologischer Zellen kann sich das Bewusstsein oder dessen Potenz nur so weit entfalten, als die Gesellschaft es zulässt, aber auch die Gesellschaft kann nur so weit Wirkung ausüben, als das

Bewusstsein oder dessen Potenz ihr entgegenkommt.

Man unterscheidet zwischen Bewusstsein und Bewusstseinsinhalt. Mit Bewusstseinsinhalt ist die psychische Innenwelt gemeint, die einem Individuum bewusst ist oder bewusst sein kann. Die Beziehung zwischen dem Individuum, dem etwas bewusst ist, und dem Bewusstseinsinhalt heißt im engeren Sinn „Bewusstsein". Das Bewusstsein ist Wissen von der Welt, der Natur, der Gesellschaft und dessen Wirkung auf das Individuum; es ist Bewusstsein von sich selbst, also Selbstbewusstsein, und damit auch Bewusstsein vom Handeln sowie von der eigenen psychischen Tätigkeit.

Zwischen bewussten und unbewussten Inhalten ist zu unterscheiden. Sind psychische Vorgänge nur durch Gefühlswirkung spürbar und nicht Gegenstand der Aufmerksamkeit, so liegen sie im Unterbewusstsein. Bis zum Ende des 19. Jahrhunderts beschränkte sich die Psychologie auf bewusste Vorgänge. Mit der „**Psychoanalyse**" ist eine Ausweitung auf das Unbewusste möglich geworden. Heute sieht man, dass die vorbewussten Schichten des trieb-, instinkt- und gefühlhaften Verhaltens eine wichtige Rolle im Gesamtverhalten des Individuums spielen. Die bewussten Inhalte bilden nur einen Teilbereich, die Oberschicht der gesamten psychischen Tätigkeit. Auf die Psychoanalyse und das Unterbewusstsein wird in 8.4 eingegangen.

Die Frage, ob das Bewusstsein ein natürliches Ergebnis der Tätigkeit des Zentralnervensystems, also materiellen Ursprungs sei, oder einer immateriellen Seele, einer übernatürlichen Quelle entstamme, nennt man **Grundfrage der Philosophie**, die zwischen Materialismus und Idealismus kontrovers diskutiert worden ist. Wiederholt sei kurz: Seine tiefste Ur-Sache kann das Bewusstsein selbst nicht erforschen. Der Erkenntnisvorgang braucht immer ein Mittel (Bedingtheit beiderseits, 4.5). Ferner erscheint beim Erforschen der Natur eine untere, nicht überwindbare Grenze (3.1). Einseitige, die Grundfrage der Philosophie betreffende Antworten sind ohne hinreichenden Beweis, sind Glaubensbekundungen (Mangel an Objektivität: gewissermaßen).[1]

Derzeit sind viele **neue Theorien** über die Entstehung des Bewusstseins im Angebot, z.B. darüber wie das Gehirn Informationen aus verschiedenen Sinneskanälen zu ganzheitlichen Wahrnehmungen aufbaut oder wie solche Wahrnehmungen zu einem bewussten Bild der Wirklichkeit werden, das selbst hoch differenziert ist, sich ständig verändert und doch eine Einheit bildet. Oder weiter, wie das bewusst erlebte Selbst entsteht und die entsprechende Innenperspektive, also die Fähigkeit, über sich selbst zu reflektieren, sich selbst zu erkennen und auf autonome Weise Handlungsziele zu realisieren (**autonoetischer** Bewusstseinszustand).

All diese Theorien sind vor das Problem gestellt, die Beziehung zwischen dem materiellen Gehirn und dem Bewusstsein zu klären. Oder gibt es doch eine Seele, eine geistige Substanz, die allein und aus eigener Kraft existieren kann? Gibt es einen unveränderlichen „Kern" der Persönlichkeit? Gibt es ein natürliches Gesetz, das von außen auf den „Kern" einwirkt und die Entfaltung der Persönlichkeit letztlich bestimmt? Ich selbst bin von einer metaphysisch-ontologischen Potenzialität ausgegangen, die jeder Materie eigen wäre und die natürliche Gesetzeseinheit, mit individueller Freiheit, hervorwachsen ließe - mit jedem Organismus wiederholt (erst beim Menschen bis zum ethischen Segment, 3).

Mittlerweile ist einiges darüber bekannt, wie willentlich gesteuerte Handlungen in ihren Bauplänen beschaffen sind, wie Motive, Affekte und logische Schlussfolgerungen entstehen. Doch man muss davon ausgehen, dass die Relation zwischen bewussten und nicht-bewussten Vorgängen etwa eins zu einer Million ist, dass unser Bewusstsein nur über ein kleines „Fenster" zur Außenwelt verfügt. Das heißt, zum einen nehmen wir wahr im Wissen, dass wir wahrnehmen (**noetischer** Bewusstseinszustand), zum anderen nehmen wir wahr, ohne zu wissen, dass wir wahrnehmen (**anoetischer** Bewusstseinszustand). Wegen dieser und anderer Tatsachen erkennen wir, dass das Ende aller Dinge und deren Gründe ein unlösbares Geheimnis bleiben wird (nur **Modellsystem** der realen Welt).

Gesichert ist, dass das individuelle Bewusstsein phänotypisch ist. Es entsteht als Produkt der Wechselwirkung zwischen Anlage und Umwelt. Als Erfahrungsspeicher steuert es die Sinneswahrnehmung, entsteht aber andererseits erst durch die von Sinnesorganen vermittelten Informationen, die durch Sprache mitteilbar sind und - verarbeitet - zukünftige Wahrnehmungen mitbestimmen (**Erkenntnisdialektik**). Inwieweit Sprache angeboren ist, soll als Nächstes behandelt werden.

7. 2. Sprache

Jedes natürliche und kulturelle Zeichensystem ist Sprache, die Information überträgt und Menschen untereinander verbindet. Der Einzelne will anderen Information zukommen lassen und Information von ihnen erhalten, die Affekte oder Gefühlszustände induzieren. Durch Gefühle erfolgen der Antrieb und die Informationsbewertung. Auf Grund von Gefühlen kann Information nach „**gut**“ und „**böse**“, nach **ethischem** „**Maßstab**“ bewertet werden. Doch die persönliche Bewertung nach „gut“ und „böse“ ist nur zum Teil und in je verschiedenem Ausmaß ethische Information.

Information lässt sich sowohl **naturhaft** durch Gebärdensprache als auch **symbolhaft** durch Laut- und Schriftsprache übertragen. Alle bekannten Sprachen sind Laut- und Schriftsprachen, die von Gebärden unterstützt werden.

7. 2. 1. Gebärdensprache

Natürliche Sprache zeigt sich in körperlichen Gebärden, die angeborene Ausdrucksformen sind. Man spricht nicht mit Worten, sondern mit Haltung und Bewegung des Körpers, der als Reaktion auf die entstandene Umwelt eine typische Gestalt oder Form annimmt, wobei Gefühle und Willensregungen sichtbar werden.

Durch die „Situation“ ist der Einzelne angesprochen und irgendwie erregt. Sein Körper informiert über die gefühlsmäßige Betroffenheit, macht Unsichtbares sichtbar. Gefühle führen zu einer Bewegung, bringen den Körper in eine bestimmte Stellung, Gestalt oder Form, die die Art der Betroffenheit bezeichnet, die andere wieder verstehen. Zur Verdeutlichung ein kurzer Blick auf Tiere.

„Die angeborenen Handlungsweisen liegen im Tier schon als fertiges Programm vor und brauchen nicht individuell erlernt zu werden.“[2] Hierzu zählen die erblich festgelegten Instinkthandlungen, die in relativ starrer Weise ablaufen und zum Tier ebenso gehören wie seine Gestalt. Am Anfang steht ein Drang oder eine bedingte Bereitschaft zur Handlung, die durch innere Reize, Hormone oder zentralnervöse Rhythmen ausgelöst wird, die selbst von der vom Objekt kommenden Information (**Schlüsselreiz**) ausgelöst sein könnte.

„Als Schlüsselreiz können alle Reize oder Reizkombinationen wirken, die vom Sinnesorgan wahrgenommen werden, wie z.B. Laute, Düfte, Farben, bestimmte Bewegungen sowie Kombinationen solcher Reize.“[3] Schlüsselreize gehen von bestimmten materiellen Zustandsformen in Ruhe und Bewegung aus. Sie wirken wie **Katalysatoren**, korrespondieren mit Sinneszellen und Sinnesorganen in spezieller Weise.

Tiere verständigen sich durch Schlüsselreiz mit Signalfunktion. Versuche zeigen, dass ein bestimmtes Verhalten an nervöse Strukturen gebunden ist. „Eine Gluckhenne" z.B. „eilt einem angebundenen Küken auf dessen Klageruf zu Hilfe. Sie kümmert sich aber nicht um das Küken, wenn es unter einer schalldichten Glasglocke sitzt und sie es nur sieht, aber nicht hört. Allein der Klageruf wirkt als Schlüsselreiz."[4] Wenn zwei Eidechsenmännchen sich während der Balzzeit begegnen, so nehmen sie voreinander Imponierhaltungen ein, indem sie sich mit den Breitseiten und mit gesenkten Köpfen ruckartig entgegenlaufen. Anschließend beißen sie sich nach festen Regeln abwechselnd in die Hinterköpfe, bis einer durch **Demutsgeste** zu erkennen gibt, dass er den Kampf beenden will. „Das gesamte Kampfverhalten ... wird als moralanaloges Verhalten bezeichnet, da es einem menschlichen Streit, dessen Regeln auf einem allgemeinen **Moralkodex** beruhen, ähnlich ist. Imponier- und **Drohgebärden**, die auf eine Selbstvergrößerung abzielen, wie z.B. Aufblasen, Aufplustern, Aufstellen der Haare, des Schwanzes und der Ohren, sind weit verbreitet, ähnlich wie die Demutshaltungen, die sich in Selbstverkleinerung durch Ducken, Anlegen der Ohren, Einziehen der Beine u.a. kundtun."[5]

Obwohl der Mensch als soziales bzw. ethisches Wesen, das mit einem Bewusstsein ausgestattet ist, auf der Grundlage von Kultur und Tradition eine Fülle von Signalen geschaffen hat, wird sein Verhalten auch mitbestimmt von angeborenen Mechanismen. „Beobachtungen an uns selbst und an den Mitmenschen geben manche Hinweise. Wir lachen, wenn der andere lacht, und werden traurig, wenn er trauert ... Taub und blind geborene Kinder hören nie einen Laut und sehen nie das Gesicht ihrer Angehörigen. Trotzdem lachen und weinen sie, sind zornig oder ärgerlich, je nach Stimmung, und ihr Gesichtsausdruck gleicht dann unverwechselbar dem der gesunden Kinder. Mimik und Gestik der Menschen aller Rassen und Entwicklungsstufen zeigen auffallend viele Ähnlichkeiten. Stimmungen aus dem Gesichtsausdruck (Zuneigung, Liebe, Verachtung, 8.2), einladende oder abwehrende Gesten werden weltweit verstanden, auch wenn keine sprachliche Verständigungsmöglichkeit besteht."[6]

„Bestimmte angeborene Verhaltensweisen finden sich auch beim Kleinkind, so ... das angeborene Lächeln als Auslöser für die Zuneigung der Eltern."[7] Ein bekannter angeborener Auslöser ist z.B. das **Kindchen-Schema**, das aus einer Kombination von Merkmalen besteht, die für Kleinkinder typisch sind: hohe Stirn, im Verhältnis zum Gesamtkopf große Augen, Pausbacken, Stupsnase, rundliche Körperformen, tollpatschige Bewegungen. Solche Merkmalskombinationen stellen für andere

Informationen dar und lösen **Sympathie- und Pflegegefühle** aus, gleichgültig ob es sich um ein Tier oder einen Menschen handelt.

Die angeborenen nervösen Mechanismen, die durch Schlüsselreiz erregbar sind und in Gebärden sich äußern, sind von der individuellen Umwelt relativ unabhängig. Sie sind, wie beim Tier, artgebundene Handlungsprogramme, die nicht erlernt werden brauchen. Den angeborenen Ausdrucksformen stehen kulturell gefestigte Gebärden gegenüber, die vorwiegend Aggression hemmen, abbauen und soziale Bindung stärken sollen. Hierzu gehört vor allem das Lächeln. Man lächelt entschuldigend, wenn dem anderen etwas verweigert wird. Durch Lächeln baut man Fremdheit und Misstrauen ab. Eine Beschwichtigungsgebärde scheint auch das Händegeben und die Verbeugung zu sein. Überlieferte Demutsgebärden sind der Kniefall und die hochgehobenen Hände.

Ähnlich den Instinkthandlungen sind Kulturgebärden eindeutige Verständigungsmittel. Vorwiegend dienen sie der Hemmung innerartlicher Aggression und der Stärkung des Gemeinsinns, reichen aber nicht aus. „Im Laufe der Menschheitsentwicklung wurden zwischen Auslöser und eigentlicher Handlung in zunehmendem Maße Überlegung, Erfahrung und Erkenntnis eingeschoben.“[8] Das instinktive Handeln ist überformt, der Handlungsspielraum erweitert worden. Die an sich **hemmenden Formen** wie Weinen, Schreien sind **wirkungslos** geworden, auch wegen fehlender Kontakte zum Mitmenschen. Auf den Einsatz moderner, weitreichender Waffen sei hier gewiesen, auch auf **Wirtschaftsstrukturen** hoch entwickelter Länder, die millionenfaches Leid mitverursachen.

Die entstandene und weiter aufklaffende Lücke der Instinktgebundenheit muss geschlossen werden: durch gerechtes staatliches Gesetz (3.5). Auf Grund **natürlicher Dispositionen** werden „Katalysen“ ausgelöst, die dem Prinzip der kleinsten Wirkung folgen (s. zweiter Beitrag). Natürliche Dispositionen sind „Motive“ sittlichen Handelns allgemein.[9]

Tatsachen zeigen: Als natürliche Disposition ist die **Gerechtigkeitsidee** schon **vorgeformt** (1). Die Verbindung zwischen Laut und Bedeutung ist in einfacher Form ebenfalls vorgegeben. Nur die oberflächliche Struktur muss erlernt werden: Begriffe, phonetische Laute und Satzkonstruktionen.[10] Pessimistische Aussagen, die menschliche Gemeinschaft sei mit der egoistischen, ja gierigen Natur des Menschen unvereinbar, sollten zurückgedrängt werden. Tatsachen lehren, dass die Gerechtigkeitsidee kultiviert worden ist - hin zum **Maßstab der Gerechtigkeit**. Gegenüber negativen sind positive Dispositionen wohl leicht im Plus!

Das Problem des Guten und Bösen - des ethischen Handelns - betrifft das Verhältnis der Personen, Gruppen, Gesellschaften untereinander, ja das der lebenden zu den zukünftigen Generationen. Das Verhältnis steht unter dem Anspruch der Gerechtigkeit, nicht betragsmäßig, sondern verhältnismäßig. Der gerechte und recht-schaffende Mensch erfüllt die Forderung der Gerechtigkeit freiwillig und beständig, selbst in ungünstigen, ja schwierigen Lebensverhältnissen.

„Gerechtigkeit" ist „dort, wo man trotz größerer Macht und Intelligenz andere nicht zu übervorteilen sucht oder wo man auch dann sein Tun und Lassen an der Gerechtigkeitsidee ausrichtet, wenn das staatliche Gesetz hinter ihren Anforderungen zurückbleibt ...".[11] Ohne staatliches Gesetz - im Naturzustand - wird die **Gerechtigkeitsidee** noch unmittelbar erfühlt, nicht so sehr in der menschlichen Gesellschaft bzw. Gemeinschaft, wo sie überform, überbaut und von Gefühlen weitgehend frei ist - wegen anonymer Verhältnisse zwischen Personen, Gruppen, Völkern. Zum Gesetzesmaßstab ist sie geworden, in Wort und Schrift kultiviert hin zum **Maßstab der Gerechtigkeit** (10/11.3.2/12.2/14).

7. 2. 2. Laut- und Schriftsprache

Die Laut- und Schriftsprache muss erlernt werden. Durch Denken werden Begriffe gebildet und durch Laut- und Schriftzeichen fixiert. Dabei ist zu beachten, dass Information **bildlich** und **sprachlich** wahrgenommen wird und Informationsverarbeitung auch ohne Sprache stattfindet.

Begriffsbildung ist an sinnliche Wahrnehmung gebunden. Sie richtet sich danach, ob man einer Anzahl von Objekten, auf Grund übereinstimmender Merkmale, ein gemeinsames Symbol oder Wort zuordnen kann. Dabei gibt es verschiedene Stufen der Abstraktion, die in 4.4 erläutert worden sind. Hier eine kurze Aktualisierung.

Die erste Stufe der **Abstraktion** umfasst konkrete Erfahrungen mit Objekten, die sinnlich wahrgenommen werden. Die zweite Stufe ist bereits eine **Abstraktion der Abstraktion**, z.B. der Begriff der Eiche, der Gegenstände mit gemeinsamen Merkmalen meint. Dem folgen als Abstraktion der Abstraktion auf noch höherer Stufe verschiedene Gegenstände (Eiche, Birke ...), die dem Begriff des Baumes zugeordnet werden. Abstraktionen unterschiedlicher Stufung entstehen auf allen Gebieten, so beim Durchdringen und Darstellen politischer Systeme (Parteien, Parlamente usw.). Umfangreiche Sachverhalte werden für das Denken begrifflich zusammengefasst!

Die Begriffsbildung ist um so schwieriger, je abstrakter der zu erwerbende Begriff und je weiter sein Umfang ist. Der Vorgang lässt sich wie folgt beschreiben: „Wir hören oder lesen einen für uns fremden Begriff, erfahren etwas über seine Bedeutung, vergleichen ihn mit uns geläufigen Begriffen, verwenden ihn am Anfang recht unsicher, bemerken, ob der Gebrauch richtig oder falsch ist, beobachten die Verwendung des Begriffs bei anderen und können uns auf diese Weise selbst korrigieren, bis wir schließlich den Begriff völlig richtig und sicher benutzen.“[12] Erst durch das Wort wird der Begriff fixiert und für das Denken verfügbar.

Jeder hat ein Netzwerk von Begriffen, das als Raster dient, mit dem Umwelt wahrgenommen, geordnet und bewertet wird. Die Begriffe erfüllen eine wichtige Funktion. Sie ordnen und reduzieren Umwelt, erleichtern das Neuorientieren, das Nutzen von Objekten und Ereignissen. „Dabei gibt es allerdings erhebliche Unterschiede zwischen den Individuen. Diese zeigen sich sowohl bei den einzelnen Begriffen, bei den Beziehungen zwischen den Begriffen und dem Differenzierungsgrad des gesamten begrifflichen Systems.“[13] Die durch Begriffe erfassten Bedeutungsgehalte variieren erheblich (Weltanschauung vs. Modell der realen Welt).

Falsche Begriffe, nicht selten gefördert, lenken Denkakte fehl, fördern Herrschaft bzw. Ohnmacht, verschaffen Menschen Machtvorteile. An den Begriffen „**Politik**“, „**Staat**“ und „**Staatsführung**“ z.B., die für das Handlungskonzept wichtig sind, wird das besonders deutlich.

Empirische Untersuchungen zeigen: Die Fähigkeit, Begriffe zu bilden, ist ans Lebensfeld verbunden. Gleiche Begriffe geben in verschiedenen Gesellschaftsschichten unterschiedliche Erfahrungsinhalte wieder. Zudem werden Begriffe als Mittel der Verständigung selektiv verwendet, also oft, selten oder in Teilen gar nicht. Auch ist der Erwerb bestimmter Begriffe davon abhängig, wie stark das Kind zum Sprachgebrauch angeregt wird. Das Kind begegnet seiner Umwelt aktiv, kann aber vorliegendes Material nur nutzen. In Anlehnung an J. Piaget lassen sich Vorstellungen und Handlungen mit dem Begriffspaar der Assimilation und Akkommodation beschreiben.[14] Im nächsten Punkt wird darauf eingegangen.

Sprache wirkt auf das Kind auffordernd. Eine spracharme Umwelt ist minderwertig für die Sprachentwicklung. Das Sprechenlernen setzt einen gereiften sprechmotorischen Apparat und ein entwickeltes Zentralnervensystem voraus, womit sprachliche Zeichen erfasst werden. Im weiteren Verlauf beruht die Sprachentwicklung auf Lernprozessen. Sie geht vom Einwortsatz[15], der in enger Beziehung zum Wunsch und zur Handlung steht, zur Reihung mehrerer Sprachzeichen über, zur Flexion der verschiedenen Wortarten, bis zum vollständigen Satz.

In der Kindzeit ist die Lernfähigkeit am höchsten, wobei die individuelle Umwelt über Art und Reichtum der Sätze entscheidet. Wenn das Kind in einer spracharmen bzw. sprachreichen Umwelt aufwächst, dann zeigen sich entsprechende Merkmale am Sprachverhalten. Das Kind imitiert seine Bezugspersonen, will seine Fähigkeiten erproben. Wenn seine Bezugspersonen auf hohem Sprachniveau verkehren, dann wird es herausgefordert, dann wird es bestätigt und normalerweise lernen, über seine Erfahrungen differenziert nachzudenken. Immer wird die Aufgabe bestehen, dass Menschen nachdenken und sich höher entwickeln.

7. 3. Denken

Denken ist eine psychische Tätigkeit, ein Operieren mit Objekten, das zum Operieren mit sprachlichen Objekten und Begriffen führt. „Als innere, psychische Tätigkeit kann sich das Denken von der sinnlich gegebenen objektiven Realität lösen, die Grenzen des einzelnen Objektes überschreiten und zur Erkenntnis allgemeiner, notwendiger, wesentlicher Zusammenhänge und Strukturen vordringen.“[16] So gesehen kann aus der Vielfalt der Sinnesdaten das Allgemeine, Wesentliche, Gesetzmäßige hervorgebracht werden.

Denken ist an Sinnlichkeit gebunden. Ohne Sinnlichkeit können Inhalte nicht erarbeitet werden. Denken ist ein dialektischer Prozess der Auseinandersetzung sowohl mit sich selbst als auch der natürlichen und sozialen Umwelt, „besitzt“ jedoch „relative Selbständigkeit“, da der Denker in der Lage ist, „durch reines **Operieren mit Begriffen** bei Beachtung der logischen Gesetze zu neuen, wahren Erkenntnissen zu gelangen.“[17]

Über die Natur des Denkens gibt es verschiedene Auffassungen. Weite Anerkennung haben Arbeiten von J. Piaget gefunden, besonders die zur geistigen Entwicklung des Kindes.[18] Nach Piaget ist logisches Denken ein aktiver **Annäherungsprozess** an Umwelt, der durch eine Reihe von Handlungen oder Denkhandlungen charakterisiert ist, die erst dann enden, wenn alle Denkhandlungen in ein schlüssiges System eingebaut sind. Piaget fasst den Annäherungsprozess mit dem Begriffspaar „**Assimilation**" und „**Akkommodation**" zusammen, wobei mit Assimilation ein Anwenden gewohnter Denk- und Handlungsweisen auf ein zu lösendes Problem, mit Akkommodation ein Verändern dieser Denk- und Handlungsweisen gemeint ist. Assimilation und Akkommodation sind am Denkvorgang komplementär beteiligt: Beide Kategorien bedingen und ergänzen sich gegenseitig.

Die Fähigkeit, logisch zu denken, ist nach Piaget nicht angeboren. Doch das Kleinkind hat bereits beachtliche Ausgangsschemata: Es kann sehen, hören, riechen usw. Schon vor Beginn des Sprechens ist es fähig, intelligent zu handeln, was „sensumotorische Intelligenz" genannt wird.

Die Fähigkeit, Objekte und eigene Handlungen durch Symbole (Wörter, Bilder) zu ersetzen, leitet über zum eigentlichen Denken, das an fassbare Dinge und Handlungen gebunden ist. Das „logisch-abstrakte Denken" ist begriffliches Operieren, unabhängig von realen Gegebenheiten. Es erfasst auch Mögliches, kann selbst das eigene Denken zum Inhalt haben.

Nach der **behavioristischen Ära** wurde nach den „Bausteinen" der Denkvorgänge gefragt. Sind es Bilder, die als innere Repräsentationen des Wahrgenommenen entstehen oder sprachliche Elemente, deren Grundstrukturen schon vor der Erfahrung existieren (was z.B. N. Cromsky zu belegen versuchte)? Denken wird, wie sich herausstellte, nur zum Teil von linguistischen Universalien oder Aprioris bestimmt. Sowohl die **bildliche** als auch **verbale Verarbeitung** sind grundlegende Formen, die das gesamte Denken und Erleben bestimmen. Also gibt es, unabhängig von Sprache, eine Informationsverarbeitung, sowohl beim Menschen als auch beim Tier. Auch das rationalistische Vorgehen war mangelhaft: Denkprozesse zu modellieren ohne zu berücksichtigen, dass wir fühlende, liebende, hassende Wesen sind. Beim Modellieren von Denkprozessen dürfen Emotionen nicht ausgeklammert werden. Doch zurück.

Die Frage nach **sprachfreiem Denken** ist strittig gewesen. Der Gedanke kommt sprunghaft und ganzheitlich. Als Sprecher übersetze ich *nachträglich* „diesen" Gedanken mit Hilfe mir zur Verfügung stehender Begriffe (Geschehen am Waldsee). Ich konstruiere Sätze, verändere, erweitere sie, bis der Sinngehalt des Gedankens mit dem der Sätze etwa übereinstimmt. Dabei sind Mängel, Unschärfen, ja Fehler unvermeidlich. Mängel fühle ich schon beim Sprechen und versuche zu korrigieren. Dies ist an meine

Fähigkeit, eigene Gedanken sprachlich zu bilden, gebunden. Hinzu kommen Aufnahmefehler seitens des Empfängers.

Der Gedanke kommt **vor der sprachlichen Umsetzung**. Sprache differenziert und strukturiert ihn, transportiert ihn nach außen. Dabei kommen zusätzliche Gedanken, die den früheren ergänzen und, in Worte gekleidet, weitere Gedanken induzieren. Zwischen Sprachinhalten und Denkinhalten folglich besteht ein Zusammenhang. Die Sprachinhalte sind von der sie vermittelnden Umwelt abhängig, ebenso die Denkinhalte. Auch kann sich die Fähigkeit, Gedanken zu strukturieren, nur durch Übung herausbilden. Übung bieten sprachliche Formen der individuellen Umwelt.

Die Fähigkeit, Gedanken in Sprache zu kleiden, ist vergleichbar mit nicht-verbaler, kunsthandwerklicher Fähigkeit. Mit dem **Kunstwerk** werden Gedanken vermittelt. In normierte Symbole wird das Material jedoch nicht gebracht, sondern mit der Hand so geformt, dass es einem Ausschnitt der realen Welt irgendwie entspricht. Dabei bleiben Gedanken, anders als Laut- und Schriftsprache, an reale Gegenstände gebunden, werden im Schaffensprozess strukturiert und erweitert. Das geschaffene Kunstwerk informiert durch Anordnung, Eigenschaft und Form, durch Gebärden bei Lebewesen. Auch in kunsthandwerklicher Darstellung lässt sich der Sinngehalt des Gedankens nicht genau wiedergeben.

Eine besondere Wiedergabe von Gedanken wird in der Technik und in naturwissenschaftlichen Disziplinen erzielt. Bereits die einfachen **technischen Geräte** erweitern physische Fähigkeiten. Daneben üben sie - wie das Kunstwerk - vermittelnde Funktionen aus, nämlich Gedanken darzustellen, was Sprache ist. Die komplizierten Maschinen schrauben, als Ergänzung der Hand und Organe, die physischen Fähigkeiten immer höher. Auf der Grundlage einfacher Geräte sind sie erbaut worden, unter Ausnutzung natürlicher Gesetze. Zudem bauen Maschinen noch bessere Maschinen, sodass sich die physischen Fähigkeiten des Menschen über Maschinen - gleichsam in einem Abstraktionsprozess - um ein Vielfaches erhöhen, was nicht mehr den physischen Fähigkeiten des Menschen entspricht. Auch ist der Mensch von dem zu gestaltenden Material weit getrennt. Man ist geneigt zu sagen, dass sich die physischen Fähigkeiten des Menschen mit Hilfe von Maschinen (**Handlungsverstärkern**) ebenso steigern lassen wie die kognitiven Fähigkeiten mit Hilfe der Sprache!

Psychische Fähigkeiten sind an physische gebunden, schon deswegen, weil sich kognitive Fähigkeiten mit Computern (**Denkverstärkern**, 3.4) potenzieren lassen. Dies bringt eine Bewusstseinserweiterung in früher nicht für möglich gehaltenem Ausmaß. Das erwähnte Handlungskonzept soll die Wissenserweiterung durch Computer nutzen (**Offenheit**, 1).

Die obigen Ausführungen geben eine Antwort auf die Frage, ob es sprachfreies Denken gibt: Die Laut- und Schriftsprache macht das Denken nur leistungsfähiger, da sie Begriffe von Objekten, Ereignissen, Situationen fixiert und neue Gedanken induziert. Die Möglichkeit, Wissen zu fixieren, erleichtert den Aufbau von Theorien und deren Weitergabe an interessierte Menschen.

NACHTRAG: Gehirnstrukturen, die Information darstellen, sind dem natürlichen Gesetz gemäß. Auf das Gedankenexperiment mit dem Naturmagneten sei hier gewiesen (erstes Buch: Problemfeld). Die Feldlinien des Magneten, die zum physikalischen Gesetz gehören, strukturieren Eisenfeilspäne, die physikalische Information darstellen. Unter der Voraussetzung, dass die natürliche Gesetzeseinheit existiert, würde nicht das physikalische Gesetz allein, sondern die Gesetzeseinheit insgesamt entsprechende Informationen formen - auch die ethische Information (**Gewissen**, Kants **Sittengesetz**, 11.1).

Jeder Mensch hat ein Gewissen als Urteil der Vernunft, das erkennen lässt, ob eine Handlung, die beabsichtigt oder ausgeführt worden ist, als sittlich gut oder schlecht gilt. „Durch das Gewissensurteil vernimmt und erkennt der Mensch die Anordnungen des göttlichen (ethischen) Gesetzes.“[19] Um die Stimme des Gewissens vernehmen und ihr folgen zu können, muss der Mensch sich nach innen wenden.

Denken ist an Strukturen gebunden, die Information darstellen. Jedes natürliche Gesetz formt Strukturen - auch im menschlichen Gehirn. Ohne Manipulation können so **Bilder** bzw. **Gedanken** entstehen, die dem Menschen rätselhaft sind. Bild und Gedanke, die ich vor Jahren zeitgleich am Waldsee wahrgenommen habe, wären folglich keine Täuschung, sondern durch Gesetz erhaltene Information (fünftes Buch, 1.5). Im Bereich der Atome aber - in Gehirnstrukturen - geht es **unbestimmt** zu. Wissen und Glauben sind vereint, bedingen sich wechselseitig.

7. 4. Begabung und Intelligenz

Die Begriffe der Begabung und Intelligenz stehen in Beziehung zueinander. Zunächst ist zu fragen: Ist Begabung eine im Menschen angelegte

Potenz, die unabhängig von äußerer Gegebenheit heranreift und sich entfaltet? oder ist Begabung, im Sinne von „**be-gaben**", eine Eigenschaft, die von außen auf den Einzelnen einwirkt bzw. ihm vermittelt wird? Zunächst sei Descartes bemüht.

Der gesunde Verstand ist die bestverteilte Sache der Welt; denn jedermann glaubt, dass er genug davon besitzt. Dass sich hierin alle täuschen, ist nicht wahrscheinlich; vielmehr beweist es, dass die Kraft, gesund zu urteilen, von Natur gleich ist bei allen Menschen, dass wir unser Denken nur in verschiedenen Bahnen bewegen und nicht dieselben Dinge berücksichtigen.[20]

Seit geraumer Zeit spricht man im Anschluss an H.Roth[21] nicht so sehr von einem statischen, vielmehr von einem dynamischen Begabungsbegriff. Man geht davon aus, dass das Individuum nicht begabt ist, sondern begabt wird. Dies berührt wieder die alte Anlage-Umwelt-Problematik, die verengt zur **Intelligenzforschung** führte.

Intelligenz ist verschieden definiert worden. Allgemein ist sie eine psychische bzw. kognitive Fähigkeit, neue Aufgaben richtig zu lösen. Ausgemessen wird sie mit Tests. Keinesfalls misst „der Test" die Gesamtleistung eines Individuums. Im besten Fall prüft er „die intelligente Anfangsleistung neuen Aufgaben gegenüber."[22] Die Gesamtleistung zeigt sich als verschachteltes Denk- und Aktionsgebilde, das durch Lösung vieler Einzelaufgaben, durch **Ausdauer** und **Kreativität** aufgebaut wird, die selbst mit dem Test **nicht fassbar** sind. Die Ergebnisse kommen in einer Abfragesituation zustande, die geplant worden ist. Mehr gegenwärtige und zukünftige Schulleistungen sagen die Testwerte voraus, auch wenn andere Faktoren noch im Spiel sind, wie etwa die Lernmotivation, außerschulische Förderung usw. Zudem kann eine Intelligenztestleistung keine Berufs- und Lebenstüchtigkeit vorhersagen. In der Lebenswirklichkeit sind **soziale Faktoren** bestimmend, wie etwa die Fähigkeit, zwischenmenschliche Beziehungen aufzubauen, sie zu erhalten und sich der Situation gemäß auszudrücken. Solche Fähigkeiten sind mit Hilfe von Tests gar nicht oder nur ansatzweise ausmessbar. Zurecht spricht man deshalb von einer **Testintelligenz**, die - wie E.G.Boring[23] es ausdrückt - nur das ist, was der Intelligenztest misst.

Angeborene Intelligenz soll der Test ausmessen, was nicht möglich ist: Beim Beantworten der Testaufgaben sind Lern- und Umwelterfahrungen mit im Spiel. Angeborene Intelligenz tritt phänotypisch auf, ist ein Drittes, das als Produkt der Wechselwirkung zwischen Anlage und Umwelt entsteht. Fassbarer sind **Wille** und **Neugierde**, die den Bildungsprozess treiben, was überaus wichtig ist.

In gewissen Berufen ist eine hohe intelligente Anfangsleistung neuen Aufgaben gegenüber erforderlich. Zu fragen ist deshalb, wie aus Anfangsleistungen in Bereichen der Kunst, Sprache, Naturwissenschaft usw. kulturelle Hochleistungen werden, die bis zur freien Verfügbarkeit reichen können.

An der Ausbildung von Begabung und Intelligenz sind Wille und Neugierde beteiligt. Angemessen ist es, den Begriff der Begabung **dynamisch** zu fassen: Im Lösen von Testaufgaben kann sich Begabung nicht entfalten, „sondern nur in der Bewältigung objektiver, teilweise standardisierter Leistungsformen, wie sie die kulturelle Entwicklung als historische Bedingung für die Art unserer Lebensmeisterung geschaffen hat. Begabung kann sich infolgedessen nur in der Aneignung, Beherrschung und Vollendung tatsächlicher Leistungsformen unserer Daseinsbewältigung und Kulturbetätigung dartun. Erst dann kann sich Begabung zu jener Stufe entfalten, wo wieder neue Aufgaben und Probleme auf Lösung harren.“[24] Das Lösen der Probleme verlangt Lösungsoperationen, die in einem langwierigen und mühevollen Prozess der Auseinandersetzung zu erlernen sind. Die angeborenen Begabungsfaktoren, so reichhaltig sie auch angelegt sein mögen, können sich eigenmächtig nicht entfalten: Das Aneignen von Lösungsoperationen gründet auf vorangegangener Lernerfahrung, verbunden mit Wille und Neugierde.

Der Intelligenztest soll möglichst kulturfreie Leistungsformen ausmessen, auch wenn die Testperson kulturabhängiges Verhalten schon zeigt. Man versucht deshalb, den Test in andere Kulturen zu übersetzen. Alle Versuche aber, einen kulturfreien Test zu konstruieren, sind bisher fehlgeschlagen. Der Test ist immer an Sprache gebunden: Dem Proband muss die zu lösende Aufgabe erklärt werden.

Der durch Test ermittelte Intelligenzquotient ist keine Zusammenstellung spezifischer Anlagefaktoren, die sich in der Auseinandersetzung mit Umweltfaktoren mehr oder weniger gut bewähren; denn es „gibt keine Anlagen, die direkten heutigen Leistungsformen entsprechen.“ Das Angeborene beruht vermutlich auf wenigen komplexen „Wurzelfaktoren, auf deren Vorhandensein es ebenso ankommt wie auf ihr spezifisches Zusammenspiel.“ Vermutlich besaß sie der eiszeitliche Mensch bereits, „nur dass sie damals für andere Lebensaufgaben beansprucht wurden und gemäß diesen Lebensaufgaben sich andersartig zu Leistungen differenziert und kombiniert haben." Die Wurzelfaktoren sind keine statischen Fähigkeiten, sondern „in ihrer Entwicklung auf spezifische Leistungsformen ihrer Zeit und Kultur als auf die eigentlich sie erweckenden und entwickelnden Anreize angewiesen, die sie erst als bestimmte Verhaltens- und Leistungsformen realisieren."[25] Laut P.R.Hofstätter[26] bedeutet Intelligenz im Großstadtleben etwas anderes als auf dem Lande. Ferner ist sie für einen Europäer anders als z.B. für einen Indianer.

Intelligenz ist **keine statische Eigenschaft**. Das herauszustellen, bemüht sich H.Roth, der das Ziel deutlich erklärt, „nämlich der Nachweis der entscheidenden Abhängigkeit der Intelligenz, aber noch mehr der Begabung und Begabungsentfaltung von der Lebenssituation."[27] Nach ihm entfaltet sich Begabung immer auf ein Lebensfeld hin. Auch ist Begabung keine einmalige Leistung einer neuartigen Aufgabe gegenüber (wie Intelligenz), sondern die Fähigkeit, Erfahrungen zu machen, vorgesteckte Ziele zu erreichen und nach Erreichen der Ziele neue Ziele zu sehen.

Man hat Begabung und Intelligenz familienstatistisch untersucht. Das Auftauchen begabter Mathematiker, Naturwissenschaftler, Musiker usw. innerhalb mehrerer Familiengenerationen legte den Schluss nahe, dass sich Begabung vererbe, was nicht bestätigt werden konnte. In seinem Buch „Talent und Genie" bemerkt G.Révész über den Stammbaum der **Bachfamilie**, „dass die kompositorisch hervorragenden Bach-Söhne der Vererbung viel zu danken haben. Die Lebensschicksale der weniger begabten Familienmitglieder waren indessen durch die Umgebung und materiellen Verhältnisse viel stärker bestimmt als durch die Vererbung. Hier zeigt sich die Vernachlässigung der **sozial-ökonomischen Faktoren** sehr deutlich."[28]

Begabung und Intelligenz sind von gewährter Muße und Anregung, von Lernerfahrungen und Lernprozessen, vom geistig-kulturellen Klima in der Familie abhängig. Dies bestätigt ebenfalls Burt, der in einer sehr sorgfältig durchgeführten Erhebung durchschnittliche Intelligenzquotienten von Eltern und ihren Kindern in sechs verschiedenen Gesellschaftsschichten eines Stadtteils von London ermittelte, und zwar von Akademikern in gehobenen Positionen bis zu ungelernten Arbeitern. Die durchschnittlichen Intelligenzquotienten der Väter zeigten fünfundachtzig bis hundertvierzig Punkte, die ihrer Kinder tendierten zum Mittelwert (hundert Punkte) in allen untersuchten Gesellschaftsschichten. Aufgrund der

Mittelwertsunterschiede kann man vermuten, dass das, was der Intelligenzquotient ausdrückt, nur ein bedeutsamer Faktor für die **Schichtzugehörigkeit** ist.[29]

An der Entfaltung von Begabung und Intelligenz als Merkmale oder Merkmalskombinationen der individuellen Psyche ist die Sozialschicht beteiligt (natürliche Gesetzeseinheit). Als nächstes muss die individuelle Psyche von der **affektiven Komponente** her ergründet werden (5.3.3). Doch vorher die übliche Wiederholung.

7. 5. Zusammenfassung und Ausblick

Ähnlich der Zelle ist das Individuum Informationswandler. Einerseits baut es Information auf, andererseits Information ab, und zwar sowohl in seinem Körper als auch in seiner Umwelt. Beim Aufbau von Information (Synthese) wird Energie benötigt: Das Individuum arbeitet an seiner Umwelt bzw. an sich selbst (Bewusstseinsbildung). Beim Abbau von Information wird Energie freigesetzt: Das Individuum handelt sowohl an seiner Umwelt als auch an sich selbst (Aggression).

Individuum und Zelle lassen sich miteinander vergleichen, ebenso Bewusstsein und genetische Aktivität. Ähnlich Vorgängen in der Zelle wird das Bewusstsein durch innere Repressoren gesteuert, wobei gewisse Strukturen oder Bewusstseinspotenzen zur Wirkung kommen, während andere unterdrückt werden. Anpassung an Umwelt kommt durch wahrgenommene Information zustande (Erkenntnisdialektik), wobei innere Repressoren außer Wirkung gesetzt werden, sodass blockierte Strukturen oder Bewusstseinspotenzen sich einschalten und zur Entfaltung individueller Anlagen beitragen können.

Anlagen für psychische Merkmale sind schwer zugänglich. Von Merkmalen wird auf Anlagen geschlossen. Bei den physischen Merkmalen sind die Schwierigkeiten noch beherrschbar. Anders bei den kognitiven, die mit Hilfe von Tests ausgemessen werden. Man kann mit dem Ausmessen erst dann beginnen, wenn das Individuum gewisse Kulturtechniken erlernt hat (Lesen, Schreiben). Aussagen über z. B. angeborene intelligente Fähigkeiten sind Vermutungen, gehen häufig auf wirtschaftliche Interessen zurück.

Begabung und Intelligenz verlangen dennoch Anerkennung. Wegen der Formbarkeit des Bewusstseins sind Allgemeinbewertungen relativ. „Ein

Mensch kann nur hinsichtlich seiner Eignung für bestimmte Aufgaben beurteilt werden."[30] Eignung und Aufgaben sind kulturabhängig.

Der Phänotyp der Person (Gruppe, Gesellschaft) sollte mehr als Produkt der vergangenen Umwelt begriffen werden. Nicht die Gegenwart, sondern die Vergangenheit prägte die Person! Die Gegenwart zeigt nur das Produkt einer oftmals ungünstigen Umwelt und umgekehrt.

Der Einzelne ist mit einer Anlage ausgestattet, die mit der Umwelt wechselwirkt. Die jeweilige Umwelt wirkt auf die Anlage und das sie tragende Individuum kann während der Kindzeit kaum ausweichen. Das Kind ist der mächtigen Umwelt ausgeliefert. Die Umwelt beansprucht die daliegende Anlage: Es kommt zur Ausprägung bestimmter Merkmale. Das Kind hat in der einen oder anderen Weise gelernt, auf seine Umwelt angemessen zu reagieren.

Die Ohnmacht des Kindes verringert sich mit zunehmendem Alter. Meist kann es sein Elternhaus verlassen. Schon geprägte Merkmale aber erschweren Veränderungen. Hinzu kommen gesellschaftliche Zwänge, die den Einzelnen hindern, Information anderer Umwelt aufzunehmen.

Information wird sowohl durch Laut- und Schriftsprache als auch durch Gebärdensprache übertragen. Alle bekannten Sprachen sind Laut- und Schriftsprachen, die von Gebärden unterstützt werden.

Kultur- und Instinktgebärden dienen häufig der Hemmung innerartlicher Aggression und der Stärkung des Gemeinsinns, funktionieren aber oft nicht mehr. Dennoch: Als natürliche Disposition ist die Idee der Gerechtigkeit schon vorgeformt - mit der Tendenz, den Maßstab der Gerechtigkeit aufzubauen: das gerechte staatliche Gesetz (10/11.3.2/12.2/14).

Als nächstes wird die individuelle Psyche von der affektiven Komponente her beschrieben. Bezüglich der Gerechtigkeitsidee steckt in der Komponente wertende und treibende Potenz (Neugierde, Wille, Trieb).

8. Streben und Trieb

Natürliche Dispositionen verbinden die Menschen untereinander, motivieren Einzelne, zum Wohle anderer zu wirken, die **Gerechtigkeitsidee** weiter zu kultivieren. Der Seinsgrund der Gesellschaft ist das Affektive, nicht das Kognitive oder Rationale. Beide Komponenten, deren Größen variieren, walten zwar als Einheit; das Affektive kann jedoch selbständig bestehen. Als Seinsgrund verlangt es **Überformung** und **Überbauung**. Das heißt, der Aufbau der gerechten Gesellschaft ist auf das Affektive angewiesen, das seinerseits keineswegs richtungslos ist.

8. 1. Richtung des Strebens

Der Mensch ist kein Einzelwesen, sondern auf andere hinorientiert. A.Gehlen vertritt in seinem Buch „Der Mensch, seine Natur und seine Stellung in der Welt“ die These, dass der Mensch in biologischer Hinsicht ein Mängelwesen ist.[1] In seiner Säuglings- und Kindzeit, die verhältnismäßig lang ist, ist er schutzbedürftig: Haarkleid und Angriffsorgane fehlen ihm, sinnlich ist er vielen Tieren unterlegen, an echten Instinkten hat er einen geradezu lebensgefährlichen Mangel. Als Geistwesen ist er aufgefordert, seine biologischen Mängel auszugleichen. Dies geschieht durch intelligentes Handeln, durch Umarbeiten von Umwelt, was sich im gesamten Bereich der Kultur äußert (Synthese bzw. Reduktion von Information, 6). Schon vom Biologischen her ist der Einzelne aufgefordert, kulturschaffend in Gemeinschaft mit anderen zu leben.

Der Einzelne braucht die Gemeinschaft, erhält von dort Information. Andererseits braucht die Gemeinschaft auch ihn, ist funktionsfähig nur durch ihre Mitglieder. Der Einzelne ist in der Lage, das reaktive Handeln der Gemeinschaft als Information aufzunehmen und zu verarbeiten. Seine kulturellen Bedürfnisse entstehen durch andere Mitglieder. Als gespeicherte Information stehen sie der Außeninformation gegenüber. Assimilation und Akkommodation sind sicherlich im Spiel.

Aus beiden Informationen bauen sich Vorstellungen auf, die Bedürfnisse beidseitig befriedigen sollen. Anfangs erlebt der Einzelne den Gemeinschaftswillen als äußeren, später vielleicht als inneren Zwang. Für ihn ist der Zwang und die darauf aufbauende Ordnung erst dann moralisch verbindlich, wenn sie seinem Wohle ebenfalls dient und im Schwerpunkt der beteiligten Interessen ruht. Äußerer Zwang wird zum Selbstzwang als Voraussetzung von Sitte und Moral.

Das Bedürfnis nach Ordnung ist der Erkenntnis förderlich, dass sowohl die Person als auch die Gemeinschaft durch sie profitieren. Die Person ordnet sich Gruppen zu, sucht nach Gemeinschaft. Nicht der Egoismus, sondern der Gemeinsinn leitet das Handeln vorrangig. Anders die sogenannte **Verrechnungstheorie**[2], nach der Vor- und Nachteile gegenseitig verrechnet werden: Die Gemeinschaft unterstützt der Einzelne nur dann, wenn er Hilfe, Schutz und Entlastung erhält. Er fühlt sich für den Bestand der Ordnung nicht verpflichtet und würde, wann immer möglich, die Ordnung zu umgehen suchen. Erfahrungen lehren hingegen, dass Personen auch selbstlos zum Wohle anderer handeln. Dies kann die Verrechnungstheorie ganz und gar nicht deuten.

8. 2. Menschlicher Grundtrieb

Aus Gründen der Verdeutlichung sei eine kurze Wiederholung erlaubt. Dargelegt wurde, dass das Hormon- und Nervensystem, das zur Physe gehört, als Träger der individuellen Psyche fungiert. Als offenes System im **Fließgleichgewicht** bzw. als geschlossenes System im **dynamischen Gleichgewicht** braucht der Einzelne von außen kommende Information, die als Umweltinformation zwar stofflich getragen, jedoch nicht-stofflich aufgenommen wird. Die Umweltinformation, die sinnlich wahrgenommen wird, ist gleichsam „Nahrung“ für das individuelle Bewusstsein, das zu höheren Einheiten, zur Gemeinschaft mit anderen Menschen strebt.

Isoliert kann das individuelle Bewusstsein nicht existieren, nur als Teil eines übergeordneten Sinns, der irgendwie den Einzelnen motiviert, irgendwie den Einzelnen lenkt. Dessen Arbeitsprodukt trägt immer Information, die auf andere wirkt und als Information (Gebärde, Laut- und Schriftsprache) zum Einzelnen zurückkehrt, der seinerseits sein Handeln - je nach Möglichkeit - korrigiert usw. Das Arbeitsprodukt bzw. Handeln des Einzelnen ist also, wie die untergeordneten Einheiten, in Informationskreise eingebunden.

Information als Reaktion anderer kann **positiven** oder **negativen**, annehmenden oder abweisenden Charakter haben, der in Gebärden für untergründige Motive sich zeigt. Untergründige Motive lassen sich nutzen, vernunftgemäß kultivieren und an soziale Erfordernisse ankoppeln. Positive bzw. negative Gebärden basieren auf natürlichen Dispositionen bzw. der vorgeformten Gerechtigkeitsidee (7.2.1).

Durch Arbeitsprodukte will der Einzelne positive Information erwerben.

Negative Information signalisiert, dass Arbeitsprodukte wertlos oder von geringem Wert sind (Misserfolg). Der Einzelne will aber Erfolg, will **Zuwendung, Anerkennung, Liebe** erfahren. Sein ganzes vorrationales Wollen strebt in diese Richtung. Sein psychisch-physischer Zustand schwankt mit dem Maß positiver bzw. negativer Information. Schwankungen, die sich bei Empfang negativer Information einstellen, beeinträchtigen die Person nie isoliert psychisch und nie isoliert physisch, sondern immer in psychisch-physischer Einheit. Das richtungsgebundene **Streben nach Gemeinschaft**, nach positiver Information, nach Zuwendung, Anerkennung, Liebe - in kindlichen und ausgereiften Formen - wird **Grundtrieb** hier genannt (der das **göttliche Gebot** bestätigt).

Nicht nur altruistische, auch egoistische Motive sind im Spiel, die im Grundtrieb aber wurzeln. Personen neigen dazu, Bezugspersonen zu schädigen. Dort entsteht Ablehnung bzw. negative Information, die als Preis für positive Information in Kauf genommen wird.

Auf die eine oder andere Weise strebt der Einzelne nach positiver Information. Primär will er das Schöne, die harmonische Form oder Gestalt. Dies zeigt sich ebenso an eigenen Arbeitsprodukten wie an bevorzugter Wahrnehmung fremder Arbeitsprodukte bzw. Verhaltens- und Erscheinungsformen. Zwar will der Einzelne anerkannt sein und dies von anderen erfahren, jedoch andere Personen, andere Produkte ähnlich anerkennen, ja lieben. Er will - auch über den Umweg der negativen Information - letztlich und allgemein die positive Information.

Streben nach Zuwendung, Anerkennung, Liebe - nach positiver Information - hat immer Vorrang. Die **Bibel** berichtet darüber sinnbildlich, gleich zu Beginn: Zwei Menschen lebten in Eden, ohne Selbstbewusstsein. Als sie vom Baum der Erkenntnis gegessen hatten, erkannten sie sich selbst und verloren das „Paradies". Im Folgenden berichtet die Bibel vom Neid zwischen zwei Nachkommen: von Kain, der seinen jüngeren Bruder Abel erschlug - jenseits von Eden! Das göttliche Gebot (**Liebesgebot**) ist notwendig geworden (Prinzip der kleinsten Wirkung, s. zweiter Beitrag).

Nicht im zwischenmenschlichen Neid allein, in vielen Facetten kommt der Grundtrieb zum Ausdruck. Er äußert sich im Negativismus (4.3), in Eifersüchteleien, in Mitleid heischender Klage, in Prahlerei bzw. relativer Erhöhung (Klatsch, Tratsch). Er äußert sich in Clownerie und Provokation. Er tritt in versnobten Extravaganzen auf (Kleidung, Habitus), im Streben nach Umgang mit schönen, interessanten, mächtigen Menschen.

Er bricht sich auf die eine oder andere Weise immer wieder Bahn und kann auf Dauer nicht unterdrückt werden. Die Befriedigung dieses Bedürfnisses aber sollte über Handlungen laufen, die die Gemeinschaft positiv fortentwickeln.

Meistens ist das individuelle Arbeitsprodukt einem größeren Personenkreis unzugänglich. Direkte Anerkennung geht nur von Kollegen aus, meistens am Arbeitsplatz. Seine Fähigkeit zeigt der Einzelne dann mit unterschiedlichem Grad an Geschick im Privat- und Bekanntenkreis, oftmals über gängige Statussymbole wie Auto, Kleidung usw. Das gekaufte Statussymbol aber kann den Wert des Besitzers nicht vermitteln: Als Werk anderer Menschen ist es erworben worden.

Streben nach Anerkennung ist auch ohne Bezahlung da: im Dienst am Nächsten, in Verantwortung für andere Menschen. Verantwortung trägt überwiegend der geistig (kognitiv) arbeitende Mensch, welcher - von Ausnahmen abgesehen - ein höheres Gehalt auch bezieht. Anders der überwiegend körperlich (physisch) arbeitende Mensch: Er trägt Verantwortung für Werkzeuge und Maschinen, die ihrerseits Anerkennung nicht geben können. Anerkennung erhält er von Kollegen, im Privatbereich. Ferner wird sie im Konsum gesucht.

Der Grundtrieb äußert sich in zeitüberdauernden Kulturgütern: in Werken der Kunst und Wissenschaft, in riesigen Bauten wie Pyramiden, Wolkenkratzern, Staatsgebilden, in **religiösen Werken** usw. Der Einzelne will Spuren, Zeichen hinterlassen, Zeichen seines persönlichen Wertes. Er sucht Betätigungsfelder, Lebenssinn - zum Zwecke **geistigen Fortlebens** (3.4). Produkte seiner Arbeit sollen auf seine und kommende Generationen wirken, über seinen Tod hinaus. Im Krieg sogar kommt der Grundtrieb zum Ausdruck: Der Sieg über das „Große" lässt den Sieger mächtiger werden und in die Geschichte eingehen - **auf Kosten** anderer bzw. **einbettender Systeme** (6).

Anfangs wird der Grundtrieb gut befriedigt. Das neugeborene Kind ist hilflos - verglichen mit höheren Säugetieren. Ohne Schutz und Pflege der Eltern kann es nicht überleben. A.Portmann spricht von der „physiologischen Frühgeburt" des Kindes, die „einen erkennbaren Sinn im ... menschlichen Dasein" bewirkt. Das Kind ist nach Verlassen des Mutterschoßes „gelehrig" und auf einen „sozialen Mutterschoß" angewiesen.[3] Die Natur ist ihm dabei behilflich: Die niedlichen Körperformen, die tollpatschigen Bewegungen (**Kindchen-Schema**) fungieren, wie erwähnt, als Schlüsselreiz, der Gemeinschaft garantiert.

Mit zunehmendem Alter verändern sich die Körperformen des Kindes. Das volle Maß positiver Information kann über Körperformen nicht mehr erreicht werden. Gefühle der Zuneigung müssen auf andere Weise erworben werden: über eigene Arbeitsprodukte! Das heranwachsende **Kind** muss zunehmend **arbeiten**! Dazu braucht es als Intelligenz- und Sozialwesen anregende, von außen kommende Information.

Bei mangelnder Zuwendung ist das Verhalten des Kindes gestört. Dies belegen zahlreiche Untersuchungen wie die des Psychiaters R.A.Spitz.[4] Bei Kindern, die früh von ihren Eltern getrennt werden, die wenig Zuwendung und Geborgenheit erfahren, ist die Sterblichkeit am höchsten. Die Kinder retardieren, nässen ein, lernen verzögert laufen und sprechen, sind ängstlich und aggressiv, was an Bewohnern der Südseeinsel Alor ebenfalls beobachtet wurde.[5]

Aloresen geben ihren Kindern wenig Pflege und Zeit. Elterliche Zuneigung, Zärtlichkeit und Liebe, sprich: positive Information, erhält das Kind nur in minimalen Dosierungen. Die Kinder zeigen deutliche Symptome dieses Mangels. Sie schreien, verlangen nach ihren Eltern. Erwachsene Aloresen klagen über ihre Kindheit, sind unsicher, haben weder Vertrauen zu sich selbst noch zu anderen. Sie sind misstrauisch, leiden an dem Gefühl bedroht zu sein.

Ähnliche Symptome zeigen Jugendliche unserer Großstädte, die problemhaft aufwachsen. In der Familie wird positive Information am ehesten vermittelt, infolge starker Personenbezogenheit, hoher Kontakthäufigkeit und Ungezwungenheit der Kontakte und Beziehungen untereinander. Das Kind bedarf der Familie, der emotionalen Geborgenheit, um von dort aus in den Raum der Gesellschaft vollwertig hineinwachsen zu können.

Der Einzelne will nützlich handeln, nützlich hinsichtlich anderer. Ohne andere würde er nicht bauen, forschen usw. Andere sollen seine Produkte nutzen, schätzen, sodass Sinn entsteht. Ein Produkt besonderer Art sind Kind und Familie als „**Standardsinngebung**". In den Kindern erkennt sich der Einzelne auch selbst. Sie überdauern ihn, tragen das, was er wollte, möglicherweise weiter.

Von der Familie erwartet der Einzelne stärkste Anerkennung. Die Eltern formen die Familie. Ihre Liebe und Zuneigung, die auf das Kind ausstrahlt, wird getragen durch Wissen, was dem anderen fehlt. Der Einzelne fühlt und weiß sich als wichtig für den anderen, den er liebt. Er liebt und wird geliebt. Die auf den andern bezogene Handlung, die Du-Handlung, wirkt als Information zurück, ist **Wir-Handlung**. Nicht das Ich, sondern das Wir ist also wichtig! Die Ich-Handlung tritt hinter der Wir-Handlung zurück. Die eigenbezogene, nicht das Du umschließende Ich-Handlung zerstört die Elementareinheit - die Familie - letztlich.

Der Einzelne flieht seine Familie, wenn Anerkennung dauerhaft fehlt. Gründe dafür liegen in voneinander abweichenden Lebensvollzügen, die größtenteils erlernt worden sind. Oftmals werden Personen, die sinnvoll leben wollen, als Mittel oder Hilfsmittel zum Erreichen fremder Ziele benutzt. Andere zeigen **Orientierungslosigkeit**, sind ausschweifend, was Familienmitglieder schwer belastet. Jede Person hat ein Recht auf Entfaltung eigener Anlagen, soweit andere nicht behindert werden.

Der Einzelne sucht nach sinnvollem Leben, besonders dann, wenn seine Erwerbsarbeit eintönig ist, wenn er freiwillig oder unfreiwillig ohne Partner, ohne Familie bleibt. Die auf sich zurückgeworfene Person wird unzufrieden. Daran ist erkennbar, dass sich der Einzelne für gesellschaftliche Gruppen entscheiden muss. Ohne sinnvolle Aufgabe, ohne Anerkennung und Wertschätzung lässt sich schlecht leben. Die weitorientierte Person wird durch eine eigene Familie auch behindert.

Bedürfnisse anderer müssen berücksichtigt werden: Ablehnung führt zur Aggression, zur Isolation, ja zum Tod (2). Der Wille nach Lebenserhaltung (biologisches Überleben, 3.3) ist zweitrangig, kann als Grundtrieb nicht gelten. Der Grundtrieb ist Streben nach Gemeinschaft, nach Zuwendung, Anerkennung, Liebe. Seine Befriedigung erfolgt durch positive Information als Reaktion auf Mitarbeit in sozialen Gebilden.

Zwecks besserer Abgrenzung eine zusätzliche Bemerkung. Weder Streben nach Macht noch nach Sexualität kann als Grundtrieb gelten. Auf beides muss getrennt eingegangen werden.

NACHTRAG: Ergänzungen zum Grundtrieb sind im fünften Buch aufgeführt (2. Kapitel).

8. 3. Aggressives Handeln

Der Grundtrieb tritt in verschiedener Stärke auf. Es gibt Personen, die nur am Greifbaren orientiert sind. Der nahe Mensch, die positive Rückwirkung stehen im Mittelpunkt des Bemühens. Andere haben weite Horizonte, sind an der Natur, der Gesellschaft, der Menschheit insgesamt interessiert. Im Nahen aber, bei Verwandten, Freunden und Bekannten wird Anerkennung gesucht. Diese Rückwirkung, die Anerkennung vom nahen Menschen, ist in allen Fällen der Hauptantrieb. Bei mangelnder Anerkennung entstehen Verhaltensänderungen. Die Person wird beeinträchtigt, antriebsarm. Durch positive bzw. negative Information lassen sich Menschen steuern. Hier wird der Bereich der Motivation berührt.

Der Einzelne ist äußeren und inneren Zwängen ausgesetzt. Dem Kind bieten sich, wie erwähnt, kaum Möglichkeiten, seine Bezugspersonen zu verlassen. Ähnlich beim Erwachsenen, der sich außerstande fühlt, seine berufliche oder private Situation zu verändern. Andere nutzen ihn aus, senden **negative Information**. Die zwischenmenschlichen Beziehungen verspannen sich. Die Person passt sich an. Eine Form ist die nach außen gerichtete destruktive Aggression (die nach innen gerichtete Aggression macht krank, richtet sich gegen die Person selbst).

Aggression geht vom Grundtrieb aus, bricht zeitlich versetzt aus. Wird das Ziel - trotz Mühe - nicht erreicht, entsteht Frustration bzw. negative Information. Der Grundtrieb drängt jedoch nach Befriedigung, nach **positiver Information**, steuert Handlungen so, dass sie erzwingenden Charakter haben! Der Einzelne wird aggressiv, baut nach außen hin Information ab (6). Sein Körper vergrößert sich, nimmt **Imponier-** und **Drohgebärde** an: Wölben der Brust, Strecken des Halses, ausladende Hand- und Armbewegungen, Aufblasen und Aufplustern wie beim Tier. Dinge und Sachen werden mit Gewalt zerstört, die Stimme wird laut. Der andere soll getroffen, zum Schweigen gebracht werden, soll „**Demutshaltung**" annehmen, die Anerkennung bzw. positive Information signalisiert.

Aggression erzwingt positive Information, auch ohne Demutshaltung oder verbales Bestätigen. Selbst im Vorstellen nämlich wird der Grundtrieb befriedigt, auch dann, wenn Vorstellung und Realität voneinander abweichen. Hier liegt möglicherweise ein Schutzmechanismus vor.

Andere Formen, die Zuwendung erzwingen, sollen nicht mehr besprochen werden. Wiederholt sei: Varianten wie Jammern, Erkranken, Clownerie usw. gehören ebenfalls zum Grundtrieb, der ins Kindliche treiben kann (Einnässen usw.).

Der Grundtrieb gehört zur **affektiven** Komponente der individuellen Psyche, die mit der **kognitiven** eine Einheit bildet (5.3.3). Ihren Ausdruck kann die individuelle Psyche selbst verändern, oder: Denken und Fühlen lassen sich steuern, jedoch mit einem zweiten: mit der jeweils anderen Komponente der individuellen Psyche. Sowohl die kognitive als auch affektive Komponente ergänzen sich gegenseitig: Ein Strukturbereich beeinflusst andere, zum Zwecke der gesamten Psyche, zum Zwecke ihrer fortschreitenden Differenzierung. Die individuelle Psyche besitzt also Eigendynamik, entwickelt sich weiter - in Richtung **Freiheit**, d.h. abnehmender Zwänge (Prinzip der kleinsten Wirkung, s. zweiten Beitrag).

Die individuelle Psyche besitzt sozusagen einen inneren und einen äußeren Ausdruck. Der innere Ausdruck ist das „wahre Gesicht" der Psyche, das unverstellt bleibt. Anders der äußere Ausdruck, der mit „falschem Gesicht" auftreten kann, mit dem, was der Einzelne nur vorgibt, mit dem, was er nicht fühlt und denkt. Solches Handeln ist zwanghaftes Handeln an sich selbst (**heucheln**). Es entsteht in vielen Situationen, auch als Pflichterfüllung. Überdies ist es Mittel zum Erreichen egoistischer Ziele.

Zwar kann die individuelle Psyche in verschiedenen Ausdrücken existieren, jedoch muss sie in den inneren Ausdruck irgendwann zurückfallen, was der aggressive Ausbruch wäre, dessen Energie der Spannungsenergie entspräche. In der aggressiven Handlung entspannt sich der Einzelne, baut negativ erfahrene Information nach außen hin ab (**destruktive Aggression**). Auf andere Weise kann sich der Einzelne ebenfalls entspannen, kann negativ erfahrene Information zum Aufbau positiver nutzen (Synthese) - nach innen wie nach außen (**konstruktive Aggression**).

Die Möglichkeit der individuellen Psyche, sich aufzuspalten, verleiht der aggressiven Handlung erst ihre Heftigkeit, ja Gefährlichkeit! Bei fehlender oder geringer Aufspaltungsmöglichkeit ist das „wahre Gesicht" der Psyche erkennbar. Dass der Einzelne zu aggressiver Handlung dann ebenfalls fähig wäre, verdeutlicht der Vergleich mit dem Tier, das sich weder verstellen noch zwanghaft handeln kann (nur gering ausgebildete kognitive Komponente der Psyche).

Seine Aggression richtet das Tier auch gegen Artgenossen. „Um der möglichen Ausrottung der eigenen Art zu entgehen, haben sich ... bei Tieren instinktiv festgelegte, sicher funktionierende, aggressionshemmende Mechanismen entwickelt"[6], die durch Demutsgebärde (Schlüsselreiz) ausgelöst werden. Beim Menschen sind solche Auslöser, wie erwähnt, überformt worden. Überdies macht die **moderne Waffentechnik** das Töten aus der Ferne möglich! Der tötende und leidbringende Mensch sieht nicht mehr die ehemals ihn hemmende Gebärde. Sittliches Verhalten muss ggf. erzwungen werden: durch staatliches Gesetz!

Man deutet das Problem der Aggression auch anders. Derzeit stehen sich drei weitere Ansätze gegenüber, die nur skizziert werden sollen.[7] Der erste Ansatz stammt von der **Verhaltensforschung**, die K.Lorenz und seine Schüler verbreitet haben. Der Ansatz besagt, dass Aggression zur natürlichen Ausstattung aller Lebewesen gehört, auch zur Ausstattung des Menschen. Jedes Lebewesen hat nach Lorenz ein bestimmtes Quantum an Aggressivität, das verbraucht werden muss. Lorenz spricht von einem Aggressionstrieb. Nach ihm ist Aggression keine durch Umweltsituation erzwungene Reaktion, sondern nicht weiter zurückführbares Potenzial spezifischen Verhaltens, das dem Tier zur Arterhaltung und zum Aufbau einer Rangordnung dient. Der Artgenosse wird im Kampf nicht getötet. Er zeigt seine Unterlegenheit mit der Demutsgebärde, die den Kampf beendet.

Durch Demutsgebärde erhält das stärkere Tier positive Information, die einen höheren Sinn aufbauen könnte. Bleibt das schwächere Tier in der Gruppe, dann könnte es eine Aufgabe übernehmen. Auch lässt sich vermuten, dass andere Tiere es bestätigen. Domestizierte Hunde z.B. suchen anerkennende Bekundung nach erfüllter Aufgabe. An Menschen (Kindern) kann Ähnliches beobachtet werden.

Dem ersten Ansatz steht der zweite gegenüber: die **soziologische These**, die besagt, dass Aggression als Folge von Frustration auftritt, dann nämlich, wenn ein Ziel nicht erreicht wird (Art der Zielsetzung unwichtig). Die Aggression muss nicht notwendig zum Menschen gehören: Sie entsteht durch Anpassung in Industriegesellschaften. Dieser Ansatz steht zu dem der Verhaltensforschung nur scheinbar im Widerspruch. Beide Ansätze verschmelzen zur Theorie vom Grundtrieb, der durch positive Information befriedigt wird. Ablehnende Bekundung, d.h. negative Information, erzeugt Frustration und infolgedessen Aggression.

Der dritte Ansatz ist von **lerntheoretischer Art**. Er geht davon aus, dass Aggression erlernbar ist. Überprüft wurde das von A.Bandura[8], der Kleinkinder in zwei Gruppen einteilte. Die eine Gruppe sah einen Film, in dem der Held aggressives Handeln an einer Puppe vorführte. Die andere Gruppe sah den Film nicht. In einer anschließenden Spielsituation erhielt jedes Kind die Möglichkeit, auf dieselbe Puppe einzuschlagen. Die Kinder, die den Film gesehen hatten, schlugen intensiv und mit Freude auf die Puppe ein, die Kinder der anderen Gruppe jedoch nicht. Aus den Beobachtungen könnte geschlussfolgert werden, dass Aggression ein Lernergebnis wäre. Doch das Vorbild war kein realer Mensch.

Der lerntheoretische Ansatz wird durch reale Lebensverhältnisse teils bestätigt. Man muss davon ausgehen, dass durch Fernsehen nicht zu unterschätzende Prägungseffekte entstehen. Gewisse Sendungen beeinflussen Kinder negativ, wobei deren soziale Situation einzubeziehen ist. Kinder mit bereits aggressiven Neigungen werden sich solche Filme wohl ansehen, die diese Neigungen bestätigen.

Beeinflusst werden auch Erwachsene. Erkennbar ist, dass der Stil des Draufgängers und „harten Mannes“, wie er z.B. in Wildwest- und Gangsterfilmen erscheint, das Geschäftsgebaren in kapitalistischen Ländern mitbestimmt. Solches Gebaren aber ist nur erlerntes Handeln, zwecks Durchsetzung persönlicher Wünsche, was die *Bandura*sche Untersuchung nahe legt. Bei ähnlicher sozialer Herkunft imitieren Mädchen weniger als Jungen. Der Draufgängerstil passt nicht zum Rollenverhalten der Mädchen und Frauen unserer Zeit.

Mädchen und Jungen halten sich nur scheinbar in gleichen Umwelten auf. Von ihren Rollen her sind Jungen und Männer aggressiver. Das aggressive Handeln jedoch, wie es die Lerntheorie beschreibt, ist nur erlerntes Gebaren, passt zum „wahren Gesicht“ der Psyche nicht. Vom Grundtrieb her will der Einzelne Erfolg, Bewunderung usw. Erfüllung sucht er am Schwächeren, benutzt ihn nur, um „Bewunderung“ von anderen erhalten zu können (das zeigen Kinder in der Schule recht deutlich).

Der lerntheoretische Ansatz deutet auf ein unechtes aggressives Handeln. Das gesamte Handeln - aggressionsecht oder aggressionsfrei - beschreibt die **Theorie vom Grundtrieb** (Synthese bzw. Reduktion von Information). Der Grundtrieb verlangt nach positiver Information. Bei Ausbleib wird die Person echt aggressiv, auch gegen sich selbst (andere Reaktionen wie Clownerie, Erkranken sind erwähnt worden). Nun zur Sexualität.

8. 4. Freuds Psychoanalyse

In der „Psychoanalyse“ behandelt S. Freud (1856-1939) das Problem der Sexualität. Neben den Todestrieb stellt er den Sexualtrieb (Eros) als bestimmende Größe heraus.[9] Sein Denkansatz ist von objektivistischer Art. Er orientiert sich am naturwissenschaftlichen Denkstil des ausgehenden 19. Jahrhunderts. Nach ihm ist das Psychische an Physisches gebunden, was durch Drogen und Psychopharmaka zweifelsfrei erwiesen ist.

Laut Freud folgt der Trieb dem Lustprinzip, das alle Lebewesen bestimmt. Im Wesentlichen ist er physisch gefasst: als konstante Kraft, als Quantum psychischer Energie. „Der Triebreiz stammt nicht aus der Außenwelt, sondern aus dem Inneren des Organismus selbst.“[10] Freud nimmt im Einzelnen an: eine Triebquelle, d.h. einen im Geschlechtsorgan ablaufenden somatischen Vorgang, „dessen Reiz im Seelenleben durch den Trieb repräsentiert ist“[11], weiterhin einen Drang als Summe von Kraft und Aktivität, dann ein Ziel, also die Befriedigung und schließlich ein Objekt, „an welchem oder durch welches der Trieb sein Ziel erreichen kann.“[12] Das Objekt selbst wird im Laufe der Individualentwicklung ausgetauscht. Freud unterscheidet folgende Phasen der Sexualität: die orale, die anale und die phallische, in denen die interessierenden Sexualobjekte, nämlich Mund, Anus und Penis, wechseln. Auch hebt er den Selbstbezug, d.h. den Narzissmus, gegen den Fremdbezug ab, wobei zwischen homo- und heterosexuellem Verhalten unterschieden wird.

In der *Freud*schen Theorie steht dem **Sexualtrieb** (primär als Lebenstrieb gedacht) der **Todestrieb** gegenüber, dessen Tendenz es ist, „zur Ruhe des anorganischen Seins zurückzukehren.“[13] Der Todestrieb ist auf das Individuum selbst gerichtet, aber auch auf andere. Abkömmlinge des Todestriebs sind der **Sadismus** und die **Aggression**. „Das Lebewesen bewahrt“ und genießt „sozusagen sein eigenes Leben dadurch, dass es fremdes zerstört. Ein Anteil des Todestriebes verbleibt aber im Innern des Lebewesens tätig“ und bewirkt „eine ganze Anzahl von normalen und pathologischen Phänomenen“[14], etwa die Wendung der Aggression nach innen. Auch ist der Aggressionstrieb in der Sexualität mit am Werk: Beide Triebe treten gemischt auf. Daher kann die ursprüngliche, auf das äußere Objekt gerichtete Sexualität bzw. Liebe in Selbstliebe umschlagen, andererseits die ursprüngliche, nach außen gerichtete Aggression nach innen sich wenden. Das Individuum steht dem Kampf seiner Triebe scheinbar machtlos gegenüber, ist von Mächten unbeherrschbarer Art gelebt.[15] Von daher ergäbe sich ein überaus pessimistisches Bild der Kulturentwicklung, wenn nicht das Ich, d.h. die Vernunft, dem Es, d.h. den Trieben, übergeordnet wäre.

Freud bekennt sich zur Ethik und Moral, die dem Einzelnen Entsagung auferlegen: Ohne Triebverzicht ist keine Kultur möglich. „Die Menschen" würden sich „einander bis auf den letzten Mann ausrotten."[16] Als mit Vernunft ausgestattete Wesen beherrschen sie ihre Triebe weitgehend, wobei der Vorgang der **Sublimierung**, d.h. der Umschichtung von Triebenergie in **kulturschaffende Energie**, wesentlich ist (Synthese von Information). Dieser Vorgang ist das Ziel der Psychoanalyse: Mit den Trieben soll der Einzelne umzugehen lernen; die unterdrückten Triebe sind Hauptgrund der Krankheit. Zwischen Trieb und Vernunft oder vernunftorientierter Moral soll Gleichgewicht herrschen. Freud betont immer wieder die Aufgabe des Arztes, das Ich-Bewusstsein zu stärken. Befreiung vom Zwang der Triebe bedeutet: „Wo Es ist, soll Ich werden."[17]

Die Grundzüge der Psychoanalyse sind mit der Theorie vom Grundtrieb vereinbar. Sie lassen sich unter dem Aspekt der Freiheit deuten (Prinzip der kleinsten Wirkung, s. zweiter Beitrag). In der industrialisierten Gesellschaft erlebt der Einzelne wegen fortschreitender Arbeitsteilung einen niedrigen Freiheitsgrad und infolgedessen Leere und Frustration. Sexuelles Verlangen nimmt zu. Im ungünstigen Fall erkrankt der Einzelne. Durch Triebaufschlüsselung könnte er geheilt werden. Wir erinnern uns:

Spezieller Ausdruck der Psyche ist die Sexualität. Im Bereich der Geschlechtsorgane ist das Nervennetz verdichtet. Die Organe sind mit dem Rückenmark und Hirn, insbesondere dem Zwischenhirn, verbunden. Besonders enge Verknüpfungen existieren zwischen dem Zwischenhirn und der benachbarten Hypophyse, die mit dem vegetativen Nervensystem zusammenarbeitet und unter den innersekretorischen Drüsen eine zentrale Stellung einnimmt. Die Hypophyse scheidet Hormone aus, die u.a. die Keimdrüsen anregen. Man weiß, dass Hormone der Keimdrüsen sowohl die geschlechtliche Entwicklung als auch den Körperbau, das Stoffwechselgeschehen und die Psyche stark beeinflussen.[18]

Angeborene Energiequellen speisen das sexuelle Verhalten. Bestimmte Objekte wirken als sexuelle Reize, die über Sinneszellen zu elektrischen Impulsen werden. Die unterschiedliche Impulsfrequenz ist Information von sexuellen Objekten. Entlang der Empfindungsnerven laufen die Impulse zu verschiedenen Bezirken im Rückenmark und Gehirn. Sie wechseln über auf Bewegungsnerven, laufen weiter zu Muskelfasern, die nun innersekretorische Drüsen anregen.

Auf den erweiterten sexuellen Mechanismus wirken die Abgabeprodukte als innere Reize, die den sexuellen Drang aufbauen. Äußere und innere

Reize sind am Aufbau des sexuellen Dranges beteiligt. Beim Fehlen äußerer Reize lassen sich innersekretorische Drüsen schon durch Vorstellung erregen (natürliche Gesetzeseinheit). Bei sexuellem Drang entstehen umgekehrt auch sexuelle Vorstellungen, z. B. im Traum. Zur individuellen Psyche gehören sie ebenso wie die sexuellen Empfindungen.

Der sexuelle Drang ist eine innere Stimmung, die den Antrieb zur sexuellen Handlung gibt. Das Individuum sucht nach einer erotischen Situation, in welcher diejenigen Reize bzw. Schlüsselreize auftreten, die eine Endhandlung zur Folge haben (dem biologischen Gesetz gemäß). Auf Schlüsselreiz folgende Endhandlungen sind vom Willen des Individuums weitgehend unabhängig. Der Schlüsselreiz geht in der erotischen Situation von ausgewählten Eigenschaften und Abläufen geschlechtsspezifischer Objekte aus, von deren Formen und Formveränderungen. Er lässt sich mit Sinnesorganen einzeln und kombiniert wahrnehmen.

Das Schema der Instinkthandlung ist am Tier deutlich erkennbar. Nach Wahrnehmung des Schlüsselreizes läuft die Endhandlung nach fertigem Programm automatisch ab. Anfangs muss aber der sexuelle Drang existieren: Ohne ihn kann die Endhandlung nicht ablaufen. Beim Menschen lässt sich die Endhandlung auf Grund von Vernunft und Lernfähigkeit verzögern oder ganz zurückhalten. Neben der Lernfähigkeit besitzt der Mensch die Fähigkeit zu vergessen: Das „Vergessen schützt vor nachteiliger Fixierung des aus Erfahrung Erworbenen und erleichtert die Anpassung.“[19]

Der Mensch ist von seiner Ausstattung her umweltoffen und instinktreduziert. Sein sexuelles Verhalten lässt sich durch Überlegung steuern (Sublimierung). Er besitzt Vernunft im Sinne eines bewussten, erfahrungsabhängigen Erkennens von Zusammenhängen, in das Folgen sexuellen Handelns einbezogen werden.

Jeder Sexualhandlung geht der sexuelle Drang voraus, der nicht durch Wahrnehmung sexueller Objekte allein aufgebaut wird. Schlechte Einbettung ins soziale Umfeld trägt zum Aufbau erheblich bei: Aufgrund seiner Erscheinung, seines Verhaltens, seiner Arbeitsprodukte wird der Einzelne von Bezugspersonen bewertet, was als Information zurückwirkt und die Psyche des Einzelnen beeinträchtigt. Negative Information erzeugt Frustration, die in sozialer Isolation auch entsteht. Unausgeglichen ist der Einzelne, kann das Ungleichgewicht aber kompensieren.

Ohne Wahrnehmung sexueller Reize werden innersekretorische Drüsen angeregt. Der sexuelle Drang baut sich allmählich auf. Entladen bringt Entspannung, ist eine besondere Art der Aggression, die auch als Folge von **Frustration** entsteht (8.3). Bei anhaltender Frustration - bei innerer Leere - entstehen Drang und Entladung in rascher Folge. Das Individuum findet keine nachhaltige Befriedigung.

Gesteigertes Sexualverlangen lässt sich durch sinnvolle Arbeit zurückdrängen. Von daher erhält die alte Lebensweisheit Gültigkeit, die besagt, dass Zufriedenheit, ja persönliches Glück weniger im Nehmen als im Geben liegt, was auf den Gebenden zurückstrahlt. Oder mit Freud: Umschichtung von Triebenergie in kulturschaffende Energie (soziales oder politisches Engagement).

Die sozial eingeflochtene Person ist psychisch gesund. Schwierigkeiten entstehen, wenn das Sozialverhältnis gestört ist, so bei Kindern und Jugendlichen, die Zuwendung, Anerkennung, Liebe seitens der Eltern, Geschwister usw. verlieren oder sich ängstigen, sie verlieren zu können. Ähnliches gilt für Erwachsene, die isoliert und arbeitslos sind, die einen niedrigen Status erleben und das nicht ausgleichen können. Die bei vergleichender Überlegung möglicherweise zurecht empfundene Ungerechtigkeit macht den Einzelnen aggressiv. Das erste und wichtigste Bedürfnis, das nach Gemeinschaft, ist unerfüllt geblieben. Geboten wäre hier, dass der Einzelne seine **natürlichen** Bedürfnisse bedenkt - mit Bezug auf **gesellschaftliche** Belange.

Durch Annahme, dass die Sexualität bestimmender Trieb ist, hat Freud dem **Kleinkind** ebenfalls Sexualität zuordnen müssen. Ohne Zweifel aber verlangt das Kleinkind zuallererst Liebe und Zuwendung. Es erkrankt, weint und stirbt - auch bei guter Ernährung -, wenn Liebesmangel dauerhaft besteht (8.2). Körperschmerz sogar könnte es als Liebesentzug werten. Weinen und Schreien wären folglich Formen der Aggression. Sie erzwingen Zuwendung und führen, wie die sexuelle Handlung, zur Entspannung. Das belegen Berichte von Frauen recht häufig.

Nach Freud steckt in der Sexualität, infolge von Triebmischung, auch Aggression, was zu Komplikationen führt. Anders hier: Bei unbefriedigtem Grundtrieb steigt der sexuelle Drang an, der seinerseits eine doppelte Funktion ausübt, zum einen den Körper schützen, zum andern die Fortpflanzung garantieren. Oder mit Freud: Die Sexualität ist eine besondere Form der Aggression, die sowohl befriedigen als auch Lebenssinn geben könnte.

Gleich dem Erwachsenen ist das Kind mit nur einem Trieb ausgestattet: dem Grundtrieb, der nach Befriedigung strebt. Beim Kind ist der sexuelle Mechanismus noch nicht ausgereift. Als Schutz besitzt es den Mechanismus des Weinens und Schreiens, der mit zunehmendem Alter abgebaut wird, zugunsten der Sexualität, ohne ganz zu verschwinden.

Das Gewissen deutet Freud als **Über-Ich**, das über dem Es steht und auf das Ich und vermittels des Ichs auf das Es wirkt. Das Über-Ich entsteht in der Kindheit durch eine später nicht mehr bewusste Übernahme elterlicher Forderungen.[20] Freud erklärt das mit dem „Ödipus-Komplex", was wenig überzeugt. Dass das Kind den gegengeschlechtlichen Elternteil besitzen und der gleichgeschlechtliche Elternteil sein möchte, überzeugt nicht. Nach dem Geschlecht der Eltern unterscheidet das Kind noch gar nicht. Es wendet sich Personen zu, die seine Bedürfnisse am ehesten erfüllen. Erfahrungen lehren, dass dies die eigenen Eltern oder die gegengeschlechtlichen Elternteile sind. Im Kind könnten Gefühle geschlechtsunabhängiger Eifersucht entstehen, ja Zweifel an der Echtheit der ihm geschenkten Zuneigung, wenn es erkennt, dass zwischen den Eltern ebenfalls Zuneigung besteht. Mit Beginn der Geschlechtsreife könnten sich diese Gefühle noch verstärken.

Das Kind verinnerlicht die elterlichen Werte in Liebe zu seinen Eltern. Mit zunehmendem Alter drängt es deren Einfluss zurück, sucht Kontakt zu Personen und Gruppen, deren Werte in der von Piaget beschriebenen Weise erarbeitet und verändert werden (7.3). Das so entstehende Wertsystem korrespondiert mit dem Gewissen, das die **Grenzen eigner Erfahrung** überschreiten kann (ethisches Gesetz).

Die Psychoanalyse weist auf die Macht des Unbewussten, die sich in Fehlhandlungen, Versprechungen, Träumen äußert. Hinter Träumen stehen nach Freud auch Wünsche, die, unerfüllbar, teils verdrängt worden sind. Dieser Teil des Unbewussten oder Vorbewussten kann bewusst gemacht werden: in der Psychoanalyse. Bezüglich des Grundtriebs sind das Wünsche, die zwar den sexuellen Bereich ansprechen, jedoch tiefer wurzeln. Das Individuum empfindet fortgesetzten Liebesmangel. Zwischen Umwelt und Vorstellung baut sich Spannung auf, wobei Umwelt und Umweltnorm mächtiger sind. Doch das Individuum will Anerkennung, ja als Reaktion auf sein abgewertetes Dasein überlegen sein. Es erhält Bestätigung in Vorstellungen, verschlüsselt auch im Traum.

Freuds Lebenstrieb erhält durch die Sexualität, die ihm zugeordnet ist,

Dominanz. Was Freud nicht berücksichtigt, sind die durch Gesetz entstandenen Ordnungen. Aus dem Biologischen ist der Mensch hochgewachsen. Weniger biologischer als ethischer Lebenstrieb ist der menschlichen Psyche gemäß. Zum Biologischen gehört die Sexualität, zwecks biologischer Fortpflanzung. Das Ethische schließt das Biologische zwar ein, ist ihm jedoch entwachsen. Streben nach **geistigem Fortleben** ist dem Ethischen mehr gemäß (3.4).

Vom Lebenstrieb her (welcher Art auch immer) wird in der *Freud*schen Theorie die Liebe zum eigenen Ich erklärt, also ein narzisstisches Verhalten. Der **Narzissmus**, der krankhaft auftreten kann, ist mit der Theorie vom Grundtrieb ebenfalls vereinbar. Der Einzelne vergleicht sich mit anderen und unterliegt der Tendenz, deren Fähigkeiten abzuwerten, sich selbst relativ zu erhöhen (**Klatsch, Tratsch, Negativismus**, 4.3). Der Narzissmus ist die übersteigerte Form, sich selbst zu lieben und zum Ideal zu erheben. Der Zusammenhang macht deutlich, dass zu jeder gesunden Psyche auch narzisstisches Streben gehört.

Freud unterscheidet zwischen Todestrieb und Lebenstrieb und ordnet dem Todestrieb Aggression und Sadismus zu. In der Theorie vom Grundtrieb ist der **Sadismus**, übereinstimmend mit Freud, eine Form der Aggression mit erzwingendem Charakter: Ohne Unterschied verlangt das Individuum positive Information - mit sadistischer Tendenz.

In der Auswahl der verfügbaren Handlungsformen ist das Kind dem Erwachsenen unterlegen. Es zeigt Handlungen, die ebenso Gefühle des Glücks und der Zufriedenheit wie Gefühle der Aggression wiederspiegeln. Beim Erwachsenen ist der Umfang möglicher Handlungsformen größer. Neben den vielfältigen Formen des Glücks und der Zufriedenheit existieren aggressive Formen, die bis zum Sadismus reichen. Der Sadismus ist die letzte Stufe pervertierter Aggression, um den Grundtrieb befriedigen zu können.

Der Sadist will nicht vorrangig Leben zerstören (entgegen Freuds Behauptung), sondern positive Information empfangen - gemäß pervertierter Psyche (Macht, Geltung). Die Annahme eines Todestriebes erübrigt sich dadurch: Freiwillig wählt der Sadist seinen Tod erst dann, wenn Isolation dauerhaft besteht, wenn positive Information nicht mehr erwartet wird, kurz: wenn der Grundtrieb keine Befriedigung mehr findet.

In der *Freud*schen Theorie ist die Existenz eines Grundtriebs nicht ausgeschlossen (gedacht als verzweigtes und komplexes Geschehen): „Die psychologische - im strengeren Sinn die psychoanalytische - Untersuchung zeigt ..., dass das tiefste Wesen des Menschen in Triebregungen besteht, die elementarer Natur, bei allen Menschen gleichartig sind und auf die Befriedigung ... zielen. Diese Triebregungen sind an sich weder gut noch böse.“[21]

Der obige Satz weist auf das einheitliche Streben aller Menschen und lässt zusätzlich ahnen, dass scheinbar gegensätzliche Handlungs- und Ausdrucksformen (Liebe und Hass, gut und böse etc.) nur die **Endpunkte einer Größe** sind, deren Spektrum mit einheitlichem Kriterium fassbar ist. In spezieller Weise wird auf diesen Zusammenhang in Kapitel 12/15 eingegangen.

8. 5. Zusammenfassung und Ausblick

Mit der Frage nach der Person (Gruppe, Gesellschaft) wird sowohl die Anlage als auch die Umwelt angesprochen, wobei die Umwelt als dominant erscheint. Vom Grundtrieb her ist die Person auf Gemeinschaft hinorientiert. In der einen oder anderen Form verlangt sie Zuwendung, Anerkennung, Liebe, reagiert sowohl mit Gebärden als auch mit Laut- und Schriftsprache. Ähnlich gegenständlicher Umwelt gilt jede Sprache als Information, die positiv oder negativ bewertet wird - gemäß Bewusstsein und untergründiger Motive.

Aggression lässt sich auf Empfang negativer Information zurückführen, was Neurosen und Fehleinstellungen nahelegen, deren Ursachen Freud in der Sexualsphäre hauptsächlich sah. Was Freud aber festgestellt hatte, war ein gesellschaftliches Phänomen seiner Zeit, in der die Geschlechtsliebe eine käufliche Ware geworden war - im Gegensatz zur offiziellen Moral.[22] Um die Jahrhundertwende zeigten sich Widersprüche als Neurosen, insbesondere bei der Frau des gehobenen Bürgertums, die - in ihre Rolle gedrängt - ein oft sinnentleertes Leben führen musste.

Nach veralteter Vorstellung ist die Frau stärker als der Mann vom Geschlecht geprägt (was der Mann aufgeschrieben hat). Ja man hat ihr zugeschrieben, dass sie als Mutter des Lebens vom Geschlecht her gelenkt werde, dass ihre Welt das Kleine und Nahe, das Kind und der Kranke sei.[23] Gleich dem Mann aber wird die Frau vorrangig durch den Grundtrieb gelenkt. Beide Geschlechter sind ebenbürtig! Wenn das Leben der Frau bis ins 19. Jahrhundert hinein nahezu als geschichtslos erscheint, dann sind Gründe dafür in physischer Schwäche einerseits und in gesellschaftlichen Verhältnissen andererseits zu suchen, worauf insbesondere die Frauenbewegung weist.

Die Frauenbewegung entstand mit der Technisierung der Arbeit und der Zerstörung der patriarchalischen Sozial- und Familienstruktur. Seit der zweiten Hälfte des 19. Jahrhunderts hat ihre Forderung nach politischer Gleichheit eine die Gesellschaft wandelnde Aktivität erzwungen. Emanzipation der Frau bedeutet für die internationale Frauenbewegung nicht nur Befreiung von wirtschaftlicher Ausnutzung und Unterstützung hinsichtlich Bildung und Qualifikation, sondern auch Einbeziehung in das gesellschaftliche Leben sowie gleiche Beteiligung an der politischen Macht. Schon 1891 forderte die deutsche Sozialdemokratie im „Erfurter Programm" das Frauenwahlrecht, das im Jahre 1919 hierzulande durchgesetzt wurde.

Nicht verwunderlich ist es, dass die meisten Frauen an überlieferten Rollenerwartungen der unpolitischen Frau festhalten, auch in hoch industrialisierten Ländern. Dies verursacht primär die auf weibliche Leser zugeschnittene „Regenbogenpresse", die mit unpolitischen Scheinwelten die Sozialprobleme der industriellen Gesellschaften verdrängt.[24] Frauenfeindliche Rollenmuster in z.T. neuem Gewand (Mütterlichkeit, Tugend des Empfangens und Hütens) werden hier und dort noch verbreitet, um Frauen in die Reserve des Arbeitsmarktes, in Heim und Familie abzudrängen. Die vermeintliche Sicherheit der Hausfrau aber birgt ein hohes Armutsrisiko, das oftmals bei Scheidung, Arbeitslosigkeit, Krankheit, Tod des Ehemannes erst bewusst wird. Demgegenüber ist erkennbar, dass mit wachsendem Bildungsstand das politische Interesse der Frau zunimmt. Erwerbstätige Frauen sind weitgehend unabhängig. Ihr politisch aktiver Teil ist normbildend, fordert eine anteilsgerechte Besetzung von Führungspositionen in Parteien, Parlamenten und anderen Institutionen.

Das Bemühen der Frauen ist ein notwendiges Moment im Bemühen um politische Gleichheit, die mit den Grundwerten der Freiheit und Solidarität den Maßstab der Gerechtigkeit aufspannt. Eine besondere Rolle spielt das Problem der Macht und Herrschaft, schon allein deswegen, weil sich Strukturen gerechter Art ohne Macht nicht aufbauen lassen. Vor den genannten Grundwerten sind deshalb Machtprobleme anzusprechen, aber auch natürliche Rechte, zwecks Setzung positiven Rechts.

9. Macht und Herrschaft

Macht gehört zum Menschen und meint die Überlegenheit einer Person oder Personengruppe gegenüber anderen. Oder nach M.Weber (1864-1920): „Macht bedeutet jede Chance innerhalb einer sozialen Beziehung, den eigenen Willen auch gegen Widerstreben durchzusetzen, gleichviel, worauf diese Chance beruht.“[1] Macht ist auf andere Menschen gerichtet und primär an eigenen Zielen orientiert.

Gebärde und Sprache als positive Information ist dem Bedürfnis jeder Person gemäß. Beide Informationen erregen die Psyche des Empfängers sowohl kognitiv als auch affektiv, meist in unterschiedlichen Beträgen. Stärkste Anziehung entsteht, wenn zwei Strukturen zueinander passen, wenn **Information**, die von außen kommt, den Empfänger sowohl **kognitiv** als auch **affektiv** optimal erregt (ähnlich einem Schlüsselreiz).

Der Träger von Macht übt **Sogwirkung** aus, zieht Gefolgsleute an, die sich ihrerseits Vorteile erhoffen. Nur der innere Kreis der Gefolgsleute kann Ämter erhalten. Mit der Gefolgschaft wächst das nach außen wirkende Machtmittel und natürlich die Durchsetzungskraft insgesamt.

Dem Träger der Macht sind andere Personen nutz- und lenkbarer Teil seiner Umwelt. Personen werden mit Mitteln der Macht gelenkt, ihre Neigungen gefördert oder behindert. Umgekehrt ist der Träger der Macht und sein Machtmittel Umwelt der gelenkten Personen, die ebenfalls Zwang ausüben und dessen Handlungsspielraum mindern. **Macht** und **Gegenmacht** gehören zusammen. Zwischen beiden muss aber **Gefälle** bestehen, um Fortschritt und Entwicklung gewährleisten zu können.

Mit der Größe der Machtmittel wächst der Handlungsspielraum der Person. Zum einen fungieren Machtmittel als gestufte **Handlungsverstärker**, zum andern als gestufte **Mittel zur Freiheit**. Das Ausmaß der Freiheit variiert mit der Stärke bzw. Potenzialität der zur Verfügung stehenden Machtmittel, wobei in der kapitalistischen Gesellschaft Geld und Kapital den obersten Rang einnehmen. Personen mit großem Geldbesitz verfügen über ein Vielfaches ihrer Kräfte. Oder: Biologisch schwache, aber geldbesitzende Personen sind biologisch starken überlegen.

Ausgeübt wird Macht durch physikalische, biologische, ethische bzw. rechtliche Mittel, durch Geräte, Maschinen und Waffen, durch Nahrung, Drogen und erotische Darbietung, durch unterströmige Formen psychischer Propaganda, durch persönliche Ausstrahlung und Gefolgschaft, durch Religion und sonstige Lehren. Über all dem steht die Solidargesinnung, die in höchster Vollendung vernunftgeleitete Liebe ist (11.3.2).

Macht ist jedem Seienden zueigen. Indem etwas ist, wie es ist, setzt es sich mehr oder weniger durch. Seinsmächtigkeit meint zum einen Selbstverwirklichung, zum andern Wirkung nach außen. Wie groß die Mächtigkeit einer Person ist, hängt sowohl von ihrer inneren Potenz als auch der Potenzialität ihres äußeren Besitzes ab. Beide Größen sind eigentlich nicht trennbar. Doch äußerer Besitz ist häufig nicht selbst erarbeitet und durch staatliches Gesetz begünstigt worden. Das bringt Vorteile, was Vertreter des **Sozialdarwinismus**' wohl übersehen.

Die sozialdarwinistische Auffassung stammt aus der „Evolutionstheorie der Organismen". Über das Werk F.Nietzsches (1844-1900) brachte sie schwere Verwüstungen - insbesondere im **Nationalsozialismus**! Nach Darwin bewirkt der Kampf ums Dasein eine natürliche Zuchtwahl oder Selektion. Dies wurde auf die menschliche Gesellschaft übertragen, ohne das **staatliche Gesetz** zu berücksichtigen. Insbesondere K.E.Dühring (1833-1921) war es, der alle sozialen Verhältnisse nach natürlicher Stärke und Schwäche eingeteilt sah (**biologisches Gesetz**).

Die Dühringsche Auffassung ist zurückgewiesen worden - insbesondere von F.Engels (1820-1895). In dessen Gegenschrift „Anti-Dühring"[2] sieht man zwar natürliche Machtverhältnisse in der Pflanzen- und Tierwelt, kaum jedoch in der menschlichen Gesellschaft. Als Beweis zieht Engels die sogenannte „**Robinsonade**" heran, worin Robinson auch als Einzelner und Isolierter das gesellschaftliche Wissen und Können der Gesellschaft repräsentiert, in der er erzogen und durch die er mit Machtmitteln ausgestattet wurde, welche allein ihn überlegen machen gegenüber Vertretern (Freitag) einer unterentwickelten Sozialordnung.

Robinson und Freitag stehen für beliebige Personen in verschiedenen Kulturräumen, zu denen nicht nur Gesellschaften (Erste bis Vierte Welt), sondern auch Klassen, Rassen, Konfessionen gehören. Bei artgleichen Anlagen oder **inneren Potenzen** (wie beim Menschen) entwickelt sich Bewusstsein - je nach Kulturraum - verschieden. Macht geht weniger auf natürliche Überlegenheit als auf **äußere Potenzialität** zurück: Der Mensch befinden sich nicht mehr im Biologischen bzw. im **Naturzustand**, wo rechtliche Strukturen (staatliches Gesetz) noch fehlen.

Engels weist auf Waffen und Werkzeuge: „der Revolver siegt über den Degen, und damit wird es ... begreiflich sein, dass die Gewalt kein bloßer Willensakt ist, sondern sehr reale Vorbedingungen zu ihrer Betätigung erfordert, namentlich Werkzeuge, von denen das vollkommnere das unvollkommnere überwindet; dass ferner diese Werkzeuge produziert sein müssen, womit zugleich gesagt ist, dass der Produzent vollkommnerer Gewaltwerkzeuge, vulgo Waffen, den Produzenten der unvollkommneren besiegt" und dass der Sieg der Gewalt auf Produktion von Waffen beruht „und diese wieder auf der Produktion überhaupt, also - auf der ‚ökonomischen Macht', auf der ‚Wirtschaftslage', auf den der Gewalt zur Verfügung stehenden materiellen Mitteln."[3] Oder mit Blick auf die Geschichte: „Die Unterjochung des Menschen zum Knechtdienst, in allen ihren Formen, setzt beim Unterjocher die Verfügung voraus über die Arbeitsmittel, vermittels deren allein er den Geknechteten verwenden ... kann."[4]

Dies ist nach Engels das empirische Bindeglied zum Materialismus, wonach das gesellschaftliche Sein das gesellschaftliche Bewusstsein primär bestimmt. Selbst wenn die **„Grundfrage der Philosophie"** (5.2/7.1) unbeantwortet bliebe: Mit der Argumentation Engels' gelang es, den naturwissenschaftlichen Darwinismus in die *Marx*sche Lehre einzuordnen, nicht aber umgekehrt.

Als Basis aller Macht gelten nach Marx (von dem keine zusammenhängende Machttheorie geschrieben wurde) hauptsächlich Kapital und Arbeitskraft. „Das Kapital zeigt sich immer mehr als gesellschaftliche Macht, deren Funktionär der Kapitalist ist, und die in gar keinem möglichen Verhältnis mehr zu dem steht, was die Arbeit eines einzelnen Individuums schaffen kann."[5] Weniger auf natürlicher Potenz als auf Kapital oder Geld beruht also Macht. Die dem Kapital entsprechende Macht geht aus Arbeit vieler hervor, nährt sich aus Arbeit der mit Macht gelenkten Personen (äußere Potenzialitäten aufgrund rechtlicher Strukturen).

Kapital und Arbeit voneinander zu trennen, ist eigentlich unzulässig (16.4). Das **Kapital** (Geld) - in welchen Beträgen auch immer - ist **Mittel der Macht**, das die menschliche Arbeit mitverkörpert! Auch im Kapitalismus meint es die Produkte und Dienstleistungen ebenso wie die großen Industrien, das staatliche Gesetz, den Staat und die herrschende Ideologie - zur Wahrung der Macht einer Minderheit über die Mehrheit.

Das groß angehäufte Geld meint den „Apparat", der bei fortschreitender Technisierung und Bürokratisierung weiter wächst. Wichtige Machtapparaturen (Staat, Wirtschaft, Medium, Kirche) sind lose miteinander verbunden. Der Einzelapparat, dessen Teile untereinander konkurrieren, bleibt selbständig - besonders die Wirtschaft. Dies führt zu einer Mobilisierung von Kräften mit zunehmender Arbeitsteilung und Vervollkommnung der Maschinerie: „Es ist die treibende Kraft der sozialen Produktionsanarchie, die die unendliche Vervollkommnungsfähigkeit der Maschinen der großen Industrie in ein Zwangsgebot verwandelt für jeden einzelnen industriellen Kapitalisten, seine Maschinerie mehr und mehr zu vervollkommnen, bei Strafe des Untergangs.“[6]

Man kann Mittel der Macht - im Kleinen wie im Großen - missbrauchen. Das Streben nach Anerkennung kann triebhaft entarten, kann maßlos werden. Die Sucht erstrebt mehr und mehr, erstrebt Zuwachs um der Macht willen. Alle Mittel sind dem Machtsüchtigen recht, jedes Handeln lässt sich rechtfertigen. Dass insbesondere die Großkapitalbesitzer und das Militär der Machtsucht leicht verfallen, zeigt die Geschichte recht deutlich. Werden der Nation Feindbilder eingeredet (auch mit religiöser Begründung) sowie Mehrung der Macht versprochen, können Großteile ganzer Völker in einen Machttaumel geraten.

Meist wirkt nach außen hin ein Führer, den die führende Schicht aber trägt, die selbst Werkzeug internationaler Großkapitalbesitzer sein könnte. Zwei Weltkriege, durch die gewisse Großkapitalbesitzer reicher und mächtiger wurden, sind zwei Bilder eines Kampfes, der auf Kosten einfacher Menschen immer wieder ausgefochten wird. Letztmals aber erhielt die überwiegende Schuld nur eine(!) Person, die als „Sündenbock“ glücklicherweise in der „Wüste“ umkam - als ob Personen wie A.Hitler (1889-1945) nicht überall und jederzeit zu Hunderten frei umherlaufen und ihre Vorstellungen erst durch machtvolle Unterstützung anderer verwirklichen könnten.

Auf zukünftige Weltbrände und Materialschlachten haben Marx und Engels hingewiesen: „Die große Industrie endlich und die Herstellung des **Weltmarktes** haben den Kampf universell gemacht und gleichzeitig ihm eine unerhörte Heftigkeit gegeben. Zwischen einzelnen Kapitalisten wie zwischen ganzen Industrien und ganzen Ländern entscheidet die Gunst der natürlichen oder geschaffenen Produktionsbedingungen über die Existenz.“[7] Das durch Apparatur verstärkte Handeln sinkt auf eine **niedrige Rechtsstufe**: „Der Unterliegende wird schonungslos beseitigt. Es ist der *Darwin*sche Kampf ums Dasein, aus der Natur mit potenzierter Wut übertragen in die Gesellschaft.“ Will man dies der menschlichen Natur zuschreiben, so lässt sich mit Engels sagen, dass der „Naturstandpunkt des Tieres ... als Gipfelpunkt der menschlichen Entwicklung“[8] erscheint.

Wie weit obige Ausführungen noch zutreffen, möge der Leser selbst überprüfen, vielleicht mit Blick auf Lebensbedingungen in Entwicklungsländern, d.h. am Verhältnis der Entwicklungsländer zur internationalen Finanzoligarchie.

Man hat das Streben nach Macht als primären Trieb herausgestellt, so F.Nietzsche, der gegen die „psychologische Falschmünzerei der nächsten Dinge“ polemisiert und zurecht den Lusttrieb als vorrangige Antriebsgröße in Abrede stellt: „Der Mensch sucht nicht die Lust und vermeidet nicht die Unlust: Man versteht, welchem berühmten Vorurteile ich hiermit widerspreche. Lust und Unlust sind bloße Folge, bloße Begleiterscheinung, - was der Mensch will, was jeder kleinste Teil eines lebenden Organismus will, das ist ein Plus von Macht.“[9]

„Wille zur Macht“ ist nach Nietzsche Lebenswille als Bestimmung absoluter Subjektivität. Das aber ist seiner Theorie abträglich. Eine zur menschlichen Natur gehörende Bindungspotenz im Sinne von Gemeinschaft und Solidarität berücksichtigt er nicht. Der Einzelne ist kein schaffendes Glied im Wir und Miteinander; die **Dialektik** von gesellschaftlichem Sein und Bewusstsein bleibt ihm fremd. Leben heißt für ihn vitale, rücksichtslose Kraft, die sich durchsetzen will, wohl mit Blick auf Darwins Lehre. Der Aufstieg des Kapitalismus/Imperialismus in der zweiten Hälfte des 19. Jahrhunderts einerseits, die Verbreitung sozialistischer Ideale (Gleichheit, Freiheit, Brüderlichkeit) andererseits waren genug Anregung für ihn: Krieg würde diese Ideale bzw. die Arbeiterbewegung insgesamt brechen (vgl. „**aktiver Nihilismus**“, 11.2.2/17.5).

Als Leitgröße dient Nietzsche der freie Geist. Er fordert eine „Umwertung der Werte“, predigt Ungleichheit und individualistische Bildung. Der „Sklavenmoral“ des Christentums stellt er die „Herrenmoral“, dem Jenseitsglauben die Bejahung der Erde und des Lebens entgegen. Das Ethos der Liebe ist klägliches Versagen. Denn alles ist gut, was Macht und Lebensentfaltung bringt (**Übermenschtum**, 1). Nietzsche kennt nur die Alternative: Zwang oder machtvolles Handeln, was nicht notwendig harte Arbeit meint. Raue Umwelt, raue Kindheit existieren wohl nicht. Man frage: Was wächst in rauem Klima auf steinigem Boden?

Nietzsches Werk - auch falsch verstanden - brachte Not und Leid, nicht nur während des Nationalsozialismus. Er selbst war Kulturkritiker seiner Zeit (Sozialismus/Kapitalismus). Dennoch. Nietzsche überzeugt nicht - restlos auch nicht A.Adler (1870-1937), der unter Nietzsches Einfluss die Lehre Freuds (1856-1939) modifizierte.

Bei Adler ist die Libido dem Machttrieb untergeordnet. Hinter jeder Neurose existiert - im Gegensatz zu Freud - kein Sexualverlangen, sondern ein Minderwertigkeitskomplex, den die Person durch Machtstreben zu kompensieren sucht.[10] Macht erscheint weniger im Sinne von Solidarität, vielmehr als etwas Trennendes. Nicht das gemeinsame Ziel, das Wir, die Fürsorge für andere, sondern die Sorge um das Ich stehen im Vordergrund. Eine so geartete Machtauffassung aber überschreitet sittliche Grenzen und macht aus Menschen dinghafte Objekte.

Adlers Machttheorie trifft für Kranke möglicherweise zu. Machtstreben allgemein aber schlüsselt seine Theorie unvollständig auf. Immerhin: In ihr steckt ein Hinweis auf unsere Theorie, wonach - je nach innerer Potenz - jede Person nicht primär nach Macht, sondern in der einen oder anderen Form nach **geistigem Fortleben**, nach Befriedigung des **Grundtriebs** strebt. Übersteigertes Streben nach Macht ist übersteigertes Streben nach Anerkennung.

Der Einzelne will sinn- und wirkungsvoll Umwelt gestalten, was durch Arbeit geschieht. Dies erfolgt mit Mitteln der Natur, die er zweckgerecht formt. Überdies sucht er nach Handlungsverstärkern oder schafft sich diese und bedient sich ihrer, wie Werkzeuge, Maschinen, Betriebe, Parteien, Staaten, die, wie erwähnt, gestufte Mittel der Macht sind. Über all dem steht das Streben nach Wahrheit und die Gesinnung der Liebe, die der Vernunft folgen muss.

Damit das Ziel der Gerechtigkeit erreicht werden kann, müssen Machtstrukturen durchsichtig sein (**Offenheit**, 1). Gerechtigkeit und Macht sind keine Widersprüche, sondern vereinte Größen.

Im Folgenden wird das Problem der Freiheit erörtert - bezogen auf die Gerechtigkeitsidee bzw. den Maßstab der Gerechtigkeit. Zuvor aber einiges über menschliche Seinsansprüche und natürliche Vor-Rechte, die zur Gerechtigkeitsidee gehören oder besser: umgekehrt.

10. Natur- und Menschenrecht

Das Naturrecht ist die Wurzel der Menschenrechte. Naturrechtsnormen sind für die Setzung positiven Rechts wichtig (3.6, Nachtrag). Mit **positivem Recht** ist effektives Recht gemeint. „Seine Effektivität, nicht seine menschliche ‚Setzung', kennzeichnet das positive Recht. Es ist ebenso positives Recht denkbar, das nicht gesetztes Recht ist ..."[1] Hat man positives Recht so definiert, dann kann von **positivem Naturrecht** gesprochen werden, ohne **Naturrechtsnormen** definieren zu müssen.

Aus Erfahrungen gesellschaftlichen Daseins sind Naturrechtslehren entstanden. Nicht der „Kern" positiven Rechts allein ist mit Naturrecht gemeint, „sondern im strengen Sinn meint Naturrecht eine verbindlich-geltende, wirkliche Ordnung des Zusammenlebens"[2], deren Dasein von der Staatsmacht unabhängig ist. Das Naturrecht folglich ist sowohl „Kern" positiven Rechts als auch Maßstab für dessen Gültigkeit bzw. Ungültigkeit. Die aus dem Naturrecht stammenden **Rechte** und **Pflichten** gehören zur Natur des Menschen, sind Ansprüche an dessen Freiheit.

Der Mensch ist kein fertiges Wesen, „er ist nicht so sehr gegeben als sich aufgegeben;"[3] er sieht sich als Partner anderer, nämlich im „Mitsein", aber auch im „Alleinsein". Es geht um die Verwirklichung des Allgemeinen ebenso wie um die Verwirklichung des Einzelnen. Schon im **Altertum** gingen hieraus, je nach Betonung, konservative und sozialkritische Naturrechtslehren hervor.

Die **konservative** Naturrechtslehre des Platon (437-347 v. Chr.) und Aristoteles (384-322 v. Chr.) betont zwar das Gute als höchste Norm freien Tuns (es ist besser, Unrecht zu leiden, als Unrecht zu tun), jedoch nicht die menschliche Gleichheit, die durch Sklaverei deutlich verletzt worden ist. Die **sozialkritische**, ja revolutionäre Version des Naturrechts, vertritt die Sophistik (Hippias, Alkidamas), nach der es ungeschriebene Gesetze gibt, die ewig und unveränderlich sind, die alle Menschen zu Mitbürgern und Verwandten machen (die Natur hat niemanden zum Sklaven bestimmt). Nur die gemäßigten Vorstellungen der Sophistik, besonders die Theorien Platons und Aristoteles', sind in der Stoa bzw. im **Stoizismus** zusammengefasst und - begünstigt durch Machtverhältnisse - verbreitet worden.

„Die Stoa unterschied ein ewiges Gesetz des Kosmos, ein natürliches Gesetz für die Menschheit und menschliche Gesetze für einzelne Staaten.“[4] Das natürliche Gesetz ist das Naturrecht, das - auf Vernunftnatur beruhend - gerechtes Zusammenleben fordert. „Mensch bedeutet im Rahmen der stoischen Philosophie alles, was Menschenantlitz trägt, ohne Rücksicht auf soziale und völkerschaftliche Unterschiede.“[5] In der stoischen Lehre ist die Idee von der **Einheit der Menschheit** integraler Bestandteil des Erkennens. Doch das Naturrecht steht in fatalistischen Zusammenhängen, ist sogar dem **biologischen Gesetz** gleichgestellt worden.

In der Stoa wird das menschliche Zusammenleben einerseits als ungerecht und unvernünftig aufgefasst. Andererseits soll man den Gesetzen der Physik und Logik folgen, sie als schicksalhaft und notwendig hinnehmen. Wenn es dem Menschen gelänge, sich unter gegebenen Verhältnissen zu bewähren, so würde er zum **Weisen**, würde mit der Welt insgesamt übereinstimmen, würde leicht erkennen, was gut und böse wäre, Gemütsruhe, Affektlosigkeit, Gleichmut gehörten zu seinem Leben.

„Mit der ... Forderung, sich seinem Schicksal zu ergeben, ist zugleich die Forderung gesetzt, alles beim Bestehenden zu belassen.“[6] Es ist deshalb kein Zufall: Die stoische Philosophie findet bei der Oberschicht des römischen Reiches Anklang und Unterstützung. Aus dem absoluten Naturrecht der Urzeit wird ein **relatives Naturrecht** der Folgezeit (E. Troeltsch).

Denker des Christentums übernehmen die stoische Lehre, reinigen und ergänzen sie. Man ersetzt das ewige Gesetz durch den übernatürlichen Schöpfergott als Gesetzgeber des Naturrechts. Das Naturrecht fordert das **staatliche Gesetz**, das die gesellschaftlichen Belange regeln soll.

Im Zeitalter der **Aufklärung** wird der religiöse Gehalt des Naturrechts vielen fragwürdig. Man lehnt die Rechtswirklichkeit und die religiös begründete Feudalordnung ab. Kritische Kräfte des aufsteigenden Bürgertums führen eine scharfe Religions-, Kirchen- und Gesellschaftskritik. Der selbstbewusste Bürger ist seit der Renaissance von kirchlicher Bevormundung ohnehin schon frei. Die autonome, berechnende und deduzierende Vernunft gilt als Maß aller Dinge. Im Zuge dieser **Individualisierung** verliert das Naturrecht seine objektive Norm, reduziert sich im klassischen Wirtschaftssystem auf die Vertragsfreiheit freier Individuen. Der Handel und das Zinsgeschäft werden als christlich und naturrechtlich gesehen, schon seit M.Luther (1483-1546) und J.Calvin (1509-1564), sodass sich der Protestantismus mit dem Kapitalismus verbinden kann. Der Realität fügt sich der Katholizismus später[7], was viele bedauert haben, nicht nur der **Rechtfertigungslehre** wegen, obwohl das katholische Lehramt am Naturrecht weiter festhält.

Die Naturrechtslehre der katholischen Kirche betont die individuelle Freiheit als aufgegebene Wesensverwirklichung der Person unter Einbeziehung ihrer Mitwelt.[8] Die Person verwirklicht ihre Freiheit nur, wenn sie Umwelt wissend und verantwortungsvoll gestaltet. Beides zusammen, Wissen und Verantwortung, ist die Freiheit bindende Wirklichkeit der Person, die sich nach Rechten und Pflichten unterteilt. „Weil die Person aber als Kern aller Rechtsgemeinschaft nicht immer denselben Wirklichkeitsgrad hat, sondern in geschichtlichen Zeiten verschieden stark sich selbst wissend ‚existiert', ... so gibt es ... je verschiedene Verteilung und Ausdrücklichkeit von Rechten und Pflichten", und zwar „je nach dem wirklichen Gestaltungs- und Behauptungsvermögen der Personen und Personengemeinschaften."[9]

Der Umfang der einzelnen Rechte und Pflichten ist nicht näher erörtert. Auf dem Gestaltungs- und Behauptungsvermögen der Person und Personengemeinschaft liegt die Betonung (**Tendenz** zum biologischen Gesetz). Das Naturrecht so zu deuten, kommt den Seins- und Wertvorstellungen des besitzenden Bürgertums nahe. Wird Freiheit nämlich als aufgegebene Wesensverwirklichung der Person gesehen, dann sind reale Sozialverhältnisse, schwere Lasten und Schicksale nebensächlich.

Man sieht das Naturrecht derzeit weniger als Summe äußerer Sätze, vielmehr als **individuell-innere Ordnung**,[10] die nach Gemeinschaft und rechtsbezogenen Prinzipien verlangt. Durch Nichtbeachtung der Prinzipien wird die Gemeinschaft verletzt: Wissen und Wirklichkeit wachsen an unterschiedlichen Bedingungen. Ihr Wissen und ihre Wirklichkeit aber sollten Personen unter gleichen Bedingungen finden können.

Mit Geld bzw. darin enthaltenen Mitteln (Nahrung, Waffen usw.) lassen sich Wissen und Wirklichkeit von Personen, Gruppen, Völkern eingrenzen und auf niedrigem Niveau halten. Beispiele dafür gibt es genug. Erfüllt wird das Naturrecht erst dann, wenn die menschliche Freiheit begrenzt ist (**Gleichheitsprinzip**, 12.2). Auch unter dieser Vorraussetzung werden die Personen und Gruppen in verschiedenen Wirklichkeiten leben: „Die Vernunft steckt nicht in allen Köpfen" (M.Luther).

Das Naturrecht, auf die **natürliche Gesetzeseinheit** bezogen, zeigt sich in Ansprüchen der Person (Rechten) und in Ansprüchen, unter denen sie steht (Pflichten). In der menschlichen Gesellschaft - fern vom Naturzustand - sind innere Potenzen und äußere Potenzialitäten aufgebaut worden, mit Hilfe des staatlichen Gesetzes. Weil jede Person nach größtmöglicher Freiheit strebt, jedoch unter Ansprüchen des Naturrechts steht, muss das Gleichheitsprinzip befolgt werden, vorrangig die **Gleichheit der Rechtssetzung** (Gesetzgebung). Nicht nur die biblische Weisung „größtes Gebot im(!) Gesetz" des Rechts (Mt 22,36-40), auch das *Kant*sche Sittengesetz unterstützt diese Forderung. (Genaueres: siebentes Buch)

Von der Rechtswissenschaft ist die **Idee der Gerechtigkeit** überformt und überbaut worden (7.2.1). Das staatliche Gesetz kann zum gerechten staatlichen Gesetz werden: zum **Maßstab der Gerechtigkeit** (12.2/14), der **Naturrechtsnormen** entsprechen würde. Selbst wer das Naturrecht bezweifelt oder wie der Rechtspositivismus leugnet, spürt die Forderung, dass dem Menschen vorstaatliche, in seiner Natur gründende, unveräußerliche Rechte und Pflichten zustehen, die „**Menschenrechte**" genannt werden. Artikel eins, Absatz zwei/drei Grundgesetz weist den Weg zu „unverletzlichen und unveräußerlichen Menschenrechten als Grundlage jeder menschlichen Gemeinschaft, des Friedens und der Gerechtigkeit in der Welt."[11] An das Grundgesetz oder sonstige Verfassungen sind die Menschenrechte, wie erwähnt, nicht gebunden!

Ein Blick in die Vergangenheit zeigt: Die dem Naturrecht verpflichteten Menschenrechte sind der Geschichtlichkeit dennoch unterworfen. Die Forderung nach menschlicher Gleichheit kommt in der französischen Revolutionsverfassung der Jakobiner vom 24. Juni 1793 zum Ausdruck, in der es in Artikel eins und zwei heißt: „Die Regierung ist eingesetzt, um dem Menschen die Nutzung seiner natürlichen und unabdingbaren Rechte zu verbürgen ... Diese Rechte sind Gleichheit, Freiheit, Sicherheit, Eigentum."[12] In der Deklaration der Menschenrechte vom 26. August 1789 hingegen erscheint die Forderung nach menschlicher Freiheit und Sicherung des Eigentums an vorrangiger Stelle. Dort heißt es in Artikel zwei: „Der Endzweck aller politischen Vereinigung ist die Erhaltung der natürlichen unabdingbaren Menschenrechte. Diese Rechte sind die Freiheit, das Eigentum, die Sicherheit, der Widerstand gegen Unterdrückung."[13]

Mit Blick auf unser Land ist erwähnenswert, dass sich alle im **Bundestag** vertretenen Parteien den Menschenrechten verpflichtet fühlen (Art. 1(2) GG). Nun zum Grundwert der Freiheit, der das Wertemuster der Gerechtigkeit aufzuspannen hilft.

11. Freiheit

Die gesellschaftlichen Formen der Freiheitsidee unterscheiden sich danach, von welchen Bindungen Befreiung erstrebt wird, für welche Ziele oder Werte der Einzelne sich verpflichten soll. Das Christentum lehrt, dass der in Sünde verstrickte Mensch durch Christus frei werden könne. Renaissance und Aufklärung verstehen unter Freiheit die Loslösung von geistlicher, kirchlicher und ständischer Gebundenheit. Der Deutsche Idealismus sieht in der Freiheit die Grundlage für die Humanität und den Antrieb für das sittlich wertvolle Leben. Wirtschaft und Wirtschaftsverbände beziehen den Freiheitsbegriff auf Produktion, Dienstleistung und Weltmarkt.

In der zweiten Hälfte des 18. Jahrhunderts ist der Freiheitsbegriff in Staats- und Wirtschaftslehren behandelt worden. Dem Staat ist die Aufgabe zugewiesen worden, das freie Spiel der Kräfte, die persönliche Sicherheit und das Privateigentum zu schützen. In der Umsetzung solcher Freiheitsvorstellungen sind die großen Industrien entstanden: Der **Kapitalismus** hat sich durchgesetzt. Die Handwerker und Industriearbeiter andererseits sind ins Elend gedrängt worden.

Die Arbeiterbewegung, die sich demokratisch-liberalen Gedanken angeschlossen hat, fordert, dass nicht die leblose Sache, das Geld oder Kapital im Mittelpunkt stehen dürfe. Auf die Schwächen der bürgerlichen Freiheitsauffassung hat sie gewiesen und im **Sozialismus** ihre eigene Zielsetzung gefunden.

Sozialismus und Kapitalismus haben sich gegenübergestanden und ideologisch bekämpft. Spätestens gegen Ende des 20. Jahrhunderts - mit den Zusammenbrüchen im sozialistischen Lager - ist die **Unterlegenheit des Sozialismus** deutlich geworden - aber auch das Elend unserer Welt. Angesichts von Unterentwicklung, von Krieg und Not stellt sich die Frage der Freiheit erneut.

11. 1. Determinismus und Indeterminismus

Die philosophische Erörterung, ob sich Willenshandlungen in objektiver Freiheit vollziehen, brachte die Auffassungen des Determinismus und Indeterminismus hervor. Der Determinismus lehrt, dass alle Willenshandlungen durch innere und äußere Ursachen bestimmt seien. Demgegenüber lehrt der Indeterminismus, dass der Wille nicht restlos auf Ursachen zurückgehe, dass es freie Willensentscheidungen oder gewisse Spielräume dafür gebe.

Gewiesen sei auf solche Theorien, die ein natürliches Gesetz in der Geschichte annehmen oder diese Annahme verwerfen. An verschiedenen Stellen ist darauf eingegangen worden, insbesondere in Punkt 17.1.

Philosophen weisen zurecht auf den kausalen Zusammenhang aller greifbaren Dinge: Durch Umstände wird der Mensch gelenkt. Andererseits ist der Hinweis berechtigt, dass der Mensch auch Freiheit besitzt, dass nach I. Kant (1724-1804) von der Würde des Menschen erst dann gesprochen werden kann, wenn ihm die Möglichkeit freien Handelns zuerkannt worden ist! „Beide Bestimmungen werden nicht ... als sich ausschließende Gegensätze angesetzt“[1], sondern dialektisch vermittelt - mit verschiedener Gewichtung. Nach materialistischer Auffassung wird der **Determiniertheit**, nach idealistischer der **Indeterminiertheit** Vorrang eingeräumt. Weil der Materialismus mehr dem **Sozialismus**, der Idealismus mehr dem **Kapitalismus** zuneigt, ist der Vorrang entsprechend verteilt. Beide Richtungen aber haben sich mehr und mehr vereint - hin zum höheren Dritten (Synthese bzw. Reduktion von Information).

NACHTRAG: Aufgrund metaphysisch-ontologischer Potenzialität, die jeder Materie eigen wäre, könnte die natürliche Gesetzeseinheit mit jedem Organismus hoch wachsen und mit dessen Tod zurückfallen (3). An materielle Strukturen wären Auf- und Abbau stets gebunden bzw. an Information verschiedener Qualitäten - bis zur ethischen Information. Laut *Kant*scher Ethik ist der menschlichen Vernunft, vor aller Erfahrung, das **Sittengesetz** (1) eingeschrieben, das als Gewissen sich aufdrängt und zum kategorischen Imperativ erhoben worden ist, sprich: zum Sollgebot mit verpflichtendem Charakter hinsichtlich einer allgemeinen Gesetzgebung! Weil sich das Gewissen als ethische Information bzw. Urteil der Vernunft deuten lässt, ist die Annahme der natürlichen Gesetzeseinheit berechtigt. Mit dem Sittengesetz bzw. kategorischen Imperativ ist die Aufgabe gegeben, das **staatliche Gesetz** der natürlichen Gesetzeseinheit anzupassen, unter Wahrung der menschlichen Freiheit.

Das Sittengesetz ist kein inhaltliches, sondern ein formales Prinzip (Verfahren). Es lautet: „Handle so, dass die Maxime (der Grundsatz) deines Willens jederzeit zugleich als Prinzip einer **allgemeinen Gesetzgebung** gelten könne.“[2] Weiter unten wird näher darauf eingegangen, doch vor allem im fünften Buch (2.3-2.8).

11. 2. Abgrenzung

Gegenüber weiten Auslegungen ist der Freiheitsbegriff abzugrenzen. Freiheit bedeutet, inneren und äußeren Zwängen nicht zu unterliegen sowie Mittel wählen zu können zwecks Erreichung selbstgewählter Ziele. Wer nur die Mittel zur Freiheit wählen kann, nicht aber die Ziele, ist teilweise unfrei. Wer umgekehrt die Ziele wählen kann, nicht aber die Mittel, ist ebenso wenig frei. Im Sinne von Zustand folglich ist Freiheit zu bestimmen. Um Zustände überwinden und Ziele erreichen zu können, ist Handlung erforderlich, die ohne Information orientierungslos wäre. Im Folgenden die Begriffsabgrenzung im Einzelnen.

11. 2. 1. Freiheit als Zustand

Ideologen wenden den Freiheitsbegriff einseitig an: Als ob die Menschen gleich situiert wären und gleiche Handlungsspielräume hätten. Doch die Menschen sind ungleich situiert, in **ungleiche Umwelten** und Sozialstrukturen eingebunden, was unterschiedliche Freiheiten bringt. Es gibt Menschen, die aufgrund äußerer Ausstattung hohe Freiheitsgrade besitzen und es gibt Menschen, die dadurch eingeengt werden. Die voneinander abweichenden Freiheitsgrade zeigen sich am **Bewusstsein**, bei Erwachsenen ebenso wie bei Kindern, die ihre Anlagen ungleich entfalten und folglich ungleich situiert werden.

Der Einzelne lebt in Gruppen und Verbänden. Erst die Erörterung seiner Freiheit gegenüber der Freiheit des anderen ist bedeutungsvoll für die Erörterung der Freiheit allgemein. Alles Nachdenken darüber, ob der Mensch allgemein von Natur aus frei oder unfrei sei, jedes diesbezügliche Ergebnis ist ohne sittlichen Wert (von religiösen Belangen abgesehen, 11.2.2). Die Aussagen des Determinismus bzw. Indeterminismus sind nur bezüglich realer Umwelten bzw. einzelner Personen und Personengruppen bedeutungsvoll. Die Frage lautet nicht, inwieweit menschliches Handeln allgemein determiniert oder indeterminiert sei. Die Frage lautet, wodurch Personen oder Personengruppen freier als andere sind! Dazu folgende Abgrenzung.

Freiheit muss vorrangig der Name für einen Zustand sein, nicht so sehr der Name für eine Orientierung des Handelns und der zugehörigen Ziele. Oder: Freiheit ist eine Idee der Vernunft und ihr Name muss vorrangig der Name für einen Zustand sein. Freiheit im Sinne von Zustand kann den eigenen Zustand beschreiben - und auch den des anderen! Freiheit im

Sinne von Orientierung kann den eigenen Zustand ebenfalls beschreiben - nicht aber den des anderen. Orientieren, Setzen von Zielen geht von Zuständen aus, nicht jedoch umgekehrt. Sollen Freiheiten anderer inbegriffen sein, so ist Freiheit vorrangig der **Name für einen Zustand**. Doch bestimmende Kräfte gehen vom anderen Ansatz aus: von der Orientierung[3], worauf nicht mehr eingegangen wird (wegen der Gleichheitsforderung, die andere mitberücksichtigt). Freiheit wird **abweichend von herkömmlicher Auffassung** neu bestimmt - im Sinne von Zustand, womit innere Potenzen wie äußere Potenzialitäten (Denk- und Handlungsverstärker) berücksichtigt werden. Auf das Prinzip der kleinsten Wirkung (Ziel!) sei diesbezüglich gewiesen (s. zweiter Beitrag).

11. 2. 2. Freiheit als Handlungsfreiheit

Freiheit ist wechselseitig zu bestimmen - bei Beachtung, dass einerseits das Individuum durch seine Umwelt verändert wird, andererseits das Individuum seine Umwelt durch Handlung verändert (mit Handlung ist nicht nur die Bewegung der Hand, sondern die Bewegung und das Verhalten des ganzen Körpers gemeint). Das Problem der Freiheit besteht im Handeln des Individuums an seiner Umwelt. Mit Freiheit ist allgemein „Handlungsfreiheit“ gemeint!

Man fasst den Freiheitsbegriff auch anders: als Willensfreiheit. Würde man die Freiheit aus der Indeterminiertheit ableiten, so könnte man versuchen, das Problem der Freiheit auf die Willensfreiheit zu beziehen.[4] Doch die Freiheit des Willens kann nur durch zielgerichtete Bewegung, durch Sprache und Gebärde: durch Handlung zum Ausdruck kommen. Unzulässig ist es deshalb, das Freiheitsproblem auf die Willensfreiheit zu beziehen, was den theologischen Freiheitsbegriff ebenso betrifft. Laut Paulus, dem **Heiden-Apostel**, der dem Stoizismus anhing, ist der Mensch ohne Freiheit. Aufgrund der sogenannten „**Gnadenwahl**“ ist jeder Mensch zur Seligkeit oder Verdammnis vorherbestimmt (Determinismus). Die paulinische Lehre der Gnadenwahl (Bibel, Röm 8,28-30/9,11-24) floss über Augustinus (354-430) in den Protestantismus ein (**Rechtfertigungslehre**) und wird weiter dort verkündet - mehr als im Katholizismus. Wenn der Mensch aber ohne Freiheit wäre, so gäbe es keine Sünde, wäre jegliches Handeln erlaubt, wären „gut“ und „böse“ gottgewollt, was besonders dem Protestantismus (neue Heiden in Übersee!), aber auch dem **Nihilismus** (Nietzsche, 9) und dem **Imperialismus** entgegengekommen ist.

Weder im katholischen noch im protestantischen Denken wird Freiheit als umweltbezogene Größe betont. „Die Freiheit im Katholizismus wird als geistige Freiheit, als Willensfreiheit aufgefasst und das höchste Ziel, auf das sich die menschliche Freiheit bezieht, ist Gott.“[5] Für die Existenz Gottes gibt es jedoch keinen sicheren Beweis und auch nicht für das Gegenteil: Gott als Grundlage der menschlichen Freiheit anzunehmen, ist unzulässig (der Hinweis, dass der Glaube an Gott wirklich sei, ändert nichts daran). Im Übrigen kommt der Wille zum gottgefälligen Leben im Handeln allein zum Ausdruck. Das sagt die menschliche Vernunft!

Die Erörterung des Freiheitsbegriffs ist gleichzeitig die Erörterung des menschlichen Handelns, das, ausgehend vom Grundtrieb, nicht ohne Bezug erfolgt. Handeln ist an Zielen orientiert, wirkt auf Einzelne zurück. Der Mensch strebt nicht nach Absicherung einer höheren Macht, der Gottheit: Vom Menschen unabhängig könnte die Gottheit existieren! Direkt oder indirekt ist Handeln auf Mitmenschen bezogen (wobei der Natur und vor allem dem Tier ein gewisses Eigenrecht zusteht).

Sämtliches Handeln der vergangenen, gegenwärtigen und zukünftigen Menschheit dient der Ausweitung und Förderung der menschlichen Existenz. Gottgefälliges Handeln kann am Mitmenschen nicht vorbeisehen. Die Welt gerecht und heimisch zu gestalten, ist nicht die Aufgabe der Gottheit, an die ich glaube, sondern die Aufgabe der Menschheit! „Welt als Information und Aufgabe“ lautet der Titel dieses Beitrags.

11. 2. 3. Grundvoraussetzung der Freiheit

Ideologen fassen den Freiheitsbegriff auch im Sinne von „Grundvoraussetzung menschlichen Handelns“[6]. Diese Festlegung ist inhaltsleer und irreführend zugleich, bereitet die Trennung zwischen Freiheit und Handlung nur vor. Überdies führt sie zur realitätsfremden Vorstellung, dass jeder Mensch gleiche Handlungsmöglichkeiten besitzt. Ein die Wirklichkeit erfassender Freiheitsbegriff muss von der Handlungsfreiheit ausgehen, wobei Information „Grundvoraussetzung menschlicher Freiheit“ ist. Oder anders herum: Grundvoraussetzung menschlicher Handlung ist allgemein **Information** (4).

Bewusstsein und freimachendes Handeln ist auf **relevante Information** angewiesen (durch Mensch und Trieb wäre der Einzelne sonst beherrscht). Zu fragen ist deshalb, welche Stücke zur Freiheit gehören. Zunächst der Außenrahmen.

11. 3. Begriffszusammenhang

Als Information erscheint die physikalische, biologische und ethische Einheit. Diesbezüglich sind drei bzw. vier Qualitätsstufen unterschieden worden. Eine kurze Wiederholung:

Die unterste Stufe der Information ist die der **physikalischen** Ordnung (eine metaphysische Information liegt zwar nahe, ist jedoch unbeweisbar). Auf Grund physikalischer Elemente und Systeme hat sich die **biologische** Ordnung entwickelt, die ihrerseits eine noch höhere Stufe aufgebaut hat: die Information der **rechtlichen** Ordnung (staatliches Gesetz bzw. menschliche Gesellschaft). Mit Blick auf Denk- und Handlungsverstärker ist der Glaube berechtigt, dass sich die rechtliche Ordnung noch höher entwickelt und der **ethischen** Information der menschlichen Gemeinschaft gemäß würde (gerechtes Gesetz allgemein). Weder durch negative Dispositionen wird dieser Glaube widerlegt, noch durch die vergangene, gegenwärtige und wohl auch zukünftige Ungerechtigkeit, ja Brutalität der Welt, die erst recht deutlich macht, mit welchen Mühen und Opfern die Menschenrechte, die Rechte der Freiheit und Gleichheit zu erarbeiten waren und weiterhin zu erarbeiten sind. Gegenüber negativen sind die positiven Dispositionen wohl leicht im Plus!

11. 3. 1. Strukturen und Zwänge

Handlung kann zum einen angepasst, zum andern unangepasst sein. Immer sind natürliche Gesetze mit im Spiel, die einerseits Strukturen formen, andererseits Zwänge verursachen. Das heißt: Der Einzelne ist verschiedenen Zwängen unterworfen, die bei angepasstem Handeln nach außen hin nicht auftreten, bei unangepasstem Handeln aber auftreten. Sowohl angepasstes als auch unangepasstes Handeln unterliegt denselben Zwängen, die sich erst durch die Art der Handlung äußern. Nach Überwindung einzelner Zwänge tun sich neue wieder auf (hier wird nur vom Zwang gesprochen, das Gegenstück (Widerstand) soll mitbedacht sein).

Zwänge weisen unterschiedliche Qualitäten auf, entsprechend der genannten Ordnungen bzw. Systeme und Elemente, die ihrerseits dem natürlichen Gesetz folgen müssen. Wir erinnern uns.

Zu unterscheiden sind: metaphysisches Gesetz (unbeweisbar), physikalisches Gesetz, biologisches Gesetz und ethisches Gesetz. Vor dem Hintergrund dieser Gesetze können sowohl die Zwänge als auch die zugehörigen Handlungen erklärt werden. Ich gehe der Reihe nach vor.

Das Handeln des Einzelnen erfolgt als Wechselgeschehen zwischen ihm und seiner Umwelt. Gemäß dem **physikalischen Gesetz** bewegt sich die Umwelt in Relation zum Individuum und das Individuum in Relation zur Umwelt bzw. zu deren Elementen und Systemen. Entsprechend liefert das physikalische Gesetz Aussagen über den möglichen Handlungsverlauf des Individuums in seiner Umwelt und umgekehrt, über die Bewegung der Materie in Raum und Zeit. Es bewirkt Zwänge **physikalischer Art**, die den Bewegungsspielraum sowohl der Umwelt als auch den des Individuums mitbestimmen.

Der Einzelne ist durch physikalische Strukturen eingeengt: durch sein Knochengerüst, die Lage seiner Sinnesorgane. Er benötigt Zeit, um von einem zum anderen Ort zu gelangen usw. Solche Zwänge lassen sich mit Geräten und Maschinen verändern, ebenso Zwänge, die vom Bau seines Körpers herrühren.

In Grenzen handelt der Einzelne gemäß physikalischem Gesetz. Er bewegt sich entsprechend, verändert Umweltstrukturen. Er baut physikalische Hindernisse ab, weicht ihnen aus, überwindet sie. Er sucht nach Lücken, nach anwendbaren, ihm zur Verfügung stehenden Mitteln, um freizukommen. Nach Überwindung physikalischer Strukturen bzw. Zwänge ist der Einzelne im physikalischen Sinne nicht frei: Neue physikalische Zwänge entstehen, die vielleicht weiter gesetzt sind. Solange der Einzelne das physikalische Gesetz und die entsprechenden Handlungsgrenzen nicht anerkennt, setzt sich die Umwelt blind durch. Das heißt, der Einzelne erleidet Schaden, verliert ggf. sein Leben. Die Gültigkeit des physikalischen Gesetzes aber wird zunehmend erkannt und planmäßig - auch gegen andere - für bestimmte Zwecke ausgenutzt.

Zusammenfassung: Physikalische Strukturen der Umwelt und die des eigenen Körpers empfindet das Individuum bewusst oder unbewusst als Zwänge. **Physikalische Zwänge**, von Natur gegeben, sind Ausdruck des **physikalischen Gesetzes**, das wahrscheinlich aus der metaphysischen Ordnung hoch gewachsen ist (metaphysisch: vor-physikalisch, 3.1).

Man kann das Handeln des Individuums an seiner Umwelt und umgekehrt auch unter biologischem Aspekt beschreiben. Bei dieser Sichtweise ist erkennbar, dass das Geschehen zwischen Individuum und Umwelt durch das biologische Gesetz bestimmt wird. Das Gesetz beinhaltet und erweitert das physikalische Gesetz: Gleich den biologischen Organismen sind die Menschen aus physikalischen Elementen und Systemen aufgebaut.

Durch Trieb und Funktion seines Körpers ist der Einzelne biologischen Zwängen unterworfen. Er muss Nahrung zu sich nehmen, muss verdauen, schlafen, sich vor übergroßer Anstrengung schützen. Ferner wird er durch biologische Organismen bedroht. Er muss die Gefährlichkeit, Stärke, Geschicklichkeit von Pflanzen, Tieren, ja anderen Menschen beachten. Diese Zwänge, von **biologischer Art**, beinhalten physikalische Zwänge und entsprechen den biologischen Strukturen der individuellen Umwelt.

Der Mensch ist den biologischen Organismen überlegen, kann deren Strukturen fördern und unterdrücken. Dennoch ist der Mensch ein Teil der Natur. Ohne ihn kann die Natur (viel älter als er) bestehen - nicht jedoch umgekehrt!

Mit der Natur kann der Mensch in Eintracht leben, auch unter Ausnutzung des biologischen Gesetzes. Er nimmt jedoch Schaden, wenn Luft, Böden und Gewässer verseucht werden, wenn durch Einsatz chemisch-physikalischer Mittel pflanzliche und tierische Arten vernichtet werden. Das biologische Gesetz bestimmt alle Arten der Natur - auch den Menschen, der sich selbst zu vernichten droht: durch ungehemmte Vermehrung, durch hemmungslose Industrialisierung.

In den genetischen Bereich ist der Mensch vorgedrungen: Genetische Strukturen lassen sich manipulieren. Hier sei auf Missbräuche der Gentechnik gewiesen. Wenn derzeit Erbgut von Pflanzen und Tieren verändert wird, dann von Menschen ebenfalls. Andererseits sind Hoffnungen geweckt worden: Ersatzorgane könnten sich züchten lassen - durch Aktivieren und Unterdrücken von DNA-Bereichen. Mit Sicherheit wird der Mensch das biologische Gesetz (Wachsen, Reifen usw.) mehr und mehr begreifen und nutzen, sogar zum Klonen von Menschen.

Zusammenfassung: Biologische Strukturen der Umwelt und des eigenen Körpers empfindet das Individuum bewusst oder unbewusst als Zwänge. **Biologische Zwänge**, von Natur gegeben, sind Ausdruck des **biologischen Gesetzes**, das wahrscheinlich aus der physikalischen Ordnung hoch gewachsen ist.

Man kann das Handeln des Individuums an seiner Umwelt und umgekehrt weiterhin unter rechtlichem Aspekt beschreiben, und zwar mit Hilfe des staatlichen Gesetzes, das einerseits rechtliche Strukturen aufbaut, andererseits Bewusstsein fördert bzw. unterdrückt. Rechtliche Strukturen sind dem Naturgesetz unterworfen, das unter physikalischem, biologischem, ethischem Aspekt beschrieben worden ist (der Begriff des staatlichen Gesetzes ist wegen umfassenden Denkens, wie erwähnt, als Vereinfachung gewählt worden).

Rechtliche Strukturen entsprechen rechtlichen Zwängen - im Individuum ebenso wie in der Gesellschaft. Die höheren Rechtssysteme gewähren den größten Handlungsspielraum. Bei Missachtung staatlichen Gesetzes treten Exekutivgewalten auf, die physikalischen, biologischen, ethischen Zwängen entsprechen. Aufgrund des staatlichen Gesetzes werden sowohl Personen als auch Gruppen als auch Gesellschaften gefördert oder behindert (Belohnung, Strafe, Diplomatie). Äußere Potenzialitäten ebenso wie innere Potenzen folgen dem Gesetz allgemein.

Zusammenfassung: Rechtliche Strukturen der Umwelt empfindet das Individuum bewusst oder unbewusst als **rechtliche Zwänge** - entsprechend innerer Potenzen bzw. äußerer Potenzialitäten, die durch **staatliches Gesetz** gefördert oder behindert werden. Rechtliche Zwänge, nicht von Natur gegeben, sind Ausdruck des **Gesetzes allgemein** (3.4).

Besondere Eigenschaften des Menschen leiten über zum gerechten staatlichen Gesetz, das der menschlichen Gemeinschaft entsprechen würde. Sowohl natürliche Dispositionen als auch der Grundtrieb als auch Vernunft und Lernfähigkeit lassen vermuten, dass das **ethische Gesetz** doch existiert, dass die menschliche Gesellschaft ihm gemäß sich höher entwickelt. Alle Menschen wären davon durchdrungen, alle Gesetze wären damit vereint (die Begriffe des gerechten staatlichen Gesetzes und der menschlichen Gemeinschaft sind aus Gründen umfassenden Denkens, wie erwähnt, als Vereinfachung gewählt worden).

Zusammenfassung: Ethische Strukturen der Umwelt empfindet das Individuum bewusst oder unbewusst als **ethische Zwänge** - entsprechend innerer Potenzen bzw. äußerer Potenzialitäten, die durch **gerechtes staatliches Gesetz** gefördert oder behindert werden. Ethische Zwänge, von Natur gegeben, sind Ausdruck des **gerechten Gesetzes allgemein** (3.5), das wahrscheinlich aus der biologischen Ordnung hoch gewachsen ist.

11. 3. 2. Denk- und Handlungsverstärker bzw. Mittel zur Freiheit

Kleingruppen sind in der Lage, sowohl Völker als auch Gesellschaften zu manipulieren bzw. zu versklaven (offenes System im Fließgleichgewicht), um auf deren Kosten leben und sich höher entwickeln zu können. Soweit die manipulierten Menschen - samt Maschinen, Pflanzen/Tieren, Waffen - einheitlich fungieren und dem übergeordneten Willen folgen, gelten sie als physikalische, biologische, ethische Denk- und Handlungsverstärker des ihnen übergeordneten Willens, dessen Potenzialität viel stärker sein kann als die des ursprünglichen Willens (9). Weil der innere Ablauf solcher Denk- und Handlungsverstärker verlässlich sein muss, sind Absprachen erforderlich, und zwar schriftlich fixiert. Auf höchstem Niveau ist ein solcher Denk- und Handlungsverstärker zum **Staat** geworden (Exekutive, Judikative), die zugehörigen Absprachen zum staatlichen Gesetz - erlassen durch die **Staatsführung** (Legislative). Staat und Staatsführung sind dem natürlichen Gesetz unterworfen, genauer: dem physikalischen, biologischen und ethischen Gesetz. Als Gesetz allgemein ist das natürliche und staatliche Gesetz bezeichnet worden: als „primäres Prinzip" gewissermaßen (erstes Buch, Schlusssatz).

Der Staat gilt als Denk- und Handlungsverstärker der übergeordneten Staatsführung (Gesetzgebung) - zwecks Regulierung zugehöriger Personen, Gruppen, ja der Gesellschaft insgesamt. Durch das staatliche Gesetz hat die Gesellschaft auch solche Strukturen erhalten, die als ungerecht bezeichnet werden. Mit Hilfe staatlichen Gesetzes haben sich Minderheiten, die an der Gesetzgebung (Staatsführung) direkt oder indirekt beteiligt sind, stärkere Potenzialitäten aneignen oder aufbauen können als die zugehörigen Mehrheiten, ohne sonderliche Fähigkeiten oder Leistungen der Minderheiten, was sich weiterhin auf deren Nachkommen übertragen lässt. Jede Potenzialität aber - egal wie hoch und wodurch - ist dem natürlichen Gesetz unterworfen. Weil sich **Potenzialitäten** durch das **staatliche Gesetz** zwar bilden, jedoch dem natürlichen Gesetz folgen müssen, ist die Bezeichnung „Gesetz allgemein" gewählt worden (s. Vorwort).

Durch das Gesetz allgemein existieren Strukturen bzw. Zwänge, die sich nach zwei Seiten hin überbrücken oder abschwächen lassen, nämlich sowohl nach außen als auch nach innen hin. Zur **physikalischen** Struktur gehören Werkzeuge, Maschinen, Waffen, die als Denk- und Handlungsverstärker einerseits, als Mittel zur Freiheit andererseits sich nutzen lassen. Seine natürliche Ausstattung, seine Physe und Psyche kann der Mensch damit bereichern. Er kann große Kräfte zum Einsatz bringen, kann fliegen, sich schnell bewegen, seine Wahrnehmung, sein Bewusstsein erweitern. Physikalische Mittel vergrößern Wahlmöglichkeiten und folglich menschliche Freiheiten. Wenn einzelne Personen, Gruppen, Völker über physikalische Mittel zusätzlich verfügen, dann haben sie mehr Wahlmöglichkeiten und folglich größere Freiheiten.

Auch die **Zeit** spielt im Wirkgefüge eine wichtige Rolle: Sie ermöglicht Muße und geistige Bildung! Erst bei freier Zeitplanung erkennt der Einzelne verfügbare Denk- und Handlungsverstärker bzw. Mittel zur Freiheit als wirkungsvoll. Bezüglich der Zeit soll dieser Hinweis hier genügen (vgl. Vorwort).

Pflanzen, Tiere oder allgemein Organismen sind der **biologischen** Struktur zugeordnet worden. Sie fungieren - ähnlich Werkzeugen, Maschinen, Waffen - als biologische Denk- und Handlungsverstärker bzw. Mittel zur Freiheit. Biologische Mittel sind als Nahrung unentbehrlich, die mit physikalischen gewonnen werden. Ganze Industrien produzieren, veredeln und verteilen Nahrungsmittel. In biologischen Mitteln sind physikalische enthalten. Falls biologische Mittel ungleich verteilt sind, falls einzelne Personen, Gruppen, Völker vorrangig darüber verfügen, so verfügen sie über andere Personen, Gruppen, Völker, die für fremde Interessen zum Schutz- oder Arbeitsmittel geworden sind. Oder: Abhängige Personen, Gruppen, Völker einerseits verringern biologische Zwänge andererseits, fungieren - ähnlich Pflanzen, Tieren - als biologische Mittel zur Freiheit (Versklavung: offenes System im Fließgleichgewicht). Biologisch gesicherte Personen, Gruppen, Völker haben mehr Wahlmöglichkeiten und folglich größere Freiheiten (**internationale Arbeitsteilung**, 1).

Zur menschlichen Gesellschaft gehört das Geld bzw. Kapital, das rechtliche Zwänge überbrückt oder abschwächt (mit Hilfe staatlichen Gesetzes). Das Geld ist **rechtlicher** Handlungsverstärker bzw. rechtliches Mittel zur Freiheit, das sowohl physikalische als auch biologische Mittel beinhaltet. Mit Geld lassen sich Grund und Boden, Pflanzen und Tiere, Werkzeuge und Maschinen, ja ganze Industrien - samt Belegschaft - kaufen bzw. macht- und wirkungsvoll steuern. Geld sichert Lebensgrundlagen, gewährt Freizeit und Bildung, gibt Personen, Gruppen, Völkern - im Fall ungleicher Verteilung - Macht über andere Personen, Gruppen, Völker. Aus der ungleichen Verteilung des Geldes stammen ungleiche Wahlmöglichkeiten und folglich ungleiche Freiheiten.

Zur **ethischen** Struktur gehört die Gesinnung der Liebe, die ethischen

Zwängen entspricht. Sie umschließt physikalische, biologische und rechtliche Zwänge, bricht alle daraus stammende Macht.[7] Die Liebe ist ethisches Mittel zur **sittlichen Freiheit**. Sie macht frei, zufrieden, glücklich: Nur der liebende Mensch ist frei. In der Arbeit wirkt sie nach außen, wirkt auf Mitmensch und Gesellschaft und wieder zurück. Sie befreit den Einzelnen von Zwängen, drängt dessen Triebe zurück.

Die Gesinnung der Liebe bedarf der Orientierung: der Vernunft. Sie verliert ihre Orientierung, erstickt im Streit, Hass ohne Vernunft. Die Liebe braucht die sinnvolle Arbeit: Ihre Bestimmung liegt darin. Entsprechend führt sie nicht zur lebensuntüchtigen Sklavenmoral, zur Selbstvergessenheit und selbstlosen Hingabe, auch nicht zum Ersatz für die Forderung des Rechts und der persönlichen Anstrengung! Sie beschränkt sich nicht auf Karitas, Diakonie, Religion, so wichtig diese auch sind. Sie steht vielmehr als Grundsatz für die Weltgestaltung im Zentrum einer Ethik, die den **Maßstab der Gerechtigkeit** (7.2.1) vollendet und noch übersteigt. Sie ist unbedingte Entschlossenheit zur Gerechtigkeit und damit **Triebkraft** für die rationale Weltgestaltung.[8]

Es gibt Bindungen, in denen Freiheit sich entfaltet. Und es gibt Abhängigkeiten, die den Menschen erniedrigen. Freiheit verlangt Freisein von unwürdigen Abhängigkeiten, von Not und von Furcht. Doch in unwürdiger Abhängigkeit kann der Einzelne ebenfalls frei sein, freier als jener, der über große physikalische, biologische, rechtliche Mittel verfügt und diese gegen den Einzelnen lenkt (vgl. Prinzip der kleinsten Wirkung, zweiter Beitrag). Ich meine, dass die Liebe zur Wahrheit, zu Gott und den Mitmenschen das größte Mittel zur Freiheit ist - in der kapitalistischen Gesellschaft sogar, wo Geld und Kapital an oberster Stelle noch stehen.

11. 4. Stellung im System

In den Produktions- und Dienstleistungsprozess werden Kinder auch durch ihre Eltern eingebunden. Natürlich sind Kinder nicht nur dem elterlichen Einfluss ausgesetzt, erst recht nicht, wenn sie älter werden. Entscheidender Einfluss kommt von der Schule, in der Kulturtechniken eingeübt werden. Schon in der Grundschule ist erkennbar, wer für die weiterführende Bildung geeignet ist. Bei Annahme durchschnittlicher Anlagen erbringen Kinder von Eltern, die in oberen Positionen arbeiten, bessere Schulleistungen als Kinder von Eltern in unteren Positionen (7.4). Auch ist den höher positionierten Eltern bewusst, dass sich der erweiterte Schulabschluss als „Vehikel“ zum sozialen Aufstieg gut eignet.

Nicht wenige Eltern glauben an „natürliche“ Begabung. Nach ihnen wird der höhere Schulabschluss weniger durch Förderung als durch besondere Anlagen erreicht. Auch ist vielen die „Legende vom Tellerwäscher“ bekannt, wonach jeder, wenn er nur will, alles erreichen kann. Das zeigen gern erzählte Beispiele, in denen Personen aus ärmlichen Verhältnissen und mit einfachen Schulabschlüssen von Tellerwäschern zu Millionären aufsteigen. Die vielen Gescheiterten bleiben unerwähnt, ebenso Privilegierte, die bei durchschnittlichen bzw. unterdurchschnittlichen Leistungen hohe Positionen ererben und zum Wohle anderer nicht immer wirken.

In hohen Positionen sind Handlungsgrenzen weit gesteckt. Äußere Zwänge werden eher schwach empfunden. Dem Inhaber der hohen Position ist die Wirkung seiner Arbeit wohl bewusst. Seine Anweisung bewegt die Apparatur: Maschinen, Menschen, das jeweilige Untersystem in Politik, Wirtschaft und Verwaltung. Hohe und höchste Gewinne fungieren sowohl als Mittel der Macht als auch als Zahlungsmittel für anregende Dinge wie Reisen, Wohnen usw. Solche Personen sind kaum abhängig, haben weite Aktionsfelder. Unangenehme Dienstleistungen werden von anderen verrichtet. Die erwerbsfreie Zeit ist tatsächliche Freizeit. Geld erleichtert das Leben, macht frei, fördert die geistige Bildung. Risiko und Verantwortung aber, die mit hohen Positionen verbunden sind, existieren andererseits ebenfalls. Hohe Positionen sind meist schwer erarbeitet worden.

Mehr als andere sind vermögende Personen mit Politik und gewinnbringender Anlage beschäftigt.[9] Ihre Kinder können Lebensfelder erproben. In gewährter „Freizeit“ kann Passendes gesucht werden, bis Talente hervortreten und allmählich zur Entfaltung kommen. Einflussreiche, ebenfalls gut situierte Freunde, Bekannte, Verwandte sind behilflich, fördern, gewähren Schutz, räumen Hindernisse aus dem Weg.[10] Die berufliche Arbeit beginnt nicht (wie es sein sollte) unten, sondern auf hohem Niveau, dort, wo andere bei hohen Lebensleistungen meist enden.

Personen mit niedrigem Einkommen haben meist niedrige Freiheitsgrade. Sie und ihre Kinder leben in engen Wohnungen und unattraktiven Bezirken. Die im Wohnbereich anfallenden Arbeiten müssen nach der Erwerbsarbeit selbst verrichtet werden, was gewährte Freizeit mindert. Personen in solchen Lebenslagen sind gleichsam belegt, ebenso ihre Kinder. Der spätere Freiheitsgrad der Kinder ähnelt häufig dem ihrer Eltern.

Freiheit tritt in verschiedenen Graden auf - auch in menschlicher Gemeinschaft -, da natürliche und geschaffene Umwelten differieren, da persönliche Leistungen und Lebensvorstellungen voneinander abweichen, da es Missgunst, Krankheit, schicksalhafte Fügung gibt. Solche Zustände werden immer bestehen.

Staat und Staatsführung könnten dazu beitragen, dass Positionen nach Fähigkeit und Leistung besetzt werden. Das größte Hindernis eines gerechten Zusammenlebens sind „Geldkasten“ bzw. hoch privilegierte Gruppen, die zwar von Frieden reden, jedoch meist nur unter Wahrung ihrer Privilegien friedvoll handeln.

Der Einzelne ist in der Lage, seine Handlungen zu planen und mögliche Resultate vorwegzunehmen. Sein Bewusstsein wächst an realer Umwelt, ist Instrument zum Erfassen von Gesetzmäßigkeiten. Streben nach höherem Bewusstsein aber wird nicht selten behindert, was mit Vorgängen in der biologischen Zelle vergleichbar ist.

11. 5. Biologischer Vergleich

Hinsichtlich früherer Ausführungen sei folgender Vergleich erlaubt: Zum einen ist das individuelle Bewusstsein der genetischen Information übergeordnet, zum andern verhält es sich zur menschlichen Gesellschaft wie die genetische Information zum menschlichen Individuum. Oder anders: In der menschlichen Gesellschaft nimmt das **individuelle Bewusstsein** einen ähnlichen Platz ein wie die **genetische Information** im menschlichen Individuum.

Das Individuum baut sich aus einer Vielzahl genetisch totipotenter Zellen und deren Aktivitäten auf. Ähnlich baut sich die menschliche Gesellschaft aus einer Vielzahl bewusstseinsmäßig totipotenter Individuen und deren Aktivitäten auf (etwa sieben Milliarden verschiedener Individuen). Die jeweiligen Aktivitäten sind von Zelle zu Zelle bzw. von Individuum zu Individuum verschieden. Ich gehe der Reihe nach vor: von Struktur zu Struktur. Die metaphysische Struktur läge auf der **ersten Stufe**, die mit der vierten, der ethischen Struktur, irgendwie vereint wäre (natürliche Gesetzeseinheit).

Während in der einzelnen Zelle (**zweite Stufe**) jene Gene aktiv sind, die die Arbeiten bzw. Eigenschaften der Zelle bestimmen, existieren andere Gene, die die Genaktivität insgesamt regulieren und die übrigen Gene blockieren, und zwar durch sogenannte Repressoren (5.2.1). Ähnliches geschieht auf höherem Niveau: im Individuum (**dritte Stufe**) bezüglich der Formung seines Bewusstseins.

Aktiv sind jene Bewusstseinsstrukturen, die die Arbeiten bzw. Eigenschaften des Individuums bestimmen, während andere Strukturen die Bewusstseinsaktivitäten regulieren und die übrigen Bewusstseinsstrukturen blockieren, und zwar - wie erwähnt - durch sogenannte **Repressoren** (7.1). Ein Großteil der Individuen fühlt sich unfrei, handelt bezüglich eigen- und umweltbezogener Erwartungen unter Bedingungen äußerer Zwänge. Ähnliches wiederholt sich auf noch höherem Niveau, in der menschlichen Gesellschaft bzw. Gemeinschaft (**vierte Stufe**). Wir erinnern uns.

Mit der **menschlichen Gesellschaft** ist der Verbund neben-, über- und untergeordneter Systeme und Teilsysteme gemeint, die aufgrund des staatlichen Gesetzes untereinander agieren. Aus der Vielzahl struktureller Möglichkeiten sind im System nur solche verwirklicht, die die Arbeiten bzw. Eigenschaften des Systems bestimmen. Übergeordnete Rechtsstrukturen wirken nicht nur **regulierend**, sondern auch **blockierend** bezüglich anderer Systemeigenschaften, die in ähnlichen Systemen schon existieren (mit System sind die einzelnen Gesellschaften gemeint).

Die Frage nach der Freiheit stellt sich diesbezüglich ebenfalls. Hier sei auf Verhältnisse zwischen reichen und armen, „berechtigten“ und „unberechtigten“ Personen und Gesellschaften gewiesen, auf die **internationale Arbeitsteilung** (1) und deren Auswirkung auf Personen und Gesellschaften. Zurück zum biologischen Vergleich.

Jede Zelle weist eine Vielzahl verschiedener Gene auf, die sich grob in zwei Gruppen einteilen lassen. Die eine Gruppe ist produktiv tätig, die andere regulativ. **Produktion** wie **Regulation** sind nicht nur für Zellen, sondern auch für Individuen und überdies für Gesellschaften charakteristisch. Zum einen sind in der Gesellschaft bestimmte Individuen damit beschäftigt, die Produkte direkt herzustellen: Dies entspricht der körperlichen (**produktiven**) **Arbeit**. Zum anderen sind Individuen damit beschäftigt, andere zu regulieren, um von höherer Stelle aus selbst reguliert zu werden: Dies entspricht der geistigen (**regulativen**) **Arbeit** auf verschiedenen Positionsstufen.

In der **menschlichen Gemeinschaft**, die aus gleichberechtigten Individuen und Gesellschaften aufgebaut wäre, würde die produktive und regulative Erwerbsarbeit gemäß **gerechtem staatlichen Gesetz** verrichtet.

Mehr freiwillig würden die Individuen dort arbeiten, mehr inneren Zwängen folgen. In der menschlichen Gesellschaft hingegen wird die anfallende Erwerbsarbeit mehr unter Bedingungen äußerer Zwänge verrichtet. Unerwünschte Bewusstseinsstrukturen bzw. -potenzen werden durch staatliche Repression, durch Bedingungen arbeitsteiliger Produktion usw. unterdrückt und zur Entfaltung nicht erst zugelassen (16.6.2).

11. 6. Zusammenfassung und Ausblick

Die Frage, ob der Mensch von Natur aus frei oder unfrei sei, führt an gesellschaftlichen Problemen vorbei. Besser ist zu fragen, wodurch bestimmte Personen, Gruppen, Gesellschaften freier als andere sind. Weil die Freiheiten anderer einzubeziehen sind, ist Freiheit vorrangig im Sinne von Zustand aufzufassen, nicht im Sinne von Orientierung.

Freier Wille zeigt sich im freien Handeln. Das Problem der Freiheit besteht folglich im Handeln des Einzelnen an seiner Umwelt und umgekehrt. Nicht Willensfreiheit, sondern Handlungsfreiheit ist mit Freiheit gemeint.

Zu jeder vernünftigen und zielgerichteten Handlung ist Information erforderlich. Freiheit ist demzufolge nicht Grundvoraussetzung menschlichen Handelns, sondern: Grundvoraussetzung menschlicher Freiheit ist allgemein Information!

Das Wesen der Information ist von naturgesetzlicher Art. Freimachendes Handeln ist auf relevante Informationen angewiesen, die in verschiedenen Strukturen (Qualitäten) auftreten - auch im menschlichen Gehirn als Träger des Bewusstseins. Das Sittengesetz ließe sich von daher deuten.

Menschliches Handeln läuft in Spielräumen ab, ist mehr oder minder eingegrenzt. Freiheit ist an Zwänge gebunden, die rechtlichen Strukturen entsprechen bzw. dem staatlichen Gesetz, das verschiedene Mittel zur Freiheit bzw. Denk- und Handlungsverstärker mitaufbaut - zum einen nach innen als Potenzen, zum andern nach außen als Potenzialitäten. Weil Potenzen bzw. Potenzialitäten dem natürlichen Gesetz zwar folgen müssen, mit Hilfe des staatlichen Gesetzes jedoch aufgebaut werden, ist die Bezeichnung „Gesetz allgemein“ gewählt worden. Das gerechte staatliche Gesetz ist auf die menschliche Gemeinschaft bezogen.

Verteilung nach gerechtem staatlichen Gesetz würde Bewusstsein höher entwickeln. Hier sei insbesondere auf die ungerechte Verteilung des Geldes gewiesen, das bezüglich der Umwelt als Handlungsverstärker (Potenzialität), bezüglich des Einzelnen als Mittel zur Freiheit (Potenz) auftritt. Mit Geld oder Kapital lassen sich Zwänge umgehen, überbrücken oder abschwächen bzw. individuelle Freiheiten aufweiten. Doch die Gesinnung der Liebe ist das stärkste Mittel zur Freiheit, das alle anderen in sich birgt und zur sittlichen Freiheit führt.

Freiheit entfaltet sich in unterschiedlichen Graden. Personen (Gruppen, Gesellschaften), die Positionen innehaben, erfahren sie relativ. Untere Positionen mit produktiven Aufgaben bieten den kleineren, obere Positionen mit regulativen Aufgaben den größeren Handlungsspielraum. Doch die Größe des Handlungsspielraums ist mit dem Maß der Freiheit nicht identisch. In verschiedenen Handlungsspielräumen können sich Personen gleichermaßen frei fühlen. Dies Gefühl gleicher Freiheit kann nur in gerechten Strukturen dauerhaft existieren (Prinzip der kleinsten Wirkung, s. zweiter Beitrag). Dort herrscht bei aller Verschiedenheit das Prinzip der Gleichheit, das zur sittlichen Freiheit auffordert. Was aber ist mit Gleichheit gemeint?

12. Gleichheit

Nicht Gleichheit ohne Staat, sondern Gleichheit mit **Hilfe des Staats**! In dieser Form kam die Gleichheitsforderung erstmals in nordamerikanischen Kolonien im 18. Jahrhundert zum Tragen, und zwar als moderne Theorie und Praxis des Naturrechts (10). Der Grundansatz, dass alle Menschen gleich sind, gelangte in die nordamerikanische Unabhängigkeitserklärung (1776). Bis zum amerikanischen Bürgerkrieg aber (1861-1865) blieb die schwarze Bevölkerung noch versklavt.

In Frankreich beseitigte die Revolution den feudalen Ständestaat (1789). Als Vorbild der europäischen Konstitutionsbewegung wurde das Gleichheitsprinzip in die Verfassung eingebaut. Viel später, ab der Mitte des 19. Jahrhunderts, kam es in Preußen mehr und mehr zur Geltung.

Durch die Industrialisierung wurde die reale Ungleichheit größer und größer. Um die Mitte des 19. Jahrhunderts formierte sich die Arbeiterbewegung, die die Gleichheitsforderung auf **gerechte Wirtschaftsgesetze** bezog. Die strenge Anwendung des Gleichheitsprinzips unter Berücksichtigung der Freiheit und Solidarität steht nach wie vor im **Zentrum politischer Forderungen**. Im Folgenden wird das Gleichheitsprinzip mit Hilfe der Gleichheitsaussage näher erörtert.

12. 1. Gleichheitsaussage

Mit der Gleichheitsaussage[1] lassen sich Zustände oder Sachverhalte beschreiben, was mehr als einen Zustand oder Sachverhalt voraussetzt. Von einem isolierten Zustand oder Sachverhalt zu sagen, er sei gleich, ist eine unsinnige Aussage. Ein Zustand oder Sachverhalt kann nur in Bezug auf etwas anderes gleich sein.

Zustände oder Sachverhalte sind miteinander vergleichbar. Wenn man sie als gleich beschreibt, dann deswegen, weil die Abweichungen unwesentlich sind.[2] Im Gegensatz zur Identitätsaussage ist die Gleichheitsaussage ein **Vergleich von Verschiedenheiten**.[3] Man kann den Vergleich nur vornehmen, wenn ein gemeinsames Wesen vorhanden ist. Nur Zustände oder Sachverhalte mit **gemeinsamem Wesen** lassen sich miteinander vergleichen.

Zustände oder Sachverhalte mit gemeinsamem Wesen lassen sich anhand **feststehender Kriterien** ausmessen. In den Naturwissenschaften sind das normierte **Messskalen** (Maßstäbe), mit denen verschiedene Größen ausgemessen werden. Kräfte und Lichtstärken beispielsweise können mit demselben Maßstab nicht ausgemessen werden: Zwischen Kraft und Lichtstärke besteht keine **Wesensgleichheit**. Nur Kräfte verschiedener Art und Größe können mit demselben Maßstab ausgemessen werden. Entsprechendes gilt für die Lichtstärken.

Im Rechtsbereich wird das naturwissenschaftliche Denkschema ähnlich praktiziert. Was die Messskalen in den Naturwissenschaften, sind die geltenden Gesetze im Rechtsbereich. Unberücksichtigt bleibt dabei, ob der entstandene Zustand oder Sachverhalt durch Wissen um das Recht schon beeinflusst wurde. Der entstandene Zustand oder Sachverhalt wird gesetzmäßig erfasst, bewertet und sozusagen ausgemessen. Mit demselben Rechtsmaßstab lassen sich andere Zustände oder Sachverhalte ausmessen, die jedoch wesensgleich sein müssen. Dazu ein Beispiel:

Man bewertet den Sachverhalt „Betrug“ anders als den Sachverhalt „Mord“. Zwischen beiden besteht kaum Wesensgleichheit. Alle Betrugsdelikte werden ohne Ansehen der Person mit dem **gleichen Rechtsmaßstab** ausgemessen und beurteilt, alle Morddelikte mit einem anderen (zusammen lassen sich die Rechtsmaßstäbe aber als Einheit denken). Nur gleichartige Sachverhalte sollen gleich sein, ungleichartige sollen ungleich behandelt werden.[4]

Die aufkommenden Probleme liegen auf der Hand. Im Rechtsbereich sind die Verhältnisse schwieriger als in den Naturwissenschaften. Doch erkennbar ist: Verschiedene Zustände oder Sachverhalte werden mit dem gleichen Maßstab ausgemessen. Gleichheit meint kein Herstellen betragsgleicher Zustände oder Sachverhalte (das verstieße gegen Begabung und Anstrengung). Gleichheit meint Messen mit dem gleichen Maßstab! Auszumessende Zustände oder Sachverhalte (gut und böse etc.) müssen **wesensgleich** sein.

12. 2. Gleichheitsprinzip

Die Gleichheitsaussage leitet über zum Gleichheitsprinzip, als Leitlinie gerechten Handelns, unter anderem in Verwaltung und Rechtsprechung. Die Vielzahl der existierenden **Gesetze** denkt man sich als Einheit: als verästelten, sich ständig ändernden **Gesetzesmaßstab**. Erlaubtes und Nichterlaubtes lässt sich damit trennen. Rechte und Pflichten, Einkünfte und Abgaben lassen sich damit zuteilen. Wegen verschiedener Arbeiten und Leistungen, Bedürfnisse und Delikte sind ihre Ausmaße oder Beträge jedoch ungleich. Gleich und einheitlich ist nur der Rechtsmaßstab. Gerechtigkeit meint keine arithmetische Gleichheit übertragener Rechte und Pflichten, Güter und Lasten, sondern Rechtsgleichheit. Auf der Ebene der Gerichte und öffentlichen Verwaltung wird **Gleichheit der Rechtsanwendung** gefordert (Art. 1(3) GG).

Man bezieht das Gleichheitsprinzip noch auf eine andere Rechtsebene: auf die gesetzgebenden Parlamente, und zwar deswegen, weil jedem Menschen von seiner Natur und unantastbaren Würde her gleiche Rechte und Pflichten zustehen. Von daher ist das Gleichheitsprinzip ins Grundgesetz bzw. vergleichbare Verfassungen aufgenommen worden[5], was nicht nur Gleichheit der Rechtsanwendung, sondern auch **Gleichheit der Rechtssetzung** (Gesetzgebung) fordert. Was ist damit gemeint?

Man kann das **Grundgesetz** mit der Vielzahl der Artikel ebenfalls als Einheit auffassen: als schwer veränderlichen **Gesetzesmaßstab**. Bei der Formulierung neuer Gesetze sowie der Überprüfung alter Gesetze ist die Gleichheit der Rechtssetzung zu beachten. Gemäß Grundgesetz bedeutet das: Nicht nur die Gerichte und die öffentliche Verwaltung, auch der Gesetzgeber selbst, die gesetzgebenden Parlamente, sind an das Gleichheitsprinzip gebunden (**Gleichheit der Rechtssetzung**, Art. 1(3); 2(1); 3; 33; GG).[6] Von daher können jene Gesetze, die das Gleichheitsprinzip verletzen, als verfassungswidrig aufgefasst werden.

Häufig wird die Forderung nach Gleichheit **falsch gedeutet** und als weltfremd - mit der Bemerkung Gleichmacherei - verächtlich zurückgewiesen. Doch den verschiedenen Personen sollten noch niemals gleichgroße Beträge an Eigentum und noch niemals gleichgroße Ausmaße an Rechten und Pflichten zuerkannt werden: Das verstieße gegen Begabung und Anstrengung der Personen. Gefordert wird nur, verschiedenen Bedürfnissen, Anstrengungen und Delikten der Personen bzw. Gruppen gleiche Rechtsmaßstäbe zuzuordnen, nämlich zum einen das Grundgesetz oder sonstige Verfassungen, zum andern die darauf aufbauenden Gesetze.

Rechtsgleichheit umfasst die Gleichheit der Rechtsanwendung und die Gleichheit der Rechtssetzung (Gesetzgebung). Das so im Grundgesetz oder sonstigen Verfassungen verankerte Gleichheitsprinzip muss umgesetzt werden (Handlungskonzept: **drittes**/viertes Buch).

12. 3. Wirtschaftlicher Einfluss

Wegen vielfältiger Bedürfnisse, Anstrengungen und Fähigkeiten sind verschiedene Rechte und Pflichten auf Personen und Gruppen übertragen worden. Ihre Erwerbsarbeiten verrichten die Personen und Gruppen in vielen Berufen, die sich nach ähnlichen „Tätigkeitsmerkmalen" einteilen lassen (17.4). Die realen Wertigkeiten der Berufsgruppen zeigen sich neben Arbeitsbedingungen an zu vergebenden Gegenwerten für verrichtete Arbeiten. Bei isolierter Betrachtung ist die Gleichheit der Rechtsanwendung bis hier noch gewahrt. Wenn aber in den Parlamenten nur „Abgeordnete" der höheren Berufsgruppen gesetzgeberisch wirken, dann entsteht Ungerechtigkeit: Abgeordnete neigen dazu, die Arbeiten ihrer Berufsgruppen gesetzmäßig aufzuwerten (im Zusammenspiel mit Berufsvertretungen). Wegen der beruflich einseitigen Zusammensetzung der Parlamente (Anlage der Gesellschaft, 5.2.1) kann die **Gleichheit der Rechtssetzung** nicht eingelöst werden, was übrigens die Gleichheit der Rechtsanwendung unterläuft, sie von Geld und Kapital abhängig macht.

Wirtschaftliche Ungleichheit verhindert, dass Gesetze gleichmäßig in Anspruch genommen werden. Noch folgenschwerer ist, dass durch parlamentarische Ungleichheit staatliche Machtverhältnisse verlagert, ja privatisiert werden, dass eine gerechte **Finanz-, Arbeits- und Wirtschaftsverfassung** verhindert wird, sowohl national als auch international.

Hinsichtlich verarmter Länder ist berechtigt zu sagen: „Von der ungleichen Verteilung der Güter und der Macht kommt alle Zerrüttung, über die sich neun Zehntel der Bewohner der zivilisierten Länder mit Recht beklagen. Von daher kommen die Entbehrungen und Leiden, ihre Erniedrigung und Sklaverei. Von daher kommt auch jene Ungleichheit an Bildung, die man aus eigennützigen Motiven fälschlich einer überbewerteten geistigen Ungleichheit zuschreibt."[7]

Hinsichtlich des Handlungskonzepts sei in erster Näherung festgestellt: Teilhabe an der Leitung der Gesellschaft zu der man gehört (Hegel). Eingelöst wird das Gleichheitsprinzip erst dann, wenn alle Bürger - direkt oder indirekt - an der Gesetzgebung beteiligt sind. Die **Gleichheit der Rechtssetzung** ist entscheidend.

Trotz ablenkender Beschreibung geht von der Politik die **primäre Macht** aus, auch gegenüber den Medien, Banken und Wirtschaftsverbänden. Die politischen Parlamente erlassen die Gesetze (Rechtssetzung), der Staat kontrolliert deren Anwendung (Rechtsanwendung). Durch die Gleichheit der Rechtssetzung wird Ungleichheit auf allen Gebieten beseitigt.

Was andere erleben und erfahren, kann nur unvollständig nachvollzogen werden! Erfahrungen aus eigener Erwerbsarbeit und eigenen Sozialerlebnissen sind besonders wichtig. Der Wert eines jeden Erlebnisses und einer jeden Erfahrung ist immer personengebunden: Was dem einen wertlos ist, ist dem anderen wertvoll und umgekehrt. Persönliche Erlebnisse und Erfahrungen sind **gleichwertig**.

Bezüglich der Gleichheit der Rechtssetzung (Gesetzgebung) ist das berufliche Herkommen der Parlamentsabgeordneten, ihr soziales Erleben und Erfahren wichtig. Aus der Gleichwertigkeit aller Erlebnisse und Erfahrungen folgt, dass alles Erleben und Erfahren der Bevölkerung in den Parlamenten verkörpert sein sollte. (vgl. Hegel: Weltgeist, 16.6.3)

Unsere Gesellschaft ist **Produktions-** und **Dienstleistungsgesellschaft**. Mit Arbeit wird sie vorangetrieben. In ihren Produkten (Theorien, Waren, Dienstleistungen) offenbart sich sowohl die Person als auch die Qualität der Gesellschaft. Das gemeinsame **Wesensmerkmal** der **Person** und **Gesellschaft** heißt „Arbeit“ (16.4.2). Beim Besetzen der Parlamente sollten die Erwerbsarbeiten bzw. Berufsgruppen berücksichtigt werden.

Soziales Erleben ist auch abhängig vom Geschlecht. Doch in Gesellschaft, Staat und Parteien haben Männer die größere Macht. Frauen werden daran gehindert, wirklich gleichgestellt zu sein. Dies geschieht durch Vorurteil, durch Hinweis und Druck auf die „eigentliche Bestimmung“ der Frau (Ehe, Mutter, Hausarbeit).

Männer und Frauen sind hierzulande gleichgestellt. Dies beinhaltet gleiche Rechte und gleiche Pflichten, wobei Natürlichkeiten zu berücksichtigen sind. Doch beim Besetzen der Parlamente (Gleichheit der Rechtssetzung/Gesetzgebung) sollte nicht das Geschlecht, sondern die Erwerbsarbeit bzw. Berufsgruppe primär beachtet werden: Durch Berufsarbeit entstehen Denk- und Handlungsverstärker bzw. Mittel zur Freiheit, mit denen auch Frauen mächtig sind - mächtiger als Männer!

12. 4. Zusammenfassung und Ausblick

Denk- und Handlungsverstärker bzw. Mittel zur Freiheit lassen sich auf Gesetze zurückführen. In Parlamenten werden sie am Maßstab des

Grundgesetzes oder vergleichbarer Verfassungen formuliert, in denen das Gleichheitsprinzip verankert ist. Weil die Parlamente beruflich einseitig zusammengesetzt sind, wird die Gleichheit der Rechtssetzung (Gesetzgebung, Art. 1(3); 2(1); 3; 33 GG) unvollständig praktiziert.

Auf der Ebene der Gerichte und der öffentlichen Verwaltung wird das Gleichheitsprinzip ebenfalls praktiziert. Jeder Person oder Gruppe werden nach Arbeit und Leistung, Bedürfnis und Delikt bestimmte Rechte und Pflichten, Güter und Lasten zuerkannt. Bezüglich dieser Rechtsebene spricht man von Gleichheit der Rechtsanwendung (Art 1(3) GG, ein Gesetz für Reich und Arm).

Was nützt die Gleichheit der Rechtsanwendung, wenn die Gesetze selbst ungerecht sind? Bezüglich der Parlamente muss Gleichheit der Rechtssetzung (Gesetzgebung) eingelöst werden. Nicht die Gleichheit der Rechtsanwendung, sondern die Gleichheit der Rechtssetzung (Gesetzgebung) ist vorrangig (Sittengesetz 11.1; Goldene Regel Mt 22,36-40).

Weil sowohl die Person als auch die Gesellschaft durch Arbeit vorangetrieben wird, sollten beim Besetzen der Parlamente (Anlage der Gesellschaft) die Berufsgruppen bzw. Erwerbsarbeiten beachtet werden.

In jeder Berufsgruppe arbeiten fähige und redliche Personen. In gesetzgebende Parlamente könnten sie gelangen bei Beachtung wichtiger Tatsachen. Dies weist auf biologische Vergleiche und Aspekte, vor allem auf das politische Handlungskonzept (*drittes*/viertes Buch).

13. Solidarität und Solidaritätsprinzip

In der Gruppe soll sich solidarische Gesinnung bewähren, aber auch im Verhältnis der Gesellschaften untereinander. In der Grundsatzdiskussion der christlichen Soziallehre wird zwischen Solidarität und Solidaritätsprinzip unterschieden. Während Solidarität ein Verbundensein von Menschen meint, ist das Solidaritätsprinzip als geistige Richtschnur definiert worden, als **ethisches Prinzip**, das „die Wechselbezogenheit des Ganzen auf die Glieder und der Glieder auf das Ganze in wechselseitiger Gesamthaftung“ meint, wobei die Gesamthaftung „das Gleichgewicht sichert gegenüber der Einseitigkeit des Individuums einerseits, des Kollektivismus andererseits.“[1] Zwecks Sicherung der Gleichheit und Freiheit ist der sozialphilosophische Ausgangspunkt, das **Gewissen der Person**, betont worden. Zur Person gehören das Gewissen, die Verantwortung und die Solidarität.

Weltweite Abhängigkeiten erfordern eine zunehmende Solidarität. A. Fouillée (1838-1912) hat die Gesellschaft als Organismus aufgefasst, in dem Formkräfte solidarischer Verbundenheit auftreten.[2] Die Formkräfte beeinflussen sich gegenseitig, addieren sich und ordnen sich freiwillig unter. Die Addition ist jedoch kein Gestaltungsprinzip der Gesellschaft. Die Kräfte müssen geführt und korrigiert werden: Die Solidarität wird zum Solidaritätsprinzip, zum **Aufbauprinzip** der Gesellschaft.

Der Begriff der Solidarität ist politisch charakterisiert. Weil Vorkämpfer der Französischen Revolution ihn nutzten, hat er Aufnahme in der Arbeiterbewegung gefunden, z.B. bei Proudhon (1809-1865), der die Menschen sowohl kausal als auch funktional verbunden sieht. Andere haben die Solidarität auf die Abfolge der Generationen bezogen, als Ausdruck der durch den Geschichtsprozess gehenden Menschheitsidee.[3] Seit Mitte des 19. Jahrhunderts wird die Solidarität zu den **Grundwerten** der Gesellschaft gezählt, ja der Globalordnung insgesamt.[4]

Die Solidarität muss neu begründet werden. Zu fragen ist, wodurch die Menschen untereinander verbunden sind. Die Menschen sind lernfähig und zueinander offen, wollen geben und nehmen, sich gegenseitig fördern. Auf den **menschlichen Grundtrieb** sei diesbezüglich gewiesen, auf die metaphysisch-ontologische Potenzialität (3), die über das individuelle Leben hinausreicht. Eine Begründung der Sozialethik ist damit gegeben, hin zur Seite des Sollens.

Das Solidaritätsprinzip fördert den Aufbau sozialer und politischer Organe. Überall sind Menschen in Gruppen organisiert, die - mit Mängeln behaftet - zu Gemeinschaften werden sollen, deren Echtheit überprüft werden könnte. Solidarität soll Gleichheit in Grenzen sich einstellender Freiheit schaffen, wäre so **Rechtsprinzip**.

Das Prinzip der Solidarität meint füreinander einstehen. Es kennzeichnet die Beziehung zwischen der Gemeinschaft und dem Einzelnen, der Anspruch auf Zuwendung, Anerkennung und Hilfe hat: Das ist sein Recht auf Solidarität! Andererseits ist der Einzelne gegenüber der Gemeinschaft verpflichtet. Er hat sich um öffentliche Belange zu kümmern: Das ist seine solidarische Pflicht! Solidarität fordert beidseitig Arbeit, damit die wechselseitige Verantwortung realisiert wird.

Mit der solidarischen Gesinnung geht ein freimachendes Gefühl einher, das verschieden und in unterschiedlicher Stärke auftritt. In **höchster Vollendung** ist es Liebe zur Wahrheit, zu Gott und den Mitmenschen, wobei Liebe geleitet wäre - durch menschliche Vernunft (11.3.2).

Laut christlicher Soziallehre ist Solidarität absolut verankert - in der Geistperson Jesu. Im **Menschenherz** soll Jesu Botschaft auferstehen! Und das Kreuz ist das größte Zeichen der Solidarität.

Unter schwierigen Bedingungen soll sich Solidarität bewähren - auch hinsichtlich **ferner Menschen**. Millionen leiden Hunger, verlieren ihre Lebensgrundlage. Zu bedenken ist, dass der Wert mitmenschlicher Dienste für den Gebenden nicht geringer ist als für den Empfänger!

Nicht nur auf lebende Menschen soll sich Solidarität beziehen. Nachfolgende Generationen, über deren Lebensqualität heute entschieden wird, haben ebenfalls Anspruch auf Solidarität.

Die Ausführungen machen deutlich, dass die Begriffe der Gleichheit, Freiheit, Solidarität zum einen als Grundwerte, zum andern als Rechtsprinzipien aufzufassen sind. Solidarität soll sich bewähren - vorrangig im Medium der Politik!

14. Gerechtigkeit

Gleichheit, Freiheit, Solidarität sind dem Gemeinwesen zukommende Grundwerte. Sie erfordern und begrenzen sich gegenseitig: Kein Grundwert erfüllt ohne die anderen seinen Sinn. Sie liegen auf derselben Ranghöhe und bilden gemeinsam den **Maßstab der Gerechtigkeit** (7.2.1), der der politischen Arbeit die Orientierung gibt. Mit dem Maßstab lassen sich **drei** allgemein anerkannte **Grundverhältnisse**[1] beschreiben - das Verhältnis der Einzelnen untereinander: die ausgleichende Gerechtigkeit, das Verhältnis des Einzelnen zur Gemeinschaft: die gesetzliche Gerechtigkeit und das Verhältnis der Gemeinschaft zum Einzelnen: die austeilende Gerechtigkeit. Alle drei Grundverhältnisse gelten für Gruppen und Gesellschaften ebenfalls.

Man bezieht die **ausgleichende Gerechtigkeit**[2] auf zu erbringende Gegenwerte, die Rechte und Pflichten von Einzelnen ausgleichen. Sie regelt, im Sinne zahlenmäßiger Gleichheit, den rechtsgeschäftlichen Austauschverkehr. Arbeit und Arbeitsprodukte, die einer dem anderen vertraglich oder im Interesse und zum Vorteil des anderen erbringt, sind durch Gegenwert voll auszugleichen. Werte, die dem anderen zukommen, sind zu respektieren und unangetastet zu lassen. Zugefügter Schaden ist durch Gegenwert gut zu machen. Die ausgleichende Gerechtigkeit verpflichtet strikt, lässt keine Relativierung zu.

Die **gesetzliche Gerechtigkeit**[3] verpflichtet den Einzelnen gegenüber der Gemeinschaft. Sie wirkt auf Befolgung der Gesetze hin, aber nicht, weil die Gesetze „gesetzt“ und vorhanden wären, sondern deshalb, weil nur auf gesetzlicher Grundlage Friede und gutes Leben möglich sind. Die gesetzliche Gerechtigkeit verpflichtet bzw. berechtigt daher nicht nur Personen. Sie gilt für Gruppen, Verbände, Parteien, Gesellschaften ebenfalls und sollte am Gemeinwohl orientiert sein. Allein dies ist Bestimmungsgrund dafür, dass kraft gesetzlicher Gerechtigkeit gefordert wird, was der Einzelne der Gesamtheit schuldet, damit diese gedeihen kann: Rechtsbefolgung, Friedenswahrung, Übernahme von Ämtern, Leistung von Abgaben und Diensten, Erfüllung sonstiger Pflichten.

Umgekehrt beantwortet die **austeilende Gerechtigkeit**[4] die Frage, was die Gesamtheit dem Einzelnen oder der Gruppe schuldet. Dabei spielt eine besondere Rolle das Gleichheitsprinzip, das ja als Gleichheit der Rechtsanwendung und als Gleichheit der Rechtssetzung auftritt. Man legt die austeilende Gerechtigkeit - mit Blick auf die Gleichheit der Rechtsanwendung - in **zwei verschiedenen Richtungen** aus.

Hinsichtlich der **ersten Auslegungsrichtung** zielt die austeilende Gerechtigkeit darauf, dass die Gesamtheit (Gesellschaft, Staat, Staatsführung) für den Einzelnen oder die Gruppe etwas nach dem Maß einer Sache festlegt. Das heißt, wenn die Staatsführung z.B. Hilfe gewährt (Sozialhilfe usw.) oder Lasten auferlegt (Steuern usw.) oder Strafen verhängt, so gebietet die austeilende Gerechtigkeit eine Hilfe nach dem Maß der Bedürftigkeit oder eine Belastung nach der Leistungsfähigkeit oder eine Bestrafung nach der Schwere des Delikts. Hier fordert die austeilende Gerechtigkeit Güter und Lasten nach Maßgabe festzulegender Kriterien (Bedürftigkeit, Leistungsfähigkeit, Schuld). Nur diesbezüglich folgt sie dem Gleichheitsprinzip.[5] Die leitenden Kriterien bleiben allerdings das Problem, das nur im politischen Prozess durch die geforderte Gleichheit der Rechtssetzung gelöst werden kann.

In der **zweiten Auslegungsrichtung** der austeilenden Gerechtigkeit gilt das Gleichheitsprinzip absolut! Hier bezieht es sich nicht mehr auf leitende Kriterien, sondern ohne Unterschied auf die Personen (Gesellschaften) selbst, auf deren Würde, wie sie im Grundgesetz oder vergleichbaren Verfassungen festgeschrieben ist.[6] Soweit die Gemeinschaft dem Einzelnen etwas schuldet, ist es jedem in gleicher Weise geschuldet. Eine Abstufung ist ausgeschlossen, denn die Gleichheit gilt absolut: Achtung vor der Würde der Person (Gesellschaft), Garantie der Grundrechte. Daneben werden mit der austeilenden Gerechtigkeit - in derselben Art von Gleichheit - die demokratischen Grundrechte eines jeden erfasst: gleicher Zugang zu den Ämtern, gleiche Beteiligung an der Willensbildung, gleicher Rechtsschutz und Gerichtsschutz.[7] Diese Grundrechte liegen gleichfalls auf der Ebene des Grundgesetzes oder vergleichbarer Verfassungen, auf die sich die Rechtssetzung bezieht.[8]

Man erfasst mit der ausgleichenden, gesetzlichen und austeilenden Gerechtigkeit alle zwischenmenschlichen Beziehungen im oben beschriebenen Sinn. Dennoch hat sich der Begriff der **sozialen Gerechtigkeit** durchgesetzt. Man weist im Namen der Menschenrechte darauf hin, dass ein gleicher Anspruch aller auf Grundausstattung mit materiellen und immateriellen Gütern besteht. Zudem „fordert die soziale Gerechtigkeit eine gewisse Gleichheit nicht nur bezüglich der abstrakten Regeln und Normen, sondern auch der konkreten Lebensbedingungen."[9]

In allen Grundverhältnissen, insbesondere bei der ausgleichenden und austeilenden Gerechtigkeit, ist Gerechtigkeit mit **Gleichheit der Rechtssetzung** (Gesetzgebung) verknüpft.[10] Weil die Parlamente aber beruflich einseitig zusammengesetzt sind, werden Grundrechte ungleich praktiziert! Nicht nur die austeilende Gerechtigkeit, auch die ausgleichende und gesetzliche Gerechtigkeit ähneln Worthülsen, haben wenig Gestaltungskraft, auch bezüglich Arbeit und Lohn.

Rückblickend sei gesagt: Arbeit und Lohn erzeugen Denk- und Handlungsverstärker bzw. Mittel zur Freiheit, die sich durch staatliches Gesetz fördern oder mindern lassen. Von daher ist es angemessen, das Problem der Arbeit zu durchdenken. Zunächst einiges über den Dualismus, der mit dem Begriff der Arbeit eine ideologische Beziehung eingegangen ist.

15. Dualismus

Der Dualismus, der von **religiösen** Inhalten ausgeht, steht in einem Spannungsverhältnis zum Gleichheitsprinzip. Auf die Bewertung der **menschlichen Arbeit** hat er Einfluss ausgeübt. Das dem Dualismus folgende Denkschema war von Anfang an zweckdienlich.[1] Auf alle Zweige der Wissenschaft wurde es übertragen. Und das Fühlen und Denken werden immer noch davon bestimmt.

Gegen das dualistische Denkschema sind die **Naturwissenschaften** angetreten, und zwar durch strenge Definition physikalischer Begriffe. Einige Beispiele: Für das Begriffspaar „Licht-Finsternis" ist „Lichtstärke" gewählt worden, deren Betrag eine Maßzahl und eine Maßeinheit verlangt. Das Begriffspaar „Wärme-Kälte" hat man durch „Temperatur" ersetzt und das Begriffspaar „Leichtigkeit-Schwere" durch „Kraft" usw. Zur Beschreibung realer Verhältnisse ist der **Einzelbegriff** besser geeignet: Die Beschreibung erfolgt quantitativ. Das Begriffspaar meint nur die Extremwerte auf einer **gemeinsamen Messskala** (12.1). Durch Einzelbegriffe lassen sich Bezeichnungen wie „**gut**" und „**böse**" (Einzelbegriff „Gerechtigkeit") ebenfalls ersetzen.

Im Laufe der Jahrhunderte ist der Dualismus vielgestaltig aufgetreten. Übereinstimmend leugnet er die Einheit der Welt (der natürlichen Geseteinheit entgegen?). Als grundlegende Bestimmung sind **materielle** und **immaterielle** Substanzen angenommen worden, später die entsprechenden **Prinzipien** (gesellschaftliches Sein einerseits und gesellschaftliches Bewusstsein andererseits, 1/5.2). In der antiken Philosophie begann dieser Prozess bei Anaxagoras (500-428 v. Chr.), der zwischen passivem Stoff und gestaltendem Nous unterschied, was später in die **Ideenlehre** Platons (427-347 v. Chr.) eingeflossen ist.[2]

Nach Platon besteht der Mensch aus einem materiellen Körper und einer immateriellen Seele, die einmal im Reiche ewiger Wahrheit gewohnt und alle Wahrheit geschaut hat. Die immaterielle Seele hat sich dem materiellen Körper freiwillig ausgeliefert, hat die geschaute Wahrheit, bis auf eine Ahnung, dem „Vergessen" übergeben.[3] Die geschaute Wahrheit zu erinnern und das Leben von ihr her zu gestalten, muss folglich zur Aufgabe des Menschen gehören (**Selbstverwirklichung der Seele**, 16.3). Um die Wahrheit erkennen zu können, muss der Mensch die Wendung nach innen vollziehen, muss denken und lernen. Mit dem Tod des Menschen kehrt die Seele ins Jenseits zurück und der materielle Körper zerfällt.

Vom Christentum sind Platons Gedanken übernommen und religiös angereichert worden (**Heilsdrama Jesu**, Auferstehung der Botschaft Jesu). Nach christlicher Lehre existiert die immaterielle Seele neben der materiellen Körperwelt. Jeder Mensch muss ein **Fünkchen Gottesnatur** in sich tragen, um die Seeligkeit erlangen zu können. Zwischen göttlicher und menschlicher Natur muss wenigstens ansatzweise eine Gleichartigkeit existieren.[4] Im Christentum ist man sich einig: Das Wahre, Gute, Göttliche kann als **geistiges** Element nur auftreten.

Im Christentum ist Denken zum Mittel geworden, sich Gott stufenweise zu nähern (**Erkenntnisdialektik**: stirb - besinne - werde). Der Geist lenkt den Körper, bestimmt ihn, ist primäres Prinzip, ist laut Aristoteles (384-322 v. Chr.) zwecktätig wirkende, formende Kraft. Der menschliche (gesellschaftliche) Körper ist nur Materie, nur Werkstoff des Geistes (1). Er wird durch den Geist geformt, ist diesem gegenüber minderwertig.

Materie ist immer geformt! Es gibt keine ungeformte Materie. Als immaterielle Substanz entzieht sich die Seele jeder wissenschaftlichen Untersuchung. Mit der Entwicklung der Psychologie zur eigenständigen Disziplin ist der Begriff der **Seele** durch den der **Psyche** ersetzt worden - als Gesamtbild geistiger Vorgänge im Menschen.

In der abendländischen Philosophie dominiert sowohl die Vorstellung von der Trennung zwischen Leib und Seele, Körper und Geist, Materie und Bewusstsein als auch die Vorstellung von den diesbezüglich **unterschiedlichen Wertigkeiten**. Im Unterbewusstsein sind diese Vorstellungen immer noch virulent.

Zwar trennt das Christentum nicht eindeutig zwischen **geistiger** und **körperlicher Arbeit**. Durch Annahme unterschiedlicher Prinzipien aber ist die Trennung und unterschiedliche Wertung vollzogen, und zwar zugunsten der sogenannten geistigen Arbeit. Der Materialismus hingegen, der - wie erwähnt - nicht atheistisch sein muss, ist gegensätzlich positioniert. Er trennt nicht zwischen Körper und Geist, körperlicher und geistiger Arbeit: Beides tritt gemeinsam auf.[5] Ohne das körperhafte Gehirn und Nervensystem ist kein Leben, keine menschliche Arbeit möglich. Nach der menschlichen Arbeit ist als nächstes zu fragen, um die Entwicklung von Mensch und Gesellschaft deuten zu können.

16. Erwerbsarbeit

Weil zum Menschen Arbeit gehört und deren Bewertung überaus wichtig ist, ist der Arbeitsbegriff näher zu bestimmen.[1] Dabei werden die überkommenen Begriffe **„körperliche Arbeit“** und **„geistige Arbeit“** als Kennzeichnung „physischer“ und „kognitiver“ Vorgänge im Menschen nur ungern weiterbenutzt. Besser wäre es, von **produktiver** und **regulativer Arbeit** auf verschiedenem Positionsniveau zu sprechen (11.5). Später dazu mehr (16.6.2).

16. 1. Begriffsentwicklung

Wurzeln des Begriffs „Arbeit“ reichen in vorgeschichtliche Zeit. Am Beginn menschlicher Kultur hatte der Begriff übereinstimmend die Grundbedeutung von Mühsal, Armut, Not, aber auch Kampfbedrängnis.[2] Dem Armen und Schwachen, dem Knecht und Unfreien wurde durch Macht eines Stärkeren das Mühevolle, die Arbeit im Haus und auf dem Feld aufgebürdet, so Frauen und Tagelöhnern, Kriegsgefangenen und Sklaven. Die Arbeit wurde verachtet: „Törichte Ackerbesteller“, heißt es in Homers Odyssee, „die Eintagsgedanken nur denken.“[3] Damit ist eine standesgemäße Ethik berührt: die der Freien. Nur Zwang und Notwendigkeit galten als Arbeitsgrund. Der freie Mann ging auf die Jagd oder in den Krieg: „Also war ich im Kampf, doch die Feldarbeit liebte ich nimmer, auch nicht die häusliche Sorge.“[4]

Im Griechentum galt Muße, geistige Tätigkeit und Wirken in der Öffentlichkeit als tugendhaft. Platon gewährte nur den Angehörigen der oberen Stände - Herrschern und Wächtern - Staatsbürgerschaft. Dem dritten Stand, der sich um den Lebensunterhalt des Ganzen zu kümmern hatte, also Kaufleuten, Handwerkern und Lohnarbeitern, erkannte er keine Tugend zu. Platon meinte, „dass banausisches Handwerk und Handarbeit Schande einbringen.“ Wer eine wirtschaftliche Tätigkeit ausübte, gehörte zu den „Schlechten und Handarbeitern.“[5] Darum sollte der Bürger - auch nach Aristoteles - von wirtschaftlichen Aufgaben entbunden sein.

Das Christentum verkündete die Gleichheit aller Menschen vor Gott. Jesus war Zimmermann, Paulus Zeltmacher.[6] Beide gehörten dem verachteten Handwerkerstand an. Auch die Jünger Petrus, Andreas, Jakobus und Johannes verrichteten als Fischer sogenannte körperliche Arbeit.[7] Die Standes-, Rang- und Klassenunterschiede waren in der Gemeinde aufgehoben, ebenso die unterschiedliche Bewertung der Arbeiten.[8] Die Christen forderten sogar, die Sklaven als Brüder und Schwestern zu behandeln.[9] Augustinus (354-430) prägte am Ausgang der Antike den Ausspruch vom „ehrbaren Handwerk."[10] Arbeit und Muße kamen vom Anspruch her in eine rechte Relation.

In den Wirren des Übergangs von der Antike zum Mittelalter blieb die Kirche als Institution bestehen. Ihr Arbeitsethos war zu einer wirksamen Erziehungsmacht für europäische Völker geworden, die ihr Heil nicht mehr allein in der Eroberung, sondern in der Bearbeitung von Land sahen. Dabei hatten Orden wie die Benediktiner, Kartäuser, Zisterzienser großen Anteil. Neben dem Gebet galt die Arbeit als moralische Pflicht. „Bete und arbeite" (ora et labora) lautete die alles umfassende Regel.[11]

Weil aber Beten als Arbeit galt und die geistig-geistliche Arbeit gegenüber der wirtschaftlichen höher bewertet wurde, verschob sich die Regel allmählich. Das vergeistigte Leben erhielt wieder den höheren Rang. Nach Th.v.Aquin (1225-1274) stammt es aus der Liebe zu Gott.[12] Abgestufte Wertungen nach Beruf und Stand setzten sich durch. Zünfte, Gilden und Patrizier schufen sich ihre eigene Standesmoral und der Stand bestimmte die Ehre.

Am Anfang der Neuzeit predigte M.Luther (1483-1546), dass nicht nur der Geistliche, sondern jeder Gläubige die Gnade Gottes erfahren könne und kein Beruf, keine Arbeit verdienstlicher sei als andere.[13] Alle Arbeit sei Mühe, eine Mahnung vor Gott.[14] Der Gläubige solle dienen, nach J.Calvins (1509-1564) auf ein Zeichen göttlicher Gnade achten, das sich am **Erfolg** und **Reichtum** zeigen würde (Gnadenwahl, Prädestination, 11.2.2).[15] In diesem Zusammenhang steht die These M.Webers (1864-1920) vom **Calvinismus** als stärkster Wurzel des Kapitalismus.[16]

In der Renaissance wurden antike Werte erneuert, sodass sich das Arbeitsethos wieder verzerrte - auch wegen der Auswirkung frühkapitalistischen Wirtschaftens. In der Folgezeit wurde körperliche Arbeit eher verachtet.

Mit dem fortschreitenden Kapitalismus und den einhergehenden Veränderungen wurde die Frage nach dem **Wert der Arbeit** aufgeworfen. Diese Frage trugen die arbeitenden Stände als Protest gegen die Vorrechte des Adels und der Geistlichkeit vor. Sie fand am Ausgang des 18. Jahrhunderts, in der Französischen Revolution, ihre spezifische Antwort.

Mit der Industrialisierung sind globale Probleme entstanden. Nicht zuletzt das biblische Wort „macht euch die Erde untertan" hat Zweifel hervorgerufen. Angesichts weltweiter Arbeitslosigkeit, Überbevölkerung, Massentierhaltung, vergifteter Böden, Luft und Gewässer sind auch mächtige Gruppen nachdenklich geworden. Unser **Konkurrenzverhalten** ist nicht abgesichert, neigt zur **Eskalation** (3.4/5.1). Durch einen Hormonreflex wird es von Erfolg zu Erfolg hochgezogen. In nicht wenigen Fällen spricht man zurecht von Macht- und Arbeitssucht.

16. 2. Klassische Arbeitswerttheorie

Der Feudalismus, der Boden als Hauptproduktionsmittel sah, wurde seit Beginn des 18. Jh. durch kapitalistisches Wirtschaften mehr und mehr geschwächt. Fortschrittliche Kräfte strebten danach, die neuen Produktionsverhältnisse zu analysieren und gegenüber der feudalen und merkantilen Ordnung zu rechtfertigen. Um ihr absolutes(!) Recht beweisen zu können, sollte der im Luxus lebende Adel mit dem **Naturrecht**(!) konfrontiert werden! So entstand die Idee einer **politischen Ökonomie**, die - ähnlich der Naturwissenschaft - auf **Naturgesetz**(!) fußen müsste: Vorhandene und zu schaffende Reichtümer würden ihm gemäß verteilt, um den Fortschritt und sozialen Zusammenhalt zu sichern. Der „Überseehandel", der Raub und Ausplünderung betrieb (Sklavenwirtschaft, Kolonialismus), konnte nicht länger als tragender Pfeiler des Fortschritts gelten.

Die Anfänge der Arbeitswerttheorie liegen bei W.Petty (1623-1687), der die Zusammenhänge der neuen Warenproduktion aufzudecken suchte.[17] Während Anhänger des Merkantilismus den Handel als Reichtumsquelle auffassten (aktive Handelsbilanz), betonte Petty „Erde" und „Arbeit", wobei Erde als „Mutter", Arbeit als „Vater" des Reichtums gesehen wurden. Petty entwickelte Anfänge einer Arbeitswerttheorie, die von Smith und Ricardo in die klassische Form gebracht wurde. - Über das physikalische Gesetz hinaus(!) wurde **Naturgesetzlichkeit** angenommen!

Nach A.Smith (1723-1790) ist Arbeit Beschwerde und Mühe. Er geht von der Idee aus, dass Arbeitsteilung Reichtum erzeugt: Nur produktive Arbeit, d.h. Mehrwert schaffende Arbeit, führt zu produktivem Fortschritt[18], der aus Wissen, Spezialisierung und neuen Maschinen stammt. Auch wenn Smith, der zwischen Gebrauchs- und Tauschwert unterscheidet, das Wesen des Mehrwerts nicht richtig fasst, so ist doch festzustellen: Er „greift den Teil des Volks an, der den gesellschaftlichen Reichtum konsumiert, ohne zur Produktivität beizutragen."[19] Eine gerechte Aufteilung des Nationalprodukts zwischen Grundeigentümer, Kapitalist und Arbeiter war notwendig geworden, andernfalls würden die Produktivkräfte und der Fortschritt gehemmt werden, was besonders Ricardo erkannt hat.

Im Anschluss an Smith entwickelt Ricardo (1772-1823) die Arbeitswerttheorie weiter. Er setzt den Mehrwert mit Profit gleich und weist darauf hin, dass Produktion Profit bezweckt und Kapital dahin tendiert, den **Lohn zum Existenzminimum** zu treiben.[20] Der Lohn schwankt mit dem Kräfteverhältnis zwischen Kapitalgeber und Lohnempfänger, was sich auf den Arbeitsprozess auswirkt: auf den Teilungsgrad der menschlichen Arbeit besonders. Steigende Arbeitsteilung macht die Waren billiger, wobei die Preishöhe aus der eingesetzten Arbeitszeit folgt. Trotz positiver Beiträge geht Ricardo im Wesentlichen über Smith nicht hinaus.[21] Um klar zu zeigen, dass sich Ware mit Arbeitskraft austauscht, unterscheidet K. Marx (1818-1883) zwischen Arbeit und Arbeitskraft. Seine Sozial- und Wirtschaftslehre, von Hegel beeinflusst, hat enorme Wirkungen gebracht. Zunächst ist Hegel zu befragen.

16. 3. Arbeit bei Hegel

Der Grad der Arbeitsteilung hängt nach G.W.F.Hegel (1770-1831) vom Stand der Technik im jeweiligen Zeitalter ab. Die Technik ist Anwendung von Wissen, also praktizierter Intellekt. Je mehr Intellekt an der Arbeit Anteil gewinnt, desto gegliederter und abstrakter ist das Produzieren. „Die Abstraktion des Produzierens macht das Arbeiten ... immer mehr mechanisch und damit am Ende fähig, dass der Mensch davon wegtreten und an seine Stelle die Maschine eintreten ... kann.“[22] Wegtreten bedeutet, dass Arbeit nicht länger mit Beschwerde und Mühe verbunden ist.

Hegel hat eine Entwicklung vorausgesagt, die sich immer noch vollzieht. „Abstraktion des Produzierens“ meint, dass sich die Gesellschaft auf das Psychische, den Geist, stützt. Dass dies als Aufforderung zur politischen Aufklärung gelten könnte, hat Hegel nicht interessiert. Worte Kants aber (1724-1804), seines Vorgängers, haben diese **Aufklärung** gewollt:

„Aufklärung ist der Ausgang des Menschen aus seiner selbst verschuldeten Unmündigkeit. Unmündigkeit ist das Unvermögen, sich seines Verstandes ohne Leitung eines anderen zu bedienen. Selbstverschuldet ist diese Unmündigkeit, wenn die Ursache derselben nicht am Mangel des Verstandes, sondern der Entschließung und des Mutes liegt, sich seiner ohne Leitung eines andern zu bedienen. Sapere aude! Habe Mut, dich deines eigenen Verstandes zu bedienen! ist also der Wahlspruch der Aufklärung."[23] Zurück zu Hegel.

In der arbeitsteiligen Gesellschaft kann der Mensch sein Vorhaben und Eigeninteresse erst dann realisieren, wenn er allen anderen dienstbar ist. „In dieser Abhängigkeit und Gegenseitigkeit der Arbeit und der Befriedigung der Bedürfnisse schlägt die subjektive Selbstsucht in den Beitrag zur Befriedigung der Bedürfnisse aller anderen um ..."[24] Der Umschlag der Selbstsucht in den Gemeinsinn und die Nutzung des Gemeinsamen für den Einzelnen ist für Hegel das Charakteristische der arbeitsteiligen Gesellschaft. Nicht die Arbeit aber, sondern der **Geist bzw. Weltgeist** steht bei Hegel im Zentrum der Betrachtung.[25]

Begriffliches Denken muss nach Hegel alles Seiende durchdringen. Die menschliche Tätigkeit betrachtet er als **Arbeit des Weltgeistes** und die durch sie geschaffene Welt als sein „entäußertes" Produkt. Der Weltgeist hat sich freiwillig in fremde Hände begeben. Seine Vergegenständlichung ist die gesamte geschichtliche Natur. Der weltgeschichtliche Gang vollzieht sich in der Auseinanderlegung in Gegensätze und der Stiftung von vermittelnden Synthesen. Er verläuft in Etappen des „Andersseins" zur **Selbstverwirklichung des Weltgeistes (Seinsdialektik)** - „derart, dass der Weltgeist sich mittels der bewussten Tätigkeit der Menschen in den ideologisch-institutionellen Erscheinungen des gesellschaftlichen Lebens entäußert, die ihm gegenüber eine selbständige Existenz annehmen (These), in Widerspruch zu ihm geraten (Antithesis) und damit eine neue, höhere Form des Bewusstseins provozieren (Synthesis). Auf diese Weise arbeitet der Weltgeist in ständiger Entäußerung, Rücknahme und neuer Entäußerung den historischen Prozess aus sich heraus."[26] Irgendwann gelangt der Weltgeist zur Selbstverwirklichung: Er überwindet die Etappen des „Andersseins" und gelangt am Ende der Geschichte - im **Recht der Gesellschaft** - zu sich selbst zurück (vgl. **Heilsdrama Jesu**, 15).

Für Hegel ist die Triebkraft aller Entwicklung Arbeit, die er im Sinne von „Arbeit des Begriffs" als rein geistige Tätigkeit fasst. Der Mensch hat die „Anstrengung des Begriffs" auf sich zu nehmen, sodass der Prozess der Erkenntnis, der der geistigen Bildung, immer mehr ist als natürliches Reifen: Er ist harte Arbeit.

„Hegel hat immer wieder - darin modern denkend - Bildung und Arbeit zusammengebracht. Der Mensch wendet sich einem Äußeren zu, sucht es zu durchdringen. Nur auf diesem Wege einer umwegigen Vermittlung kommt er zu sich selbst."[27] Der Begriff der Arbeit wird von Hegel im Sinne von Selbsterzeugungsprozess benutzt, ähnlich bei Platon (427-347 v. Chr.), durch den Hegel sicherlich beeinflusst worden ist.

Den Prozess der Selbstverwirklichung erklärt Platon u.a. mit dem berühmten **Höhlengleichnis**, das im Dialog „Der Staat" erscheint und etwa wie folgt lautet: In einer unterirdischen Höhle wohnen Menschen, an Füßen und Hälsen gebunden, dem Ausgang der Höhle abgewandt. Von Geburt an schauen sie auf Felswände, die sich vor ihnen erheben. Hinter ihnen steht eine Mauer und dahinter lodert ein Feuer. Über den Rand der Mauer halten Gestalten, die wie Menschen aussehen, veränderliche Figuren, sodass Schattenbilder auf die Felswände geworfen werden, von den bewegten Figuren. Was die Menschen in der Höhle sehen, ist einem „Schattentheater" gleich.

Ein Höhlenbewohner denkt darüber nach, woher die Schattenbilder kommen. Er kann sich befreien, dreht sich um und sieht die Figuren, sieht die Gestalten, wie sie inszenieren. Er gelangt zum Ausgang der Höhle und erkennt die Wahrheit und Schönheit der Welt. Glücklich könnte er leben, geht jedoch zurück, um den andern davon zu berichten. Sie aber glauben ihm nicht, weisen auf die Schattenbilder. Am Ende schlagen sie ihn tot ...

Die Verwirklichung des Menschen beschreibt Hegel noch anders: durch **Kampf auf Leben und Tod**.[28] Die Bewusstwerdung erscheint auf Grund der Dialektik **Herr - Sklave**. Der Einzelne braucht die Anerkennung eines anderen und beweist dadurch, dass er Geistwesen ist, dass ihm der Gedanke der Anerkennung höher steht als das eigene Leben (8.2). Auch hier steht der Begriff der Arbeit im Sinne von Selbsterzeugungsprozess. Die Dialektik bezieht sich nicht nur auf Personen, sondern auch auf Gruppen, Völker, Gesellschaften und erinnert an das Verhältnis **Materie - Bewusstsein** in der idealistischen Philosophie (5.2).

Sowohl Denken als auch Erkennen ist Arbeit. Im Denken vollzieht sich, ähnlich Platon, der Prozess des „Andersseins", ein Werden, dem die Unterdrückten auch angehören. Weil der Weltgeist - bzw. die Seele bei Platon - sich freiwillig in fremde Hände begeben hat (Negation) und zur Selbstverwirklichung strebt, ist dies die „Negation der Negation". Die Freiheit als sittliche Entscheidungsmöglichkeit, die Kant betont hat, versinkt in Hegels System. Nur dem Weltgeist im Ganzen kommt sie zu.

Hegels System ist ein Monismus idealistischer Art, der von K.Marx

(1818-1883) zum materialistischen Monismus umgedreht und unter Berücksichtigung der klassischen Arbeitswerttheorie auf reale Verhältnisse übertragen wurde.[29] Nach Marx hängt die gesamte geistige und geschichtliche Entwicklung (dialektischer und historischer Materialismus) von den Wirtschaftsprozessen ab, die den Einzelnen bestimmen, aber auch herausfordern. Im Mittelpunkt seiner Lehre steht nicht der Geist, Weltgeist bzw. das Recht der Gesellschaft, sondern das Kapital bzw. die menschliche Arbeit (Arbeitskraft).

16. 4. Arbeit bei Marx

Hegels „Entäußerung" des Weltgeistes deutet Marx als **Ausbeutung** der Menschen[30], hinsichtlich der Verelendung der Handwerker, Industriearbeiter und der **Sklavenwirtschaft**. Hegels „Selbstverwirklichung des Weltgeistes" ist nach Marx die Überwindung der Ausbeutung: Evolution oder Revolution im weltgeschichtlichen Gang.

Die Arbeitsteilung ist von Smith und Ricardo schon beschrieben worden. Ihr zufolge ist der Einzelne von den Produktionsmitteln, der wichtigsten Bedingung seiner Arbeit, getrennt. Hegels Ausführung über den gesellschaftlichen Charakter der Arbeit und die Abhängigkeit und Gegenseitigkeit der Arbeit in der arbeitsteiligen Gesellschaft wertet Marx als Begründung, die Produktionsmittel letztlich(!) zu vergesellschaften.[31]

Nach Marx tritt der Mensch - in Übereinstimmung mit Hegel - von der Arbeit mehr und mehr zurück. Er besitzt die Fähigkeit, immer bessere Maschinen zu bauen, sie produktiv zu nutzen. Bei steigender Produktivität wird der Mensch entlastet: Er produziert in gleicher, ja kürzerer Zeit immer mehr! Waren sind im Überfluss da, können beliebig verteilt werden.[32] Es genügt die Arbeitszeit, die jeder freiwillig aufwenden möchte.[33] Nicht nur die bevorrechtigte Klasse, alle erfahren Freizügigkeit. Marx hat dies auf einen **Gleichheitsgedanken** gestützt, der seinem Hauptwerk „Das Kapital"[34] zu Grunde liegt.

Marx geht davon aus, dass bei gleichlanger Lebenszeit jeder einen gleichen Betrag an Arbeitszeit aufwenden kann. Weil Arbeitskraft, die jeder hat, ebenfalls betragsgleich sein kann und alle Werte und Reichtümer einer Gesellschaft sich auf Arbeit reduzieren, so kommt jedem Gleichheit und gleicher Wert zu. Wenn dies nicht jederzeit offenkundig ist, dann obwaltet nach Marx eine **Verlogenheit von welthistorischem Ausmaß**, dann liegt das an machthabenden Gruppen, die wertgleiche Arbeit unterschiedlich bewerten und ihre Privilegien abzusichern verstehen. Für eine solche Schlussfolgerung waren Zusatzüberlegungen erforderlich, die im Folgenden zu behandeln sind.

Nach Marx ist der Reichtum einer Gesellschaft eine „ungeheure Warensammlung", in der die Einzelware als Elementarform gilt. Zunächst ist die Ware (W) nur äußeres Ding, das menschliche Bedürfnisse irgendwie befriedigt. Die Natur dieser Bedürfnisse, ob sie z.B. dem Magen oder der Phantasie entspringen, ändert nichts an der Sache: Bedürfnisse schließen den Appetit des Geistes ein und sind so natürlich wie Hunger des Körpers. Die meisten Dinge haben ihren Wert dadurch, dass sie die Bedürfnisse des Geistes mitbefriedigen.[35] Das heißt, alle kulturellen Dinge und Werte bilden gemeinsam die genannte Warensammlung.

Jedes Ding ist doppelseitig verwertbar: nach Qualität und Quantität. Dies weist auf den **Gebrauchs-** und **Tauschwert** des Dings. Gebrauchswert hat es, sofern es zum Verbrauch bestimmt ist, Tauschwert hat es, sofern es für den Markt bestimmt ist. Das auf den Markt kommende Ding, das Tauschwert G (Geld) verkörpert, wird W (Ware) genannt, die umgekehrt Gebrauchswert für andere Ware verkörpert. „Der Tauschwert erscheint ... als das quantitative Verhältnis, die Proportion, worin sich Gebrauchswerte einer Art gegen Gebrauchswerte anderer Art austauschen, ein Verhältnis, das beständig mit Zeit und Ort wechselt."[36a]

Um das jeweilige Verhältnis im Warenaustausch quantifizieren zu können, sei 1) der Gebrauchswert und 2) der Tauschwert - gemäß *Marxs*cher Theorie - wie folgt dargestellt:

1) W => G => W' (übersetzt heißt das: *verkaufen*, um zu *kaufen*)
2) G => W => G' (übersetzt heißt das: *kaufen*, um zu *verkaufen*).

Im ersten Fall wird Ware (W) gegen Geld (G) getauscht, das wieder gegen neue Ware (W') getauscht wird. Dies entspricht der einfachen Warenzirkulation, wobei Geld nur als Vermittler fungiert.

Im zweiten Fall läuft die Zirkulation entgegengesetzt: Geld (G) wird gegen Ware (W) ausgetauscht und diese wieder gegen Geld, sprich: mehr Geld (G' = G + **X**). Hier wird Geld nur vorgeschossen zum Zwecke von **Mehrwert** (**X**). In dieser - endlosen - Zirkulation wird **Geld zu Kapital**, was unserer Epoche - dem Kapitalismus - entspricht. Seit Jahrhunderten ist sie gekennzeichnet durch Kämpfe um die Arbeitszeit, den Mehrwert und den gerechten Arbeitsvertrag. [36b]

Beim Bestimmen des Tauschwerts ist Verschiedenes auf Gemeinsames reduziert. „Dies Gemeinsame kann nicht eine geometrische, physikalische, chemische oder sonstige natürliche Eigenschaft der Waren sein.“[37] Sondern: „Sieht man ... vom Gebrauchswert der Warenkörper ab, so bleibt ihnen nur noch“ ein Gemeinsames: „abstrakte menschliche Arbeit“, also „Verausgabung menschlicher Arbeitskraft(!) ohne Rücksicht auf die Form ihrer Verausgabung.“[38] Die **menschliche Arbeitskraft** folglich ist ebenfalls **Ware** (W), die **Mehrwert** (X) schaffen soll - maximalen Mehrwert. Gleich toter Ware entsteht ihr Preis durch Angebot und Nachfrage auf dem Arbeitsmarkt: G => W => G + X, also *kaufen* (Arbeitskraft bzw. erzeugte Ware), um zu *verkaufen*. Der Mehrwert ist variabel, lässt sich maximieren durch relative „Überbevölkerung“, lange Arbeitszeit u.a. (dazu enthält der erste Band „Das Kapital“ viele **Greuel-Dokumente** ehemaliger Staatsführungen: **staatliches Gesetz**). Andererseits herrscht Konkurrenz auch für den Kapital- oder Arbeitgeber, der selbst Zwängen ausgesetzt ist.

16. 4. 1. Durchschnittsarbeit

Der Wert einer Ware ist durch deren Tauschwert quantifiziert, sodass der Wert der menschlichen Arbeit bzw. Arbeitskraft ebenfalls quantifiziert ist. Hinsichtlich verschiedener Fähigkeiten von Personen (Gesellschaften) könnte angenommen werden, dass doch Ungleichwertigkeit existiert. Doch komplizierte Arbeit ebenso wie unkomplizierte ist nur addierte einfache Arbeit, sodass ein kleineres Quantum komplizierter Arbeit gleich einem größeren Quantum einfacher Arbeit ist. Hinsichtlich ihrer Werte: „Eine Ware mag das Produkt der kompliziertesten Arbeit sein, ihr Wert setzt sie dem Produkt einfacher Arbeit gleich und stellt daher selbst nur ein Quantum einfacher Arbeit dar.“[39] Um zwischen komplizierter und einfacher Arbeit nicht länger unterscheiden zu müssen, benutzt Marx den statistischen Begriff der „**Durchschnitts-Arbeit**“ und sagt: „der Charakter dieser Durchschnitts-Arbeit ist selbst verschieden in **verschiedenen Ländern** und verschiedenen Kulturepochen, erscheint aber als gegeben in einer vorhandenen Gesellschaft.“[40]

Dass dieser Gedanke richtig ist, zeigt das Schicksal der ehemaligen Deutschen Demokratischen Republik (DDR) nach der **Wiedervereinigung** (1989/90). Bei freier Konkurrenz zwischen verschiedenen Gesellschaften (BRD-DDR) sind die Waren der weniger entwickelten Gesellschaft

(DDR) auf gemeinsamen Märkten kaum absetzbar. In der ehemaligen DDR sind ganze Industriezweige zusammengebrochen, zum Erstaunen der betroffenen Bevölkerung. Wer aber kauft die technisch minderwertige Ware für einen höheren Preis? Diese Problematik hätte die DDR-Bevölkerung, die im Marxismus geschult worden war, vor ihrem „bedingungslosen Wunsch nach Wiedervereinigung" erkennen müssen, zumindest die von ihr gewählte Führung. Doch zurück zur *Marx*schen Theorie.

Wie lässt sich der Wert der Ware nun bestimmen? Marx bezieht sich wieder auf **statistische Größen** und spricht von „Durchschnitts-Arbeitskraft" und „gesellschaftlich notwendiger Arbeitszeit" bei der Produktion in gegebener Gesellschaft und Entwicklungsphase: „Die gesamte Arbeitskraft der Gesellschaft, die sich in den Werten der Warenwelt darstellt, gilt hier als eine und dieselbe menschliche Arbeitskraft, obgleich sie aus zahllosen individuellen Arbeitskräften besteht. Jede dieser individuellen Arbeitskräfte ist dieselbe menschliche Arbeitskraft wie die andere, soweit sie den Charakter einer gesellschaftlichen Durchschnitts-Arbeitskraft besitzt und als solche ... die im Durchschnitt notwendige oder gesellschaftlich notwendige Arbeitszeit braucht."[41]

Die „gesellschaftlich notwendige Arbeitszeit" kann aus Zeiten für einfache oder komplizierte (zusammengesetzte einfache) Arbeiten summiert werden. Da der Wert der Ware in deren Tauschwert liegt, ist der Wert der Arbeit quantifizierbar. Die „Quantität der Arbeit selbst misst sich an ihrer Zeitdauer, und die Arbeitszeit besitzt wieder ihren Maßstab an bestimmten Zeitteilen, wie Stunde, Tag usw."[42] Dieses zeitliche Maß ermisst man am Stand der Technik gegenüber einem anderen Stand. Es bestimmt den Preis der Ware oder genauer: der Preis der Ware sinkt(!) mit der steigenden(!) Qualität der technischen Ausrüstung und umgekehrt, was nicht nur der Hinweis auf die ehemalige DDR bestätigt. Die These am Beginn der Einleitung meint das ebenfalls. (Bei miteinander gekoppelten Wirtschafts- und Gesellschaftssystemen bestimmt das höher entwickelte das niedere in stärkerem Maße als umgekehrt.)

16. 4. 2. Gesamtarbeiter

Die Einführung einer Durchschnittsarbeit respektive Durchschnitts-Arbeitskraft leitet Marx aus der Annahme einer Gesamtarbeit bzw. Gesamtarbeitskraft her. Damit setzt er einen „Gesamtarbeiter" voraus: ein „**kombiniertes Arbeitspersonal**", das alle anfallenden Arbeiten in der Gesellschaft verrichtet.[43] Die Annahme eines Gesamtarbeiters ist berechtigt, weil jede individuelle Arbeit nicht nur gesellschaftlichen, sondern auch geschichtlichen Charakter hat, also Teil einer Gesamtarbeit ist. Individuelle Arbeit isoliert zu bewerten, wäre folglich unzulässig.

Die Gesamtarbeit ist in Einzelarbeiten und Einzelfunktionen zerlegt, die später in verschiedenen Waren wieder zusammengesetzt sind. Der oberflächliche Beobachter meint zwar, dass die Waren durch unterschiedliche Arbeiten produziert wären, jedoch sind sie aus einfachen Arbeitsformen entstanden. Kurz: Die Waren gleichen sich, weil die Arbeiten sich gleichen und wenn die Arbeiten sich gleichen, dann gleichen sich auch die Menschen, die die Waren herstellen.

In nicht-arbeitsteiliger Gesellschaft wird die Ware von nur einer Person hergestellt. Marx kennzeichnet diese Arbeit als die einfache Arbeit (Kopf- und Handarbeit). Kopf und Hand wirken dort zusammen; denn der „einzelne Mensch kann nicht auf die Natur wirken ohne Betätigung seiner eignen Muskeln unter Kontrolle seines eignen Hirns. Wie im Natursystem Kopf und Hand zusammengehören, vereint der Arbeitsprozess Kopfarbeit und Handarbeit.“[44] Die einfache Arbeit in der nicht-arbeitsteiligen Gesellschaft ist deshalb mit der Gesamtarbeit in der arbeitsteiligen Gesellschaft vergleichbar. Oder anders: **Gesamtarbeit** ist vom Wesen her nichts anderes als **einfache Arbeit**, die einerseits in den verschiedenen Waren zusammengesetzt, andererseits durch Arbeitsteilung in Einzelarbeiten und Einzelfunktionen zerlegt ist.

Geistige Arbeit ist nach Marx indirekte produktive Tätigkeit, d.h. **Unterfunktion des „Gesamtarbeiters** ..., dessen Glieder der Handhabung des Arbeitsgegenstandes näher oder ferner stehn ... Um produktiv zu arbeiten, ist es nun nicht mehr nötig, selbst Hand anzulegen; es genügt, Organ des Gesamtarbeiters zu sein, irgendeine seiner Unterfunktionen zu vollziehn.“[45] Auf den Vergleich mit der „**Stammzelle**“ sei hier gewiesen, die jede Funktion in der „Gesellschaft“ ausüben könnte (5.3.1).

Jeder Mensch, der eine gesellschaftlich sinnvolle Arbeit verrichtet, gehört zum *Marx*schen Gesamtarbeiter, also Wissenschaftler, Techniker, Mediziner, Unternehmer ebenso wie Verkäufer, Handwerker usw.

Dass verschiedene Arbeiten ein gemeinsames Wesen haben: das der Gesamtarbeit, gehört zu Entwürfen idealer Gesellschaften, wobei die „**Utopia**“ von Th.Morus (1478-1535) am bekanntesten ist.[46] Um soziales Leben überschaubar machen zu können, wurden Inseln als Siedlungsorte gewählt. Nicht nur die Vorstellung vom Gesamtarbeiter, auch Kritik an bestehender Arbeitsbewertung ist an Utopien erkennbar - und natürlich Kritik an der bestehenden Staats- und Gesellschaftsordnung insgesamt.

16. 5. Überschaubare Arbeitsgemeinschaft

In überschaubaren Sozialgruppen ist die Gleichbehandlung der Mitglieder in der Regel gewährleistet und eine Selbstverständlichkeit! Die folgende Darstellung erhebt nicht den Anspruch einer Utopie. Sie weist nur auf gewisse Entwicklungen, nicht zuletzt in unserer Gesellschaft.

Eine überschaubare Sozialgruppe, die von der Außenwelt abgeschlossen ist, stellt z.B. Häuser, Straßen, Werkzeuge, Geräte, Maschinen her. Auch muss die Gruppe die lebenswichtigen und von der Arbeit ausgleichenden Dienstleistungen selbst erbringen. Dazu gehörten der Anbau und das Zubereiten der Nahrungsmittel, das Herstellen und Pflegen der Kleider, das Heizen, Ausstatten und Reinigen der Wohnungen, die Betreuung, Erziehung und Ausbildung der Kinder, die ärztliche Versorgung usw. Alle Waren und Dienstleistungen, die die Männer, Frauen und Kinder dieser Gruppe fordern, müssen selbst hergestellt oder erbracht werden. Dieser Sachverhalt - idealisiert - wird hier angenommen.

Jede Sozialgruppe baut ihr Leben auf Werken vergangener Generationen auf - selbst dann, wenn die Gruppe von äußeren Einflüssen frei ist. Niemals sind die Kulturgüter nur Werke der lebenden Menschen. Denn die zur Bewältigung der Gegenwart wichtigen Kulturgüter, geistigen und handwerklichen Fertigkeiten sind den lebenden Personen in Erziehungsprozessen vermittelt worden. Sie sind Erben der vergangenen Generationen und reichen die durch Arbeit entwickelten Werke an die nächste Generation weiter. Sämtliche Erkenntnisse, Fertigkeiten und Werke der jeweiligen Gegenwart sind gemeinsame Arbeitsprodukte aller bisherigen Generationen. Für die Kulturgüter der hier angenommenen Sozialgruppe gilt dies ebenfalls.

Gemeinsam arbeitet unsere Gruppe auf der Grundlage eines beliebigen Erkenntnis- und Entwicklungsstandes. Sie stellt Waren her, verrichtet Dienstleistungen, verteilt alle anfallenden Arbeiten, je nach Neigung und Fähigkeit, auf sämtliche Mitglieder der Gruppe. Um möglichst hohe Arbeitserträge erzielen zu können, ist die Gruppe in sich gegliedert.

Im Bereich der Führung arbeiten sogenannte **Manager**, die ständig darüber nachdenken, welche Waren oder Dienstleistungen die Gruppe herstellen und anbieten soll. Sie besprechen, schreiben, rechnen, erstellen Pläne und reichen ihre theoretischen und papiernen Arbeitsprodukte an andere Stellen weiter. Zum Verrichten ihrer Aufgaben benutzen sie Material, Geräte und Maschinen, die sie selbst nicht hergestellt haben. Auch tragen sie keine Sorge für die Pflege ihrer Arbeitsplätze usw. Andere verrichten diese Arbeiten und wieder andere bereiten ihnen schmackhafte Speisen zu, bedienen sie, säubern das von ihnen beschmutzte Geschirr usw. Weil man diesen Personen zuarbeitet und nebensächliche, aber lebensnotwendige Arbeiten abnimmt, können ihre Aufgaben besser gelöst werden. Ähnliches geschieht im Privatbereich. Auch dort gewähren andere ihnen Erleichterungen, reinigen ihre Kleider, pflegen und reparieren ihre Häuser, Fahrzeuge usw. Ihre Kinder besuchen in der Regel höhere Schulen, weil auch sie von den gewährten Diensten Vorteile haben.

In einem anderen Bereich unserer Gruppe arbeiten **Mediziner**, die für die Gesundheit aller Gruppenmitglieder verantwortlich sind. Diese Personen benutzen Apparaturen, Maschinen und Medikamente, die andere erdacht und produziert haben. Ohne diese Mittel könnten die Mediziner, zum Nachteil der gesamten Gruppe, nicht pflegen und heilen. Sie sind abhängig von der Gruppe und die Gruppe ist abhängig von ihnen. Trotzdem könnte die Gruppe - eher als umgekehrt - ohne die Mediziner leben; denn die Mediziner bauen Nahrungsmittel nicht an, räumen anfallenden Müll und Dreck nicht weg, züchten und füttern kein Vieh, bauen keine Straßen und Häuser, fördern keine Erze in staubigen Schächten, kümmern sich nicht um Förderung von Kohle und Öl, die als Schutz gegen Kälte auch ihnen wichtig sind. Ihre Lebens- und Arbeitsbedingungen sind in der Regel sauber und angenehm. In kostenintensiven Einrichtungen haben Lehrer und Wissenschaftler sie ausgebildet, während andere gleichen Alters produktiv gearbeitet und ihre Ausbildung ermöglicht haben. Das trifft für die Manager (Lehrer, Wissenschaftler, Juristen usw.) ebenfalls zu, die sich im Auftrag der gesamten Gruppe ausbilden durften und freiwillig ausgebildet wurden, also Privilegien erhalten haben.

An sich sind die Pläne der Manager ohne Nutzen. Andere Mitglieder unserer Sozialgruppe, sogenannte **Techniker**, nehmen die Pläne aber auf, entwickeln sie in Einzelheiten weiter. Diese Personen wählen das für die Produktion günstigste Material aus, berechnet dessen Festigkeiten, erstellen Detailzeichnungen, sogenannte Stücklisten usw. Da man das Material in Werkstätten zuschneidet, formt und das Endprodukt aus verschiedenen Bauteilen zusammensetzt, sind Vorrichtungen, Werkzeuge,

Maschinen für den Fertigungsprozess herzustellen bzw. einzukaufen, was in Absprache mit anderen Berufen geschehen muss. mit Kaufleuten, Kalkulatoren, Handwerkern, ohne die sich die Pläne der Techniker nicht verwirklichen lassen. Die Anstrengung und Zeitdauer, die der Techniker für seine Arbeit aufwendet, ist etwa so groß wie die des Managers sowie die des Mediziners. Das heißt, jede Person ist infolge ihrer Erwerbsarbeit am Ende eines jeden Tages ungefähr gleichermaßen erschöpft.

In einem vierten Berufsbereich unserer Sozialgruppe werden die Waren schließlich hergestellt. Dort arbeiten **Handwerker bzw. Meister** nach den Plänen der Techniker. Sie verteilen Arbeitsplätze, stellen Material bereit, bestücken Fertigungsmaschinen, produzieren selbst oder überwachen nur den maschinellen Fertigungsprozess. Das heißt, das Herstellen der Waren geschieht durch Arbeitskraft der Handwerker bzw. Meister nicht allein. Überwiegend geschieht es durch Arbeitskraft von eingesetzten Maschinen, die ähnlich wie die Waren hergestellt wurden. Der gesamte vergangene und gegenwärtige Produktionsablauf stellt eine Einheit dar, in der die Pläne der Manager und Techniker durch die Arbeit der Handwerker bzw. Meister erst verwirklicht worden sind. Die Handwerker bzw. Meister aber, deren Arbeitsbedingungen keinesfalls angenehmer sind, könnten ohne die Manager, Mediziner und Techniker leben - weniger aber umgekehrt!

In einer überschaubaren Sozialgruppe, in der jeder die Arbeiten der anderen kennt und die Arbeitsverhältnisse **offen** liegen (1), wird **Gleichheit** nicht nur gefordert, sondern durch gegenseitiger Kontrolle auch eingelöst. Anders in großen, nicht überschaubaren Gruppen, in denen Berufe existieren, deren Mitglieder die Interessen anderer Berufe vertreten. Dort fordert man ebenfalls Gleichheit. Den Mitgliedern der unteren Berufsbereiche aber ist der Blick in die oberen verstellt, dorthin, wo die erarbeiteten Werte verwaltet und verteilt werden. Nach oben hin ist die Kontrolle so gut wie ausgeschlossen. Oder anders: Mitglieder der höheren Berufsbereiche schirmen sich nach unten hin ab. Nicht nur die Arbeitsbedingungen werden nach oben hin - von Ausnahmen abgesehen - immer besser. Auch die Gegenwerte für verrichtete Arbeiten (einschließlich der Ausbildungsarbeiten) nehmen bei gleicher Anstrengung nach oben hin zu. Doch Mitglieder oberer Berufsbereiche sprechen von anstrengender Arbeit, rechtfertigen höchste Löhne. Und die dort unten hören die Worte, glauben sie und haben sich an vieles gewöhnt.

Geistige Überlegenheit in oberen Berufen ist zu allen Zeiten durch produktive Mehrarbeit in unteren entstanden. Hinzu kommt, dass die oberen Berufe ohne die unteren nicht existieren können. Die oberen Berufe sind von den unteren abhängig - weniger aber umgekehrt. Diesen Sachverhalt hat N.Hartmann (1882-1950) - wenngleich mit einseitiger Auslegung des Vernünftigen - kurz und deutlich ausgedrückt: „Die oberen Schichten sind, auch wenn sie rangmäßig höher stehen, an Durchsetzungsenergie den unteren Schichten unterlegen, sodass das Vernünftige, weil es an sich nur Denktätigkeit ist, wenn es verwirklicht werden soll, eben grundsätzlich auf die unter ihm stehenden Kräfte angewiesen ist.“[47] (1)

Die **vier Berufe** unserer Sozialgruppe (Manager, Mediziner, Techniker, Handwerker bzw. Meister) sind beliebig gewählt worden. Aufgrund ähnlicher „Tätigkeitsmerkmale“ sollen sie ganze **Berufsbereiche** repräsentieren, die in der Gesamtbevölkerung (als große, nicht mehr überschaubare Sozialgruppe) existieren. In der Soziologie spricht man weniger von Berufsbereichen als von **Gesellschaftsschichten** und unterscheidet grob zwischen Oberschicht, oberer Mittelschicht, unterer Mittelschicht und Unterschicht. Erst im nächsten Kapitel wird darauf eingegangen.

16. 6. Neuer Ansatz

Welcher Maßstab soll zur **Wertbestimmung der Arbeit** dienen? Nach Marx entspricht der Wert individueller Arbeit dem Wert einer „Durchschnitts-Arbeitskraft“, die sich in „gesellschaftlich notwendiger Arbeitszeit“ erschöpft. Da in gegebener Gesellschaft und Kulturphase das erste konstant angenommen wird, soll der Wert individueller Arbeit an dafür notwendiger Arbeitszeit ablesbar sein. Doch im konkreten Fall herrscht darüber Uneinigkeit, weil von Person zu Person und bezüglich der herzustellenden Ware die tatsächlich eingesetzte Arbeitskraft (Anstrengung) variiert und die „gesellschaftlich notwendige Arbeitszeit“ nicht immer eingehalten wird. Das heißt, falls alle Arbeiten in gegebener Gesellschaft **wesensgleich** sind (12.1), was nicht bestritten wird, so dürfen den zeitgleichen Arbeitsverrichtungen keine gleichen Geldbeträge zugeordnet werden. Sozialistische Parteien, die das bestreiten, sind nicht ehrlich genug. Sicherlich bekämpfen sie eine ungerechte Weltordnung, jedoch auch Initiative, Fleiß und die menschliche Natur!

Alle Versuche, sozialistische Gesellschaften aufzubauen, sind gescheitert, weil die Natur des Menschen zu wenig berücksichtigt worden ist. Der „neue Mensch“, den Marx kommen sah, ist mehr Fiktion als realer Menschentyp. Von seinem Wesen her (ontologische Potenzialität, 3) folgt der

Einzelne dem natürlichen Gesetz, das als **natürliche Gesetzeseinheit** bezeichnet worden ist. Mit Bezug auf Hegel sind in der materialistischen Philosophie die „allgemeinen Grundgesetze" definiert worden (erstes Buch, 7.5), aus denen sich das „Wertgesetz" und die „Gesetze des Warenaustausches" ergeben müssten, was wenig überzeugt.

An dieser Stelle sei betont, das der vorliegende Beitrag **keine Widerlegung** der *Marx*schen Theorie, sondern eine Weiterentwicklung darstellen soll. In der *Marx*schen Theorie erscheint der **Fabrikant** bzw. **Gesetzgeber** (staatliches Gesetz) ohne Gewissen und soziale Verantwortung, was dem biologischen Gesetz mehr entspricht (vgl. „Das Kapital", erster Band). Doch zur natürlichen Gesetzeseinheit gehört auch das **ethische Gesetz**, das Marx zwar nicht vernachlässigt, jedoch nur mit Hinweis auf den „neuen Menschen" und als Projektionsfläche seines gesamten Werkes berücksichtigt hat. Das ethische Gesetz war zur Zeit der Industrialisierung fast völlig ausgeblendet, was durch **Suche nach dem Naturgesetz** in der politischen Ökonomie wohl gefördert worden ist (16.2). Mit dem Gesetz allgemein wäre diese Suche erfolgreich gewesen.

In der *Marx*schen Theorie stehen Arbeit und Kapital im Mittelpunkt (nicht das **Gesetz allgemein**). Als Maßstab fungieren Arbeitseinheiten. Hegel hingegen hat das anders gesehen. Nach ihm löst der Weltgeist im Recht der Gesellschaft seine „Entfremdung" auf: durch Arbeit! Folgt man Hegel, dann könnte das Recht der Gesellschaft (staatliche Gesetz) als Maßstab erkannt werden. Zu fragen ist, wodurch **Maßstäbe** aufgebaut werden. Zuerst wird die Arbeit neu bestimmt, danach ihr Maßstab.

16. 6. 1. Einheit der Arbeit

Der Mensch ist aufgefordert zu arbeiten, und zwar von seinem Wesen her, sodass das Wesen der Arbeit im menschlichen Grundtrieb liegt. Ohne andere, ohne Wissen um sie, kann der Einzelne nicht überleben: Die Produkte seiner Arbeit verlangen Information und tragen Information. Erst im Herausgehen aus sich selbst, durch Arbeit, zeigt sich der individuelle Phänotyp, der sowohl physische als auch kognitive als auch affektive Merkmale trägt. Jede **individuelle Arbeit** muss daher ähnlich zusammengesetzt sein: aus **physischer**, **kognitiver** und **affektiver** Komponente (5.3.3), wobei jede Komponente nicht Teil der Arbeit wäre: Arbeit ist immer ein Zusammenwirken aller Komponenten.

Die verschiedenen Komponenten unterscheiden sich betragsmäßig - je nach Art der Arbeit. Die Arbeit mit kleiner kognitiver Komponente heißt umgangssprachlich **„körperliche Arbeit"**, die mit kleiner physischer Komponente **„geistige Arbeit"**. Die physische Komponente der sogenannten geistigen Arbeit äußert sich meist nur im Sprechen und Schreiben, also im Herstellen von symbolhafter Information.

Die sogenannte körperliche Arbeit wird - von Ausnahmen abgesehen - gering geschätzt, ja verachtet. Von der Einschätzung her soll der niedrigste Lohn dort sein, wo die physische Komponente am größten, die kognitive am kleinsten ist (Löhne für Sport und Kunst blieben ausgeklammert). Die Menschen, die solche Arbeit verrichten, besitzen meist niedrige Freiheitsgrade. Ihre Werke sind jedoch augenfällig: Häuser, Maschinen usw. Diese Menschen arbeiten unter Tage, holen Erze, Kohle aus der Erde, bestellen Felder, produzieren Nahrungsmittel - als Grundlage unseres Lebens!

Die sogenannte geistige Arbeit wird höher bewertet. Wieder von der Einschätzung her: Der höchste Lohn soll dort sein, wo die physische Komponente am kleinsten, die kognitive am größten ist. Nicht erst heute könnte man ironisch sagen: Das Gute, Edle, Göttliche im Menschen äußert sich am hohen materiellen Lohn - insbesondere nach *Calvin*istischer Lehre (16.1).

Arbeit sollte weder isoliert betrachtet noch isoliert bewertet werden. Die sogenannte geistige Arbeit ist von der sogenannten körperlichen abhängig und umgekehrt. Sie setzt Fähigkeiten voraus, die sich entwickeln durften - auch mit Hilfe von Geräten, Maschinen, die durch sogenannte körperliche Arbeit entstanden sind. Wegen fortgeschrittener Arbeitsteilung sind die Produkte von vielen geschaffen worden. Weil diese Produkte auf vergangenen Generationen aufbauen, hat die menschliche Arbeit - in Übereinstimmung mit Hegel - sowohl gesellschaftlichen als auch geschichtlichen Charakter. Nicht nur die Gesellschaft aber, auch das Individuum hat Geschichte. Als nächstes soll das Problem der Arbeit und die **Frage nach dem Maßstab** durch biologischen Vergleich erörtert werden.

16. 6. 2. Biologischer Vergleich

Das gemeinsame Wesen der sogenannten körperlichen und geistigen Arbeit ist unter biologischem Aspekt erkennbar. Erwähnt worden ist, dass sich die menschliche Gesellschaft aus artgleichen Elementen aufbaut - analog dem biologischen Organismus. Mit den artgleichen Elementen sind die Individuen gemeint, die sich ihrerseits ebenfalls aus artgleichen Elementen aufbauen: den biologischen Zellen. Wir erinnern uns:

Biologische Zellen sind artgleich, weil jede die Gesamtinformation zum Aufbau des Individuums trägt und das individuelle Bewusstsein **unendlich formbar** ist. Von daher verfügen die meisten Individuen über etwa gleichstarke Potenzen, könnten folglich jede Funktion in der Gesellschaft ausüben - bei entsprechender Umwelt bzw. Förderung von Anfang an. Die biologische Zelle im Individuum nimmt einen ähnlichen Platz ein wie das Individuum in der Gesellschaft.

Die kulturelle Vielfalt vergangener und gegenwärtiger Zeit berechtigt zur Annahme, dass aus dem Individuum fast alles gemacht werden könnte. Beispiele dafür sind das **Sklavenbewusstsein**, das ja zweifelsfrei Menschenwerk ist, andererseits **Zuwachs an Bildungsabschlüssen**. Jede Beeinflussung menschlichen Bewusstseins setzt also Verantwortung voraus, die bei bestimmten Medieninhabern und Interessensgruppen unterentwickelt, ja nicht vorhanden ist.

Jede biologische Zelle verrichtet winzige Teile der dem Individuum zugedachten Arbeit. Oder anders: Die individuelle Arbeit ist auf die das Individuum aufbauenden Zellen verteilt. Einerseits steckt sie in äußeren, vom Individuum gefertigten Arbeitsprodukten, andererseits in Bewegungsabläufen und inneren Arbeitsprodukten der das Individuum aufbauenden Zellen. Die verschiedenen Arbeiten der Zellen haben folglich ein **gemeinsames Wesen**: das der individuellen Arbeit (12.1)

Alle individuellen Arbeiten zusammen ergeben die **Gesamtarbeit des Gesamtarbeiters**. Nur gemeinsam mit anderen kann das Individuum seine Arbeit verrichten, sodass die individuelle Arbeit ebenfalls ein gemeinsames Wesen hat: das der Gesamtarbeit. Ein gemeinsames Wesen verschiedener Arbeiten (körperliche, geistige) verlangt zur Wertbestimmung einen gemeinsamen Maßstab.

Im Gesamtverbund lässt sich die sogenannte körperliche und geistige Arbeit noch anders kennzeichnen: als **produktive** und **regulative** Arbeit auf verschiedenen Stufen (11.5). Auf allen Stufen (Zelle, Individuum, Gesellschaft) wird nicht nur produktiv, sondern auch regulativ gearbeitet: nach physikalischem, biologischem und ethischem Gesetz, wobei das untergeordnete im je übergeordneten enthalten ist. Um das **Problem des Maßstabs** besser lösen zu können, zuerst ein Blick in die biologische

Zelle, dann auf das Individuum, dann auf die Gesellschaft insgesamt.

Ordnung und strukturale Eigenschaft materieller Systeme stellen Information dar, die aus verschiedenen Gesetzen hervorgeht. Teilsystem der Zelle ist die erwähnte DNA als Träger der Erbinformation. Ablauf und Wechselwirkung zwischen ihr und anderen Elementen bzw. Systemen der Zelle sowie deren Verhältnisse untereinander werden, wie erwähnt, durch das physikalische Gesetz vorrangig bestimmt. Für sowohl produktive als auch regulative Arbeiten in der Zelle (**zweite Stufe**) dient vorrangig das **physikalische Gesetz** als Maßstab (die metaphysische Struktur müsste der **ersten Stufe** entsprechen).

Bei artgleichen Elementen und Systemen ist im Niederen das Höhere schon angelegt, das später das Niedere mitumschließt. Auf der Stufe des Individuums könnte das biologische Gesetz als Maßstab gelten, jedoch nur, wenn das Individuum im kulturfreien Raum existierte (**Naturzustand**, 10). Unter dieser Voraussetzung könnte das individuelle Bewusstsein durch das biologische Gesetz vorrangig bestimmt werden.

Weil das Nervensystem als Träger des individuellen Bewusstseins fungiert, ist das Verhältnis zwischen Nervensystem und Individuum (**dritte Stufe**) jenem zwischen DNA und biologischer Zelle ähnlich. Für den kulturfreien Zustand gilt: Ablauf und Wechselwirkung zwischen Nervensystem (Bewusstsein) und anderen Elementen bzw. Systemen des Individuums sowie deren Verhältnisse untereinander werden durch das **biologische Gesetz** vorrangig bestimmt, das bezüglich des Individuums (Kleinkind etc.) als Maßstab fungiert.

Im Bereich der Gesellschaft (**vierte Stufe**) werden aufgrund des **staatlichen Gesetzes** sowohl innere Potenzen als auch äußere Potenzialitäten aufgebaut, die dem natürlichen Gesetz folgen müssen. Anders als das natürliche ist das staatliche Gesetz an Rechtsorgane gebunden, zwecks Kontrolle und Schutz vor inneren und äußeren Feinden. Während das physikalische, biologische und **ethische Gesetz** entsprechende Strukturen bzw. Informationen selbständig formt, ist das staatliche Gesetz auf Sprache und Schrift angewiesen - als informationstragende Strukturen.

Weil das Höhere im Niederen angelegt ist, sind aus biologischen Bewusstseinsstrukturen allmählich **ethische** geworden (Gewissen, Sittengesetz), die durch Rechtsstrukturen gefördert bzw. blockiert werden. Gesetzgebende Parlamente (Legislative) erlassen das staatliche Gesetz, ausführende Organe (Exekutive, Judikative) sichern es ab. Nachwachsende Generationen sind auf rechtliche Förderung angewiesen, würden ins Biologische sonst gleiten.

Staat und gesetzgebendes Parlament gelten als rechtliche Organe bzw. Träger des staatlichen Gesetzes. Ablauf und Wechselwirkung zwischen ihnen und anderen gesellschaftlichen Elementen bzw. Systemen sowie deren Verhältnisse untereinander werden durch das **Gesetz allgemein** bestimmt (Vorwort), das im Bereich der Gesellschaft sozusagen als Maßstab fungiert.

In der menschlichen Gesellschaft wird sowohl produktiv als auch regulativ gearbeitet, auf verschiedenem Niveau. Analog den Verhältnissen in der biologischen Zelle sind im Individuum nur winzige Teilbestände an Bewusstseinspotenzen aktiviert. Alle übrigen sind durch rechtliche Strukturen, arbeitsteilige Produktion usw. unterdrückt bzw. nicht erst zugelassen (7.1/11.5). Durch Veränderung am staatlichen Gesetz aber werden sperrende „**Repressoren**" außer Wirkung gesetzt. Abgedeckte Potenzen schalten sich ein, sodass neue Merkmale am Individuum wachsen können (**Löwenzahnpflanze**, 5.2).

Die Tatsache, dass bei artgleichen Elementen das Höhere im Niederen angelegt ist, deutet auf **metaphysisches Gesetz**, das jedoch nicht beweisbar ist. Um das Werden des Menschen und der menschlichen Gesellschaft einsichtig zu machen, hat Hegel den Begriff des „**objektiven Geistes**" geprägt, eine überindividuelle, in der Geschichte entstehende und wieder vergehende Potenz, die den Staat hervorbringt und die Gesellschaft höher entwickelt - den „Etappen" des Weltgeistes gemäß (16.3).

16. 6. 3. Primäres Prinzip: Schlussfolgerung

In Hegels Philosophie ist die **absolute Idee** zum Weltgeist erhoben worden, ohne die menschliche Freiheit als sittliche Entscheidungsmöglichkeit anzuerkennen. Doch die erste Form der Freiheit des Geistes ist das Recht der menschlichen Gemeinschaft, die ihr beigeordnete die Moralität, wie Kant sie im kategorischen Imperativ beschrieben hat (**Sittengesetz**, 11.1). Dies bedeutet, dass jeder für das Ganze verantwortlich ist, schon allein deswegen, weil Freiheit nur in zwischenmenschlichen Beziehungen sinnvoll ist. Beide Formen zusammen ergeben das **gerechte Gesetz allgemein** (3.5), das vom Parlament erlassen und vom Staat durchgesetzt würde - auch bei Widerstreben!

In der menschlichen Gesellschaft gilt als Maßstab das **Gesetz allgemein** (primäres Prinzip *gewissermaßen),* das sowohl **produktiv** als auch **regulativ** arbeiten lässt, das die erwirtschafteten Güter gerecht verteilen und das Eigentum sichern soll. Mit welchen Erfahrungen sind die Abgeordneten aber ausgestattet? Ist die Erfahrung der gesamten Gesellschaft durch sie verkörpert? Ist die im Grundgesetz oder sonstigen Verfassungen geforderte **Gleichheit der Rechtssetzung** eingelöst? Ist die personelle Zusammensetzung der Parlamente (Anlage der Gesellschaft, 12.3) tatsächlich repräsentativ? Antworten gibt das mehrfach erwähnte *dritte/* vierte Buch bzw. der Hinweis über **Ordnung** und **Offenheit** (1).

In der menschlichen Gemeinschaft gilt als Maßstab das **gerechte Gesetz allgemein** (primäres Prinzip *gewissermaßen),* was im ersten Buch begründet worden ist.[48] Damit der Mensch zu sich selbst und zur Wahrheit finden kann, benötigt er Information. Recht und Gesetz sollten - übereinstimmend mit Hegel - nach Erfahrungen mit der Welt(!) und allen nötigen Arbeiten formuliert werden, zum Wohle aller arbeitenden Menschen.

In Hegels Philosophie ist die menschliche Freiheit, die Kant betont hat, wieder versunken. Nur dem Weltgeist im Ganzen ist sie zuerkannt worden (**Seinsdialektik** des Weltgeistes, 16.3). Weil Staat und Staatsführung mit dem absoluten Weltgeist metaphysisch gerechtfertigt wurden, sollte eine **Begriffsmodifikation** in Hegels Werk vorgenommen werden, vor allem bezüglich der individuellen Freiheit, aber auch der **Ordnungen** Staat, Staatsführung und Gesellschaft.

Freiheit ist den meisten Menschen bis ins 20. Jahrhundert hinein aberkannt worden. Könige und Fürsten sahen sich selbst als **Vollzieher des göttlichen Willens**, rechtfertigten ihre Taten mit Worten wie „von Gottes Gnaden“. Diesbezüglich sei auf den **Heiden-Apostel** Paulus erneut gewiesen bzw. auf sein „**Evangelium an die Heiden**“, mit dem der römische Staat metaphysisch gerechtfertigt wurde! Die von Paulus behauptete **Gnaden-Wahl** bzw. Prädestination (11.2.2) ist über Augustinus in die Reformation eingeflossen (Luther, Calvin, Zwingli) und von dort aus in die Gegenwart. Sie erinnert an die Worte „von Gottes Gnaden“.

Das „Evangelium an die Heiden“ wird nach wie vor gepredigt. Jede Religion aber, die Freiheit leugnet, ist sinnentleert: Ohne Freiheit keine Würde und Verantwortung, keine Schuld und Sünde, kein Verdienst usw. Jede Handlung - egal wie böse - wäre ohne individuelle Freiheit gottgewollt, sprich: erlaubt. Nur durch logische **Ordnung** und **Offenheit** lässt sich diese Verwirrung bzw. „Verstockung“ auflösen. Wichtig geworden ist diesbezüglich das siebentes Buch: Entschlüsselte Religion.

Laut Hegel findet der Weltgeist im Recht der Gesellschaft zu sich selbst zurück (16.3). Verglichen mit dem vorliegenden Beitrag ist das „Recht der Gesellschaft“ das staatliche Gesetz, der „Weltgeist“ das natürliche Gesetz (natürliche Gesetzeseinheit). Mit Hilfe des staatlichen Gesetzes werden sowohl innere Potenzen als auch äußere Potenzialitäten aufgebaut (Mittel zur Freiheit, Denk- und Handlungsverstärker), die zwar unterschiedslos dem natürlichen Gesetz folgen, jedoch biologisch schwache Personen gegenüber biologisch starken bevorteilen können. Von daher ist der **Maßstab der Gerechtigkeit** anzuerkennen (gerechtes staatliches Gesetz, 12.2/14), auch bezüglich der menschlichen Arbeit hin zur sittlichen Freiheit. Das staatliche Gesetz hätte nur korrigierende, **erfüllende Funktion**, was zu erörtern war (3.6).

16. 7. Belohnung für Arbeit

Der Mensch soll nach Worten der Bibel „im Schweiße seines Angesichts sein Brot essen“.[49] Dass Arbeit auch Mühe bedeutet, wissen die Bauern auf Feldern, die Handwerker auf Baustellen, die Arbeiter in Betrieben. Das wissen die Unternehmer, Kaufleute und Ingenieure, die Wissenschaftler und Lehrer. „Das wissen die Ärzte und die Pfleger, die Tag und Nacht bei ihren Kranken wachen. Das wissen die Frauen, die manchmal ohne gebührende Anerkennung seitens der Gesellschaft, ja sogar der Angehörigen, tagtäglich die Mühe und die Verantwortung des Haushalts und der Kindererziehung tragen. Das wissen alle arbeitenden Menschen, und da zu arbeiten die Berufung aller ist, wissen es alle Menschen.“[50]

Menschen arbeiten tags und auch nachts und viel zu viele können sich und ihre Kinder nicht einmal ausreichend ernähren. Das bittere Elend einerseits und der wachsende Reichtum andererseits stellt die Frage nach dem Wert der Arbeit erneut.

Personen erhalten Lohnbeträge, die bis zum **Tausendfachen des Durchschnittslohns** reichen. Auf Begabung und Leistung wird gewiesen, die jedoch durch Förderung, Spezialisierung und Protektion haben entstehen können. Vorteile, die erwachsen, werden gerechtfertigt: Man behauptet die Ungleichheit von Natur aus, was andere bezahlen müssen.

Lebensqualität und Selbstbewusstsein entstehen durch Bildung und Ausbildung. Der Lehrkörper, sein Personal kosten viel Geld! Sich ausbilden dürfen, ist keine Bürde, die Extrabezahlung verlangt: Sich ausbilden dürfen, ist gewährtes **Privileg**! Zu vielen wird Bildung und Ausbildung nicht gewährt. Man schaue auf unterentwickelte Weltregionen, jedoch auch auf unser Land.

Hinsichtlich Ausbildung und Lohn ist davon auszugehen, dass alle Menschen gleich lang leben und arbeiten. Diese Annahme ist berechtigt, wenngleich lange Ausbildungszeiten erzielbare Lebensarbeitszeiten verkürzen. Die zusätzlichen Ausbildungszeiten sollte den Lebensarbeitszeiten zugerechnet werden. Nach Abschluss der Mindestschulzeit (zwölf Jahre in der BRD) könnte die Erwerbsarbeit einheitlich beginnen, also mit Beginn der Volljährigkeit. Im Alter von achtzehn Jahren ständen die einen verantwortlich im Beruf, während die anderen - nicht minder verantwortlich - im Auftrag der Gesellschaft ihre berufliche Ausbildung erst begännen.

Mit der sogenannten körperlichen (produktiven) Arbeit sind schmutzige und ungesunde Bedingungen verknüpft: Lärm, Geruch usw. Personen in leitenden Positionen würden sie für keinen noch so hohen Lohn verrichten, werten sie aber ab und verlangen für ihre Arbeiten ein Vielfaches dessen, was andere erhalten.

Der mit Schweiß und Monotonie verbundenen Arbeit sollte kein höherer als der mittlere Lohn zugeordnet werden. Wenn die unteren Positionen aber unzulänglich besetzt würden, was bei gleichen Bildungschancen erkennbar ist, dann wäre ein höherer Lohn dort gerechtfertigt, doch zu gewähren besser in Form kürzerer Arbeitszeiten oder in Form von **Produktivanteilen**, was von Kirchen und Gewerkschaften gefordert wird.

Die sogenannte geistige (regulative) Arbeit ist nach Einarbeitung, ähnlich der sogenannten körperlichen (produktiven) Arbeit, weitgehend mechanisiert. Das Umfeld ist in der Regel sauber und freundlich. Die Tätigkeit ist abwechslungsreich, verlangt Pausen und Gespräche. Diese Arbeitsbedingungen sind als Lohn für Ausbildungsmühen ebenfalls anzurechnen, auch der soziale Status, der mit solchen Positionen verbunden ist. Ferner ist den oberen Positionen Macht über Apparatur und andere Menschen zugeordnet - vielleicht der höchste Lohn für verantwortungsvolle Personen.

Welcher **Lohn der einzelnen Arbeit** gerecht wäre, braucht nicht erörtert zu werden. Bei Gleichheit der Rechtsetzung (12.2) würde er sich einstellen. Manager, Unternehmer, Bankiers, die keine Gesellschaft entbehren kann, sollten zwischen Unternehmerlohn und Unternehmergewinn besser unterscheiden. Persönliches, nicht kontrolliertes Einkommen, das ein Hundertfaches des mittleren Lohns umfasst, würde wahrscheinlich nicht mehr zugelassen werden.

Personen mit hohem Ausbildungsziel sollten den ideellen **Wert von Bildung** anerkennen. Das Streben nach Bildung sollte nicht so sehr aus Liebe zum Geld, vielmehr aus Liebe zum Wissen und zur Verantwortung kommen. Positionen mit hoher und höchster Verantwortung erfordern Personen, die diesen Lohn sehen und anerkennen.

16. 8. Zusammenfassung und Ausblick

Unter Arbeit verstand man in antiker Zeit Beschwerde und Mühe, die Unfreien und Armen aufgebürdet wurde. Durch das Christentum wurde der Gegensatz von freier und knechtischer Arbeit überwunden und der Ausspruch vom „ehrbaren Handwerk" geprägt. Doch am Anfang der Neuzeit wurde die geistige Arbeit wieder als ehrbarer angenommen.

Mit der kapitalistischen Warenproduktion ist versucht worden, die neuen Produktionsverhältnisse zu analysieren und gegenüber der feudalen und merkantilen Ordnung zu rechtfertigen. Ebenso wie in den Naturwissenschaften ist ein natürliches, unumstößliches Gesetz gesucht worden, das die vorhandenen und zu schaffenden Reichtümer gerecht verteilen sollte. Insbesondere die Theorien von Smith und Ricardo sind als klassische Arbeitswerttheorie bekannt geworden.

Von Hegel, der die Entwicklung der Technik vorausgesehen hat, wird Arbeit als rein geistige Tätigkeit gedeutet. Nach ihm muss alles Seiende vom begrifflichen Denken durchdrungen werden (mittelbare Seinsdialektik), und zwar darum, weil es Entfaltung des Weltgeistes oder der absoluten Idee ist (Seinsdialektik). Nur durch menschliche Arbeit kann der „entäußerte" Weltgeist sich selbst begreifen und im Recht der Gesellschaft zu sich selbst zurückfinden.

Durch Marx ist das *Hegel*sche System umgedreht worden. Von Hegel ist die dialektische Methode übernommen und auf die menschliche Arbeit und Entwicklung der Produktionsverhältnisse bezogen worden. Die „Entäußerung" des Weltgeistes hat Marx als Ausbeutung und Entfremdung des Menschen von seinem Arbeitsprodukt gedeutet.

Als Maßstab nimmt Marx sogenannte Arbeitseinheiten an. Um zu zeigen, dass Ware in Arbeitskraft ausgetauscht wird, unterscheidet er zwischen Arbeit und Arbeitskraft bzw. Gesamtarbeit und Gesamtarbeitskraft bei Annahme eines kombinierten Arbeitspersonals, das alle anfallenden Arbeiten verrichtet (Gesamtarbeiter). Von daher ist erkennbar, dass die sogenannte körperliche und geistige Arbeit ein gemeinsames Wesen haben, nämlich das der Gesamtarbeit. Aus der Betrachtung einer isolierten und überschaubaren Gruppe oder Arbeitsgemeinschaft folgt diese Erkenntnis ebenfalls.

Durch biologischen Vergleich lässt sich die sogenannte körperliche und geistige Arbeit als produktive und regulative Arbeit kennzeichnen. Bei dieser Betrachtung wird nicht nur das gemeinsame Wesen aller Arbeiten, sondern auch die Art des Maßstabs deutlich (zwecks Wertbestimmung der Arbeit). Analog der Zelle und des Individuums ist der Maßstab, der in der Gesellschaft sich äußert, von natürlicher Art. Als primäres Prinzip wird das Gesetz allgemein angenommen (natürliches und staatliches Gesetz).

Abweichend vom natürlichen Gesetz, das Strukturen selbständig formt, ist das staatliche Gesetz an Parlamente gebunden. Hier sei auf Kants „Sittengesetz" gewiesen, das jeder Vernunft eingeschrieben ist und die Gesetzgebung verpflichtet! Um das staatliche Gesetz dem natürlichen anzupassen (gerechtes Gesetz allgemein), müssen die Parlamente alle Berufsgruppen verkörpern. Dies bezieht sich auf die Gleichheit der Rechtssetzung, die im Grundgesetz festgeschrieben ist (Art. 1(3), aber auch auf die biblische Weisung: „das größte Gebot im(!) Gesetz." (Mt 22, 36-39)

Ist nur die Gleichheit der Rechtsanwendung garantiert, dann werden Gesetze zwar „gerecht" angewandt, jedoch Lohnbeträge bis zum Tausendfachen des mittleren Lohns lässt der Rechtsmaßstab dann zu. Nicht nur Probleme der Arbeitslosigkeit und mangelnde Bekämpfung folgen daraus, auch Krieg, Gier und Machtmissbrauch.

Zur Zeit Paulus ist der römische Staat metaphysisch gerechtfertigt worden, auf Grund des „Evangeliums an die Heiden", zur Zeit Hegels der preußische Staat, auf Grund des „absoluten Weltgeistes". Weil das erste noch gepredigt wird und das zweite weiter wirkt, sollten Begriffsmodifikationen vorgenommen werden, hinsichtlich der Freiheit, aber auch der Ordnungen Staat, Staatsführung und Gesellschaft. Als Maßstab der Gerechtigkeit muss das gerechte staatliche Gesetz gelten (12.2/14), bezüglich der menschlichen Arbeit hin zur sittlichen Freiheit.

17. Gesellschaft im Wandel

Zunächst ist die Frage zu wiederholen, ob Geschichte und menschliche Gesellschaft nach **natürlichem Gesetz** verlaufen (11.1). Von der Auffassung ausgehend, dass Menschen nach Verbesserung ihrer Lebensbedingungen streben, müsste sich die Menschheit im Laufe der Geschichte höher entwickelt haben.

17. 1. Geschichtstheorien

Eine geschichtliche Fortschrittstheorie konnten sich in **antiker Zeit** nicht herausbilden, obwohl die Vorstellung von der Einheit der Menschheit auf antikes Denken zurückgeht. Krieg und Zerstörung, Aufbau und Zerfall von Reichen standen einer solchen Vorstellung entgegen. Die meisten Denker der Antike sahen Geschichte entweder als bloßen **Wechsel bestimmter Zyklen** oder als zurücklaufenden Prozess, der sich vom „Goldenen Zeitalter" auf einer absteigender Linie fortsetzt.[1] Im **Stoizismus** wurde ein ewiges Gesetz in der Geschichte angenommen (10).

Am Ausgang der Antike ist Geschichte als Vorwärtsprozess beschrieben worden, so bei Augustinus (354-430) im „**Gottesstaat**". Nach ihm wird sich der „göttliche Heilsplan", den es zu entdecken gilt, trotz aller Bemühungen der Menschen, ihre Geschichte selbst zu gestalten, letztlich doch durchsetzen. „Als sinnvoll wird menschliches Handeln nur in der Funktion des Vollzugs des sich vom Sündenfall bis zum Jüngsten Gericht erstreckenden Plans der göttlichen Vorsehung anerkannt."[2] Über das Mittelalter, das trotz seiner dunklen Seiten ein ziemlich einheitliches Weltbild zeigte, ist diese Vorstellung bis zu uns erhalten geblieben, d.h., die **christliche Kirche** hat ein **natürliches Gesetz** in der Geschichte angenommen, das die Entwicklung der Welt weiter vorantreiben wird.

Am Beginn der **Neuzeit**, mit der einsetzenden **Religionskritik**, wird auf die zyklische Auffassung der Antike, auf Wachstum, Blüte und Verfall der Kulturen, zurückgegriffen - bis ins 18. Jahrhundert hinein. Obwohl die gemeinsame Religion als starkes Bindemittel noch besteht, haben Philosophen der Aufklärung darauf hingewiesen, dass die religiösen Gefühle des Volks seit jeher für politische und kriegerische Zwecke missbraucht worden sind.

Schon antiken Denkern galten Unwissenheit, naiver Glaube und Furcht vor Naturerscheinungen als Voraussetzung für religiöse Missbräuche.

Überdies lenkte man darauf hin, dass die Menschen in ihrer Furcht vor Naturkräften bestärkt worden sind, von Machthabern, die den Respekt vor ihren Privilegien und den Staatsgesetzen zu erzwingen suchten.

Religiöses Fühlen und Denken, das echt sein soll, benötigt individuelle Freiheit. Doch Religionsfreiheit ist nicht gewährt worden. Mit **Religionszwang** und nur einer(!) Religion konnte dem Volk besser suggeriert werden, dass sein Leiden eine von Gott auferlegte Prüfung sei, der Belohnung und ewige Seligkeit folgen werde. Auflehnung gegen die Obrigkeit wurde mit ewiger Höllenpein bedroht. Trotz der einerseits heilsamen Aufforderung „Liebe deinen Nächsten wie dich selbst" sind andererseits imperialistische Raubkriege religiös gerechtfertigt worden, was einer Höherentwicklung eher geschadet hat. Nicht erst Philosophen der Aufklärung haben solche Religionskritik vorgetragen.

Im Zeitalter der **Aufklärung** ist man zur Einsicht gelangt, dass antike Philosophien am Anfang aller Wissensbemühungen stehen und gegenwärtige wegen größerer Erfahrung und Produktionspraxis ihnen überlegen sein müssen. Obwohl die antike Zyklenphilosophie noch nicht überwunden ist, entstehen Ansätze einer **linearen Fortschrittstheorie**, die mehr und mehr zu einem Ganzen ausgebaut werden, ohne in der Geschichte eine Gesetzmäßigkeit annehmen zu müssen.

In Deutschland ist es insbesondere J.G.Herder (1744-1803), der eine Geschichtsphilosophie entwickelt, in der Fortschritt nicht geradlinig, sondern dialektisch verläuft (zwischen Aufbau und Zerstörung). Entgegen Kant nimmt er feste Gesetze an, sodass alles dem „Natürlichen" folgen muss - auch die Idee der Humanität.

Mit Herder ist eine Entwicklung eingeleitet worden, die über Kant und Hegel bis zu Marx führt. Nach Kant sind alle Naturanlagen eines Geschöpfs dazu bestimmt, sich einmal vollständig auszuentwickeln, was vom Zustand des Ungeselligen bis zur Umwandlung der Gesellschaft in ein moralisches Ganzes, zum Weltbürgerzustand, geschehen soll.

Mit Entschiedenheit bringt Kant - gegen Herder - den Glauben an die **sittliche Freiheit** zur Geltung. Entscheidend ist für ihn, dass der Mensch ein Sollen zu erspüren vermag und, durch Pflichtforderung getroffen, seinen Neigungen zuwider handeln kann. Das aber müsste man als unmöglich bezeichnen, wenn er ein kausal determiniertes Wesen wäre

(Mensch ohne Freiheit). Das von ihm stammende Sittengesetz, der kategorische Imperativ, ist kein die Geschichte lenkendes Gesetz, sondern Aufforderung an die Vernunft, danach zu handeln.

Keine andere als die folgende Inschrift auf Kants Grab hätte sein Erkennen und seinen Glauben besser wiedergeben können: „Zwei Dinge erfüllen das Gemüt mit immer neuer und zunehmender Bewunderung und Ehrfurcht, je öfter und anhaltender sich das Nachdenken damit beschäftigt: der bestirnte Himmel über mir und das moralische Gesetz in mir.“[3]

Kants kategorischer Imperativ fordert dazu auf, das **gerechte staatliche Gesetz** zu entwickeln (3.5). Hier sei das Beispiel vom „Kern“ wiederholt, das übrigens von Herder stammt. Die Entwicklung und Entfaltung des Kerns folgt dem biologischen Gesetz (Naturgesetz), ist nach Ort und Zeit aber verschieden, obwohl Gleichheit erwartet wird. Im fünften Kapitel, am Beispiel der **Löwenzahnpflanze**, ist deutlich geworden, dass die Modifikation durch Umweltfaktoren (Licht, Wasser etc.) ausgelöst wird. Die Löwenzahnpflanze muss dem biologischen Gesetz folgen, das sich selbst bedingt äußert. Vom Bild der Pflanze kann auf das biologische Gesetz nur **bedingt** geschlossen werden (4.5).

Der Umweltfaktor ist nicht Ursache, sondern **Auslöser** der Modifikation. Das physikalische Gesetz ebenso wie das biologische gewährt Spielräume (Modifikationen), lässt Vorhersagen wahrscheinlicher Art nur zu - aufgrund von **Unbestimmtheit** (erstes Buch, 11). Wie viel mehr an Spielraum gewährt das ethische Gesetz bzw. die natürliche Gesetzeseinheit? Aufgrund von Unbestimmtheit zeigen der anorganische Stoff, der biologische Organismus, der Mensch je verschiedene Spielräume, sprich: **Freiheiten** - am weitesten wohl der Mensch.

Die Geschichte der menschlichen Gesellschaft lässt sich ähnlich deuten. Trotz gesellschaftlicher Mängel könnte die Entwicklung gemäß der **natürlichen Gesetzeseinheit** verlaufen. Ähnlich dem biologischen Gesetz könnte das ethische verschiedene Spielräume gewähren (Freiheiten), deren Maße nach „oben hin“ aufgeweitet wären und je nach Person variierten. Durch angeborene Verhaltensdisposition, Lernfähigkeit und staatliches Gesetz könnte die Gesellschaft zur vollen Entfaltung gedrängt werden! Bei dieser Sichtweise, die das **staatliche Gesetz** als **Regulativ/Korrektiv** fasst, würden Kant und Herder nicht gegensätzlich gedacht haben. Hegels Weltgeist sogar würde gestufte Freiheiten zulassen! Kant, Herder, Hegel würden zusammenkommen (**Begriffsmodifikation**,

16.6.3), nur einer Geschichtstheorie das Wort reden. (Synthese bzw. Reduktion von Information: **Gerechtigkeitsidee**, Sittengesetz, Weltgeist, 1)

Ebenso wie Herder nimmt Hegel ein geschichtslenkendes Gesetz an: den Weltgeist (über-individuelle Gesetzeseinheit, s. zweiter Beitrag). Von der Französischen Revolution erfasst ist für ihn die Frage wichtig, „wie aus Institutionen, die ursprünglich der Menschheit von Nutzen waren, falsche, den Fortschritt **hemmende Institutionen** geworden sind und wie diese wiederum durch neue **vollkommenere** Institutionen abgelöst werden.“[4] Wegen dieser Frage nimmt er einen weltgeschichtlichen Prozess an (**Seinsdialektik**, 16.3), der durch menschliche und institutionelle Widersprüche bis zum Ende vorangetrieben wird. Endzweck und Ende der Geschichte ist nach ihm, dass die Menschheit zum Wissen dessen gelangt, was sie eigentlich ist. Dies Wissen muss hervorgebracht und gegenständlich werden[5], in Institutionen, die von Menschen zu schaffen sind.

Weil sich die Natur nach Hegel zyklisch bewegt, wird Neues nur auf geistigem Boden hervorgebracht, und zwar nach dem Begriff der Freiheit. Der geschichtliche Gang ist Fortschritt im Bewusstsein der Freiheit. Doch der Mensch wird nur benutzt (Mensch ohne Freiheit, Naturgesetz ohne Spielraum). Er glaubt zwar, seine eigenen Interessen besorgen zu können, folgt jedoch nur einer List der **absoluten Idee** (Weltgeist).

Nach Marx ist der geistige und gesellschaftliche Fortschritt kein teleologischer Prozess. Der Überbau-Unterbau-Lehre zufolge hängt die geistige und geschichtliche Entwicklung von den **ökonomischen Prozessen** ab - eine direkte Umkehrung der *Hegel*schen Metaphysik. Die Dialektik bringt Marx, wie erwähnt, mit den Klassengegensätzen in Verbindung, dem Konflikt zwischen Produktionsverhältnissen und gesellschaftlichen Produktivkräften: „die ökonomisch-sozialen Widersprüche jeder Gesellschaftsformation führen mit immanenter Gesetzmäßigkeit zur Ablösung der einen Gesellschaftsformation durch eine höhere.“[6] Weil in diesem Prozess das ökonomische Moment entscheidend, doch mit anderen dialektisch verquickt ist, ist die Theorie als **dialektischer** und **historischer Materialismus** bezeichnet worden.

Dem Materialismus liegt ein Gesetzesbegriff zugrunde, der dem der Naturwissenschaften widerspricht (erstes Buch: Problemfeld). Nach ihm sind die „allgemeinen Grundgesetze“, die auf Zutun von Menschen angewiesen sind, von natürlicher Art, was wenig überzeugt. Auch der Informationsbegriff ist infolgedessen mangelhaft. Die Ursache liegt vermutlich im atheistischen Ansatz; denn Geist und Materie sind dem Materialismus zwei gegensätzliche Prinzipien.

Als Reaktion auf den Materialismus, der - trotz allem - eine teleologische Linie zeigt, ist der **Historismus** entstanden, eine Geschichtsphilosophie, die keine gesetzmäßige Vorwärtsbewegung anerkennt. Mit Blick auf Geschichte kann aber nicht bestritten werden, dass sich die Menschheit höher entwickelt hat, ähnlich einer Person, die mit zunehmendem Alter Erfahrungen anhäuft, sodass die Antike als Kindheit der Menschheit aufgefasst werden könnte. Doch die Frage, ob Geschichte gesetzmäßig verläuft, kann letztlich weder bejaht noch verneint werden.

Weil das Bewusstsein einerseits Geschichte deutet, andererseits in den Geschichtsprozess eingebunden ist, sind Aussagen über den Menschen und seine Geschichte immer mangelhaft (Mangel an Objektivität). Mit dieser Erkenntnis, die ein „Drittes" nötig macht, habe ich das erste Buch geschlossen.[7] Im dritten Buch[8] habe ich das **politische Handlungskonzept** aufgebaut - als Folge des erkannten primären Prinzips: des Prinzip der kleinsten Wirkung bzw. des kleinsten Aufwands.

Ohne Bestätigung, dass ein natürliches, geschichtslenkendes Gesetz existiert, haben sich Person und Gesellschaft höher entwickelt. Ohne staatliches Gesetz aber, das naturrechtliche Merkmale zeigt, hätte dies nicht gelingen können.

Menschheitsgeschichte und persönliche Geschichte: Beides verläuft ähnlich. Diesbezüglich sei ein letztes Mal wiederholt: Zur menschlichen Natur gehört ein Streben (8.2), das sowohl die Person als auch die Gesellschaft höher entwickelt - vergleichbar dem Entfalten eines Kerns, der Entwicklung an einer „Anlage" gemäß biologischem Gesetz.

Gerechtigkeit, Freiheit, Information sowie alle wichtigen Begriffe sind auf Gesetze bezogen worden, auf das natürliche und staatliche Gesetz. Weil das natürliche **nicht rein**, sondern nur **bedingt** auftritt (Information), ist das Gesetz allgemein als primäres Prinzip erkannt worden.

Das staatliche Gesetz ist veränderbar, das natürliche nicht. Vollzug staatlichen Gesetzes ist regulierte Umwelt, die dem natürlichen Gesetz folgen muss (Gesetz allgemein). Nicht die Person allein, auch die Gesellschaft hat Umwelt, die sowohl **fördert** als auch **unterdrückt**. „Welt als Information und Aufgabe“ ist dem staatlichen und natürlichen Gesetz verpflichtet - unter allen Aspekten!

NACHTRAG: Jede Wissenschaft könnte, ähnlich der Physik, ein **Standardmodell** schaffen - als Beitrag für ein **verbindliches Gesamtmodell**. Ebenso Politiker wie Wissenschaftler könnten es dann nutzen. Als Fundament sollte das Gesetz allgemein gelten: das natürliche und staatliche Gesetz als Einheit. Ein gerechtes Gesetz allgemein würde die Welt heimischer gestalten. Wie ist die Geschichte bisher verlaufen?

17. 2. Grundtypen gesellschaftlicher Ordnung

Man erkennt im Geschichtsverlauf - mehr oder minder ausgeprägt - verschiedene Grundtypen gesellschaftlicher Ordnung.[9] Die **genossenschaftliche Gliederung** ist vermutlich die älteste Stufe menschlicher Gruppenbildung. In den ersten Hochkulturen gab es eine Oberschicht der Freien, die einer Unterschicht der Unterworfenen und ursprünglich Volksfremden gegenüberstand. Die Oberschicht gliederte sich in Herrschende und Freie mit geringen Unterschieden. Sie hielten die größeren Gruppen der Halbfreien und Sklaven unter Zwang.

In der späten Antike erscheint auf europäischem Boden die **Kastengesellschaft**, mit dem Anspruch, den öffentlichen Bedarf und die staatlichen Dienste zu sichern. Ihr Ordnungsprinzip verpflichtet die Gruppen zum Wahrnehmen bestimmter Funktionen und Tätigkeiten, wobei andere Funktionen und Tätigkeiten verboten sind. Die Kastengesellschaft baut sich hierarchisch auf. Sozialer Aufstieg ist unmöglich: Kein Weg führt aus einer Kaste heraus, kein Weg in eine höhere Kaste hinein. Das Ordnungsprinzip ist religiös gefestigt (Wiedergeburt), ähnlich der indischen Kastengesellschaft, die jedoch ihre Grundlage verloren hat.

In der **Ständegesellschaft** ist die hermetische Abschottung durchbrochen. Dort ist es vor allem der klerikale Stand, der den sozialen Aufstieg ermöglicht. Aufgrund von Geburt bleibt die Standeszugehörigkeit aber gewahrt. Die Stände stehen in einem Verhältnis der Über- und Unterordnung, wobei das Lehnswesen als Ordnungsprinzip auftritt. Es entsteht im Laufe des 8. Jahrhunderts im karolingischen Frankreich und verbreitet sich über ganz Europa - mit Ausnahme Nord- und Osteuropas.

Mit dem **Lehnswesen** erscheint ein Ordnungsbegriff für alle europäischen Herrschafts- und Sozialverhältnisse, bis zur Französischen Revolution.

Ihm beigeordnet ist der Begriff der **Feudalgesellschaft**, womit die durch das Lehnswesen geordneten Gruppen und Verhältnisse erfasst sind. Feudalähnliche Abhängigkeiten existieren in vielen Ländern immer noch.

Das Lehnswesen gründet auf Vergabe von Lehen zur dauernden Nutzung. Das sind Grund und Boden, einträgliche Ämter und ähnliches, wobei das Obereigentum beim Lehnsherrn liegt. Der Lehnsmann schuldet dem Lehnsherrn Treue und Dienste. Da das Lehen verleihbar ist, bestehen vielfältige Lehnsverhältnisse, die alle in ein hierarchisch abgestuftes System eingebunden sind. Von oben nach unten beginnt es beim König als Lehnsspitze und endet beim untersten Lehnsmann, der gegen Zins, Naturalabgaben, Arbeitsleistungen sein Lehen hörigen oder leibeigenen Bauern zur Nutzung überlässt. Gegenüber der Masse der bäuerlichen Bevölkerung erscheinen die im Lehnswesen organisierten Lehnsmänner als eine dünne, elitäre Herrenschicht. Die bäuerliche Bevölkerung ist das logische Ende der Lehnskette (unfrei). Unter Missbrauch religiöser Gefühle der Unterdrückten ist die nach Ständen gegliederte Feudalgesellschaft als gottgewollt gerechtfertigt worden, über Hegels Zeit hinaus.

Böden, Gewässer, Naturalgüter sind Hauptproduktionsmittel, die dem Feudalismus und allen vorherigen Gesellschaftsformationen zukommen. Auf der nächsten Stufe erscheint das Geld bzw. Kapital, das im Feudalismus ebenfalls eine Rolle spielt, doch kein Hauptproduktionsmittel ist. Die große Mehrheit der Bevölkerung - die hörigen und leibeigenen Bauern - tauschen Waren gegen Naturalgüter ein und besitzen so gut wie gar kein Geld. Rechtsgebundene Handlungsverstärker (Waffen, Religion) wirken als Herrschaftsmittel. Im Bewusstsein der bäuerlichen Bevölkerung übt die Religion eine die Vernunft erdrückende Macht aus.

Am Ausgang des Mittelalters sind neue Mächte hochgewachsen. Banken und Geldwirtschaft überformen feudale Strukturen, drängen den Ritter allmählich zurück. Geld und Kapital sind dem **Kapitalismus** zukommende Hauptproduktionsmittel. Mit der Entwicklung kapitalistischer Elemente in der Warenproduktion beginnt der Verfall des Feudalismus - in Europa ab dem 15. Jahrhundert.

In Italien, wo die geistige, politische und wirtschaftliche Entwicklung am weitesten ist, beginnt die Renaissance, deren Geist wandernde Humanisten in Europa verbreiten. Sie versteht sich selbst als Beginn einer neuen Zeit mit ihrer Rückwendung zur Antike in Kunst, Wissenschaft und humanistischer Bildung. In Wahrheit tritt der Strukturwandel auf allen Gebieten ein. Der Mensch gewinnt ein neues, erweitertes Bewusstsein, das sich nicht nur in Entdeckungen äußert (Kolonien), sondern auch in sozialen Kämpfen (Bauernkriegen), in politischen, wirtschaftlichen und religiösen Veränderungen (Reformation). „Mit Ausbreitung des Handels und Intensivierung der gewerblichen Arbeit wächst die Geldwirtschaft, sie verdrängt die mittelalterliche Naturalwirtschaft und bringt Kapitalbildung und Bankwesen als neue wirtschaftliche Potenzen ins Spiel ... Im Zusammenhang mit dieser wirtschaftlichen Wandlung, aber nicht durch sie allein bedingt, vollzieht sich die große Veränderung auf politischem und sozialem Gebiet ... Bisher war jeder Mensch politisch und sozial fest eingefügt in den großen Stufenbau der mittelalterlichen Welt, von Familie und Zunft und von der kleinsten Korporation bis hinauf zur höchsten Spitze des Universalstaates und der Universalkirche bestanden feste Bindungen für alle. Jetzt streben die Glieder stärker auseinander, und die Macht konzentriert sich hauptsächlich in den mittleren Gewalten: den Städten und den Fürsten.“[10]

In der Renaissance entsteht der Nationalbegriff, womit die Entwicklung zum Nationalstaat beginnt. „Aus der großen übernationalen politischen Einheit des Mittelalters wachsen nun mit immer schärferer Profilierung die einzelnen Nationen heraus.“[11] Der selbstbewusste Bürger und souveräne Fürst geben der Renaissance das Gepräge. „Es emanzipiert sich ... der politisch-weltliche Bereich aus dem sittlich-religiösen, kirchlichen Ganzen, vielfach bis zum Extrem brutalster Machtgier und frivolster Gewalttätigkeit. Dem Mittelalter hat die Politik, und zwar auch die Machtpolitik ganz und gar nicht gefehlt; aber die sittlich-religiösen Normen wurden als solche nicht in Zweifel gezogen, man übertrat sie eben mit schlechtem Gewissen und sozusagen heimlich. Das Neue in den kleinen italienischen Staaten“ der Renaissancezeit „ist nun, dass politische Skrupellosigkeit sich völlig demaskiert. Man gefällt sich hier in zynischer Machtgier, man brüstet sich mit frecher Korruption; jede Tücke ist jetzt erlaubt, jedes Mittel recht (Mensch ohne Freiheit, **gottgelenkt**). An diesen Renaissancehöfen wird der Mensch geradezu als Bestie gefeiert und die zerstörerische Leidenschaft **heiliggesprochen**. Der Staat wird nun als reines Machtgebilde gesehen. N. Machiavelli (1469-1527) hat in seiner Schrift ‚Vom Fürsten’ dann auch die theoretische Rechtfertigung dieses Handelns gegeben (scheinbar), das sich als politisches von allen moralischen und religiösen Bindungen lösen zu können glaubt ...“[12] Der unabhängige Staat in antiker Macht und Größe ist das Ziel der Politik.

Auf Fürsten und Denker späterer Jahrhunderte, ja auf Politiker und Wirtschaftsführer unserer Zeit hat Machiavelli gewirkt. Doch mit seinem Werk sind mehr die realen Zustände und Herrschaftspraktiken im Feudalismus beschrieben worden.[13] Die Lehre der **Gnadenwahl** (Mensch ohne Freiheit), die von Paulus aus, über Augustinus, in die **Reformation** eingeflossen ist, hat vielen einen „Freibrief" gegeben, auch den „Eroberern" in den neuen Kolonien (neue Heiden, 11.2.2/16.6.3).

Der Liberalismus, der in Renaissance und Aufklärung wurzelt, schuf die Voraussetzung für die kapitalistische Warenproduktion, wobei die **Ständegesellschaft** in die **Klassengesellschaft** überging. Diese noch dauernde Epoche ist durch eine veränderte Stellung der Wirtschaft innerhalb der Gesellschaft gekennzeichnet. Trotz der Beseitigung der Ständeordnung durch Revolution und Reform, existierten die Stände vorerst noch weiter, wurden von der neuen Wirtschaftsordnung aber überlagert. Während in der Ständegesellschaft der soziale Aufstieg - insbesondere in den klerikalen Stand - durch Ruf Höhergestellter möglich war, ist dies in der Klassengesellschaft durch beruflichen Erfolg möglich. Zwar ist der Aufstieg in die nächste oder darüber liegende Klasse bzw. Schicht nur unter erschwerten Bedingungen möglich. Doch das Aufbausegment der kapitalistischen Gesellschaft - die Klasse bzw. Schicht - ist grundsätzlich offen.

Gegenüber der Ständegesellschaft verkörpert die kapitalistische Klassengesellschaft den sozialen Fortschritt. Doch als Preis sind Not und Zerstörung eingetreten. Vor allem die Proletarisierung und Verteilung der Einkommen und Vermögen haben Gegenmodelle gefördert, wobei sich die sozialistische **Planwirtschaft** durchsetzen konnte - mit dem Anspruch einer **klassenlosen Gesellschaft**.

Die Frage, ob die klassenlose Gesellschaft realisierbar oder nur Utopie ist, kann hier nicht beantwortet werden. Alle sozialistischen Planwirtschaften haben die Natur des Menschen zu wenig berücksichtigt, haben ihre Ziele nicht erreicht.

In der Planwirtschaft werden freie Initiativen mehr blockiert als gefördert: Das Motivationsproblem ist kaum gelöst. Um Betriebe überwachen zu können, bedarf es riesiger Bürokratien, die einen Großteil verfügbarer Arbeitskräfte binden. Zudem fördert die Planwirtschaft zuerst Verfilzung, dann Korruption. Doch die kapitalistische Klassengesellschaft, wo „Geldkasten" herrschen, zeigt schwerwiegende Mängel ebenfalls.

Ratsam wäre es, progressive Elemente beider Formationen in einem

„Dritten“ zu vereinen. Theorien, die das ermöglichen, entstanden schon in der ersten Hälfte des 20. Jahrhunderts, in der sogenannten Frankfurter Schule, die das Denken der Aufklärung beleben wollte.

Wegen der Machtübernahme der Faschisten ist die Frankfurter Schule nach New York verlegt und erst 1950 in Frankfurt am Main wiedergegründet worden. Der engere Kreis der Intellektuellen hat die Betroffenheit vom Leid der Menschen verbunden, für das es keine philosophische Rechtfertigung oder sozialökonomische Entschuldigung gibt. Zu den Schwerpunkten der Forschung haben vor allem die Industrie-, Gewerkschafts- und Bildungssoziologie gehört.

17. 3. Kritische Theorie

Als Kritische Theorie ist die Lehre der **Frankfurter Schule** bekannt geworden, insbesondere in der antiautoritären Bewegung und außerparlamentarischen Opposition der sechziger Jahre, aus der dann die Bewegung der „Grünen“ hervorgegangen ist. Stark beeinflusst vom Marxismus und der Psychoanalyse ist das Ziel ihrer Vertreter, gegenwärtige Gesellschaften zu analysieren und eine **Theorie des sozialen Ganzen** zu konstruieren, womit eine Gesellschaftslehre gemeint ist, deren einziges Kriterium das „Interesse an der Aufhebung des gesellschaftlichen Unrechts“ ist (M.Horkheimer). Metaphysische Ideologien, welche die Leiden und Opfer der Menschheit mit dem Schein des Ewigen umgeben, sind mit der Kritischen Theorie unvereinbar. Gesellschaftskritik und Praxisbezogenheit, Vernunftkritik und Aufbau von Rationalität im Sinne der *Kant*schen Ehik sind das Spezifische, womit neben tieferer Einsicht auch die Möglichkeit zur Verbesserung der Wirklichkeit gegeben ist, einer Wirklichkeit, in der Mensch und Natur sich versöhnen. Zumindest wird die Hoffnung bestehen bleiben, dass die Wirklichkeit der Welt mit all ihrem Grauen doch kein Letztes sei (M.Horkheimer).

Wissenschaft und Technik des 20. und 21. Jahrhunderts könnten eine befriedete Existenz der Einzelnen ermöglichen. Doch die „Macht der Maschine“ ist errichtet worden, die das triebunterdrückende Gesellschaftssystem stabilisiert, wobei das Individuum sich dem „subtilen Zwang zum Konsum“ willig beugt. Um diese „Eindimensionalität“ zu überwinden und menschliche Triebenergie zu befreien, soll nach H. Marcuse, der die aktivistische Variante der Kritischen Theorie vertritt, Vernunftkritik und Verweigerung gefördert werden. Abweichend von M.Horkheimer, W.Adorno, J.Habermas u.a. wird die „direkte Aktion“

und eine „Diktatur der Erzieher“ befürwortet. Gegen die Gewalt des sozialen Apparats - im Sozialismus ebenso wie im Kapitalismus - setzt er eine „umwälzende Praxis“ und schließt einen revolutionären Umsturz des Bestehenden nicht aus.[14]

Ende der achtziger, Anfang der neunziger Jahre ist besonders durch Hochrüstung seitens kapitalistischer Länder der Umsturz im sozialistischen Lager gelungen - und als Folge die **Deutsche Wiedervereinigung**, zweihundert Jahre nach Ausbruch der Französischen Revolution.

In den sechziger und siebziger Jahren sind mehr oder weniger alle Gruppen der Gesellschaft in Bewegung geraten, auch die Gruppe der gebildeten und **politisch handelnden Frauen**. Schwerpunkte ihrer Aktionen sind die Probleme der Schwangerschaft (Antibabypille) und der Gewalt gegen Frauen gewesen, Einsetzung von Frauenbeauftragten, Durchsetzung von Fraueninteressen in Forschung, Lehre und Wirtschaft, aber auch in Parteien und gesetzgebenden Parlamenten, zwecks nachhaltiger Veränderung von Normen, Arbeits- und Lebensformen.

Mit Verbreitung der Kritischen Theorie hat die **Studentenbewegung** und außerparlamentarische Opposition der sechziger Jahre die Auswüchse kapitalistischer und sozialistischer Gesellschaften bekämpfen und Veränderungen erzielen können. Beeinflusst von der amerikanischen Studentenbewegung (Rassenfrage, Vietnam-Krieg) erreichte sie ihren Höhepunkt im Jahre 1968, in Deutschland nach dem Attentat auf R.Dutschke. Teilweise ist sie in radikalen Nachfolgeorganisationen aufgetreten (Rote Armee Fraktion), aber auch unpolitisch, z.B. als Hippiebewegung und Ausstieg aus der Gesellschaft, nicht zuletzt durch Drogenkonsum.

Mit der Forderung, außerparlamentarisch zu opponieren, sind wichtige Momente der politischen Arbeit zwar betont worden. Die wichtigsten Machtgruppen aber, Partei und Staatsführung, sind aus dem Zentrum der politischen Betrachtung geraten. Erst seit Gründung der Partei „Die Grünen/Alternativen“ in den siebziger Jahren ist die Wichtigkeit der parlamentarischen Arbeit voll erkannt worden. Weil sich **derzeitige Protestbewegungen** mit der Dritten und Vierten Welt solidarisieren und im Zuge schärfer werdender Konkurrenz die „linken“ resp. „rechten“ Themen wieder nach vorne rücken, soll wegen des mehrfach erwähnten Handlungskonzepts die Schichten- und Klasseneinteilung der Gesellschaft, ja der Welt noch behandelt werden.

17. 4. Gruppen, Schichten bzw. Klassen

Strukturen des Zusammenlebens sind erkennbar an Gruppen für verschiedene Lebensbereiche und Interessenslagen. Die meisten Gruppen entstehen zwanglos aus der jeweiligen Situation. Im Groben unterscheidet man Kleingruppen und institutionalisierte Großgruppen.[15] Zu den Kleingruppen gehören Cliquen, Freundschaftskreise, wo Verständigung persönlich erfolgt. Institutionalisierte Großgruppen sind Vereine, Betriebe, Arbeitgeberverbände, Gewerkschaften, Parteien usw., wo ein rational-gesellschaftsplanerisches Element vorherrscht, das einerseits die Bildung der Gruppe begünstigt, andererseits deren Zerfall.

Gruppen sind Sozialsysteme, die bezüglich der Gesellschaft ein bestimmtes Maß an Selbständigkeit erreichen. Erhalten alle Mitglieder das Notwendige, so spricht man von **segmentierender Differenzierung**[16], die im Zuge der Zivilisation so gut wie verschwunden ist. Zwecks besserer Bearbeitung komplexer Sachverhalte entstehen - analog biologischer Verhältnisse - Sozialsysteme mit **funktionaler Differenzierung.**[17] Systeme für spezifische Funktionen: Politik, Wirtschaft, Erziehung und deren Unterabteilungen, erfassen die Umwelt alternativenreicher.

Gruppen bilden sich nach Sozialkategorien, die bestimmte Merkmale oder Merkmalskombinationen aufweisen. Sozialkategorien sind Beruf, Geschlecht, Alter usw. Bestimmte **Sozialkategorien** bilden eine **soziale Schicht**,[18] die zu anderen in einem Verhältnis der Über- und Unterordnung steht. Zwar spielen die meisten Sozialkategorien für die Rangordnung keine oder keine bemerkenswerte Rolle, jedoch wird die Erwerbsarbeit genutzt und mit einer bestimmten Wertordnung, die auch immer Wertrangordnung ist, verbunden.[19] Dem Träger einer bestimmten Arbeit wird ein bestimmtes Sein zugeordnet, das z.B. wertvoller als ein anderes Sein ist und umgekehrt.

Beruf und Höhe des Gehalts sind auf die Wertrangordnung bezogen. Mensch und Wertrangordnung stehen sich gegenüber und bestimmte Menschen werden auf die eine oder andere Weise unter die bestehende Wertrangordnung gezwungen, nicht immer ohne Konflikte.

Konflikte zwischen den Schichten (Klassen) sind eigentlich normal. Sie zeigen sich zwischen der die Norm verteidigenden Schicht (Klasse) und anderen Schichten (Klassen), die ihre Interessen durchsetzen, Autorität und Macht verlagern wollen. Soziale Formen ändern sich: Heiliges,

Mächtiges, Würdevolles wird säkularisiert, in den Bereich des Alltäglichen abgedrängt.[20]

Unsere Gesellschaft ist Klassengesellschaft, auch erkennbar am **Tarifklassensystem des Öffentlichen Dienstes**. Die Gegenwerte der verschiedenen Arbeiten sind in Lohn-, Vergütungs- und Besoldungstabellen festgelegt, wobei vier „Tarifklassen" erkennbar sind.[21] Das heißt, alle Dienste der Arbeiter, Angestellten, Beamten, Richter, Soldaten sind wertmäßig erfasst und tabellarisch geordnet.

Die Arbeit im Öffentlichen Dienst ist vergleichbar mit der im nicht-öffentlichen Dienst, d.h. mit der in der Privatwirtschaft: Sowohl produktiv als auch regulativ wird im Öffentlichen Dienst gearbeitet. Es wird hergestellt, transportiert, verwaltet, gelehrt, geheilt, geforscht, sodass sich die Tätigkeitsmerkmale des Öffentlichen Dienstes auch zur **Bestimmung und Eingruppierung aller Arbeiten** in der Privatwirtschaft eignen - ohne Unterschied zur freiberuflichen, unternehmerischen und abhängigen Arbeit. Die gesamte privatwirtschaftliche Arbeit lässt sich dem Tarifklassensystem des Öffentlichen Dienstes zuordnen.

Weil unsere Gesellschaft Produktions- und Dienstleistungsgesellschaft ist, könnte die Schichtgliederung nach der Erwerbsarbeit vorgenommen werden. Für diesen Zweck wäre das Tarifklassensystem des Öffentlichen Dienstes hinlänglich geeignet. Das sich ergebende **Schichtenmodell der Gesellschaft** könnte als Orientierung dienen zur Besetzung der gesetzgebenden Parlamente (politisches Handlungskonzept, 16.6.3).

Die durch Wissen und Verantwortung gelenkte Gesellschaft muss das Ziel sein: der **gerechte Gesamtarbeiter** (16.4.2) - sowohl nach innen als auch nach außen. Wie sieht die Welt jedoch aus? wie das Verhältnis zu anderen Gesamtarbeitern? Analog der Klassen bzw. Schichten haben sich „vier Welten" eingebürgert. Eine unteilbare Welt wird zwar gefordert. Abbild des Kleinen ist jedoch das Große.

17. 5. Regionalisierung der Welt

Statt des Begriffs „menschliche Gesellschaft" haben sich abwertende Bezeichnungen durchgesetzt. Man benutzt weiterhin die Begriffe: **erste Welt** (Gruppe der reichen kapitalistischen Länder), **zweite Welt** (Gruppe der sozialistisch orientierten Länder), **dritte Welt** (Gruppe der Entwicklungsländer), **vierte Welt** (Gruppe der ärmsten Länder). Mit dieser Einteilung spricht man politische und wirtschaftliche Abhängigkeiten an. Dabei ist bewusst, dass alle Versuche umfassender Einteilung vage Sprachschöpfungen sind. Immer lassen sich Länder von höchst unterschiedlicher Art - wirtschaftlich, politisch, kulturell, aber auch klimatisch - zu Gruppen zusammenwerfen. Dennoch erhält der wirtschaftliche Aspekt den Vorrang hier. Die wirtschaftliche Kraft des einzelnen Landes bestimmt die Stellung im Weltsystem. Von daher stammt die Auffassung, dass die Menschheit, auch in umfassenden Maßen, klassengespalten ist, wobei die Länder der Ersten Welt die erste Klasse einnehmen. Dies vermittelt der oft benutzte Begriff „**internationale Arbeitsteilung**" ebenfalls, wenn auch vernebelt.

Man stellt fest, dass die Gesellschaften untereinander konkurrieren. Jede Gesellschaft lässt sich als Gesamtarbeiter auffassen, mit verschiedenem Rang auf dem Weltmarkt. Ein zweiter Vergleich geht aus Hegels Dialektik „**Herr - Sklave**" hervor (mehr in biologischer Hinsicht), die den Kampf auf Leben und Tod beschreibt (16.3).

Nach dem Zusammenbruch der Sowjetunion glaubt sich der Kapitalismus als Sieger. F.Fukuyama spricht vom Ende der steten Evolution politischer und wirtschaftlicher Institutionen: vom **Ende der Geschichte**, und weist auf Hegels absolute Idee, auf eine Zukunft ohne wesentliche Konflikte, in der das **Zentrum** (Erste Welt) seinen Frieden gefunden hat und die **Peripherie** so gut wie keine Rolle mehr spielt.

Für das Zentrum ist die Peripherie als „Rohstofflager" wichtig, das von einheimischer Bevölkerung aufgebaut und ins Zentrum exportiert worden ist. Mit der um sich greifenden Liberalisierung des Welthandels aber sind die reichen Länder in der Lage, die Rohstoffausbeute selbst zu übernehmen: durch Hochtechnologie. Besonders in armen, doch rohstoffreichen Ländern entsteht eine **„überflüssige" Bevölkerung**.

Anders als vorher kann eine solche Bevölkerung nicht mehr ausgebeutet werden. Man spricht von „Überbevölkerung", die besser nicht existieren sollte,[22] doch als Gefahr fürs Zentrum existiert (Bevölkerungsexplosion). Zunehmend verlassen junge Menschen ihre angestammte Heimat. Der Wanderungsdruck zwischen Peripherie und Zentrum - zwischen Süd und Nord - wird eher zunehmen.

Mit fortschreitender Liberalisierung des Welthandels verschärft sich die Konkurrenz zwischen Ländern der Peripherie ebenso wie zwischen Ländern des Zentrums. Das heißt, auch in reichen Ländern werden Menschen mehr und mehr überflüssig. Das führt unausweichlich zu innergesellschaftlichen Konflikten - es sei denn, die „Überflüssigen“ würden sich selbst zerstören (Drogen, Medien-Gewalt, Banden, Bürgerkrieg etc.).

Voraussetzung wäre, dass die überflüssige Bevölkerung sich selbst als überflüssig sähe. Nach den Zusammenbrüchen im sozialistischen Lager ist der ideologische Kampf fortgesetzt worden, ebenso hier wie dort - heftiger dort: in Ländern der armen Welt (Lüge, Verstockung, Verhütungsverbot, Boykott etc.).

Während der Kolonialzeit im letzten Drittel des 19. Jh. hat Nietzsche - als Theologe und Gegner des aufsteigenden Sozialismus - einen **aktiven Nihilismus** verkündet (11.2.2): Wenn der Leidende, der Unterdrückte, so Nietzsche, den Glauben an sein Recht verlöre, so träte er in das Stadium der hoffnungslosen Desperation! Die Moral behütete die Schlechtweggekommenen vor Nihilismus: dem **Nichts**, indem sie jedem einen unendlichen Wert beimaß, der mit der weltlichen Macht und Rangordnung nicht stimmt. Gesetzt, dass der Glaube an die Moral zugrunde geht, so würden die Schlechtweggekommenen (Verdammten) ihren Trost nicht mehr haben und ebenfalls zugrunde gehen (Text leicht gekürzt).[23] Fazit: Gegen Nihilismus - mit **entschlüsselter Religion** (siebentes Buch).

Derzeit hat es die Politik „mit der Kollision von zwei Prinzipien zu tun. Einerseits der Globalisierung der Märkte, des Wettbewerbs, der Kapitalströme und der Arbeitsplätze und andererseits der moralischen und politischen Notwendigkeit, des Prinzips der demokratischen Selbstgestaltung ... Wir müssen den Sozialstaat, die Demokratie retten vor diesem neuen globalen Kannibalismus ohne Regeln, ohne Kontrolle, ohne Verantwortung. Dieser Kannibalismus frisst Einzelschicksale, Lebensordnungen und Demokratien.“ (H.Voscherau)

Das Bild vom starken und schwachen Gesamtarbeiter lässt globalen Freihandel nicht zu, verlangt stattdessen einen fair geregelten Weltmarkt, d. h. ein demokratisch gewähltes Weltparlament (Legislative), eine Weltregierung und einen Weltstaat (Exekutive, Judikative), zwecks Formulierung und Kontrolle der internationalen Ordnung. In der näheren Zukunft kann das nicht aufgebaut werden.

Die im **ersten Kapitel** stehende These „Bei miteinander gekoppelten Wirtschafts- und Gesellschaftssystemen bestimmt das höher entwickelte das niedere in stärkerem Maße als umgekehrt“ setzt voraus, dass erstens das Zentrum reicher als die Peripherie ist, dass zweitens das staatliche Gesetz vom Zentrum mehr diktiert wird, was im Weltsystem ebenso wie hierzulande geschieht. Für die Steuerung ist laut „Systemtheoretischer Betrachtung“ das **Milieu im höheren System** entscheidend.

Eine global einheitliche Entwicklung ist unmöglich: Zu groß sind die wirtschaftlichen, kulturellen und klimatischen Unterschiede. Auf dem Weltmarkt bestimmen Länder des Zentrums die Preise und Konditionen. Auch entzieht sich der Weltmarkt der politischen Kontrolle mehr und mehr. Der Unterschied zwischen reicher und armer Welt wird eher zunehmen.

Erforderlich ist eine neue Weltwirtschaftsordnung, die das Marktgeschehen auf etwa zehn **verschiedene Großräume** verteilt. Die verschiedenen im Großraum existierenden Länder sollten hinsichtlich Klima, Kultur, wirtschaftlicher Entwicklung ähnliche Strukturen aufweisen, damit Parteien und andere Systeme länderübergreifend organisiert werden können.

Regionalisierung heißt vor allem größere Kontrolle. Die Macht der Konzerne könnte eingegrenzt und kontrolliert werden. Bei niedrigen Im- und Exportquoten könnten die Weltregionen lose Kooperationen eingehen, könnten über Weltdatennetze relevante Informationen untereinander austauschen. Weltweite Regeln und Gesetze wären dafür erforderlich, auch zur Kontrolle ungehinderter Kapitalströme, die mehr Privatpersonen gehören, derzeit Kriege fördern und ganze Volkswirtschaften ruinieren können.

Weit mehr als eine Milliarde Menschen lebt derzeit in absoluter Armut (laut UNO), in Afrika fast zwei Drittel der Bevölkerung. Hauptsächlich der Kolonialismus und Imperialismus des 20. und 21. Jahrhunderts hat Großteile Afrikas ruiniert. Welche Armen sind uns also am nächsten? Afrika beginnt am Südrand des Mittelmeeres. Folgen seiner Verarmung treffen Europa zuerst. **Armutsbekämpfung** sollte ebenfalls **regionalisiert** werden, am besten in Nord-Süd-Richtung! Nichts spricht dagegen, wenn sich Europa um Afrika kümmert, Nordamerika um Lateinamerika usw. Nord-Süd-Partnerschaften sollten gefördert und von Vereinen getragen werden (viertes Buch). Durch gesetzliche Maßnahmen sind Kapitalströme mehr in Nord-Süd-Richtung zu lenken.

Politische Anstrengungen in Europa, Asien, Amerika weisen in Richtung

Regionalisierung. Bezüglich konzeptioneller Überlegungen sind zuerst die politischen Systeme der Bundesrepublik Deutschland und in zweiter Linie die Europas wichtig. Eine gerechte und ökologisch verträgliche Politik muss vor allem bei uns beginnen und auf strukturelle Veränderungen hier im Land zielen!

Für die Steuerung gekoppelter Wirtschafts- und Gesellschaftssysteme ist, wie erwähnt, das höhere System entscheidend. **Kursänderung** tritt ein, wenn das **Zentralmilieu** des höheren Systems verändert wird. Das mehrfach erwähnte Handlungskonzept, das durch Vergleiche am biologischen Organismus deutlicher wird, könnte über die Bundesrepublik Deutschland hinaus auf ganz Europa angewandt werden.

Konstruiert ist das Handlungskonzept so, dass bestmögliche Ergebnisse mit kleinstmöglichem Aufwand erzielt werden, und zwar am gesamten Organismus (**Prinzip des kleinsten Aufwands** bzw. **der kleinsten Wirkung**, s. zweiter Beitrag). Auch deswegen die biologischen Vergleiche zwischen Zellen, Personen und Gesellschaften.

17. 6. Zusammenfassung und Ausblick

Ob Geschichte und menschliche Gesellschaft dem natürlichen Gesetz folgen, kann weder bestätigt noch verneint werden. In der Antike ist Geschichte als Wechsel bestimmter Zyklen aufgefasst worden. Schon im Frühchristentum aber hat man eine göttliche Vorsehung angenommen. Eine die Geschichte bestimmende Gesetzmäßigkeit hat sich in der Stoa spekulativ durchgesetzt (Stoizismus).

Bis heute ist die frühchristliche Vorstellung lebendig geblieben. Als Fortschrittstheorie (ohne menschliche Freiheit) haben sich Aufbau und Zerstörung, Krieg und Leid metaphysisch rechtfertigen lassen.

Mit Kant ist der Glaube an die menschliche Freiheit zur Geltung gekommen. Das von ihm stammende Sittengesetz ist kein natürliches Gesetz, sondern moralisches Prinzip einer allgemeinen Gesetzgebung. Wichtige Teile der *Hegel*schen Philosophie ließen sich integrieren (Begriffsmodifikation), obwohl Hegel ein natürliches Gesetz in der Geschichte anerkannt hat und die menschliche Freiheit in seinem Werk wieder versinkt.

Durch Marx ist die *Hegel*sche Metaphysik umgedreht und die geschichtliche Höherentwicklung mit der menschlichen Arbeit und den ökonomischen Prozessen verbunden worden, wobei drei „allgemeine Grundgesetze“ als natürlich definiert worden sind (erstes Buch), die dem Gesetzesbegriff der Naturwissenschaften aber widersprechen.

Man erkennt im Geschichtsverlauf, ohne das Naturgesetz ausschließen zu wollen, eine Höherentwicklung, die durch das staatliche Gesetz gefördert worden ist. Als vorläufig letzte Formen lassen sich die kapitalistische Klassengesellschaft und die sozialistische Planwirtschaft nennen. Mit dem Umbruch im sozialistischen Lager hat die kapitalistische Klassengesellschaft ihre wirtschaftliche Überlegenheit beweisen können.

Die sogenannte Frankfurter Schule hat die sozialistische Planwirtschaft ebenso kritisiert wie die kapitalistische Klassengesellschaft. Mit den Protesten Ende der sechziger Jahre sind alle Gesellschaftsgruppen in Bewegung geraten. Theoretische Stützen sind Marx und Freud gewesen, aber auch das Denken der Aufklärung und der *Kant*sche Freiheitsbegriff - einschließlich der moralischen Vorschrift!

Die Größe der Freiheit ist von der Schicht- bzw. Klassenzugehörigkeit abhängig. Mit Hinweis auf Sozialkategorien sind vier Klassen erkennbar, sowohl national als auch international (Erste bis Vierte Welt). Diesbezüglich wird von internationaler Arbeitsteilung auch gesprochen.

Für das Zentrum ist die Peripherie als Rohstofflieferant wichtig. Die Rohstoffausbeute ist selbst übernommen worden. An der Peripherie hat sich eine „überflüssige Bevölkerung“ gebildet, aber auch im Zentrum, was zu weiteren Konflikten, ja Kriegen führen könnte.

Globaler Freihandel ist der Peripherie eher feindlich, vergeudet Ressourcen und Arbeitskraft, belastet die Umwelt usw. Besser wäre es, den globalen Markt in verschiedene Großräume zu unterteilen. Bei niedrigen Im- und Exportquoten könnten die Weltregionen lose Kooperationen eingehen. Wichtige Informationen wie Umweltdaten, technisches Know-how könnten über Datennetze ausgetauscht werden.

Armutsbekämpfung könnte ebenfalls regionalisiert werden, am besten in Nord-Süd-Richtung. Europa könnte sich um Afrika kümmern, die USA und Kanada um Südamerika usw. Auch moralisch könnte sich die Welt höher entwickeln - durch Erlass, Anwendung und Kontrolle von gerechtem staatlichen Gesetz. Dies könnte mit Hilfe eines politischen Handlungskonzepts geschehen, analog genetischer Eingriffe an der biologischen Zelle (Prinzip der kleinsten Wirkung bzw. des kleinsten Aufwands). Mit biologischen Vergleichen, Aspekten würde der Sachverhalt deutlicher werden.

NACHTRAG: Der Hinweis, das Prinzip der kleinsten Wirkung bzw. des kleinsten Aufwands zu nutzen, ist nicht ungewöhnlich, sondern der Tradition verbunden, wenn auch in modifizierter Form und aus anderer Perspektive. Deutlicher: Das ethische Engagement, als Beitrag für eine bessere Welt, sollte dem Prinzip der Optimierung (1) folgen, nämlich von Problemen unserer Zeit aus, an denen der Einzelne sich bewähren und in Verantwortung handeln kann. Bewährung und Verantwortung sind reine Bezugsbegriffe. Der Einzelne sollte erkennen: Ich komme zu mir selbst nur durch den Bezug zu anderen. Ich bin vermittelt und vermittelnd zugleich. Ich bin Subjekt und wirke auf den anderen, der als Objekt auf mich wirkt. Oder allgemein: Wirklichkeit ist ein dialektisches Geschehen, das der Mensch ebenso vermittelt, wie er durch dieses Geschehen vermittelt wird. Als Prozess hat Wirklichkeit ein Grundmerkmal: die Dialektik. (auch Geschehen am Waldsee? siehe Vorwort)

Im System Hegels ist - im Gegensatz zu Kant - die Dialektik nicht mehr als **Erkenntnisdialektik**, sondern als **Seinsdialektik** angesetzt, und zwar bezüglich der absoluten Idee oder des Weltgeistes (Entäußerung des Weltgeistes vom An-sich zum An-und-für sich).

Als einzig legitime Methode zur Deutung der Gegenwart im Ganzen ist das dialektische Verfahren anzuerkennen. Die moderne Physik hat den Begriff der Wirklichkeit als übergreifende Vermittlung zwischen Subjekt und Objekt stabilisiert bzw. den Begriff der Wahrscheinlichkeit und die Unbestimmtheitsrelationen mathematisch definiert, worauf u. a. im zweiten Beitrag (achtes Buch) eingegangen wird.

Schlusswort

Wohlstand und Luxus machen uns vergessen, woher wir kommen. „Die Ziele der Arbeiterbewegung sind erreicht!" Wir sagen es, und Arbeiter versinken im Elend, ringen verzweifelt um ihr Überleben. Je bedrückender das Elend, desto größer die Zerstörung in der Natur.[1] - Wir spenden und nehmen das Dreifache von denen, die wir bespenden.

Zwanzig Prozent der Weltbevölkerung verbrauchen achtzig Prozent aller Rohstoffe. Jedes Jahr verhungern fünfzehn Millionen Kinder (wie viele Erwachsene?). Wenn die Entwicklung so weitergeht, wird es mehr Kriege geben! Was haben jene zu verlieren?

Das Hauptproblem ist die wachsende Bevölkerung. Die Bundesrepublik Deutschland ist sowohl eines der dichtest besiedelten als auch eines der höchst industrialisierten Länder der Erde. Für die katholische Kirche ist die wachsende Bevölkerung kein Problem. Das folgt aus Reden zur Empfängnisverhütung, die sogar streng gläubige Katholiken einfach ignorieren. Anders in armen Ländern: Dort greifen solche Reden, sodass die Frage erlaubt sein muss, ob Not und Unwissenheit als Nährboden für Glaube und Christ-sein nötig sind.

Zügelloses Kapitalstreben ist der christlichen Botschaft feindlich - laut Theologie der Befreiung bzw. religiösem Sozialismus. Führende Vertreter christlicher Theologien haben die Amtskirchen scharf kritisiert und ein Gesamturteil gefällt: „unser gesamtes Kulturleben ist nichts anderes als ein Gebilde des **Mammonismus**, der in sich Gier und Lüge als Prinzip anerkennt." Zwischen Gott und Religion ist unterschieden worden. „Gott ist nicht Religion; er kann auch dort wirken, wo keine Religion ist, wie er umgekehrt auch dort fehlen kann, wo Religion ist."[2] Damit ist auf die Selbstgefälligkeit der in Gesellschaft und Macht eingenisteten Kirche gewiesen worden, die Institution und Gott im Religionsbegriff in eins gesetzt hat. Wer sein Leben wahrhaft lebt, wird **anecken, angefeindet** werden und auch **leiden** - abseits vom religiös umhegten Bürgertum.

Die Armen sollen Mächtigen vertrauen, unter deren Bedingungen Frieden wahren. Führer, die ihnen nahe stehen, werden verfolgt und auch umgebracht. Darüber sprechen die Kirchen hierzulande kaum, dort, wo Ursachen des Elends liegen und bitten um Spenden. Die Theologie der Befreiung[3] lehnt das Lehramt der katholischen Kirche ab, diszipliniert ihre Hauptvertreter, hinsichtlich des „zum Himmel schreienden Schicksals des

‚**Untermenschen**' (1), des armen Bruders der Erde, der am Rand, im Abseits, also unten lebt, der Milliarden zählt und keinen Platz am Tisch der Menschheit hat. Er ist

- ohne Name,
- ohne Kraft und Gesundheit,
- ohne Brot, Rock und Dach,
- ohne Arbeit,
- ohne Sicherheit,
- ohne gesellschaftliche Beziehungen,
- ohne Land, Recht und Kredit,
- ohne Sinn, Mut und Hoffnung."[4]

Für die Christenheit ist die proletarische Situation ein Ruf zur Buße, dem gegenüber jede Selbstgerechtigkeit unangebracht sein muss. In der „kritischen Kirche" betont man in bewusstem Gegensatz zum einseitigen Trost- und Seligkeitschristentum die weit nach außen gehende Verantwortung eines jeden und den Gedanken der Nachfolge im Sinne der Bergpredigt.[5] Die „Verkündigung des Glaubens" darf „nicht getrennt erfolgen von einem Einsatz für soziale Gerechtigkeit. Ziel der Evangelisierung muss die integrale Befreiung des Menschen sein."[6]

Der Christ steht unter dem **Gebot der Liebe und Gerechtigkeit**, denn die Liebe kann an der Gerechtigkeit nicht vorbeigehen. Er hat nicht nur einen Anspruch auf Gerechtigkeit, sondern auch eine Pflicht zur Gerechtigkeit. Der Ort christlicher Liebe ist die Welt, die es zu entwickeln gilt, denn das Höchste ist die Liebe.[7] Sie ist stärker als das Geld!

*

Siehe Hinweise am Ende des Vorworts: „... hinzuzufügen bleibt, dass unsere Niederlagen ja nichts anderes beweisen, als dass es zu wenige Kämpfer gibt und zu viele Zuschauer." (E.Galeano)

Literaturnachweis (erster Beitrag)

1. EINLEITUNG

1 Misereor (Hrsg.): Kamerun, Leben auf dem Land, Aachen 1988, S. 88
2 Quelle unbekannt
3 Misereor (Hrsg.): a.a.O., S. 90f
4 H.-J.Krupp: Kein Rückzug aus der Wirtschaftspolitik, in: Vorwärts (Sozialdemokratische Zeitung), Bonn 1/1996
5 B.Marxen: Entwicklungslinien naturphilosophischen Denkens in der Auseinandersetzung zwischen Materialismus und Idealismus, Aufl. 2008, Ethos-Verlag, Buchholz i.d.N., Kapitel 2.2/12; Bestellung über den Buchhandel bzw. www.ethos-verlag.de
6 N.Hartmann: Der Aufbau der realen Welt, Berlin 1964, S. 213
7 Ebd., S. 491
8 Ebd., S. 441
9 Ebd., S. 450
10 Ebd., S. 443
11 Ebd., S. 490
12 G.Gutiérrez: Theologie der Befreiung, München 1986, S. 250
13 N.Hartmann, a.a.O., S. 158

2. SYSTEMTHEORETISCHE BETRACHTUNG

1 G.Klaus/M.Buhr (Hrsg.): Philosophisches Wörterbuch, deb, Westberlin 1985 (1987), 13. Aufl., S. 1203 (14. Aufl. 1987 als fotomechanischer Nachdruck der 13. durchges. Aufl.)
2 Ebd., S. 1201
3 Ebd., S. 521
4 Ebd., S. 1215
5 Ebd., S. 1215
6 H.Linder: Biologie (Oberstufe), Stuttgart 1971, 17. Aufl., S. 335
7 G.Klaus/M.Buhr (Hrsg.), a.a.O., S. 1215
8 R.Beisel: Synergetik und Organisationsentwicklung, München u. Mering 1994, Punkt 1.3

3. GESETZLICHER ZUSAMMENHANG DER WELT

1 B.Marxen: Entwicklungslinien ..., a.a.O., Punkte 10.1 u. 11.1
2 Ebd., Punkt 9.2
3 F.Hund: Geschichte der physikalischen Begriffe, Teil 1, Mannheim 1978, S. 15f
4 B.Marxen: Entwicklungslinien ..., a.a.O., insbesondere Punkt 10.1
5 R.Beisel, a.a.O., S.31
6 Ebd., S.31-38
7 H.Linder, a.a.O., S. 311
8 R.Beisel, a.a.O., S.30
9 H.Linder, a.a.O., S. 18f
10 Ebd., S. 19
11 G.Klaus/M.Buhr (Hrsg.), a.a.O., S. 712
12 H.Linder, a.a.O., S. 314
13 Ebd., S. 315
14 E.Kruse/E.Stengel: Das Leben 3, Stuttgart 1970, S. 192
15 R.Beisel, a.a.O., S.S.28

16 Ebd., S. 51-79
17 G.Klaus/M.Buhr (Hrsg.), a.a.O., 368
18 Hesiod: Werke und Tage, aus dem Griechischen übertragen von A.v.Schirnding, Hanser Verlag, München 1966, S. 15ff
19 G.Klaus/M.Buhr (Hrsg.), a.a.O., S. 529
20 Ebd., S.372
21 I.Eibel-Eibesfeldt: Warum wir die Natur lieben und trotzdem zerstören, Süddeutsche Zeitung, 30.11./01.12. 1996

4. INFORMATIONSTHEORETISCHE BETRACHTUNG

1 Hierzu G.Klaus/M.Buhr (Hrsg.), a.a.O., S. 569-574 und Görres-Gesellschaft (Hrsg.): Staatslexikon, Recht-Wirtschaft-Gesellschaft, Freiburg/Br. 1986, Bd. 3, Sp. 73-78
2 H.Klagges: Es muss nicht immer Silizium sein, Süddeutsche Zeitung, 13.01.98, S.16
3 Yehoshua Bar-Hillel: Wesen und Bedeutung der Informationstheorie, in: Informationen über Information, Hamburg 1969.- K.Steinbuch: Automat und Mensch, 4. Aufl., Heidelberg 1971.- B.Hassenstein: Biologische Kybernetik, Heidelberg 1965.- O.W.Haseloff (Hrsg.): Grundfragen der Kybernetik, Berlin 1967 (eine Sammlung von Rundfunkvorträgen)
4 B.Marxen: Entwicklungslinien ..., a.a.O., Punkt 8.4
5 Ebd.

5. ZUM AUFBAU DES MENSCHEN

1 H.Linder, a.a.O., S. 336
2 Ebd., S. 179
3 Ebd., S. 177
4 Ebd., S. 170
5 Ebd., S. 148
6 Ebd., S. 178
7 Ebd., S. 176
8 Ebd., S. 178
9 Ebd., S. 178f
10 Ebd., S. 338f
11 Ebd., S. 255ff
12 Ebd., S. 256
13 Ebd., S. 256f
14 Ebd., S. 273
15 Ebd., S. 335
16 Ebd., S. 272f
17 Ebd., S. 256
18 Ebd., S. 199
19 Ebd., S. 207
20 G.Klaus/M.Buhr (Hrsg.), a.a.O.., S. 448
21 Ebd., S. 448
22 N.Lossau: Gene sind nicht alles, Die Welt, 17.07.2000 (Leitartikel)

6. MENSCH ALS INFORMATIONSWANDLER

7. GEISTIGE BILDUNG

1 B.Marxen: Entwicklungslinien ..., a.a.O., Punkte 11.1 bis 11.3
2 H.Linder, a.a.O., S. 190
3 Ebd. S. 192
4 Ebd., S. 192
5 Ebd., S. 204f
6 Ebd., S. 205f
7 Ebd., S. 206
8 Ebd., S. 207
9 Ebd., S. 207
10 N.Chomsky: Alles gelogen, Süddeutsche Zeitung, 07.12.1998
11 Görres-Gesellschaft (Hrsg.): Recht-Wirtschaft-Gesellschaft, Freiburg/Br. 1986, Bd. 2, Sp.896
12 F.E.Weinert/C.F.Graumann/H.Heckhausen/M.Hofer u.a.: Funk-Kolleg, Pädagogische Psychologie, Frankfurt/M. 1974, Bd. 2, S. 667
13 Ebd., S. 665
14 Ebd., Bd. 1, S. 233
15 C.Stern/W.Stern (1907): Kindersprache, Darmstadt, Buchgesellschaft 1965 (Nachdruck der 4. Aufl. 1928)
16 G.Klaus/M.Buhr (Hrsg.), a.a.O., S. 258
17 Ebd., S. 259
18 F.E.Weinert ... u.a., Bd. 1, a.a.O., S. 232ff
19 Katechismus der kath. Kirche, Oldenbourg Verlag, München 1993, Nummer 1749
20 R.Descartes: Discours de la méthode, Felix Meiner Verlag, Hamburg 1990, S. 3
21 H.Roth (Hrsg.): Begabung und Lernen, Stuttgart 1969
22 H.Roth: Pädagogische Psychologie des Lehrens und Lernens, Hannover 1971, S. 130
23 E.G.Boring: "Intelligence as the test test it", in: New Republic, 1923, S. 35
24 H.Roth: Pädagogische ..., a.a.O., S. 131
25 Ebd., S. 141f
26 P.R.Hofstätter: Die Psychologie und das Leben, Wien 1951
27 H.Roth: Pädagogische ..., a.a.O., S. 142
28 G.Révész: Talent und Genie, München 1952, S. 244f
29 F.E.Weinert ... u.a.: Bd. 1, a.a.O., S. 287f
30 H.Linder, a.a.O., S. 286

8. STREBEN UND TRIEB

1 H.H.Becker (Hrsg.): Anthropologie und Pädagogik, Bad Heilbrunn/Obb. 1971, S. 35ff
2 W.Schulz: Philosophie in der veränderten Welt, Pfullingen 1980, S. 732ff
3 H.H.Becker (Hrsg.), a.a.O., S. 39f
4 R.A.Spitz: Hospitalismus I, in: G.Bittner und E.Schmid-Cords (Hrsg.), Erziehung in früher Kindheit, Erziehung in Wissenschaft und Praxis, Bd. 6, München 1968, S. 77-98
5 K.Mollenhauer: Einführung in die Sozialpädagogik, Sozialpädagogische Reihe, Bd. 1, Weinheim-Berlin 1964, S. 63f
6 H.Linder, a.a.O., S. 289
7 W.Schulz, a.a.O., S. 765-780
8 A.Bandura: Influence of model's reinforcement contingencies on the acquisition of initiative responce, in: F.E.Weinert ... u.a., Bd. 2, a.a.O., S. 624-629

9 S.Freud: Gesammelte Werke in 18 Bänden, London 1952ff, Bd. 13, S. 268f
10 Ebd., Bd. 10, S. 211
11 Ebd., Bd. 10. S. 215
12 Ebd., Bd. 10, S. 215
13 Ebd., Bd. 13, S. 268f
14 Ebd., Bd. 16, S. 22
15 Ebd., Bd. 13, S. 251
16 Ebd., Bd. 14, S. 506
17 Ebd., Bd. 15, S. 86
18 H.Linder, a.a.O., S. 185f
19 Ebd., S. 201
20 S.Freud, a.a.O., Bd. 15, S. 73
21 Ebd., Bd. 10, S. 331f
22 G.Klaus/M.Buhr (Hrsg.), a.a.O., S. 992
23 Görres-Gesellschaft (Hrsg.), a.a.O., Bd. 3, Sp. 478f
24 C.D.Kernig (Hrsg.): Sowjetsystem und demokratische Gesellschaft, Freiburg/Br. 1966, Bd. 2, Sp. 629

9. MACHT UND HERRSCHAFT

1 M.Weber, in: Görres-Gesellschaft (Hrsg.), a.a.O., Bd. 5, Sp. 499
2 MEW (K.Marx/F.Engels Werke): Dietz Verlag, Berlin 1977, Bd. 20, S. 1-303. Oder: F.Engels: Herrn Eugen Dührings Umwälzung der Wissenschaft („Anti-Dühring“), Dietz Verlag, Berlin 1987
3 F.Engels, ebd., S. 197
4 Ebd., S. 191f
5 MEW, a.a.O., Bd. 25, S. 274
6 MEW, ebd., Bd. 20, S. 255
7 Ebd., S. 254f
8 Ebd., S. 255
9 F.Nietzsche: Der Wille zur Macht, ausgewählt u. geordnet von P.Gast u. Mitw. v. E.Förster-Nietzsche, Kröner Verlag, Stuttgart 1980, S. 473
10 C.D.Kernig (Hrsg.), a.a.O., Bd. 4, Sp.336

10. NATUR- UND MENSCHENRECHT

1 Görres-Gesellschaft (Hrsg.), a.a.O., Bd. 6, Sp. 641
2 Ebd., Bd. 5, Sp. 929
3 Ebd., Bd. 5, Sp. 930
4 Ebd., Bd. 5, Sp. 934
5 G.Klaus/M.Buhr(Hrsg.), a.a.O., S. 1175
6 Ebd., S. 1175
7 Ebd., S. 843
8 Görres-Gesellschaft (Hrsg.), a.a.O., 1957, Bd. 5, Sp. 932
9 Ebd., Sp. 931f
10 Ebd., Sp. 959
11 Grundgesetz für die Bundesrepublik Deutschland (1980), Art. 1
12 G.Klaus/M.Buhr (Hrsg.), a.a.O., 845
13 Ebd., S. 845

11. FREIHEIT

1 W.Schulz, a.a.O., S. 755
2 I.Kant: Kritik der praktischen Vernunft, Felix Meiner Verlag, Hamburg 1990, S. 36
3 Görres-Gesellschaft (Hrsg.), a.a.O., Bd. 2, Sp. 703
4 W.Schulz, a.a.O., S. 753
5 G.Klaus/M.Buhr (Hrsg.), a.a.O., S. 423
6 Der neue Brockhaus (in 5 Bänden), Wiesbaden 1968, Bd. 2, S. 255
7 Die Bibel: 1. Kor 13,4-7
8 Görres-Gesellschaft (Hrsg.), a.a.O., 1987, Bd. 3, Sp. 921ff
9 U.Jäeggi: Macht und Herrschaft in der Bundesrepublik, Frankfurt/M. 1969, u.a. S. 33-40
10 Ebd., u.a. S. 13-18

12. GLEICHHEIT

1 C.D.Kernig (Hrsg.), a.a.O., Bd. 2, Sp. 1085
2 K.Hesse, in: C.D.Kernig (Hrsg.), ebd., Bd. 2, Sp. 1085
3 G.Dürig, in: Ebd., Sp. 1085
4 Meyers Enzyklopädisches Lexikon in 25 Bänden, Mannheim 1974, Bd. 10, S. 454
5 Grundgesetz, a.a.O., Art. 1; 3; 33
6 G.Leibholz, in: C.D.Kernig (Hrsg.), a.a.O., Bd. 2, Sp. 1088; vgl. Bibel Mt 22,36-40
7 P.Buonarroti: Conspiration pour l'egalite, dite de Babeuf (1828), Paris 1957, S. 29f

13. SOLIDARITÄT UND SOLIDARITÄTSPRINZIP

1 O.v.Nell-Breuning, in: H.Galling (Hrsg.): Die Religion in Geschichte und Gegenwart, Tübingen 1957, Bd. 5, Sp. 131
2 Görres-Gesellschaft (Hrsg.), a.a.O., Bd. 7, Sp. 120
3 Ebd., Sp. 119
4 Grundsatzprogramm der SPD, Bad Godesberg 1959

14. GERECHTIGKEIT

1 Görres-Gesellschaft (Hrsg.), a.a.O., Bd.3, Sp.783
2 Ebd., Sp.783
3 Ebd., Sp.784
4 Ebd., Sp.784
5 Ebd. Sp.784
6 Grundgesetz, a.a.O., Art. 1; 3
7 Görres Gesellschaft, a.a.O., 1957, Bd.3, Sp.784
8 Grundgesetz, a.a.O., Art. 33
9 Görres Gesellschaft, a.a.O., 1986, Bd.2, Sp.905
10 Ebd., Sp.900

15. DUALISMUS

1 A.Gehlen: Anthropologische Forschung, Hamburg 1961, S. 12ff
2 B.Marxen: Entwicklungslinien ..., a.a.O., Punkt 2.3
3 A.Reble: Geschichte der Pädagogik, Stuttgart 1975, S. 31
4 K.D.Schmidt: Grundriss der Kirchengeschichte, Göttingen 1960, S. 36
5 B.Marxen: Entwicklungslinien ..., a.a.O., Punkt 7.4

16. ERWERBSARBEIT

1 Papst Johannes Paul II: Über die menschliche Arbeit, Freiburg/Br. 1981, insbes. S. 19-39
2 Die Bibel, 1. Mose 29,27; 31,42; 2. Mose 1,14; 2,23; Pred 2,10; 3,13; 4,4; Jes 43,24; etc.
3 Homer, in: C.D.Kernig (Hrsg.), a.a.O., Bd. 1, Sp. 248
4 Ebd., Sp. 248
5 Platon, in: C.D.Kernig (Hrsg.), ebd., Bd. 1, Sp. 250
6 Die Bibel: Mark 6,3; Apg 18,4
7 Ebd. Matth 4,18-22
8 Ebd. Röm 10,12; 1. Kor 12
9 C.D.Kernig (Hrsg.), a.a.O., Bd. 1, Sp. 252
10 Augustinus, in: C.D.Kernig (Hrsg.), ebd., Bd. 1 Sp. 252f
11 C.D.Kernig (Hrsg.), ebd., Bd. 1, Sp. 253f
12 Ebd., Sp. 254
13 Ebd., Sp. 254
14 Die Bibel, 1. Mose 3,17-19
15 C.D.Kernig (Hrsg.), a.a.O., Bd. 1, Sp. 255
16 Ebd., Sp. 255
17 MEW, a.a.O., Bd. 26, S. 143-145, S. 318-327
18 G.Klaus/M.Buhr (Hrsg.), a.a.O., S. 636
19 F.Chátelet (Hrsg.): Geschichte der Philosophie, Frankfurt/M. 1973, Bd. 5, S. 116
20 G.Klaus/M.Buhr (Hrsg.), a.a.O., S. 636
21 F.Chátelet (Hrsg.), a.a.O., Bd. 5, S. 121
22 G.W.F.Hegel: Sämtliche Werke, G.Lasson (Hrsg.), Leipzig 1930, Bd. 6 (Grundlinien der Philosophie des Rechts), S. 163
23 I.Kant: In W.Weischedel: Die philosophische Hintertreppe, Bd. 6, S. 53
24 G.W.F.Hegel, a.a.O., Bd. 6, S. 163
25 G.W.F.Hegel, ebd., Bd. 5 (Phänomenologie des Geistes)
26 G.Klaus/M.Buhr (Hrsg.), a.a.O., S. 323
27 W.Schulz, a.a.O., S. 505
28 G.W.F.Hegel: Phänomenologie des Geistes, Felix Meiner Verlag, Hamburg 1952, S.144f
29 MEW, a.a.O., Bd. 2, S. 7
30 MEW, ebd., Bd. 23 (Das Kapital, Bd. 1), S. 674
31 Ebd., z.B. S. 552, 790f
32 Ebd., S. 552
33 MEW, ebd., Bd. 19, S. 21
34 MEW, ebd, Bd. 23-25 (Das Kapital, Bd. 1 bis 3)
35 MEW, ebd., Bd. 23, S. 49
36a Ebd., S. 50
36b Ebd., S. 161 - 191
37 Ebd., S. 51
38 Ebd., S. 52
39 Ebd., S. 59
40 MEW, ebd., Bd. 13, S. 18
41 MEW, ebd, Bd. 23, S. 53
42 Ebd., S. 53
43 Ebd., S. 531
44 Ebd., S. 531
45 Ebd., S. 531
46 Th.Morus: Utopia, in: K.J.Heinisch (Hrsg.), Der utopische Staat, Reinbek (bei Hamburg) 1960, S. 7-110

47 N.Hartmann: Ethik, Berlin 1962, S. 598 (s. auch S. 174, S. 205, S. 277)
48 B.Marxen: Entwicklungslinien ... a.a.O., insbes. Punkte 2.2 u. 12
49 Die Bibel, Gen 3,19
50 Papst Johannes Paul II, a.a.O., S. 31

17. GELELLSCHAFT IM WANDEL

1 G.Klaus/M.Buhr (Hrsg.), a.a.O., S. 460ff
2 Ebd., S. 460
3 I.Kant: Kritik der praktischen Vernunft, a.a.O., S. 186 (Beschluss)
4 G.Klaus/M.Buhr (Hrsg.), a.a.O., S. 465
5 Ebd., S. 466
6 Ebd., S. 468
7 B.Marxen: Entwicklungslinien ..., a.a.O
8 B. Marxen: Zum höheren Dritten: zwischen Kapitalismus und Sozialismus, Aufl. 2011, Ethos-Verlag, Buchholz i.d.N., Bestellung über den Buchhandel bzw. www.ethos-verlag.de bzw. www.libri.de
9 Görres-Gesellschaft (Hrsg.), a.a.O., Bd. 2, Sp. 560ff
10 A.Reble: Geschichte der Pädagogik, Stuttgart 1975, S. 64
11 Ebd., S. 65
12 Ebd., S. 67
13 G.Klaus/M.Buhr (Hrsg.), a.a.O., S. 733
14 Görres-Gesellschaft (Hrsg.), a.a.O., Bd. 3, Sp. 740
15 Ebd., Bd. 3, Sp. 827
16 C.D.Kernig (Hrsg.), a.a.O., Bd. 2, Sp. 967
17 Ebd., Sp. 967
18 Görres-Gesellschaft (Hrsg.), a.a.O., 1957, Bd. 3, Sp. 830
19 Ebd., Sp. 831
20 Ebd., Sp. 833ff
21 K.Ebert: Das gesamte öffentliche Dienstrecht (Loseblattwerk mit Ergänzungslieferungen), E.Schmidt Verlag, Berlin
22 Pax christi (Hrsg.): Gewaltverhältnis Nord-Süd (Arbeitspapier Nr. 8), Bad Vilbel 1993
23 F.Nietzsche: Der Wille zur Macht, A.Kröner Verlag, Stuttgart 1980, Erstes Buch, insbesondere Punkt 55, S.45f (aktiver Nihilismus, ein Schema heutiger Wirklichkeit).

SCHLUSSWORT

1 Entwurf für ein neues Grundsatzprogramm der SPD, Entwurf Irsee, Juni 1986, Vorstand der SPD, Bonn, S. 5
2 K.Galling (Hrsg.): Die Religion in Geschichte und Gegenwart, Tübingen 1957, Bd. 6, Sp. 183
3 G.Gutiérrez: Theologie der Befreiung, München 1986
4 Paulo Link: Zentralpräses des Kolpingwerkes in Brasilien
5 Die Bibel, Matth 5, 6, 7
6 Görres-Gesellschaft (Hrsg.), a.a.O., Bd. 2, Sp. 905
7 Die Bibel, Matth 5,38-48; 22,34-40; 1.Kor 13,13

Buchdeckel (Rückseite)

1 Unbekannter Dichter, erschienen in: Franziskaner Mission (Zeitschrift 1/1989), Missionsverwaltung der Franziskaner (Hrsg.), Dietrich-Coelde, Werl 1989 (leicht verändert)

ZWEITER BEITRAG:

Gesetzlicher Zusammenhang der Welt

Inhaltsverzeichnis

Vorwort (zweiter Beitrag)

Mit dieser Arbeit habe ich erledigt, was mir seit langem als wichtig erschien. Das *3. Kapitel des ersten Beitrags* ist nur Entwurf gewesen und musste überarbeitet werden, auch wegen seiner zentralen Stellung. Der gesamte Inhalt des zweiten Buches ist darauf bezogen, ja das tiefere Anliegen meiner Schriften insgesamt, einschließlich meiner ethischen Überzeugungen. Was mir als Student bereits missfiel, habe ich bis heute zurückgewiesen. Weil ich das Fach Physik studiert habe und mich für Naturphilosophie interessiere, hat die Frage nach einer natürlichen Gesetzeseinheit mich beschäftigt, auch wegen eines „Geschehens" vor vielen Jahren, das ich nicht erklären konnte und deshalb verdrängte. Erst nach zwanzig Jahren erinnerte ich das Geschehen: Ich erkannte, dass mein Leben entsprechend verlaufen war. Nun habe ich meine Suche beendet, habe den "Beitrag zur Synthese ..." endlich fertiggestellt. In ihm ist die *natürliche Gesetzeseinheit* definiert, begründet und anhand von *Katalysen* belegt worden - unter physikalischem, biologischem und ethischem Aspekt. Nicht nur physikalisch habe ich die Gesetzeseinheit begründet, sondern biologisch und ethisch ebenfalls. Einen interdisziplinären Charakter haben meine Schriften erhalten (Modellsystem der realen Welt).

Ohne *Spekulation* lässt sich keine Theorie entwickeln, was A. Einstein hervorgehoben hat. Seine Methode führt nicht von den Tatsachen zur Theorie, sondern umgekehrt, von der Theorie zu den Tatsachen. Wissenschaftliche Theorien lassen sich spekulativ entwickeln und bezüglich ihrer Konsequenzen deduktiv weiterverfolgen. Ihre Voraussetzungen können zum einen erkenntnistheoretisch, von der Beziehung des Wissenschaftlers zum Objekt der Untersuchung abhängig sein, zum andern ontologisch, von der Beziehung des Wissenschaftlers zum Objekt der Untersuchung nicht abhängig sein. Im *Wahrscheinlichkeitsbegriff* der Quantenmechanik sind beide Beziehungsarten berücksichtigt.

Meine Bücher habe ich selbst redigieren müssen. Mögliche Schreibfehler möge man entschuldigen. Im Text stehen eingeklammerte Ziffern, beispielsweise (8.3.2). Als Kapitelnummerierungen weisen sie auf Textstellen, die man nachlesen, aber auch übersehen könnte.

Buchholz i.d.N. 2010/2012 Bernhard Marxen

NACHTRAG: Als eigenständiges Buch erschien der zweite Beitrag schon im Jahre 2010, und zwar als 8. Buch der beigefügten Literaturliste (siehe oben). Um zwei Texte ist der zweite Beitrag ergänzt worden (außer nebensächlichen Korrekturen): um den Punkt 9.4.3 und um die „Abfolge der Hauptbegriffe". Auch stehen folgende Zeilen auf der Rückseite des achtes Buches:

In seinem Vortrag „Religion und Naturwissenschaft" hat Planck betont, dass die theoretische Physik von einer Ursächlichkeit ausgeht, die einen ausgesprochen teleologischen Charakter besitzt. Teleologische Urteile basieren nicht auf objektiver Erkenntnis, sind aber an apriorische Prinzipien gebunden. Schon Kant hat deshalb geäußert, dass Moral unumgänglich zur Religion führt. Jede Naturwissenschaft folglich ist der Moral bzw. Religion verpflichtet, einem Gesetzgeber, zu dessen Wille ein *Recht* gehört, das als Endzweck des Menschen gelten kann und soll.

*

Das *Recht* des HERRN ist längst offenbart, in leicht verständlicher Sprache, auch außerhalb der Bibel: Hesiod - Bauer und Dichter um 700 v. Christus - sagt seinem Bruder, wie das Tageswerk zu verrichten und wie, zwischen Trauer und Zuversicht, die heruntergekommene Welt zu ertragen sei. - Ein poetisches Bild auch für unsere Zeit.

„Die aber jedem das *Recht,* dem
    Fremden und Heimischen, geben ...
Schaden bleibt ihnen fern,
    nur Glück erblüht ihren Werken.
Reiche Nahrung trägt ihnen die Erde,
    die Eiche am Berghang
Oben trägt sie die Früchte
    und weiter unten die Bienen.
Unter der Last ihrer flockigen Wolle
    wanken die Schafe.
Und die Frauen gebären
    den Männern ähnliche Kinder.
Dauernd blühn und gedeihn sie
    im Glück, und niemals auf Schiffen
Fahren sie fort (Krieg) ..." (übersetzt: A. v. Schirnding)

1. Gesetz der Natur und Begriffsbestimmung

Seit Jahrhunderten ist die Frage gestellt worden, ob sich die Welt gemäß eines natürlichen Gesetzes entwickelt habe oder nicht. Unter *„Welt"* verstehe ich ein „Modell" der wirklichen Vorgänge einerseits und der gesetzmäßig bestimmten Erlebnisse bzw. Bewusstseinserfahrungen andererseits, also eine gesetzmäßig bestimmte Außen- und Innenwelt. Zum besseren Verständnis sei der Begriff der Gesetzmäßigkeit ebenfalls festgelegt, den ich auf das Gesetz der Natur beziehe, also nicht auf das staatliche Gesetz, das ein vom Gesetzgeber erlassenes System von Geboten und Verboten darstellt. Dem Gesetz der Natur müssen die Potenzialitäten, die mit Hilfe des staatlichen Gesetzes aufgebaut werden, jedoch folgen.

Unter *„Gesetzmäßigkeit"* verstehe ich einen „bedingten und geordneten Zustand" - gemäß Gesetz der Natur (Naturgesetz oder natürlichem Gesetz). Bezieht man dies auf die erwähnte Außen- und Innenwelt, so tritt das Naturgesetz nie rein auf, sondern nur bedingt, und zwar zweiseitig: als Außenwelt und als Innenwelt des Menschen. Um diesen Sachverhalt zu verdeutlichen, muss das Gesetz der Natur definiert werden, um von ihm aus argumentieren zu können.

Materie und Energie sind gleichgesetzt. Unter dem *„Gesetz der Natur"* verstehe ich eine „natürliche Gesetzeseinheit", ein „statisches bzw. dynamisches Energiefeld", demzufolge - unabhängig vom Bewusstsein - das Naturgeschehen verläuft, sowohl im Mikro- als auch Makrobereich, aber nicht nur als physikalisches, sondern auch als biologisches und ethisches Gesetz. Um die Gesetzeseinheit besser fassen zu können, wird von physikalischem, biologischem und ethischem Gesetz auch gesprochen, überdies - im Zustand der Bedingtheit - von entsprechenden „Segmenten". Wegen der Einheit der Gesetze bzw. Segmente ist die Frage, ob die das Leben bestimmenden „Gesetze" vom physikalischen unabhängig bzw. dessen Folge sind, überflüssig. Die Systembiologie versucht zwar, Zellen zu simulieren und auf der Grundlage des physikalischen Gesetzes zu erklären. Jedes Lebewesen zeigt jedoch auch Eigenschaften, die man physikalisch nicht beschreiben kann. Im physikalischen Segment liegen die chemischen Reaktionen und Verbindungen: Physik und Chemie sind mit der Quantenmechanik vereint. Die verschiedenen Segmente sind am Inhaltsverzeichnis erkennbar!

Hier sei kurz angemerkt, dass sich physikalische Begriffe von umgangssprachlichen häufig unterscheiden, auch der Begriff *„Struktur"*, der im Sinne von „Ordnung“ und „Relation“ verstanden wird. Mehr dazu später.

Materie folgt dem Gesetz der Natur, hat Struktur und trägt Information, sodass Bedingtheit vorliegt, und zwar zweiseitig: einerseits als Umweltstruktur, andererseits als Gehirnstruktur. Beide Strukturen sind wechselseitig aufeinander bezogen, tragen Informationssysteme, die sich verändern müssen: Das zweite nimmt das erste selektiv wahr, ergänzt sich selbst und deutet das erste mit veränderter Struktur usw. Nicht das zweite allein ist verändert worden, auch das erste verhält sich dialektisch, doch viel schwächer - mit Ausnahme im Mikrobereich. Das Naturgesetz folglich kann nicht rein auftreten, nur als Umwelt- und Gehirnstruktur, deren Informationen wechselwirken, sich dem Bewusstsein ggf. aufdrängen.

Jede Struktur ist dem Naturgesetz gemäß, egal ob Umwelt- oder Gehirnstruktur, ohne die individuelle Freiheit leugnen zu wollen. Als Struktur muss das Naturgesetz gedeutet werden, wobei Symbole und mathematische Gleichungen hilfreich sind. Entsprechend wird das Naturgesetz als Beziehungsgeflecht zwischen Symbolen und Gleichungen aufgefasst, dessen Information natürliches Geschehen widerspiegelt.

2. Hypothese und Nebenerklärungen

Auf der Grundlage des physikalischen Gesetzes allein lassen sich die Phänomene des Lebens und der Selbstorganisation nur zum Teil erklären (Kybernetik, 4.2.1). Durch Annahme einer natürlichen Gesetzeseinheit, die unter physikalischem, biologischem und ethischem Aspekt aufgefasst wird, lassen sich neue Zugänge schaffen und bisher ausgegrenzte Phänomene auf die Evolutionstheorie der Lebewesen beziehen. Ergänzend zum Modell der Physik wird eine *physikalisch-biologische „Grundgröße"* vorgeschlagen: ein *Lebensquant „j"*, das wahrscheinlich die Grenzen zur Biologie und zur Ethik überbrücken hilft (8.3.1/9.2). Diesbezüglich sei betont, dass das Lebensquant zunächst nur als ein Ergebnis der „spekulativen *Vernunft"* (Kant) eingeführt wird - ohne experimentellen Nachweis. Diese Spekulation könnte anregen, sollte erlaubt sein, zumal die gesamte Natur als Einheit gesehen wird. Eine scharfe Unterteilung zwischen belebter und unbelebter Materie wird nicht gemacht. Ein Gesetz allein, die natürliche Gesetzeseinheit, wird hier angenommen (Hypothese) und mit Tatsachen aus der Wissenschaft und der Welt des Menschen belegt. Als „individuell" übrigens muss die Gesetzeseinheit hier angenommen werden - ohne Interdependenz.

Als Beleg werden Katalysen behandelt, nicht nur hinsichtlich des physikalischen, sondern auch des biologischen und ethischen Segments. Unter *„Katalyse"* verstehe ich eine „Reaktion" auf eine Einflussnahme: auf Stoffe und organische Substanzen, auf Gebärden und andere Sinnesreize.

Tatsachen höherer Ordnung weisen auf eine ganzheitliche, nicht in Teile zerlegbare Struktur der Welt, auf die universelle Bedeutung der *Subjekt-Objekt-Beziehung,* die den Begriff der Ganzheit in die Physik eingeführt hat - eines der wesentlichen Kennzeichen psychischer und geistiger Phänomene. Das Bewusstsein, das eine solche Ganzheit darstellt, ist nicht imstande, ein *Phänomen* in Teilphänomene zu zerlegen, ohne gleichzeitig das Phänomen selbst und seine zukünftige *Wirkung* zu verändern. Bei Betrachtung von Strukturen atomarer Größe, die auch im Gehirn existieren, ist ein Bild erkennbar, das sowohl Wellen- als auch Teilcheneigenschaften zeigt. Dieser Dualismus von Licht und Materie, oder genauer: des kontinuierlichen Feldaspekts und diskontinuierlichen Teilchenaspekts, ist Beweis dafür, dass der Beobachter samt seiner Apparatur als Bestandteil des Phänomens gelten muss. Mit dem *Planck*schen Wirkungsquantum und den *Heisenberg*schen Unbestimmtheitsrelationen ist das Phänomen relativiert, von seiner Umwelt aber nicht losgelöst.

Als Ganzheit setzt sich jede Wirkung aus zwei Bestimmungsgrößen zusammen, die ein *„komplementäres Gegensatzpaar"* bilden: Wächst die eine, schrumpft die andere, was die objektive Erkenntnis - die neurologische Information des Gehirns - begrenzt und unbestimmt macht (Mangel an Objektivität). Mit den Unbestimmtheitsrelationen wird eine Grenze aufgedeckt, die nicht in der menschlichen Unzulänglichkeit, sondern im Wesen der Natur gründet. Hinter der Grenze liegt wahrscheinlich ein System von Eigenschaften (primäre Klasse von Systemstrukturen), das *„metaphysische Ordnung"* hier genannt wird (9.1).

Als komplementäres Gegensatzpaar gelten im physikalischen Segment die Größen „Ort und Impuls" oder „Zeit und Energie". Niels Bohr hat den Begriff der *Komplementarität* geprägt, ein Begriff, der die verschiedenen Eigenschaften ein und derselben Sache meint. Diese Eigenschaften sind keine unabhängigen Größen, vielmehr sind sie miteinander verkoppelt, sodass jede die andere bei der Zustandsbeschreibung ergänzt und ihr zugleich entgegengesetzt ist (Gegensatzpaare). Gemeinsam mit anderen Grundbegriffen der modernen Physik, aber auch mit Blick auf längst bekannte Gegensatzpaare wie Ursache und Wirkung (Kausalität), These und Antithese gehört die Komplementarität zu einer neuen Denkform, deren Anwendbarkeit sich auf alle Elemente und Systeme erstreckt.

Als *logische Erweiterung* des klassischen Kausalbegriffs ist die physikalische Komplementarität gedeutet worden, überdies als Spezialfall einer universellen Tatsache, die allen Segmenten der Natur eigen wäre, also auch dem biologischen und ethischen Segment. Von Bohr selbst sind die Begriffspaare des Fühlens und Denkens, der Liebe und Gerechtigkeit genannt worden, die übrigens zur *„Goldenen Regel"* gehören: zum Grundgebot der jüdisch/christlichen Religion (Bibel, Mt 22,36-40). Andere Beispiele sind auf die Determiniertheit bzw. menschliche Freiheit bezogen, stammen aus der Soziologie, der Ethik und Ästhetik, sind in modernen Systemtheorien enthalten.

Mit Blick auf Geburt und Tod, Wachstum und Zerfall muss die Gesetzeseinheit als Ganzheit aufgefasst werden, als *elementare* ebenso wie als *universelle* Ganzheit. Zwar existieren überwiegend „ungestörte Atome" im physikalischen Segment, nicht jedoch im biologischen und ethischen. Entsprechend wird die Gesetzeseinheit, wie erwähnt, als „statisches bzw. dynamisches Energiefeld" aufgefasst, das mit jedem Organismus (in dessen Wirkungssphäre) *auf- und abgebaut* wird, das nur im physikalischen Segment mehr ruht als sich bewegt.

Weil das Gesetz der Natur nie rein, nur bedingt und - im Erkenntnisprozess - zweiseitig auftritt, muss die wahre Welt uns verborgen bleiben. Unser Wissen von der Außen- und Innenwelt kann nur begrenzt und modellhaft sein, was stets vorausgesetzt wird. Die genannte Hypothese soll nicht falsifiziert bzw. verifiziert werden. Das würde den Rahmen dieser Arbeit sprengen! Nur Hinweise auf Lücken in der Evolutionstheorie sowie *Anregungen,* einige Lücken vielleicht überbrücken zu können, sind mit der Hypothese und deren Beleg beabsichtigt.

3. Freiheitsproblem

Bewusst ist mir, dass die Annahme einer natürlichen Gesetzeseinheit und deren Anwendung auf biologische und ethische Phänomene auch abgelehnt wird, nicht zuletzt wegen des Freiheitsproblems, das sich auf den Begriff der Wahrscheinlichkeit oder des Zufalls beziehen lässt. Schon hier sei auf die *„Auflockerung der Kausalität"* gewiesen, auf die Einschränkung der Voraussagbarkeit atomaren Geschehens gemäß statistischem Gesetz der Zufälligkeit (Wahrscheinlichkeitsverteilung für zukünftige Zeitpunkte). Nach ihm ist das Verhalten eines Teilchens innerhalb eines Spielraums von Möglichkeiten grundsätzlich frei, keinem Naturgesetz *sozusagen* unterworfen. Erst der statistische Durchschnitt des Verhaltens zahlreicher Teilchen oder Wiederholungen eines Geschehens ergibt verwertbare Daten für wissenschaftliche Voraussagen. Von statistischer Art folglich sind die Gesetze der Quantentheorie (Quantenmechanik), also das Gesetz der Natur ebenfalls, oder besser: das zu schaffende Modell davon.

In der klassischen Physik ist strenge Kausalität bzw. Determiniertheit vorausgesetzt worden, was der „*Laplace*sche Dämon" veranschaulicht. Mit der Quantenmechanik hat sich das Bild grundsätzlich verändert, vorzugsweise bezüglich atomarer Dimensionen. Kein Zweifel an der Kausalität bzw. Determiniertheit kommt hingegen auf, wenn sich die Berechenbarkeit im Einzelnen noch als undurchführbar erweist, was an der Wettervorhersage erkennbar ist. Trotz quantentheoretischer Kenntnisse zweifelt niemand daran, dass die spürbaren Wettervorgänge kausalistisch aufgefasst und berechnet werden. Statistische Mittelwerte werden deshalb gewählt, weil die Zusammenhänge zu kompliziert und mit der notwendigen Strenge nicht berechenbar sind. Diese statistischen Werte unterscheiden sich von quantentheoretischen, in denen sowohl *erkenntnistheoretische* als auch *ontologische* Unbestimmtheiten enthalten sind. Die Wetterberechnung ist auf das physikalische Segment der natürlichen Gesetzeseinheit bezogen.

Bei der Radioaktivität, die alle Segmente der natürlichen Gesetzeseinheit berührt und auf *metaphysisches* Geschehen schließen lässt, müssen quantentheoretische Tatsachen einbezogen werden, weshalb die Auffassung vorherrscht, dass die Determiniertheit zurückgedrängt bzw. der Kausalzusammenhang aufgelockert ist. Sollte ein Beobachter trotzdem feststellen wollen, wann z.B. ein bestimmtes Radiumatom zerfällt, so erwiese sich das als undurchführbar. Der Zerfall erschiene zufällig, scheinbar ohne Ursache. Dem „*Laplace*schen Dämon“ würde die Vorausberechnung wahrscheinlich ebenso wenig gelingen. Jedes Radiumatom besitzt zwar, gemäß statistischem Zerfallsgesetz, eine *Neigung* zum Zerfall, doch innerhalb des noch verbleibenden Spielraums liegt kausale Bestimmung für den Zerfall des einzelnen Atoms wahrscheinlich nicht vor. Diese *Auflockerung der Kausalität* könnte im Nervensystem ebenfalls wirken, könnte das menschliche Bewusstsein beeinflussen.

3.1. Ontologische Betrachtung

Der Begriff der Kausalität lässt zwei verschiedene Arten zu, von denen die eine stärker als die andere ist - mit umgekehrten Freiheitsmaßen. Die stärkste Art meint Determiniertheit (Gleichheit von Kausalität und Determiniertheit), so in der klassischen Physik und den *Einstein*schen Relativitätstheorien. Dies veranlasste Einstein zu dem Satz: „Gott würfelt nicht.“ Dass das Würfelspiel auch ontologisch auf das Objekt bezogen sei: nicht nur erkenntnistheoretisch auf das Subjekt bzw. die Grenze des wissenden Verstandes, glaubte er nicht. Nach ihm darf der Wahrscheinlichkeitsbegriff nur erkenntnistheoretisch auf das Subjekt und die Fehlertheorie bezogen werden, nicht zusätzlich ontologisch auf die künftige Verteilung des Objektes durch sich selbst. Wenn jedoch die Zustandsfunktion quantentheoretisch gefasst und das menschliche Bewusstsein einbezogen würde, dann könnte die Schlussfolgerung lauten: Gott würfelt. Im Würfelspiel allerdings hätte der Mensch auf Grund des ihm zuerkannten Spielraums, sprich: der ihm zuerkannten Freiheit, eine Rolle zu übernehmen, die durch die Ethik bzw. Religion gegeben wäre.

Auf „ontologische Potenzialität“ könnte das Phänomen der Kausalität zurückgeführt werden. Die stärkste Art, mit geringster Freiheit, könnte man *ontologische* Determiniertheit nennen. Sowohl atomare als auch molekulare Systeme müssen quantentheoretisch betrachtet werden, wobei die schwächere Art erst im biologischen Segment zum Tragen kommt! Anders als im physikalischen Segment, wo die stärkere Art vorherrscht, trägt jedes biologische System, bis zur menschlichen DNA, ein Ziel in sich (teleologische Kausalität), das als Veränderung in der Zeit, als Zustandsfunktion zweier Zeitpunkte, definiert werden könnte. Weil jedes Segment mit den anderen verbunden ist, müsste die schwächere Art aus der stärkeren entstanden sein: aus der metaphysischen Ordnung mit der stärksten Art der Kausalität. Bei der schwächeren Art, im biologischen Segment, kommt die ontologische Potenzialität erst zum Tragen. Zum Gesetz der Natur muss sie in jedem Fall gehören.

Unter *„ontologischer Potenzialität"* verstehe ich eine „Erst-Ursache", eine „Neigung" zum Aufbau von Strukturen verschiedener Eigenschaften, die vom niedrigsten bis zum höchsten System sich erstrecken - als Ursache-Wirkungs-Kette (teleologische Kausalität). Mehr dazu in 9.4.1.

3.2. Quantenzahl und Wahrscheinlichkeitsbegriff

Das Wirkungsquantum bezieht sich auf den Betrag der Wirkung (n · h) eines jeden Elements bzw. Systems. Wenn die Quantenzahlen eines beobachteten Systems klein sind, was bei neurologischen Phänomenen zutrifft, dann sind die Unbestimmtheiten hinsichtlich Position (Weg) und Bewegungsgröße (Impuls) der Massen des Systems bedeutsam. Dasselbe gilt für die Wahrscheinlichkeitszahlen, die sich auf die Positions- und Bewegungsgrößen in den Zustandsfunktionen beziehen. Wenn die Quantenzahlen eines Systems jedoch groß sind, dann spielen die Unbestimmtheiten bzw. Wahrscheinlichkeiten in den Zustandsfunktionen praktisch keine Rolle, was z.B. bei der Wetterberechung im physikalischen Segment berücksichtigt wird. Statt der Quantenmechanik wird für solche Berechungen die klassische Physik mit ihrer stärkeren Art der Kausalität herangezogen, und zwar als „Unterart" der schwächeren im biologischen Segment. Die schwächste Art der Kausalität bzw. Determiniertheit (kleinster Zwang) herrscht folglich im ethischen Segment, die stärkste (größter Zwang) in der metaphysischen Ordnung, wo Ursache und Wirkung wahrscheinlich zusammenfallen. Einsteins Satz: „Gott würfelt nicht", ist so gesehen wahr (Gott ist metaphysisch versteckt und dem ethischen Segment zugewandt). Der Materie hätte er eine ontologische Potenzialität verliehen, hin zu den höheren Segmenten, in die das Gesetz der Natur hineinwächst und in denen, wegen schwächerer Kausalität, die Freiheitsräume aufgeweitet sind!

Der Wahrscheinlichkeitsbegriff der Quantenmechanik hat neben der ontologischen eine erkenntnistheoretische Bedeutung, die sich darauf bezieht, wie weit auf Grund menschlicher Fehler die Ergebnisse eines Experiments von denen der Theorie abweichen und dennoch als Bestätigung der Theorie gelten dürfen. Zur erkenntnistheoretischen Bedeutung gehört zudem die Auswirkung des vollzogenen Experiments auf das erkannte Objekt. Allein die Tatsache des Beobachtens nämlich verändert das beobachtete Objekt, wenn dessen Quantenzahlen klein sind. Weil der Wahrscheinlichkeitsbegriff die Unvollkommenheit des Beobachters und dessen Apparatur einbezieht, dürfen weder der Beobachter noch das Objekt als isolierte Systeme angesehen werden. Man muss berücksichtigen, dass das

Objekt, welches nach den Methoden der Quantenmechanik behandelt wird, in Wirklichkeit nur ein Teil eines viel größeren Systems ist: letztlich des *Universums!* Besonders im ethischen Segment - bei der schwächsten Art der Kausalität - müsste das Universum zum Objekt gehören - ebenso der Beobachter. Diese Tatsache weist auf Naturkonstanten von universeller Art: die *Lichtgeschwindigkeit c* und das *Wirkungsquantum h.* Zum vollständigen Bild der Materie aber muss mindestens eine weitere Naturkonstante gehören: eine universelle Größe, die das „Leben" mitbestimmt. Wenn man allgemeine Kenntnisse der Physik berücksichtigt, dann sollten gewisse Symmetrien beachtet werden - in Strukturen mathematischer Gleichungen (8.3.2).

Weder ontologisch noch erkenntnistheoretisch kann die Physik neutral bleiben, wegen des erweiterten Wahrscheinlichkeitsbegriffs. Zweifellos sind Potenzialität und Art der Kausalität für die Funktion des Nervensystems bedeutungsvoll, dessen Phänomene als Korrelate der Gefühle, Gedanken und Erkenntnisse gelten könnten. Im ethischen Segment (kleinster Zwang) lebt der Mensch, dessen Gewissen sich ggf. aufdrängt. Wenn das empirisch Bestätigte in der Ontologie mit den Prinzipien der Moral: des Guten und Gerechten in der Geisteswissenschaft, gleichgesetzt würde, dann wären Grenzen von *naturgesetzlicher* Art gegeben, dann erhielte man eine naturwissenschaftliche Ethik, eine Jurisprudenz des Naturrechts, dem die Politik (staatliches Gesetz) verpflichtet wäre.

Im ethischen Segment wirkt das *individuelle Gewissen* als ontologische Grenze größtmöglicher Freiheit, die durch das Sittengesetz (Kant) und die Goldene Regel (Bibel) verstärkt werden sollte. Als Korrelate des individuellen Gewissens sollten beide gelten, die zu einer *„allgemeinen* Gesetzgebung" auffordern: zur Gleichheit der Rechtssetzung (Art. 1(3) GG). Die Politik wäre der Ethik (Religion) verpflichtet, die - begrenzt - als *Naturwissenschaft* gelten könnte (10).

4. Katalytische Reaktionen

Ich beginne mit der Katalyse allgemein und behandele danach ihre verschiedenen Aspekte. Die Begriffe „Auslöser" und „Substrat" werden allgemein benutzt. Im Rahmen dieser Arbeit können nur *Hauptlinien* dargestellt werden. Das gilt auch für die Segmente der natürlichen Gesetzeseinheit, die nach „oben" hin wachsen und ins physikalische Segment ständig zurückfallen (Tod des Organismus). Die natürliche Gesetzeseinheit ist, wie erwähnt, ein „statisches bzw. dynamisches Energiefeld", das mit jedem Individuum *auf- und abgebaut* wird (am höchsten beim Menschen) - bezogen auf dessen Wirkungssphäre.

Freiheit stößt auf Grenzen, die dem Gesetz der Natur entsprechen. In einem bekannten Versuch wurde eine junge Löwenzahnpflanze durch Längsschnitt halbiert und ihre Hälften an verschiedenen Orten eingepflanzt. Die eine Hälfte im Tiefland, die andere im Hochgebirge. Als erbgleiche Pflanzen entwickelten sich beide Hälften ganz verschieden. Die Tieflandpflanze zeigte hohen, kräftigen Wuchs, war kahl und hatte eine kurze Wurzel, die Hochgebirgspflanze zeigte niedrigen Wuchs, war behaart und hatte eine lange Wurzel. Wird ein Nachkomme der Hochgebirgspflanze nach mehreren Generationen ins Tiefland zurückverpflanzt, so entwickelt er sofort wieder die Tieflandsform. Ähnliche Schwankungen zeigen sich an anderen Pflanzen, viel mehr an Tieren und Menschen. Die Beschaffenheit eines Lebewesens (Phänotyp) wird durch Wechselwirkung von Anlage- und Umweltfaktoren bestimmt, wobei allele Gene inbegriffen sind.

Umweltkomplexe wie Temperatur, Druck, Konzentration verursachen Modifikationen am Merkmal, und zwar in verschiedenen Breiten. Nicht die Modifikation ist erblich, sondern nur deren obere und untere Grenze, d.h. der Spielraum für Modifikationen (Freiheit). Ein Umweltfaktor kann nur so weit eine Wirkung ausüben, wie der Anlagefaktor ihm entgegenkommt und umgekehrt. Jeder Umweltfaktor trägt Information (ggf. Auslöser, Katalysator), die am Anlagefaktor wirken kann. Gemeinsam mit dem Anlagefaktor, der ebenfalls Information trägt, wird das jeweilige Merkmal am Individuum festgelegt.

Anlage-Umwelt-Wirkungen finden in der biologischen Zelle ebenfalls statt, wo besondere Eiweißstoffe (Enzyme, Fermente) aufgebaut werden, die als Katalysatoren chemische Reaktionen auslösen, beschleunigen und sogar steuern. Jede dieser Reaktionen ist an ihre Gleichgewichtslage gebunden. Weil die chemische Reaktion Energieumsatz bewirkt, ist zwischen *exothermer* und *endothermer* bzw. exergonischer und endergonischer Reaktion zu unterscheiden, also zwischen solchen, die Energie (Information) an die Umgebung abgeben und solchen, die Energie (Information) aus der Umgebung aufnehmen. Nur die exergonische Reaktion verläuft *freiwillig.* Wie Wasser zweier verbundener Becken nur in jenes mit geringster Lageenergie fließt, so verläuft eine chemische Reaktion in jener Richtung, wo der kleinste Energiegehalt der entstehenden Stoffe ist (Prinzip der kleinsten Wirkung, 9.4.2). Man spricht diesbezüglich von offenen und geschlossenen Systemen - als Idealvorstellung!

Im *geschlossenen* System werden nur innere Energiereserven genutzt. Weil die chemische Reaktion zweiseitig und umkehrbar ist, entsteht ein *Gleichgewicht,* bei dem die Geschwindigkeit von Hin- und Rückreaktion gleich groß ist und das Verhältnis der Konzentration des Ausgangsproduktes zu dem des Endproduktes konstant bleibt. Dieser Zustand wird *dynamisches Gleichgewicht* genannt. In beiden Richtungen laufen die Stoffumsetzungen, heben sich sozusagen auf, sodass die Reaktion stillzustehen scheint. Weil weder Energie noch Information mit der Umgebung ausgetauscht wird, hängt die Gleichgewichtslage nur von der Energie ab, die bei der Reaktion frei oder genutzt wird.

Mit Sauerstoff werden organische Verbindungen zu anorganischen abgebaut, bleiben aber auch bestehen, weil die Geschwindigkeit zum Gleichgewicht sehr klein ist. In solchen Fällen kann durch Temperaturerhöhung oder durch Katalysator das Gleichgewicht eingestellt werden. Bei Temperaturerhöhung wird die Gleichgewichtslage schneller eingestellt und in Richtung endothermer Reaktion verschoben. Bei Einsatz eines Katalysators hingegen wird die erreichte Gleichgewichtslage beibehalten und die Reaktion beschleunigt. Der Katalysator versetzt die beteiligten Moleküle in einen *reaktionsbereiten* Zustand, verringert deren *Aktivierungsenergie,* damit die Reaktion in Gang kommt. Die Lage des Gleichgewichts kann er nicht verändern, nur die Geschwindigkeit, mit der das Gleichgewicht eingestellt wird. Weil nur eine ganz bestimmte Reaktion beschleunigt wird, ist er sowohl reaktions- als auch substratspezifisch - auf Grund der Beschaffenheit seines aktiven Bereichs (Schlüssel-Schloss-Modell). Der Stoff, auf den er einwirkt, wird Substrat genannt. In der ausgelösten Reaktion wird der Katalysator nicht verbraucht. Viele Tausend Substratmoleküle kann er pro Minute umsetzen. Im Schlüssel-Schloss-Modell tragen die Stoffe spezifische Informationen.

Im Gegensatz zum geschlossenen System ist die biologische Zelle im Stoffaustausch mit ihrer Umgebung, ist folglich ein *offenes* System im *Fließgleichgewicht.* Ihre Umsetzungen müssen mit bestimmten Geschwindigkeiten ablaufen, was durch Katalysatoren geschieht. Rückwanderung unterbleibt, weil Stoffe einerseits abfließen, neue Stoffe andererseits zufließen. Auf diese Weise entsteht ein Fließgleichgewicht, das durch die Geschwindigkeit des Zu- und Abflusses gekennzeichnet ist. Oder: Im Fließgleichgewicht sind Systeme untereinander *verkoppelt* - ohne Rückwanderung von Stoffen bzw. Informationen! Das *eingebettete* System lebt auf Kosten des *einbettenden* Systems (Versklavung, 6.2). Das Verhalten höherer Lebewesen also muss auch *kulturell* geregelt werden, insbesondere das der Menschen, Gruppen und Gesellschaften untereinander *(dynamisches Gleichgewicht* wie im geschlossenen System, 10).

Oft läuft die Umsetzung eines Stoffes in einen anderen über eine Kette von Teilreaktionen (Fließgleichgewichte), wobei jede Teilreaktion durch eigenen Katalysator ausgelöst wird. Im Gegensatz zum geschlossenen System ist die Geschwindigkeit jeder Teilreaktion von der Konzentration des sie steuernden Katalysators abhängig.

Bei jedem Stoffwechsel wird ein Teil der umgesetzten Energie in Wärme verwandelt und geht dem Organismus verloren. Weil der Stoffwechsel bei Körpertemperatur zu langsam verläuft, kommen Katalysatoren zum Einsatz. Die Katalysatoren der Stoffwechselvorgänge sind die *Enzyme,* zumeist Proteinmoleküle. Viele von ihnen haben eine Nicht-Proteinverbindung, die bei der Katalyse mitwirkt. Man nennt sie *Coenzyme,* wenn die Verbindung gelöst werden kann. Jene Enzyme, die aus Ribonucleinsäure-Molekülen bestehen, heißen *Ribozyme.* Nun zu den verschiedenen Aspekten der Katalyse, vom physikalischen zum ethischen Segment.

4.1. Physikalische Katalyse

Unter physikalischem Aspekt sei die wichtigste Art der Katalyse nur beschrieben: die Kontaktkatalyse, in der das Reaktionsgemisch über einen festen Katalysator strömt, um die chemische Reaktion auszulösen bzw. zu beschleunigen. Platin z.B. hat die Fähigkeit, an seiner Oberfläche Gase zu verdichten und dient daher als Katalysator bei Oxidationen, z.B. bei Verbrennung von Ammoniak zu Stickstoffoxid. Da die Reaktion selbst Energie liefert, erhält sie sich und läuft vollständig ab. Auf Asbest feinverteiltes Platin wird im Laboratorium vielfach benutzt, nicht selten auch Pyrit. Vermutlich beruht die Wirkung des Katalysators (Platinasbest, Pyrit usw.)

auf dessen Oberflächenstruktur, wo auch freie Valenzen und *Induktionen(!)* auftreten können.

Wasserstoffperoxid (H_2O_2) ist in verdünnter Lösung bei Zimmertemperatur relativ stabil, zerfällt unter Freisetzung von Sauerstoff erst nach vielen Monaten: $2H_2O_2 \Rightarrow 2H_2O + O_2$. Beim Erhitzen erfolgt der Zerfall viel schneller, ebenso, wenn bei Zimmertemperatur ein Platindraht in die Lösung getaucht wird. Statt des Platindrahts können auch Kartoffel- oder Leberstückchen verwendet werden. Die genaue Untersuchung zeigt, dass sie das Enzym Katalase, ein Protein, enthalten. Wasserstoffperoxid kann in Zellen als Zwischenprodukt entstehen. Es wirkt giftig und wird von der Katalase sofort abgebaut, sodass die Zelle nicht beschädigt werden kann. Hier der *Grobablauf* der physikalischen Katalyse: Substrat => Katalysator => chemische Reaktion => Endprodukte.

4.2. Biologische Katalyse

Der biologische Aspekt ist zweigeteilt, erfasst zum einen Auslöser in Körperzellen, zum andern Auslöser in der Umwelt, d.h. Merkmale von anderen Körpern bzw. Organismen. Weil zur Stoffwechselreaktion auch Faktoren wie Temperatur, Druck, Konzentration gehören, soll von *„Auslösern"* allgemein gesprochen werden. Inbegriffen ist die negative Beschleunigung, denn neben der positiven Katalyse gibt es die negative, durch die der Ablauf der Reaktion gehemmt wird. Der Begriff des Katalysators wird mit dem des Auslösers *logisch erweitert* - ähnlich der Komplementarität als logische Erweiterung des Kausalbegriffs (2). In groben Zügen wird das *Wichtigste* nur dargelegt.

Zuerst die innere Katalyse, die durch sogenannte *Biokatalysatoren* ausgelöst wird: durch Fermente oder Enzyme (Coenzyme, Ribozyme), zu denen auch die Vitamine und Hormone gezählt werden können. Fehlen Vitamine, Mineralien etc. oder gelangen Gifte in die biologische Zelle, dann können Biokatalysatoren weder richtig aufgebaut werden noch funktionsgerecht arbeiten. Zur Katalyse gehören, wie erwähnt, viele Proteine (Eiweißstoffe), die ihrerseits Enzyme aktivieren, hemmen oder in anderer Weise auf sie einwirken.

Jede Zelle erhält über den Zustand ihrer Umgebung physische Informationen (pH-Wert, Druck, Temperatur usw.), die sich untereinander widersprechen können, was die Zelle zu „verrechnen" versteht. Über Botenstoffe (Hormone etc.) treffen von entfernten Zellen ebenfalls Informationen ein, die sie, mit anderen Informationen, ähnlich zu verrechnen versteht. Meist werden die Botenstoffe an Rezeptoren der Zellmembran gebunden, sodass die eingetroffenen Informationen ins Zellinnere geschleust werden können. Während der Weiterleitung aktiviert der einzelne Rezeptor auf der cytoplasmatischen Seite der Zellmembran ein Enzym, das eine Stoffwechselreaktion in der Zelle auslöst. Das Enzym hat die Eigenschaft, die *Aktivierungsenergie* des Stoffs so weit herabzusenken, dass die Reaktion sofort abläuft.

Oft haben Enzyme eine Schlüsselfunktion, die ganze Ketten von Reaktionen bestimmen, deren Informationen in zentralen *Verrechnungssystemen* ausgewertet werden. In den Signalketten sind verschiedene Enzymmoleküle hintereinander geschaltet, sodass deren Vermehrung von einem Glied der Kette zur nächsten erfolgt. Durch solche Reaktionen erhöht sich die Wahrscheinlichkeit, von außen kommende Informationen zum Empfänger zu bringen. Am Ende der einzelnen Signalkette, im abgeschalteten Zustand, hat jedes Enzymmolekül viele Substratmoleküle zu einem informationstragenden Produkt umgesetzt. Hier der *Grobablauf* der inneren biologischen Katalyse: Informationstragendes Substrat => Enzym (Vitamin, Hormon) => chemische Reaktion => Informationstragende Endprodukte. Nun zur äußeren biologischen Katalyse.

Enzyme wirken im Körper des Lebewesens. Andere Auslöser kommen von außen, meist von anderen Lebewesen, deren Merkmale spezifische Informationen tragen, die als Schlüsselreize wirken können. Nicht der Stoff wirkt als Auslöser, sondern bestimmte Informationen, die der Stoff überträgt. Über Sinneszellen werden Informationselemente aufgenommen und in Aktionspotenziale übersetzt. Nach der Auswertung in Verrechnungssystemen müssten zusätzliche „Qualitäten“ induziert worden sein, die von affektiver bzw. kognitiver Art wären, wegen des *„Lebensquants“*, das oben erwähnt worden ist (2) und noch näher diskutiert werden muss. Analog der physikalischen Katalyse („Aktivierungsenergie“) herrscht wahrscheinlich eine *„Erregung“* (biologisch), bei der die Reaktion ablaufen kann: Der Auslöser versetzt die beteiligten Zellen in einen *reaktionsbereiten* Zustand, verringert (erhöht) deren Erregung, um die Reaktion in Gang zu bringen. Auf die Erregung und das Lebensquant wird später gemeinsam eingegangen (8.3.2). Hier sei nur angemerkt, dass der Auslöser, unabhängig vom Segment, mit der physischen Komponente der Information wirken muss. Die affektive und kognitive Komponente würde in den Verrechnungssystemen der Empfängerzellen induziert, sowohl bei Tieren als auch Menschen. In der Tierwelt sind Übergänge zum ethischen Segment schon angelegt, was einzelne Tiere deutlich zeigen, weniger durch kognitives als durch altruistisches Verhalten. Bevor Komponenten und soziale Auslöser näher beschrieben werden, kurz der *Grobablauf* der äußeren biologischen Katalyse: Sozialpartner => Auslöser (teils Schlüsselreiz) => soziale Reaktion => Endsituation.

4.2.1. Komponenten innerer und äußerer Auslöser

Dem einzelnen Auslöser könnten, wie erwähnt, Komponenten zugewiesen werden: die physische, affektive und kognitive Komponente, die verschiedene Beträge der Information hätten, auch mit den Werten null. Im Gegensatz zum inneren Auslöser wirkt der äußere nur mit der physischen Komponente. Durch das physikalisch fassbare *„Lebensquant"* käme der Ausgleich zustande. Der äußere Auslöser hätte zusätzliche „Qualitäten" induziert (synthetisiert), die als affektive und kognitive „Komponente" gelten könnten. Das Resultat der Auswertung bestände aus drei Komponenten (Qualitäten) mit unterschiedlichen Beträgen, die der jeweiligen Reaktion gemäß wären. Bei niedrigen Beträgen je Qualität würde das Gehirn bzw. Bewusstsein als übergeordnetes *Verrechnungssystem* kaum angeregt. Nicht hingegen bei größeren Beträgen, nach deren Werten das Individuum reagieren, d.h. arbeiten würde. Pflanzen und Tiere zeigen nach außen hin zwar affektive, jedoch kaum kognitive Reaktionen. Durch Besitz eines Nervensystems unterscheidet sich der größte Teil der Tiere von den Pflanzen. Das Nervensystem macht den vielzelligen Organismus erst zum „typischen" Tier.

Eine *Relation* zwischen der physischen Komponente einerseits und der affektiven bzw. kognitiven andererseits kann mit physikalischen Begriffen schlecht erfasst werden, ist aber eine Tatsache, die als *Modell* fixiert werden sollte - sowohl unter physikalischem als auch biologischem Aspekt. Als Wissenschaft der Regulierung, Selbstorganisation, Informationsverarbeitung u.a. hat die *Kybernetik* die sogenannte Black-box-Methode übernommen und fortentwickelt. Zunächst wird das unbekannte System (Verrechnungssystem) als Blackbox erster Ordnung behandelt. Dann wird die Eingangsgröße beobachtet (Input) bzw. ihre gesetzmäßigen Varianten. Zu jeder Variante gehört eine Ausgangsgröße (Output), die durch das „System verschiedener Eigenschaften" im Inneren der Blackbox entstanden sein muss (Induktion?). Zwischen Eingangs- und Ausgangsgrößen ergeben sich *Relationen* physikalisch-biologischer Art, die erfasst und mathematisch ausgewertet werden. Auf dieser Grundlage können Hypothesen über das Innere der Blackbox formuliert werden, wodurch Black-boxes höherer Ordnungen entstehen. Doch unter biologischem Aspekt genügt häufig der erste Schritt, was der *bedingte Reflex* verdeutlicht. Mit wenigen Signalen können Tiere konditioniert werden, ohne Verrechnungssysteme als Blackbox durchschauen zu müssen.

Der Begriff der *„Qualität"* wird weniger objektiv als subjektiv aufgefasst, sollte deshalb vom Objekt bzw. Ding her definiert werden. Hier bietet sich der Begriff der Eigenschaft an, der mit dem der Entropie bzw. Information verbunden ist. Information ist eine Eigenschaft des materiellen Trägers - gemäß der Entropie des Trägers. Weil jede Eigenschaft auf andere bezogen ist, treten „Systeme verschiedener Eigenschaften" auf, deren Relationen als *Struktur* bezeichnet worden sind (1). Qualität folglich ist mehr von objektiver als von subjektiver Art.

Weil sich die physische Komponente des Auslösers bzw. ihre Information ergänzen lässt, muss der Materie eine ontologische Potenzialität eigen sein, auch wegen der universellen Naturkonstanten, die wahrscheinlich das „Leben" induzieren (synthetisieren) (8.3.2). Mindestens eine müsste die *„Erregung"* charakterisieren, mit der *Neigung* zum kleinsten Zwang bzw. Widerstand (9.4.2). Der ontologischen Potenzialität, die als Struktur (Relation) sich äußert, müsste die Information der realen Welt entsprechen, also die des physikalischen, biologischen und ethischen Segments. Nur die physische Komponente der Information lässt sich objektiv fassen und der Informationstheorie zugänglich machen.

Durch sich selbst kann das „Leben" nur unvollständig erklärt werden. Die ihm gemäße Information (physisch, biologisch, ethisch) lässt sich nur mit der physischen Komponente übertragen. Weil der Beobachter außer seiner Umwelt auch sich selbst zu erkunden sucht, könnte jede Informationstheorie mit dem Beobachter selbst beginnen: dem genetischen Aufbau seiner selbst. Dieser Aufbau beginnt mit zwei Keimzellen, deren Informationen vereint werden und physikalisch zugänglich sind. Die genetische Information der biologischen Zelle - die der DNA - könnte als Grundlage einer *naturgesetzlichen* Informationstheorie gelten (2. Exkurs, 8.3).

4.2.2. Sinnliche Wahrnehmung

Über die Außen- und Innenwelt informieren die Sinneszellen. Nicht alle Prozesse lassen sich sinnlich erfassen, so z.B. die radioaktive Bestrahlung (3). Die Sinneszellen sind auf adäquate Reize angewiesen. Einige reagieren nur auf Licht, andere nur auf Druck. Ist eine Sinneszelle erregt worden, dann entsteht ein Rezeptorpotenzial, das sich über den Zellkörper bis zum Axonursprung ausbreitet. Nur wenn das Rezeptorpotenzial hoch genug und der Schwellenwert erreicht ist, entstehen Aktionspotenziale, die über das Axon wandern (elektromagnetisch?) - hin zu ihrem Bestimmungsort. Weil die Aktionspotenziale nach Form und Größe gleich bleiben, muss die verschlüsselte Information in der *Frequenz der Aktionspotenziale* liegen - jedoch nur in physischer Hinsicht.

Sinnes-, Nerven- und Muskelzellen lassen sich durch Reize erregen, sind in der Lage, Aktionspotenziale auszubilden. In der Nervenzelle entstehen sie im Axon, nicht im Zellkörper und im Dendriten. Entweder treten sie in voller Höhe auf oder gar nicht (alles oder nichts). Einmal entstanden, wandern sie entlang des Axons zu einer anderen Nervenzelle oder zu einer Muskelzelle. Am Axonende befinden sich Synapsen, die den Übergang ermöglichen, und zwar durch Neurotransmitter. Die auf die Muskelzelle übergegangenen Aktionspotenziale werden genauso fortgeleitet wie die im Axon. Bei Behinderung oder gar Unterbrechung kommt die ursprüngliche Information nicht zum Bestimmungsort, was für lokale Betäubungen, z.B. in der Zahnmedizin, ausgenutzt wird.

Alle Reize führen zu gleichartigen Aktionspotenzialen, egal ob Licht, Ton oder andere Reize wirken. Werden Sinneszellen erregt, dann entstehen zuerst die Rezeptorpotenziale, später die Aktionspotenziale, die bis zum Zentralnervensystem laufen und dort verarbeitet werden. Von diesen Vorgängen bemerkt der Mensch nichts. Beim Anblick einer Spinne z.B. fallen Lichtwellen ins Auge. Was der Mensch wahrnimmt, ist nicht das Abbild von Reizen im Sinnesorgan, sondern das Ergebnis eines Rekonstruktionsprozesses im Gehirn, der als Wahrnehmung angenehm oder unangenehm sein kann, d.h. affektiv eingefärbt. Zudem löst die Wahrnehmung kognitive Reaktionen aus, also Denken und entsprechendes Verhalten. Diese Reaktionen sind als zusätzliche „Qualitäten“ bezeichnet worden bzw. als affektive und kognitive Komponente des Auslösers (4.2.1). Zur Potenz des *Lebensquants* müssten sie gehören (gemeinsam mit zwei universellen Naturkonstanten).

Untersuchungen haben ergeben, dass der im Gehirn liegende *Mandelkern* als wichtigste Struktur für das Auslösen affektiver und kognitiver Qualitäten gilt. Jede Qualität - auch die physische - könnte einer Komponente entsprechen, einer Komponente des Auslösers, dem drei Qualitäten eigen wären. Nur die physische Komponente des Auslösers aber wäre größer als null. Oder anders: Das subjektive Erleben von affektiver und kognitiver

Qualität kann nur durch die physische Komponente induziert (synthetisiert) werden: durch die eines Moleküls, Gegenstands, Lebewesens (Gestalt, Sprache usw.), die als äußere Auslöser fungieren.

Äußere Auslöser induzieren im Empfänger sowohl affektive als auch kognitive Reaktionen, die man informationstheoretisch beschreiben kann: jedoch nur mit der physischen Komponente. Im Schlüssel-Schloss-Modell ist dem Auslöser, unabhängig von Beträgen, immer die Schlüsselfunktion zugewiesen, damit das „Schloss" (Substrat) sich ändert, nicht der dazu passende Schlüssel (Enzym, Schlüsselreiz). Auslöser existieren in allen Segmenten, auch in der Gesellschaft bzw. menschlichen Gemeinschaft.

4.2.3. Soziales Verhalten

Mit dem Begriff des Verhaltens sind alle Aktionen und Reaktionen eines Lebewesens erfasst, auch Zustände des Verharrens, egal ob bewusst oder unbewusst. Obwohl die Analyse des Verhaltens auf verschiedene Weise erfolgt, wird an der „Katalyse" festgehalten, welche die *Hormone* als Auslöser mitberücksichtigt. Nach wie vor ist die Frage wichtig, wie spezifisches Verhalten ausgelöst und gesteuert wird, einschließlich der Lernvorgänge. Nach zwei Ursachen wird hier unterteilt: zum einen nach der aktuellen Ursache, die das Verhalten hier und jetzt bewirkt (proximate Ursache), zum andern nach der genetischen (ultimate Ursache), die den Beitrag zur Fortpflanzung und Höherentwicklung zu erklären versucht. Für den ersten Fall werden einige Beispiele angeführt. Auf den zweiten wird erst später eingegangen - an verschiedenen Stellen.

Einfache Formen des Verhaltens sind relativ starre, in ihrer Art konstante Bewegungsfolgen, die weitgehend ererbt, also genetisch festgelegt und durch innere wie äußere Auslöser bedingt sind. Hierzu gehören die Reflexe, z.T. die *Erbkoordinationen,* die durch *Schlüsselreize* ausgelöst werden, nämlich dann, wenn eine entsprechende Bereitschaft im Körper des Lebewesens vorhanden ist (Hormone). Im Schlüssel-Schloss-Modell ist dem Reiz immer der Schlüssel zugewiesen, mit dem das Schloss (Substrat) geöffnet wird. So kann z.B. das Fressen des Süßwasserpolypens durch bestimmte Aminosäuren ausgelöst werden oder das Stechen der Zecke durch Kombination von Wärme und Buttersäure. Anders bei höherentwickelten Tieren, die soziales Verhalten erlernt haben und sich freier bewegen können. Im sozialen Kontakt nämlich, etwa bei der Balz oder bei Rangkämpfen, muss der Spielraum des Verhaltens größer sein. Dieser Zuwachs an Freiheit (3.2) ist schon deswegen sinnvoll, weil im

Sozialleben neue Situationen auftreten, die mittelbar gemacht werden müssen, wie z.B. die Koordination während des Jagens, die gemeinsame Brutpflege, die Abwehr von Feinden usw. Allgemein lässt sich sagen, dass nur wenige Verhaltensweisen ausschließlich genetisch bedingt sind. Die meisten Verhaltensweisen werden während der Individualentwicklung im Zusammenspiel mit ererbten und *erlernten Faktoren* ausgebildet. Diese adaptive Veränderung geht mit zahlreichen Modifikationen in der Struktur und Funktion von Nervenzellen und ihren Verbindungen einher.

Durch Ritualisierung hat sich die Zahl der „Schlüsselreize" stark erweitert. Mit Droh- und Demutsgebärden, die als Auslöser wechselseitig fungieren, wird das Töten von Artgenossen vermieden. Das schwächere Tier wählt vorher die Demutsgebärde, die sich in einer Selbstverkleinerung wie Ducken, Anlegen der Ohren, Einziehen der Beine u.a. kundtut, aber auch in der Darbietung seiner verletzlichsten Körperstelle. Mit solchen Gebärden wird die Aggression des Siegers: dessen *Erregung,* gesenkt und der Kampf beendet. *Logisch erweitert* wirken Droh- und Demutsgebärden als verkoppelte *Auslöser,* verzögern/hemmen den Ablauf von Reaktionen (4.2). Ähnlich wirken alle Schlüsselreize auf ihre Empfänger.

Als Schlüsselreiz können Reize oder Reizkombinationen wirken, die von Sinneszellen wahrgenommen werden, z.B. Laute, Tastempfindungen, Düfte, Farben, Gestalt, Größe, bestimmte Bewegungen sowie Kombinationen solcher Reize. Gemeinsam ist allen Schlüsselreizen, dass sie auffällig und unter natürlichen Bedingungen unverwechselbar sind. Dies wird erreicht, wenn von allen möglichen Reizkombinationen nur *eine einzige,* und zwar die prägnanteste, als Schlüsselreiz wirkt. Z. B. greifen während der Paarungszeit männliche Rotkehlchen, die ausgewachsen sind, nur ausgewachsene männliche Artgenossen an. Durch Attrappenversuche wurde festgestellt, dass als Auslöser die Farbe „rot" wirkt, die an erwachsenen Tieren im Bereich der Brust sichtbar ist.

4.3. Ethische Katalyse

Gleich dem Verlangen nach physikalischem und biologischem Nährstoff macht sich im Menschen ein Verlangen nach sozialem bzw. ethischem „Nährstoff" bemerkbar, der als Information aufgenommen, nach Komponenten aufgespalten und katalytisch umgearbeitet wird. Die katalytische Information kann nur zur physischen Komponente gehören. Nach der Sinneserregung entstehen, wie erwähnt, Aktionspotenziale, deren *Frequenz die Information* tragen und weiterleiten - hin zu Verrechnungssystemen in Zellen und im Gehirn. Die affektive und kognitive Komponente werden dort induziert (synthetisiert), je mit den Werten größer als null (Black-box-Methode, 4.2.1). Mit Blick auf physikalische und biologische Nährstoffe sollte dies als Katalyse ebenfalls aufgefasst werden, die schließlich Muskelzellen erregt und auch in umgekehrter Richtung ablaufen könnte, d.h. von innen nach außen. In beiden Richtungen kann die Katalyse sowohl *endergonisch* als auch *exergonisch* sein, wobei zum einen Energie aufgenommen, zum andern Energie freigesetzt wird (4).

Im Organismus kann eine endergonische Reaktion (Synthese) nur dann ablaufen, wenn sie mit einer exergonischen gekoppelt ist. Die Energiebilanz beider Reaktionen ist dann exergonisch, wobei die überschießende Energie als Wärme frei wird. Weil zudem Information ständig nachfließt, mehr oder weniger verarbeitet und in veränderter Qualität abgegeben wird, sei ein kurzer Vergleich erlaubt. Wie im offenen System könnte ein *Fließgleichgewicht* zustande kommen, zudem, wie im geschlossenen System, ein *dynamisches Gleichgewicht* zwischen hin- und rückfließender Information. Im 10. Kapitel wird näher darauf eingegangen (Moral).

Jeder Auf- und Abbau von Information ist materiell gebunden, lässt sich als Veränderung des Trägers auffassen, die mit dem Begriff der *Entropie* in Verbindung steht. Im ethischen Segment ebenso wie im biologischen und physikalischen wird Information auf- und abgebaut, wobei jede Reaktion - in logischer Erweiterung - als *Wirkung* aufträte (2). Bei der stärksten Kausalität, in der metaphysischen Ordnung, wären Ursache und Wirkung vereint, sodass kein Unterschied zwischen beiden bestände. Bei der abgeschwächten Kausalität läge die Ursache vor der Wirkung, und zwar zeitlich gestreckt nach „oben“ hin (3.1/2). Im ethischen Segment wäre die Freiheit am größten. Dennoch könnten Auslöser dort wirken, mittelbar und unmittelbar, um die Freiheit zu begrenzen! Als ein unmittelbarer Auslöser sei das *Gewissen* hier betont.

Ein mittelbarer Auslöser ist z.B. das *Kindchenschema,* eine Kombination von Körpermerkmalen, die für Kleinkindern typisch sind: große Augen, Pausbacken, Stupsnase, tollpatschige Bewegungen usw., die auf Seiten des Sozialpartners (Substrat) positive Gefühle induzieren und Fürsorge garantieren: *Zuwendung, Anerkennung, Liebe,* was der Goldene Regel übrigens entspricht (Bibel). Das Kindchenschema gehört zum ethischen Segment, verursacht Reaktionen mit sowohl physischer als auch affektiver als auch kognitiver Komponente, deren Beträge größer als null sind. Angeborene Auslöser, die durch Lernvorgänge überformt worden sind und nicht immer zuverlässig wirken, können auch negative Reaktionen erzeugen (Frustrationen, Aggressionen), können als *Entzug* von Zuwendung, Anerkennung, Liebe gedeutet werden, was viele Fälle belegen. Weinen und Schreien sind ebenfalls angeborene Auslöser mit begrenzten Wirkungen. Mit wachsender Freiheit sind kulturelle Auslöser eingeschoben worden, wie etwa der Kniefall oder das Hochheben der Hände. Zu den kulturellen Auslösern scheint auch der Gruß zu gehören oder das Lächeln bzw. die Höflichkeit allgemein. Die durch Kultur geschaffenen Verständigungsmittel dienen überwiegend der Aggressionshemmung, aber auch der Warnung sowie der Sicherung sozialer bzw. ethischer Werte. Der *Grobablauf* der ethischen Katalyse: Sozialpartner => Auslöser (ererbter/kultureller Reiz) => ethische Reaktion => Endsituation.

4.3.1. Menschlicher Grundtrieb

Ohne affektive und kognitive Komponente ist Information weder gut noch böse. Durch *Induktion* erfolgt die qualitative Bewertung - auch die der selbst ausgelösten Information. Negative Bewertung, die von außen kommt, erzeugt Frustration bzw. Aggression, die sowohl nach innen als auch außen sich entladen kann. Der Körper des Angreifers bzw. Verteidigers nimmt Imponier- und Drohgebärde an, vergrößert sich: Wölben der Brust, Strecken des Halses, ausladende Hand- und Armbewegungen, Aufplustern wie beim Tier. Der Angreifer soll getroffen, verängstigt, eingeschüchtert werden. Sein Körper soll Demutshaltung annehmen, Anerkennung signalisieren, was als *positive Information* gewertet würde. Durch den Auslöser wird die *Erregung* allmählich abgesenkt, wobei zwei Vorgänge miteinander verkoppelt sind - hin zur Gleichgewichtslage, auf Kosten eines Sozialpartners häufig.

Das volle Maß positiver Information wird aufgrund des *Kindchenschemas* nur kurzzeitig erreicht. Die Körperformen des Kindes verändern sich mit zunehmendem Alter. Wichtige Gefühle der Zuneigung sind auf andere Weise zu erwerben: aufgrund von Arbeitsprodukten. Das heranwachsende Kind muss zunehmend arbeiten! Dazu braucht es als soziales bzw. ethisches Wesen anregende, von außen kommende Information. Fehlentwicklungen äußern sich in Clownerie oder Provokation. Auch fallen Kinder, die zu wenig Zuneigung und Liebe erfahren, auf frühere Entwicklungsstufen zurück, retardieren, nässen wieder ein (Hospitalismus). Nicht nur das Kleinkind strebt nach positiver Information (Zuwendung, Anerkennung, Liebe), sondern der Erwachsene ebenfalls. Dieses *Streben nach positiver Information,* im Wechselverhältnis zum Mitmenschen, ist immer vorrangig, wird *menschlicher Grundtrieb* hier genannt. In vielen Varianten kommt er zum Ausdruck, sowohl im Kleinen wie im Großen: im Neid, im Klatsch und Tratsch (Abwertung bzw. relative Erhöhung), in Extravaganzen, Prahlerei, Statussymbolen, im Negativismus (Nachrichten), im Streben nach Macht (bis zum Sadismus), in Werken der Kunst, Wissenschaft und Politik, in riesigen Bauten, in Staatsgebilden, in religiösen Werken. Der Mensch will Spuren, Zeichen hinterlassen, Zeichen seines persönlichen Wertes. Er sucht nach Anerkennung, nach Lebenssinn, nach *geistigem Fortleben!* Produkte seiner Arbeit sollen auf seine und kommende Generationen wirken, über seinen Tod hinaus (Sehnsucht nach Unsterblichkeit).

Entsprechend der Segmente baut sich der Grundtrieb hierarchisch auf. Hier sei auf das biologische und ethische Segment nur gewiesen, die sich einseitig voraussetzen: Das ethische Segment ist auf das biologische angewiesen, niemals umgekehrt! Von unten her, aus der metaphysischen Ordnung, muss der Grundtrieb hochwachsen - über die Pflanzen- und Tierwelt hinaus. Alle freilebenden Pflanzen und Tiere sind einer natürlichen Zuchtwahl ausgesetzt. Biologisch fortzuleben - bezüglich Individuum und Art - ist für die Pflanzen- und Tierwelt bestimmend, was im ethischen Segment überformt worden ist. Auch im biologischen Segment existiert ein Grundtrieb, reicht jedoch über das *biologische Fortleben* (Sexualtrieb) nicht hinaus. Erst im ethischen Segment ist ein dominantes Streben erkennbar: das nach *geistigem Fortleben* (menschlicher Grundtrieb), worauf sich alle Religionen übrigens berufen.

4.3.2. Egoistische und altruistische Disposition

Aus der Menge der Auslöser sei ein biologischer und ein ethischer ausgewählt. Zum biologischen Auslöser gehört eine Reizkombination, die schon beschrieben worden ist: laute Stimme, gewölbte Brust usw., was auf Seiten des Empfängers (Substrat bzw. Schloss) negative Gefühle erzeugt und als Aggression bezeichnet worden ist. Weil diese *Drohgebärde* (Auslöser bzw. Schlüssel) mehr an Tieren auftritt, wird sie dem biologischen Segment zugerechnet. Die dazu passende Reaktion ist die *Demutsgebärde,* durch die die Aggression (Erregung) gesenkt wird. Erinnert sei die negative Beschleunigung bzw. Katalyse (4.2).

Die Selektion verändert Gene (Genotyp), setzt an äußeren Merkmalen an (Phänotyp) und verändert sie in Richtung besserer *Fitness.* Die „tüchtigston" Gene kommen so in die nächste Generation. Von „egoistischen Genen" wird diesbezüglich auch gesprochen, wohl wissend, dass Gene nicht egoistisch sein können. Als Disposition ist Egoismus dennoch verbreitet, mehr im biologischen Segment. Obwohl die kognitive Komponente in der Pflanzen- und Tierwelt kaum ausgebildet ist, Vernunft und Einsicht also fehlen, setzen sich solche Gene durch, die der Population insgesamt Vorteile bringen - nicht notwendig bestimmten Individuen. Von aggressiver Disposition wird diesbezüglich auch gesprochen, was jedoch nicht überzeugt. Aggressives Verhalten ist umweltbedingt, entsteht gegenüber Sozialpartnern aus Egoismus und Geltungsdrang bzw. auf Grund mangelnder positiver Information (Grundtrieb). Ganz anders altruistisches Verhalten (Selbstlosigkeit), das auch bei Tieren vorkommt.

Die altruistische Disposition, die genetisch bedingt ist, verlangt ethische Auslöser, d.h. entsprechende Reize bzw. Informationen von außen. Durch solche Auslöser, die Erlerntes beinhalten, kann sich ethisches Verhalten erst entfalten. Mit Hilfe der Kosten-Nutzen-Analyse können altruistische Vorgänge nicht hinlänglich erklärt werden - viel mehr mit der sogenannten Spieltheorie oder der daraus entwickelten *„Tit-for-tat-Strategie"* (wie du mir, so ich dir), die das Lernvermögen der Sozialpartner einbezieht (9.4.1). Die Kosten-Nutzen-Analyse bezieht sich auf das biologische, die Tit-for-tat-Strategie auf das ethische Segment, wobei das erste im zweiten inbegriffen ist. Eine Pflanze oder ein Tier kann am besten gedeihen, wenn der größte Nutzen mit dem geringsten Aufwand an Zeit und Energie erzielt wird (Prinzip des kleinsten Aufwands, 9.4.2). So wirft ein Obstbaum junge Früchte ab, um andere reifen zu lassen und selbst nicht überlastet zu werden. Dasselbe ist an Tiereltern beobachtbar.

Gewiesen sei auf Fälle, wo Tiere das Revier sichern oder anderen bei der Brutpflege helfen und selbst dabei Nachteile erfahren, was dem Altruismus entspricht. Nicht zuletzt deswegen sei auf die Gesetzeseinheit und ihre Segmente wieder gewiesen. Zweifellos tragen Tiere altruistische Dispositionen, nicht jedoch Vernunft und hohes Bewusstsein. Weil beides am Menschen erst auftritt, ist im Tier eine „Brücke" schon gewachsen - ungeachtet ihrer Tragkraft -, und zwar zum ethischen Segment hin. Würde die altruistische Disposition dominieren, wäre die „Brücke" mehr von ethischer Art. Ein Löwenmännchen aber, das ein Rudel übernommen hat und die Kinder seines Vorgängers tötet, folgt seiner egoistischen Disposition, die dem biologischen Segment zugeordnet werden muss. Altruismus und Egoismus gehören trotzdem zusammen, gemäß der natürlichen Gesetzeseinheit.

Die altruistische Disposition, die sich nachweisen lässt und entsprechende Auslöser verlangt, ist ein Indiz für die Existenz der natürlichen Gesetzeseinheit und ihre Segmente. Ein zweites Indiz ist die Durchgängigkeit der Auslöser, vom physikalischen, zum biologischen, zum ethischen Segment (8.3.2). Weil weiterhin jeder Auslöser dem Gesetz der Natur folgt, das sowohl physische als auch biologische als auch ethische Strukturen bzw. Informationen formt, wäre ein drittes Indiz gegeben. Erneut sei auf das *Gewissen* gewiesen mit entsprechender Disposition, die zum ethischen Segment gehören muss. Auslöser und Disposition gehören zusammen, entsprechen dem Schlüssel-Schloss-Modell.

5. Urschema der Evolution

Um das Phänomen des Lebens modellhaft erfassen zu können, sei erneut auf die *ontologische Potenzialität* gewiesen, die der *metaphysischen Ordnung* zugewiesen wurde (3.1). Weil sich die Welt vom niedrigsten bis zum höchsten System als *Struktur (Ordnung)* darbietet, könnte zur ontologischen Potenzialität ein „Urschema" gehören, ohne die Selektionstheorie in Frage zu stellen! Im physikalischen Segment, an den Perioden und Eigenschaften der Elemente, ist eine *Richtung* erkennbar, die dem Urschema entsprechen könnte: am Wasserstoffatom genauso wie z.B. am Kohlenstoff- oder Sauerstoffatom, nur dass dort der sich äußernde Punkt der Hierarchie von dem der anderen Atome verschieden wäre. Nur bedingt könnte das Urschema sich äußern, d.h. auf verschiedenen Stufen seiner Hierarchie, was am PS der Elemente als wahrscheinlich erscheint.

Im PS der Elemente wäre die Richtung der Entwicklung vorgegeben - *verschlüsselt* in jeder Periode des Systems. Die resultierende Richtung hätte sich fortgepflanzt, aufgeweitet, zum biologischen und ethischen Segment hin. In der biologischen Zelle sind die eingebundenen Moleküle durch Atomwertigkeiten entstanden, also auch die DNA als Makromolekül. Weil jedem Molekül die Wertigkeiten ihrer Bestandteile: der Atome, zugrunde liegt, könnte das Urschema den Aufbau der DNA bestimmt haben und folglich den der Zelle, den des Merkmals und den des Organismus insgesamt - mit aufgeweiteten Freiheitsräumen! Im DNA-Aufbau sind die Basen Adenin und Thymin stets in gleicher Häufigkeit vorhanden, die von Cytosin und Guanin ebenso, was dem Urschema gemäß wäre, als eine Eigenschaft seiner sich äußernden Hierarchie.

Bekanntlich sind alle Lebewesen an je spezifischer DNA erkennbar, deren Sequenzen sich von Individuum zu Individuum unterscheiden. Der Aufbau verschiedener Sequenzen setzt das PS der Elemente nicht außer Kraft, das als erste *Äußerung des Urschemas* gelten könnte. Am PS der Elemente, an den Wertigkeiten der in der DNA eingebundenen Atome wäre die Richtung der Evolution erkennbar, also die der Ontogenese, der Phylogenese, die der Gesellschaft insgesamt. Als Struktur äußert sich jedes soziale Verhalten: in physikalischer, biologischer und ethischer Hinsicht, was sich empirisch bestimmen lässt, mit Hilfe statistischer Verfahren bzw. Gesetze. Jeder Versuch, von der Richtung des Urschemas abzuweichen, wäre vergeblich, verstieße gegen das Naturgesetz, das sowohl dem Stoff als auch dem Lebewesen als auch dem sozialen System zunehmende Freiheitsräume belassen hat. Der Begriff der Kausalität (3.1), der sich auf das Verhalten der Stoffe, Lebewesen, Gesellschaften bezieht, bestätigt zunehmende Freiheitsräume, sprich: Spielräume der Entfaltung, innerhalb derer das Gesetz der Natur nicht zu wirken scheint.

Das folgende *Schema* hat hypothetischen Charakter. Es zeigt zum einen das Gesetz der Natur, zum andern die vorhandenen Spielräume im Gesetz der Natur - vom physikalischen, zum biologischen, zum ethischen Segment hin. Sowohl die Person als auch das Volk (Gesellschaft) soll die Grenze der Spielräume beachten, wobei das *Gewissen* bzw. *Gesetz des Rechts* (staatliche Gesetz) behilflich sein könnte (bei Strafe von Verletzung oder Untergang laut jüdisch/christlichem Gebot, Bibel Num 21, 8).

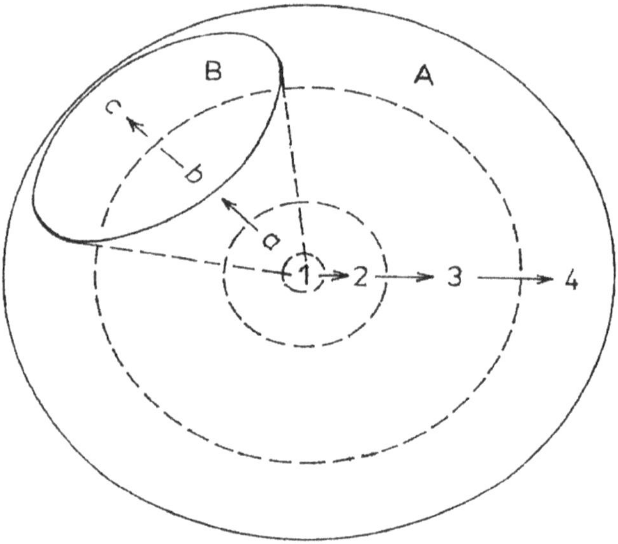

A: Raum-zeitliches *Schema(!)* vom Gesetz der Natur (Kugelgestalt, 1 bis 4):
- metaphysisches Segment (auch Bereich, Ordnung, Aspekt) 1
- physikalisches Segment (auch Bereich, Ordnung, Aspekt) 2
- biologisches Segment (auch Bereich, Ordnung, Aspekt) 3
- ethisches Segment (insgesamt: *natürliche Gesetzeseinheit)* 4

B: Spielräume *im* Gesetz der Natur (Kegelgestalt, a bis c):
- *im* physikalischen Segment (auch Bereich, Ordnung, Aspekt) a
- *im* biologischen Segment (auch Bereich, Ordnung, Aspekt) b
- *im* ethischen Segment (auch Bereich, Ordnung, Aspekt) c

6. Information allgemein (Massendefekt)

Gemäß der Theorie ist Information keine autonome Entität, sondern eine strukturale Eigenschaft des Trägers, auch des Trägers der Gene (DNA). Materie tritt in verschiedenen Eigenschaften auf, was ihren Strukturen entspricht. Auch Information tritt in verschiedenen Eigenschaften auf, was denselben Strukturen entspricht (4.2.1).

Materie und Energie sind zwei Wörter mit gleicher physikalischer Bedeutung. Nach Einstein muss jeder Energie Masse zugeordnet werden, und jede Masse repräsentiert Energie. Am Aufbau und Zerfall von Atomen ist erkennbar, dass sich die Masse der Bausteine verändert. So ist z.B. die Masse eines aufgebauten Atoms stets kleiner als die Summe der Massen seiner Bausteine, was als *Massendefekt* bezeichnet wird. Die Massendifferenz Δm ergibt sich aus dem *Einstein*schen Äquivalenzgesetz $E = m_i \cdot c^2$ bzw. aus $\Delta m = \Delta E / c^2$. Will man das aufgebaute Atom wieder zerlegen, so muss umgekehrt die dem Massendefekt entsprechende Energie zugeführt werden, die sich als *Massenzuwachs* $\Delta m'$ zeigen würde ($\Delta m' = \Delta m$). Bemerkenswert ist, dass die bei Kernprozessen umgesetzten Energiebeträge rund 10^6 mal größer sind als die in den Elektronenhüllen der Atome/Moleküle, was nicht vernachlässigt werden sollten - aus Entropie- bzw. Informationsgründen!

Durch Zufuhr von Energie nimmt die Masse eines Atoms/Moleküls zu, was schon E. Rutherford als *„Erregung“* bezeichnet hat, als Erregung des Atoms/Moleküls (man spricht diesbezüglich auch von negativer Wärmetönung: endothermer Prozess, d.h. Synthese). In gewisser Hinsicht, so Rutherford, ist ein „erregtes“ Atom einem radioaktiven Atom analog, bei dem die Kernbausteine noch nicht im *Zustand des Gleichgewichts* sind, sondern weiterhin einen Energieüberschuss haben, der in Form charakteristischer Strahlung freigesetzt wird. Man darf vermuten, dass „erregte“ Atome/Moleküle mit höherer potentieller Energie eine zusätzliche Information tragen (Entropie), die im Massenzuwachs $\Delta m'$ verborgen und nach Gesetzen der *Wahrscheinlichkeit* berechenbar ist. Bei der endothermen Reaktion, wo Erregung erzeugt wird, müsste diese Information bzw. Masse wachsen. Bei der exothermen Reaktion (positive Wärmetönung), wo Erregung abgebaut wird, müsste diese Information bzw. Masse schwinden, und zwar hinsichtlich aller Segmente. Der Zustand des Gleichgewichts wäre dann erreicht, wenn der Energieüberschuss in Form charakteristischen Verhaltens aufgebraucht wäre. Diesbezüglich sei auf die „Katalyse“ gewiesen, die beteiligte „Substrate“ in einen *reaktionsbereiten* Zustand versetzt, zum andern auf die Aggression - als Abbau negativ erfahrener Information (4.3.1).

Um der Klarheit willen sei betont: Die Begriffe der Erregung und Aktivierungsenergie sind verschiedenen Segmenten zugewiesen worden (4/ 4.2). Hinsichtlich der Katalyse allgemein ist mit *Erregung (Energie der Erregung)* ein Zustand gemeint, der sich *primär* auf das biologische und ethische Segment bezieht (anders als bei Rutherford). Der Begriff der *Aktivierungsenergie* hingegen bezieht sich nur auf das physikalische Segment. Ich beginne wieder mit dem physikalischen Segment und gehe dann auf die höheren Segmente detailliert ein.

6.1. Enthalpie, Entropie, Ordnung

In einem Kaloriemeter verbrennt man z.B. Glucose zu Molekülen mit geringeren Ordnungsgraden (CO_2, H_2O). Die freiwerdende Energie ist gleich der Differenz des Energieinhalts der Ausgangsstoffe und der Endprodukte. Weil sich diese Energie aus einer Differenz ergibt, wird sie Enthalpieänderung (ΔH) genannt, die in lebenden Zellen eine maximale Nutzarbeit (ΔG) verrichten bzw. höhere Ordnung aufbauen kann (*Struktur* und *Ordnung* sind synonym, 1/5). Wegen auftretender Wärmeverluste kann die maximale Nutzarbeit ihren Höchstwert niemals erreichen. Unabhängig davon weichen die Beträge der Enthalpieänderung und der maximalen Nutzarbeit auch voneinander ab. Diese Abweichung wird mit einem anderen Begriff beschrieben: dem der Entropie (S). Wie die Enthalpie und die maximale Nutzarbeit lässt sich die Entropie nicht absolut, sondern nur als Differenz bestimmen (ΔS). Entropie: zweiter Hauptsatz der Thermodynamik.

Bei Glucoseabbau gilt: ΔH negativ (exergonische Reaktion), ΔS positiv (Zunahme von Unordnung). Bei Glucoseaufbau gilt: ΔH positiv (endergonische Reaktion, sprich: Synthese), ΔS negativ (Zunahme von Ordnung). Auf Zahlenbeträge wird nicht eingegangen.

Bei Betrachtung der Energiebilanzen muss die Entstehung von Ordnung bzw. Unordnung in die Überlegung einbezogen werden, wegen der Entropieänderung und der Reaktionstemperatur (T). Werden aus den Abbauprodukten der Glucose wieder höhere Strukturen aufgebaut, z.B. wieder Glucose, dann muss zum Betrag der maximalen Nutzarbeit ein Betrag mit derselben Dimension zugerechnet werden, nämlich das Produkt aus Reaktionstemperatur und Entropieänderung ($T \cdot \Delta S$). Der Aufbau höherer Ordnung verlangt zusätzliche Energie. Unter physikalischem Aspekt lautet die Energieformel: $\Delta H = \Delta G + T \cdot \Delta S$.

Jede atomare oder molekulare Struktur kann verändert werden durch Zufuhr oder Entzug von Energie. Im Zellverbund sind die endergonische und exergonische Reaktion damit gemeint, die untereinander *verkoppelt* sind, wobei die exergonische mehr Energie liefert als die endergonische benötigt. Für die Kopplungsreaktion benutzt die Zelle meistens das Adenosintriphosphat (ATP), das aus Adenosindiphosphat (ADP) und einem Phosphorsäurerest besteht. Als Schlüsselsubstanz des Lebens wird ATP bezeichnet. Sie überträgt und speichert Energie, ist ein Nucleotid aus der Base Adenin, dem Zucker Ribose und drei Phosphorsäureresten.

6.2. Auf- und Abbau von Information

Beim Abbau von Strukturen bzw. Ordnungen in niedere wird Energie freigesetzt, beim Aufbau von Strukturen bzw. Ordnungen in höhere wird Energie aufgenommen. Dieser Ab- und Aufbau verändert Entropien bzw. Informationen, nicht nur unter physikalischem, auch unter biologischem und ethischem Aspekt. Im Kaloriemeter wird statt der Glucose eine *tote Pflanze* oder ein *totes Tier* verbrannt (Gedankenexperiment). Über den freigesetzten Energiebetrag kann auf die zugehörige Ordnung, Entropie bzw. Information geschlossen werden. Unter physikalischem Aspekt ist die Entropie definiert: $\Delta S = \Delta Q / T$ (Energie durch Reaktionstemperatur: Joule durch Kelvin). Mit der Entropie lässt sich die Information wahrscheinlich bestimmen (vgl. 2. Exkurs, 8.3).

Das Produkt aus Temperatur und Entropieänderung entspricht dem Ordnungsbegriff (6.1). Wird ΔS negativ, dann nimmt die Ordnung zu, wird ΔS positiv, dann nimmt die Ordnung ab. Der zweite Hauptsatz der Thermodynamik besagt, dass die Entropie im geschlossenen System nur gleich bleiben oder zunehmen kann. Dem scheint die Ontogenese zu widersprechen, auch die Phylogenese und Entwicklung der Gesellschaft insgesamt. Lebewesen und Gesellschaften sind jedoch gemischte (offene und geschlossene) Systeme, neigen einerseits zum *Fließgleichgewicht (biologisch),* andererseits zum *dynamischen Gleichgewicht* zwischen Sozialpartnern *(ethisch).* Stoffe bzw. Informationen werden aufgenommen, umgebaut und wieder abgegeben. Mit dem Tod tritt der Zerfall höherer

Strukturen zum thermodynamischen Gleichgewicht ein. Bezüglich sozialer Systeme ist der Unterschied zwischen Fließgleichgewicht (Versklavung) und dynamischem Gleichgewicht überaus wichtig (4).

In *lebenden Zellen* sind Untersuchungen meist schwierig, weil Stoffwechselketten untereinander vernetzt sind und praktisch „jedes auf alles" wirkt. Unter biologischem Aspekt wäre die Entropie bzw. Information dennoch definiert, mit einer variablen Größe (L), die das „Leben" repräsentierte. Beim Aufbau von Information (ΔS negativ) ist die Enthalpieänderung (ΔH positiv) kleiner als die maximale Nutzarbeit (ΔG positiv). Zudem baut sich solche Information auf, die von affektiver und kognitiver Art ist (was in den Punkten 4.2 bis 4.2.2 erklärt worden ist). Im biologischen Segment der Pflanzen und Tiere wird nur die physische Information genutzt - die von toten Körpern (Nahrung). Anders im ethischen Segment, wo geistige Produkte erarbeitet werden und vorrangiges Ziel sind. Für das biologische und ethische Segmente ließen sich repräsentative Entropien bzw. Informationen dennoch definieren, mit der variablen Größe L (Lebensenergie), deren Dimension eine Arbeit oder Energie wäre: $\Delta H' = \Delta G + T \cdot \Delta S + L$. Ähnlich der in 6.1 stehenden Gleichung könnte eine Entropieänderung in L stecken ($\Delta S'$), die das biologische und ethische Segment charakterisierte: $L = f(\Delta S')$. Auf die Lebensenergie der Pflanze (L_P), des Tieres (L_T), des Menschen (L_M) muss getrennt eingegangen werden. Vorher ein Blick auf die molekulare Evolutionstheorie.

7. Repräsentatives Basenquartett als Informationsträger

Gegenwärtiges Leben entsteht nur aus Leben, nämlich aus biologischen Zellen. Dennoch fragt man sich, ob das Leben aus dem Kosmos kam oder auf der Erde entstanden ist. Grundlegende Versuche wurden z.B. von S. Miller und M. Eigen durchgeführt, die belegen konnten, dass der biologischen Entwicklung eine physikalisch-chemische vorrangegangen sein muss. Im Labor wurde eine Uratmosphäre simuliert, in der organische Stoffe aus anorganischen entstehen konnten, z.B. Aminosäuen, Nukleinsäuren, ATP. Als Voraussetzung dieser selektiven Selbstorganisation muss das System offen sein und sich im Zustand fern vom thermodynamischen Gleichgewicht befinden.

Durch Katalyse an Kristalloberflächen (Pyrit) sind wahrscheinlich Stoffwechselprozesse in membranumgrenzten Räumen entstanden. Nach weiteren Entwicklungsschritten sind vermutlich kleinere RNA-Moleküle entstanden, darunter auch solche, die ihre eigene Verdoppelung katalysieren konnten: An einem Strang haben sich komplementäre Nucleotide angelagert und sind durch Katalyse zum komplementären Strang verknüpft worden. Die katalytischen Fähigkeiten von RNA-Molekülen sind durch Existenz von Ribozymen in heutigen Lebewesen belegt. Weitere Reaktionen legen nahe, dass Peptidketten aus Aminosäuren durch Ribozyme katalysiert wurden. Diese Peptide erwiesen sich als bessere und anpassungsfähigere Katalysatoren. So kam es wohl zu einer Arbeitsteilung zwischen RNA-Molekülen als Informationsträger und Proteinen als Katalysatoren (RNA-Protein-Welt).

Wahrscheinlich entstand ein rückgekoppelter Reaktionszyklus: RNA-Moleküle katalysierten die Bildung von Proteinen. Unter ihnen waren solche, die eine Verdoppelung der RNA-Moleküle katalysierten. Dadurch wurden die katalytischen RNA- und Proteinmoleküle vorrangig gebildet. Dieses Zusammenwirken von Nucleinsäure-Verdoppelungsvorgängen mit Proteinsynthesen hat M. Eigen als „Hyperzyklus“ bezeichnet. Wenn *Mutationen* an einer informationstragenden Polynucleotidkette zu schnelleren Reaktionen führen, dann setzen sich neue RNA-Protein-Systeme im Wettbewerb mit anderen durch (Molekulardarwinismus). Der Hyperzyklus muss sich bilden, wenn einfache Polynucleotide und Peptide mit katalytischen Eigenschaften entstanden sind (Theorie von der Selbstorganisation der Materie). Nach weiteren Evolutionsschritten hat sich wahrscheinlich die chemisch stabilere DNA als Informationsträger gebildet, wobei die RNA zum Vermittler zwischen DNA und Protein geworden ist.

So ist vermutlich die Protocyte entstanden, dann allmählich der Vielzeller mit je spezifischen Merkmalen.

Bei der Ausbildung eines Merkmals am Organismus wirken in der Regel Umweltfaktor und Gen zusammen, wobei ein mit Start- und Stop-Codon begrenzter Abschnitt auf der DNA als Gen definiert worden ist. Mit dem Gen lässt sich Information aufbauen unter Einsatz von Energie (Synthese). Obwohl jedes Gen spezifische Information trägt, haben alle Gene etwas gemeinsam: das Basenquartett der DNA als *repräsentativer* Informationsträger. Vier Basen verschiedener Sequenzen (Adenin, Guanin, Cytosin, Thymin) repräsentieren alle Gene bzw. deren Informationen. Von realen Sequenzen unabhängig geht vom Basenquartett die gesamte Information des Lebewesens aus. Diese Tatsache weist auf eine *„Grundgröße" von physikalisch-biologischer* Art (8.3.1/9.2), auf ein System von Eigenschaften (primäre Klasse von Systemstrukturen), das sich in den Segmenten der natürlichen Gesetzeseinheit verschlüsselt offenbart. Bevor ich schrittweise darauf eingehe, noch eine kurze Bemerkung.

Das Basenquartett, das alle Gene repräsentiert, schließt das *physikalische* Gesetz nicht aus. Zum einen sollten die physischen Eigenschaften seiner Elemente damit erklärt werden, zum andern sollten Eigenschaften höherer Art damit zugelassen werden, nämlich solche, deren Beziehungen untereinander als *biologisches* Gesetz auftreten. Das übergreifende Kennzeichen wäre das „Leben", dem der Drang zu höherer Information innewohnte - hin zu ethischer Bekundung. Sowohl die ethische Bekundung als auch Befolgung gründet auf ererbter Lernfähigkeit, ist auf äußere Information jedoch angewiesen (Erziehung).

8. Lebensenergie der Organismen

Gefragt werden sollte nicht so sehr, ob der Materie Leben aufbauendes Potenzial eigen ist, vielmehr wie das „Leben“ zur *Entfaltung* hat kommen können! Eine Antwort könnte von der Katalyse ausgehen, die hierarchisch auftritt: physikalisch, biologisch, ethisch. Dass Materie höhere Strukturen von selbst aufbaut, steht im Widerspruch zum physikalischen Begriff der Entropie. Lebewesen sind aber, wie erwähnt, gemischte Systeme, neigen zum *Fließgleichgewicht* im biologischen Segment und zum *dynamischen Gleichgewicht* im ethischen (6.2). Ihre Entropien nehmen einerseits ab, die der einbettenden Systeme andererseits zu. Zur Klärung der Lebensentfaltung ist der Entropiebegriff, gleich dem Kausal- und Katalysebegriff, erst in *logischer Erweiterung* geeignet (4.2), auch der Energie- und Qualitätsbegriff (4.2.1). Mit dem in 6.2 erweiterten Entropiebegriff (ΔS’) lassen sich Schnittstellen an der Gesetzeseinheit definieren: hin zu höheren Klassen von Systemstrukturen, was zwischen metaphysischem und physikalischem Segment (erste Schnittstelle) wohl beginnt.

8.1. Lebensenergie der Pflanze

Die zweite Schnittstelle an der natürlichen Gesetzeseinheit liegt zwischen physikalischem und biologischem Segment. Für das *physikalische* Segment ist die Entropie (bzw. Information) schon definiert worden, für das *biologische* nur vorläufig (6.2). Bezüglich der Lebensenergie (L) wird eine weitere Größe eingeführt: die *Erregung ΔQ’*, nicht die Erregung der Pflanze oder die der Durchschnittszelle, sondern die des repräsentativen Basenquartetts (Durchschnittsquartett der DNA). Weil zu ΔQ’ die Dimension einer Arbeit oder Energie gehört, wird das „Leben“ ebenfalls als Energie aufgefasst (erst in 8.2 werden ΔS’ und ΔQ’ benutzt). Gleich den Entropien lassen sich die Energien addieren, sodass die Lebensenergie der Pflanze (L_P) *definiert* wäre mit der Zahl ihrer Zellen und der Lebensenergie ihrer Durchschnittszelle: $L_P = n_1 \cdot L_Z$ (L_P proportional zu L_Z).

Jede lebende Pflanze ist autotroph, baut ihre Struktur aus anorganischen Stoffen auf, ebenso ihre Entropie bzw. Information, und zwar mittels Lichtenergie (Fotosynthese) oder chemischer Energie (Chemosynthese). Soll die Energie einer beliebigen Pflanze *empirisch* bestimmt werden, so wäre Folgendes zu beachten: Die beim Abbau gewonnene Energie (tote Pflanze) könnte - wie erwähnt - durch Verbrennen im Kaloriemeter bestimmt werden: $\Delta H = \Delta G + T \cdot \Delta S$ (6. 1). Die beim Aufbau nötige

Energie (lebende Pflanze) könnte ebenfalls empirisch bestimmt werden: $\Delta H' = \Delta G + T \cdot \Delta S + L_P$ (6. 2). Mit der Differenz beider Beträge, die sich mitteln und korrigieren ließen, wäre die Lebensenergie der Pflanze gegeben: $L_P = \Delta H' - \Delta H = n_1 \cdot L_Z$ (empirisch bestimmbar).

8.2. Lebensenergie des Tieres

Das Besondere der Tiere besteht darin, dass sie heterotroph sind: ihre Strukturen aus organischen Stoffen aufbauen, d.h. aus Pflanzen oder anderen Tieren, die als Nahrung ihnen dienen. Wichtig ist, dass nur deren *tote Körper* als Nahrung verwertet werden, deren chemische Energien. Gleich den Pflanzen lässt sich die chemische Energie *empirisch* bestimmen, überdies die Lebensenergie des Tieres: $L_T = \Delta H' - \Delta H = n_1 \cdot L_Z$ (empirisch bestimmbar).

Statistisch haben alle Lebewesen etwas gemeinsam: das repräsentative Basenquartett der DNA als Informationsträger. Aufgrund physikalisch-chemischer Befunde ist ein physisches Modell entwickelt worden. Nach ihm besteht die DNA aus zwei Polynucleotidsträngen, die über die Basen der Nucleotide zu einem schraubig gedrehten Doppelstrang verknüpft sind (Doppelhelix-Struktur). Beide Stränge sind nicht identisch, sondern *komplementär!* Jeder Strang kann als Bauvorlage für den anderen dienen. Wegen unregelmäßiger Abfolge von nur vier (4) Basen hat die DNA Information gespeichert. Je länger die DNA, desto mehr verschiedene Basenabfolgen, desto größer die Informationsmenge. Bei nur einem $^{(1)}$ Nucleotid lägen 4^1 Variationsmöglichkeiten vor, bei zwei $^{(2)}$ verknüpften Nucleotiden schon 4^2, bei dreihundert $^{(300)}$ verknüpften Nucleotiden sogar 4^{300} usw. Weil bei allen Lebewesen die DNA aus mindestens einer Million Nucleotid- oder Basenpaaren besteht, könnte jedes Lebewesen eine eigene Basen-Abfolge besitzen.

Nicht das Basenpaar, sondern das Basenquartett der DNA repräsentiert das Lebewesen. Also sollte das Basenquartett als repräsentativer Informationsträger gelten. Das ihm anhaftende „Leben“ könnte durch die *„Erregung“* zustande kommen: $\Delta Q' = L_Z / n_2$ bzw. $L_Z = n_2 \cdot \Delta Q'$, wobei n_2 die Zahl der Basenquartette meint, die man auch *„Lebensfaktor“* nennen könnte. Für die Lebensenergie des Tieres ergäbe sich dann: $L_T = n_1 \cdot L_Z = n_1 \cdot n_2 \cdot \Delta Q'$. Wenn die Erregung konstant bliebe (Erregung im Ruhezustand, 4.2), wäre die obige Gleichung für die Pflanze ebenfalls gültig (Annahme: $\Delta Q'$ = konstant und empirisch bestimmbar).

Unter *„Erregung im Ruhezustand“* verstehe ich einen „Grundzustand“, der sich weiter anregen lässt. Wenn ein Lebewesen sich in einem energiereicheren als dem Grundzustand befindet, dann wird es nach einiger Zeit in eine niedere Erregung zurückfallen, wobei die freiwerdende Energie als Maß der Informationsabnahme gedeutet wird. Laut spezieller Relativitätstheorie hat jede freiwerdende Energie einen Massendefekt zur Folge und umgekehrt, ebenso jeder Ab- und Aufbau von Information (6).

Zur Erregung $\Delta Q'$ muss die Information des repräsentativen Basenquartetts gehören bzw. die Entropie $\Delta S'$. Weil $\Delta S'$ nicht die Dimension einer Energie haben kann, muss mit T' erweitert werden (nur vorläufig, T' fiktiv). Analog der Gleichung in 6.2 ergäbe sich für die Erregung des repräsentativen Basenquartetts: $\Delta Q' = T' \cdot \Delta S' = \text{konst.}$ Wird das Produkt $T' \cdot \Delta S'$ in die obige Gleichung eingesetzt, dann folgt für die Lebensenergie des Tieres: $L_T = n_1 \cdot n_2 \cdot T' \cdot \Delta S'$. Eine dritte Maßzahl ($n_3$) müsste eingeführt werden, wenn das Lebewesen höhere Information aufbauen könnte (Bewusstsein, Kultur). Da weder die Pflanze noch das Tier das leistet, soll n_3 vorerst vernachlässigt werden ($n_3 = 0$). Durch Umstellen erhält man: $T' \cdot \Delta S' = L_T / n_1 \cdot n_2$ (empirisch bestimmbar wäre $T' \cdot \Delta S'$).

1. Exkurs: Zu den anerkannten Prinzipien der Wissenschaft gehört das *Korrespondenzprinzip,* das wie folgt lautet: Die Gültigkeit einer Theorie geht nicht vollständig verloren beim Entstehen einer neuen Theorie. Die Gesetze, der mathematische Apparat usw. der alten Theorie ergeben sich aus den Gesetzen, dem mathematischen Apparat usw. der neuen Theorie, wenn ein für die neue Theorie charakteristischer Parameter einem bestimmten Grenzwert zustrebt. Die klassische Mechanik z.B. wird zum Grenzfall der relativistischen Mechanik, wenn die Lichtgeschwindigkeit auf unendlich zuliefe. Oder: Die Wellenoptik wird zum Grenzfall der geometrischen Optik, wenn die Wellenlänge gegen null ginge usw. Mit dem Korrespondenzprinzip soll das physikalische und biologische Segment der Gesetzeseinheit vorerst verknüpft werden. Als charakteristischer Parameter des biologischen Segments könnte der *Lebensfaktor* n_2 gelten, der einem bestimmten Grenzwert zustrebt: dem Wert null (Alterung und Tod des Organismus, $L_{P/T} = 0$). Unter dieser Voraussetzung erscheint die Theorie vom physikalischen Segment (Physik) als Grenzfall der Theorie vom biologischen Segment (Biologie). Mehr dazu in 8.3.1.

8.3. Lebensenergie des Menschen

Die dritte Schnittstelle an der natürlichen Gesetzeseinheit liegt zwischen biologischem und ethischem Segment: zwischen Tier- und Menschenwelt. Gemäß der Gesetzeseinheit, die sich *auf- und abbaut* (Geburt und Tod, 2), ist die Evolution wahrscheinlich verlaufen. Der Mensch ist befähig, Kulturgüter bzw. ethische Information zu schaffen. Streben nach biologischem Fortleben hat im ethischen Segment abgenommen zugunsten Streben nach geistigem Fortleben (4.3.1). Von altruistischen Genen wird diesbezüglich auch gesprochen.

In der Gleichung $L_{P/T} = n_1 \cdot n_2 \cdot \Delta Q'$, die das biologische Segment charakterisiert, ist der Aufbau von ethischer Information nicht berücksichtigt. Mit der Maßzahl n_3 erst, die das ethische Segment charakterisiert und der obigen Gleichung beigefügt wird, wäre diese Information berücksichtigt: $L_M = n_1 \cdot (n_2 + n_3) \cdot \Delta Q'$, wobei $n_3 >> 0$ sein könnte. An den Produkten $n_1 \cdot n_2 \cdot \Delta Q' + n_1 \cdot n_3 \cdot \Delta Q'$ ist erkennbar, dass die Lebensenergie ein Vielfaches von $\Delta Q'$ wäre, was für die zugehörige Entropie bzw. Information ebenfalls gelten müsste. Zur Entropie $\Delta S'$ müsste, wie erwähnt, eine Information gehören (oder umgekehrt): die des repräsentativen Basenquartetts, das aus *vier verschiedenen „Zeichen"* besteht und dynamisiert ist - hin zum Aufbau des Menschen.

2. Exkurs: Die *Boltzmann*sche Entropieformel aus der Thermodynamik ($\Delta S = k \cdot \ln W$) ist mit einer Formel aus der Informationstheorie formal identisch, nämlich mit der *Shannon*schen Formel. Kybernetische Modelle unterscheiden sich von physikalischen dadurch, dass außer energetischen auch informationelle Größen berücksichtigt sind. Nach der Informationstheorie liegt die einfachste Möglichkeit für Auswahlentscheidungen dann vor, wenn der Zeichenvorrat aus zwei gleichwahrscheinlichen Zeichen besteht (Maßeinheit: ein bit, Wahrscheinlichkeit: ein halb). Liegen mehr als zwei Zeichen vor, dann könnte die Entscheidung für ein Zeichen durch mehrere Binärentscheidungen zustande kommen. Der Informationsgehalt eines Ereignisses aus vier gleichwahrscheinlichen Zeichen (zwei Binärenscheidungen) ist folglich zwei bit. Für einen Zeichenvorrat aus N Elementen ist der Informationsgehalt eines Zeichens gleich Logarithmus zur Basis zwei aus N, wieder unter der Voraussetzung, dass alle Elemente mit gleicher Wahrscheinlichkeit auftreten. Genauere Beschreibungen würden den Rahmen dieser Arbeit sprengen (gewiesen sei auf die Fachliteratur). Wichtig ist, dass sich die Entropie des repräsentativen Basenquartetts ($\Delta S'$) und folglich die des „Lebewesens im Ruhezustand“ näherungsweise empirisch bestimmen lässt (vgl. 6.2/8.2).

8.3.1. Physikalisch-biologische Grundgröße (Lebensquant)

Zum besseren Verständnis einige Anmerkungen am Anfang dieses Abschnitts. Vorbehaltlich ist Folgendes bisher erkannt worden (für den Ruhezustand der Erregung $\Delta Q'$):

L_Z ist empirisch bestimmbar (8.1),
$\Delta Q'$ ist empirisch bestimmbar (Erregung und Energie der Erregung sind synonym, 6),
$\Delta S'$ ist empirisch bestimmbar (näherungsweise, 8.2/8.3),
$L_{P/T}$ sind experimentelle Ergebnisse (8.1/8.2),
n_1 / n_2 sind berechenbar.

Wenn sich $\Delta S'$ näherungsweise bestimmen lässt, dann wahrscheinlich auch T', jedoch unter Vorbehalt. In 6.2 ist die Entropie ΔS für das physikalische Segment definiert worden: Energie durch Temperatur. Im biologischen Segment ebenso wie im ethischen wäre die „Temperatur“ T' als Bestimmungsgröße der Entropie $\Delta S'$ wohl kaum geeignet, könnte durch eine weitere „Grundgröße“ jedoch ersetzt werden: durch das *Lebensquant j* als Analogon der Temperatur (bzw. eines Faktors zum natürlichen Logarithmus der thermodynamischen Wahrscheinlichkeit, $\Delta S = k \cdot \ln W$), was in 8.3.2 noch diskutiert werden muss. Mit dem Produkt aus j und $\Delta S'$ wäre die Erregung (8.2) neu definiert: $\Delta Q' = L_Z / n_2 = j \cdot \Delta S' = \text{konst.}$ Außer den Maßzahlen n_1 und n_2 käme für das ethische Segment die Maßzahl n_3 noch hinzu, sodass die Lebensenergie des Menschen auch neu definiert wäre: $L_M = n_1 \cdot (n_2 + n_3) \cdot j \cdot \Delta S'$. Die Entropie des repräsentativen Basenquartetts ($\Delta S'$) liefert die Gleichung davor und ebenfalls $\Delta Q'$ als Produkt aus j und $\Delta S'$. Wie verhält sich n_2 in diesem Zusammenhang? (Voraussetzung: $n_3 = 0$) Auf das *Korrespondenzprinzip* wird zurückgegriffen (1. Exkurs), aber auch auf das erste Buch (10.5).

Strebt die Zahl der Basenquartette, die Maßzahl n_2 bzw. der Lebensfaktor, dem Grenzwert null zu, dann strebt sowohl $\Delta Q'$ als auch L_M bzw. $L_{P/T}$ ebenfalls gegen null (Alterung und Tod des Organismus). Dass dies eintritt, lässt sich an Folgendem erkennen: Während der Zellteilung erhält jede Tochterzelle von jedem Cromosom eine der beiden Chromadiden mit je identischem DNA-Molekül. Zunächst wird die DNA reißverschlussartig an den Wasserstoffbrücken zwischen den Basen geöffnet, sodass komplementäre Nucleotide an den freiwerdenden Basen aufsetzen und durch das Enzym DNA-Polymerase einen komplementären Tochterstrang bilden. Jede DNA-Polymerase braucht zur Synthese eine Start-Nucleotidsequenz (Primer), an die sie weitere Nucleotide knüpfen kann. Weil die DNA-Polymerase nur an einem Ende des Primers Nucleotide verknüpft, kann die Synthese des einen Strangs kontinuierlich erfolgen, die des anderen Strangs nur stückweise: Die DNA-Polymerase muss „rückwärts" arbeiten, muss ständig an neuen Stellen beginnen. Mit der Fertigstellung eines Teilstücks erreicht sie den Primer der vorangegangenen Teilstück-Synthese, der dann abgelöst und durch DNA-Nucleotide ersetzt wird. Am Ende der Chromatide aber kann kein Primer mehr gebildet werden. Der Tochterstrang ist um das Stück bis zum letzten gebildeten Primer kürzer als der Matrizenstrang! Wegen neuer Zellteilungen entstehen immer kürzere Tochterchromatide. Infolgedessen haben Körperzellen nur eine begrenzte Teilungsfähigkeit. Die Zahl ihrer Basenquartette (Lebensfaktor n_2) nimmt mit jeder Zellteilung ab, strebt dem Grenzwert null zu und folglich $\Delta Q'$, n_3 und $L_{P/T/M}$ (Alterung und Tod des Organismus).

Hier sei erneut auf n_3 eingegangen, auf jene Maßzahl, die das ethische Segment charakterisiert und alle höheren Strukturen bzw. Informationen kennzeichnet. Ein Blick auf die letzte Gleichung lässt erkennen, dass n_1 ebenso wie $(n_2 + n_3)$ ein Vielfaches von $j \cdot \Delta S'$ bewirkt. Weil sich $\Delta S'$ proportional zu L_M verhält und auf dessen Information bezieht, müsste jede höhere Information einem Vielfachen der Information des Basenquartetts entsprechen. Folglich wären alle Kulturgüter auf das repräsentative Basenquartett bezogen, wären der Informationstheorie zugänglich. Im Folgenden eine Überprüfung als wichtige Ergänzung.

8.3.2. Diskussion anhand universeller Naturkonstanten

Nach der Quantenphysik stellt das Produkt aus *Energie* und *Zeit* eine Wirkung dar, ebenso - im Falle der Bewegung - das Produkt aus *Ort* und *Impuls.* Von keinem Körper wird Energie kontinuierlich abgestrahlt oder absorbiert, sondern nur in Mindestbeträgen: in diskontinuierlichen Energiequanten, die der *Frequenz der Strahlung* proportional sind. Diesem Phänomen liegt eine universelle Naturkonstante zu Grunde: das Plancksche *Wirkungsquantum h.* Eine zweite universelle Naturkonstante stellt die *Lichtgeschwindigkeit c* dar.

Die Informationsmenge eines jeden Körpers wird durch Abstrahlung von

Energie gesenkt, durch Absorption hingegen erhöht. Weil die Lebensenergie - wie jede Energie - gequantelt auftritt, muss für das biologische und ethische Segment je ein Mindestbetrag angenommen werden: die Erregung $\Delta Q'$ - proportional zur Entropie bzw. Information des Basenquartetts. Als Proportionalitätsfaktor wird das *Lebensquant j* angenommen, mit der Dimension einer fiktiven Temperatur (1K').

Die physikalische Katalyse könnte als Entropieänderung aufgefasst werden (Quotient aus *Aktivierungsenergie* und Reaktionstemperatur, 6.2), also: $\Delta S = \Delta Q / T$, wobei ΔQ gequantelt wäre. Analog könnte die biologische bzw. ethische Katalyse aufgefasst werden (Quotient aus *Erregung* und Lebensquant, 8.3.1), also: $\Delta S' = \Delta Q' / j$, wobei $\Delta Q'$ ebenfalls gequantelt wäre. Weil zur Klärung atomarer/molekularer Phänomene sowohl die Lichtgeschwindigkeit *c* als auch das Wirkungsquantum *h* herangezogen wird, könnten beide - unter Vorbehalt - mit dem Lebensquant *j* eine *Einheit* bilden und gemeinsam das „Leben" induzieren. Gleich einer jeden Temperatur würde der Ausdruck $n_1 \cdot (n_2 + n_3) \cdot j$ als veränderliche Größe gesehen, die sich wegen des Wirkungsquantums auf die *Thermodynamik* beziehen könnte (Lebensquant *j* und erwähnter Faktor wären analog) und wegen der Lichtgeschwindigkeit auf die *spezielle Relativitätstheorie* (innere Erregung eines ruhenden Basenquartetts entspräche der inneren Energie eines ruhenden Partikels der Masse m_{i0}). Beide Varianten der Unbestimmtheitsrelation (Produkt aus Ort und Impuls wie Energie und Zeit) schließen diese Vermutung nicht aus.

Versuchsweise soll nun das Problem der natürlichen Gesetzeseinheit mit drei universellen Naturkonstanten diskutiert werden: der Lichtgeschwindigkeit, dem Wirkungsquantum und dem Lebensquant (zur universellen Naturkonstante versuchsweise(!) erhoben). Nach drei Begriffen könnte die Materie bzw. das repräsentative Basenquartett charakterisiert werden: nach *Partikel,* nach *Photon,* nach *Erregung.* Jeder dieser Begriffe lässt sich weiterhin untergliedern: nach Energie, Frequenz und Wellenlänge. Betont sei, dass die Erregung als „Link" gelten könnte zwischen dem physikalischen und biologischen wie dem biologischen und ethischen Segment. Auch sei betont, dass die verschlüsselte Information des repräsentativen Basenquartetts in der *Frequenz der Erregung* liegen könnte (vgl. 4.2.2). Zunächst die erforderlichen Dimensionen der benötigten Größen (dim), danach deren Grundbeziehungen und Einflechtungen untereinander. Schließlich führe ich eine Dimensionskontrolle durch.

dim Wirkungsquantum = dim h = 1J sec oder 1Nm sec
dim Lichtgeschwindigkeit = dim c = 1m sec^{-1}
dim Lebensquant = dim j = 1K'
dim Energie (Partikel, Photon, Erregung) = dim E_P bzw. E bzw. $\Delta Q'$ = 1J
dim Energiedichte (elektrisch) = dim ρ_e* = 1N m^{-2}
dim Kraft = dim F = 1N
dim Impuls = dim p = 1kg m sec^{-1}
dim Geschwindigkeit = dim v = 1m sec^{-1}
dim Zeit = dim t = 1sec
dim Strecke = dim s = 1m
dim Wellenlänge = dim λ bzw. λ' = 1m
dim träge Masse = dim m_i = 1kg
dim Frequenz = dim ν bzw. ν' = 1sec^{-1}
dim Entropie des repräsentativen Basenquartetts = dim $\Delta S'$ = 1J / K'

Nun zur Charakterisierung der Materie bzw. des repräsentativen Basenquartetts (ruhend) nach analogen Begriffsstrukturen:

1. 1. Energie des Partikels
$E_P = c^2 \cdot m_i$
$E_P / m_i = \text{konst.}$ (c^2 bzw. c als Proportionalitätsfaktor)

1.2. Energie des Photons
$E = h \cdot \nu$
$E / \nu = \text{konst.}$ (h als Proportionalitätsfaktor)

1.3. Energie der Erregung
$\Delta Q' = h \cdot \nu' = j \cdot \Delta S'$
$\Delta Q' / \Delta S' = \text{konst.}$ (j als Proportionalitätsfaktor)

2.1. Frequenz des Partikels (de Broglie)
$\nu_P = v_P / \lambda_P$ $(v_P \rightarrow c)$
$\nu_P = c / \lambda_P$
$\nu_P \cdot \lambda_P = \text{konst.}$ (c als Proportionalitätsfaktor)

2.2. Frequenz des Photons
$\nu = c / \lambda$
$\nu \cdot \lambda = \text{konst.}$ (c als Proportionalitätsfaktor)

2.3. Frequenz der Erregung
$\nu' = v' / \lambda'$ $(v' = \rightarrow c)$
$\nu' = c / \lambda'$
$\nu' \cdot \lambda' = \text{konst.}$ (c als Proportionalitätsfaktor)

3.1. Wellenlänge des Partikels (de Broglie)

$\lambda_P = h / p_P$

$\lambda_P \cdot p_P = \text{konst.}$ (h als Proportionalitätsfaktor)

3.2. Wellenlänge des Photons

$\lambda = c / \nu = c \cdot h / E$ wegen $\nu = E / h$

$\lambda \cdot E = \text{konst.}$ ($c \cdot h$ als Proportionalitätsfaktor)

3.3. Wellenlänge der Erregung

$\lambda' = c / \nu' = c \cdot h / \Delta Q' = c \cdot h / j \cdot \Delta S'$

$\lambda' \cdot \Delta S' = \text{konst.}$ ($c \cdot h / j$ als Proportionalitätsfaktor)

Für v_P und v' ist c gesetzt worden (äußerlich ruht das Basenquartett). Die Erregung $\Delta Q' = j \cdot \Delta S' = \text{konst.}$ könnte empirisch bestimmt werden, dann wahrscheinlich auch $\Delta S'$. Folglich könnte j ungefähr berechnet werden.

Nur als „verhüllte“ universelle Naturkonstante darf j wohl aufgefasst werden, ist als „unverhüllte“ Konstante aber angenommen worden.
$\Delta Q' = j \cdot \Delta S'$ sollte als konstant sich erweisen (im Ruhezustand), was bei Lebewesen gleicher Art wahrscheinlich ist.
Nun die Dimensionskontrolle für $\underline{c \cdot h / j = \lambda' \cdot \Delta S'} = \text{konst.}$

$$\text{dim Naturkonstanten } c \cdot h / j = 1\text{m J sec / sec K'} = 1\text{m J / K'}$$
$$1\text{m J / K'} = 1\text{m J / K'}.$$

Die Dimensionskontrolle zeigt, dass beide Seiten der Gleichung dieselben Dimensionen tragen, je ein Produkt aus Länge und Entropie. Folgende Schlüsse ließen sich ziehen:

1. In j könnte die dritte universelle Naturkonstante stecken. Mindestens drei Größen sind erforderlich zum Aufstellen einer Gleichung - auch bezüglich universeller Naturkonstanten. Wenn c und h universelle Naturkonstanten wären, was nicht bezweifelt wird, dann müssten sich beide auf j beziehen und das Leben mitbestimmen, das selbst auf Entropie bzw. Information basierte - wegen J / K' (vgl. *Boltzmann*sche Konstante k).

2. Die *erste* Schnittstelle an der natürlichen Gesetzeseinheit, die zwischen metaphysischem und physikalischem Segment liegt, ist durch die Unbestimmtheitsrelationen festgelegt (2), die aus der atomistischen Struktur von Materie bzw. Energie hergeleitet worden sind.

3. Die *zweite* Schnittstelle an der natürlichen Gesetzeseinheit, die zwi-

schen physikalischem und biologischem Segment liegt, *beginnt* bei $n_2 = 1$ (vgl. 1. Exkurs).

4. Die *dritte* Schnittstelle an der natürlichen Gesetzeseinheit, die zwischen biologischem und ethischem Segment liegt, *beginnt* bei $n_3 = 0$. Mit der Entwicklung des Menschen wächst die Gesetzeseinheit bzw. das ethische Segment weiter heran, wobei $n_3 >> 0$ wird. Schon im Tierreich beginnt das ethische Segment. (In 9.4.2 wird noch die „Wirkung" herangezogen.)

Weitere Ausführungen würden den Rahmen dieser Arbeit sprengen.

9. Aspekte der natürlichen Gesetzeseinheit

Mit einer metaphysischen Bestimmung wird begonnen. Eine Metaphysik des Übersinnlichen wird hier abgelehnt, nicht eine der „spekulativen *Vernunft*" (2/10, Kant). Keine Theorie kann auf metaphysische Bestimmung ganz verzichten. Ein Minimum möge man mir gewähren.

9.1. Metaphysische Bestimmung

Naturwissenschaftliche Ergebnisse zeugen von einer ganzheitlichen, prinzipiell nicht in Teile zerlegbaren Struktur der Welt. Mit der Quantenmechanik sind Strukturen bis zu einer bestimmten Grenze hinlänglich beschreibbar. Das *Planck*sche Wirkungsquantum, das der Quantenmechanik zugrunde liegt, setzt diese Grenze (Unbestimmtheitsrelationen), die man nicht auf menschliches Unvermögen, sondern auf Eigenschaften der Natur zurückführt. Der von den Unbestimmtheitsrelationen ausgegrenzte Bereich, der sozusagen „vor" dem physikalischen liegt, ist wahrscheinlich ein System von Eigenschaften (primäre Klasse von Systemstrukturen, 4.2.1), das der Materie innewohnt, sich durch Evolution des Genotyps anreichert und als natürliche Gesetzeseinheit differenziert wirkt.

Niemand kann die vorgegebene, zur Natur gehörende Grenze verschieben und metaphysisches Geschehen ausmessen. Keine *Ursache* hinter der Grenze lässt sich objektiv bestimmen: Jede Theorie darüber ist mangelhaft (Mangel an Objektivität). Metaphysisches Geschehen pflanzt sich jedoch fort, zeigt *Wirkung* unter physikalischem, biologischem, ethischem Aspekt, erzeugt physische Strukturen, biologische Organismen, die soziale/ethische Welt insgesamt. Zur „metaphysischen Ordnung" gehören die ontologische Potenzialität (3.1), das Urschema der Evolution (5) und der Auf- und Abbau der natürlichen Gesetzeseinheit (2). Im Grunde, außerhalb des Modells, ist die Welt nicht begreifbar. Eine Erweiterung des Modells erscheint mir dennoch sinnvoll und sei hier angesagt.

9.2. Physikalische Bestimmung

Die gesamte Physik ist dadurch gekennzeichnet, reales Geschehen objektiv, vom Menschen unabhängig zu beschreiben, was weitgehend gelungen ist. Während der Beobachtung aber spielt der Mensch bzw. sein Nervensystem eine entscheidende, nicht zu beseitigende Rolle (wobei die technische Apparatur noch zu berücksichtigen wäre). Von daher wird verständlich, dass nur *Modelle* vom Gesetz der Natur möglich sind, die durch objektive Experimente (Fragen an die Natur) sowie induktive und deduktive Verfahren gestützt werden, was zu Gesetzmäßigkeiten geführt hat. Wichtig ist in diesem Zusammenhang, dass nur streng definierte Begriffe und messbare Größen für den Aufbau des Modells zugelassen werden. Das Messen also erweist sich als eine wichtige Aufgabe der Physik, verbunden mit Vorschriften und definierten Maßeinheiten.

Modelle aus der Physik zeigen, dass viele Größen auf andere zurückgeführt worden sind, z.B. die Größe Geschwindigkeit aus den Größen Länge und Zeit. Man unterscheidet deshalb *Grundgrößen,* für die keine Definition im Sinne einer Zurückführung auf schon Bekanntes gegeben werden kann, und *abgeleitete Größen,* die man aus den Grundgrößen entwickelt und definiert hat. Die Festlegung der Grundgrößen ist zwar grundsätzlich willkürlich, doch man wird solche wählen, die einfach erscheinen und für die Forschung zweckmäßig sind. Andere Grundgrößen und Ableitungen hätte man ebenfalls wählen können.

Für das menschliche Bewusstsein findet jedes Geschehen in Raum und Zeit statt, d.h. an einem bestimmten Ort und zu einer bestimmten Zeit. Weil der Ort in einem Koordinatensystem durch Längen fixiert werden kann, ist es naheliegend, die Länge als erste Grundgröße einzuführen. Dazu kommt die Zeit als zweite Grundgröße. Diese beiden Grundgrößen reichen zur Beschreibung mechanischer Vorgänge aber nicht aus. Als zweckmäßig hat es sich erwiesen, die träge und schwere Masse noch zu wählen. Aus den vier Grundgrößen Länge, Zeit, träge Masse und schwere Masse lassen sich alle übrigen mechanischen Größen ableiten und zum Aufbau eines Modells nutzen: des mechanischen Modells.

Für die übrigen Gebiete der Physik sind weitere Grundgrößen erforderlich, die das mechanische Modell erweitern - hin zu einem Gesamtmodell. Zur Beschreibung der Wärmeerscheinungen ist die fünfte Grundgröße eingeführt worden, nämlich die Temperatur, später, zur Beschreibung der elektrischen und magnetischen Körpereigenschaften, die elektrische Ladung und der magnetische Fluss, sodass sieben Grundgrößen existieren, die ein *erweitertes Modell* ermöglichen. Mit diesen Grundgrößen sind die abgeleiteten Größen ebenfalls definiert. So liefert das Produkt zweier Längen eine Fläche, das Produkt dreier Längen ein Volumen, der Quotient aus Länge und Zeit eine Geschwindigkeit usw. Auf diese Weise lassen sich alle abgeleiteten Größen als Potenzprodukte der sieben Grundgrößen Länge, Zeit, träge Masse, schwere Masse, *Temperatur,* elektrische Ladung und magnetischer Fluss darstellen und für ein erweitertes Modell nutzen. Unberücksichtigt sind gewisse Vorgänge im Atomkern, für deren Klärung vielleicht weitere Grundgrößen definiert werden müssen.

Die Quantenphysik hat den Begriff der Materie und den des Wissens erneuert. Die Unbestimmtheitsrelationen, die das Wissen begrenzen, sind Ausdruck einer ganzheitlichen, grundsätzlich unteilbaren Struktur der Welt. Scheinbar unüberbrückbare Gegensätze wie Stabilität und Instabilität, tote und lebende Materie sind angenähert worden durch den Begriff der Komplementarität als logische Erweiterung des klassischen Kausalbegriffs (Ursache-Wirkung, 2). Weil das physikalische und biologische Segment ohne eine *weitere Grundgröße* nicht überbrückt werden kann, habe ich - wegen zusätzlicher Erweiterungen (8) - das *Lebensquant* vorgeschlagen, als Analogon der *Temperatur* (bzw. eines Faktors zum natürlichen Logarithmus der thermodynamischen Wahrscheinlichkeit, 8.3.1). Die zweite Schnittstelle an der natürlichen Gesetzeseinheit läge, wie erwähnt, zwischen physikalischem und biologischem Segment.

9.3. Biologische Bestimmung

Alle Erfahrungen der Biologie sprechen dafür, dass die Gesetze der Physik (Chemie) auch für die Lebewesen gelten. Bei den Lebewesen finden sich jedoch zusätzliche Eigenschaften: Stoffwechsel, Vermehrung usw., die als Eigenschaften des Lebens gelten. Weil jede Zelle von einer anderen abstammt, gilt die aus Protoplast bestehende Zelle als Träger des Lebens. Das gesamte Zellplasma ist reizbar und folglich fähig, *Erregung* weiterzuleiten. Reizaufnahme, *Erregungsleitung* und Reizbeantwortung sind Grundfähigkeiten des Zellplasmas.

Wahrscheinlich waren die ersten Organismen einzellige Wesen, die wie die Bakterien und blaugrünen Algen noch nicht in Kern und Plasma differenziert waren, jedoch Eiweiß und Nukleinsäure enthielten. Die bekannten Vieren, denen der energieliefernde Stoffwechsel fehlt, können nicht als Lebewesen bezeichnet werden, nur als Modelle für Vorstufen von Lebewesen. Alle Lebewesen verwenden den gleichen genetischen Code, weisen die gleichen chemischen Grundbausteine auf und geben ihre Erbsubstanzen durch den gleichen Ablauf der Zellteilung weiter. Auch grundlegende Stoffwechselvorgänge (Glykolyse etc.) sind bei fast allen Organismen gleichartig. Aufgrund dieser Übereinstimmungen ist ein gemeinsamer Ursprung aller Lebewesen anzunehmen.

Zwischen der Pflanzen- und Tierwelt sind „Brücken“ erkennbar. Ein

Modell dafür ist das sogenannte Augentierchen. Auf höherem Niveau seien die Insekten fressenden Pflanzen genannt (Venusfliegenfalle, Kannenpflanze usw.), die alle Chlorophyll und Wurzeln gebildet haben und sich vorwiegend autotroph ernähren. Andere Modelle sind das Schnabeltier und der Peripatus. Zur Menschenwelt hin sei die Australopithecus- bzw. Homoerektus-Gruppe genannt.

Fossile Funde zeigen Entwicklungsreihen von einfachen zu höheren Lebewesen, sowohl bei Pflanzen als auch Tieren. Die Entwicklung geht vom Wasser zum Landleben, sodass die Reihen nur Ahnen- und Abstammungsreihen sind. Diesbezüglich ist die Homologieforschung wichtig geworden, die Abwandlungen aufzeigt, z.B. bei Sprosspflanzen bzw. deren Generationswechsel. Der Wechsel zwischen zwei Generationen, die zum einen Sporen, zum andern Geschlechtszellen bilden, gilt als Generationswechsel. Vergleiche zeigen, dass ein Generationswechsel bei allen höheren Pflanzen vorliegt, wobei die geschlechtliche Generation zurückgedrängt ist. Die Verlagerung der Befruchtung ins Innere des Sporophyten führte aus dem Wasser heraus zum Landleben. So zeigen die höchst entwickelten Pflanzen nur verkümmerte Formen des Generationswechsels, die sich auf Grund ihrer Stammesgeschichte erklären lassen. Ähnliches gilt für die Tierwelt.

Die Stammesgeschichte der Tiere nahm ihren Ausgang wohl von geißeltragenden Einzellern, die als „Wurzel" aller Lebewesen gelten können. Tiere, die sich in der äußeren Gestalt, dem inneren Bau und der Entwicklung ähneln, fasst man zu Stämmen zusammen. Innerhalb der einzelnen Stämme wird in Klassen, Ordnungen, Familien, Gattungen und Arten unterteilt. Die einzelne Art, die noch in Rassen aufgeteilt sein kann, ist die *Grundeinheit* dieses Systems, an dessen Anfang ganz einfache Formen standen, denen immer höhere folgten. Abgestufte Ähnlichkeiten der Arten lassen auf Verwandtschaft untereinander schließen. Beim Vergleich größerer Einheiten sind stufige Abwandlungen des Grundbauplans oder einzelner Organe bzw. Organsysteme erkennbar.

Solche Organe, die äußerlich nach Bau- und Nutzart verschieden sind, sich auf die gleiche Grundform aber zurückführen lassen, heißen homologe Organe. Wenn sich Organe als homolog erweisen, dann in der Regel auch alle anderen. So sind bei den Wirbeltieren nicht nur die Gliedmaße homolog, sondern das ganze Skelett, die Sinnes-, Kreislauf-, Atmungs-, Ausscheidungsorgane usw. Die *Homologie* von Organen und Organsystemen wird erkennbar, wenn man annimmt, dass die Tiere und der

Mensch von einer gemeinsamen Grundform abstammen. Überdies entwickeln sich alle echten Vielzeller aus einem Blasenkeim (Blastula), sodass nicht zuletzt deswegen deren stammesgeschichtliche Verwandtschaft angenommen werden kann.

Ein entscheidender Beleg für die Verwandtschaft aller Lebewesen ist die Homologie von Proteinen und insbesondere von Genen! Die Verwandtschaft von Lebewesen, die sich aus den Homologien von Organen ergeben haben, müssen sich auf der Ebene der Gene und Genprodukte ebenfalls zeigen, was zuerst durch vergleichende Untersuchungen von Cytochrom c - einem Protein der Zellatmung - untermauert wurde. Die Evolution dieses Proteins ist vor sehr langer Zeit von einem „Ur-Cytochrom" ausgegangen. Zwecks Demonstration wurde ein Stammbaum erstellt für die grünen Pflanzen, Pilze und Tiere - bis hinauf zum Menschen. Obwohl sich der Stammbaum des Cytochroms c nur auf eine einzige Molekülart bezieht, stimmt er gut überein mit dem, der mit Hilfe der vergleichenden Anatomie aufgestellt wurde. Mittlerweile arbeitet die molekulare Evolutionsforschung fast ausschließlich mit Nucleotid-Sequenzvergleichen, wobei das *Prinzip des kleinsten Aufwands* berücksichtigt wird: Als bester Stammbaum gilt jener, der die kleinste Zahl von Mutationsschritten aufweist. Die Zahl der Aminosäureaustausche je Zeiteinheit gilt als *Evolutionsrate,* die ungefähr gleich geblieben ist. Verschiedene Proteine unterscheiden sich aber in ihrer Evolutionsrate. Bei den Hämoglobinen z.B. ist sie doppelt so groß wie beim Cytochrom c. Wegen der je gleichbleibenden Rate ist ein weiteres Indiz für das erwähnte Urschema gegeben. Die Evolutionsrate lässt sich als „Evolutionsuhr" nutzen.

Anmerkung: Das *Prinzip des kleinsten Aufwands,* das gesondert erklärt wird (9.4.2), lässt sich auch politisch nutzen! Gegen Ende des 10. Kapitels wird darauf eingegangen - mit Hinweis auf weiterführende Literatur. Nun zum Aufbau der Lebewesen allgemein.

9.3.1. Raumstruktur des Genotyps

Die Nucleinsäuren gelten als Träger der Erbinformation. Ihre Bestandteile sind die Nucleotide, die aus je einem Zucker, einem Phosphatrest und einer stickstoffhaltigen Ringverbindung bestehen, die man als Base bezeichnet (7). In jeder Zelle befinden sich zwei verschiedene Nucleinsäuren: DNA und RNA. Zur ersten gehören die Basen Adenin, Guanin, Cytosin und Thymin. Statt Thymin trägt die komplementäre RNA meist die Base Uracil. Bei der RNA ist der Zucker die Ribose, bei der DNA die

Desoxyribose. Der Phosphatrest verknüpft jeweils das dritte C-Atom eines Zuckers mit dem fünften C-Atom des nächsten Zuckers.

Die Raumstruktur des Genotyps (DNA, RNA) entspricht dem Gesetz der Natur, ebenso die Raumstruktur des Phänotyps. In der Evolution hat die Natur viele Strukturen ausprobiert, die wahrscheinlich eine Richtung haben: die des Urschemas. Mittels Anreicherung sind Atom- und Molekülverbände entstanden, die als Erbsubstanz fungieren und sich höher entwickelt haben, nicht durch Mutation und Selektion allein, auch durch ontologische Potenzialität. Somit wären die Pflanzen, Tiere, Menschen nur sich äußernde Punkte im „Feld" des Urschemas, das unterschiedliche Freiheiten ermöglicht, seine Richtung aber beibehalten hätte.

9.3.2. Raumstruktur der biologischen Zelle

Die Synthese von Proteinen, etwa von Enzymen, beginnt an DNA-Abschnitten, wo die durch Basenfolge existierenden Informationen auf komplementäre mRNA-Stränge übertragen werden (Transkription). Durch eine Pore der Kernhülle schlüpft der einzelne Strang ins Cytoplasma der Zelle, wo er an einem dort befindlichen Ribosom beidseitig bindet. Freie Aminosäuren und tRNA, die sich im Cytoplasma ebenfalls befinden, reagieren untereinander und bilden beladene tRNA, die sich am Ribosom unter Energieeinsatz zu einer Polypeptidkette enzymatisch zusammensetzt, wobei die Basenfolge der mRNA in die Aminosäurefolge übersetzt wird (Translation). Dieser Vorgang dauert so lange, bis ein Stopp-Codon ihn beendet.

Während des Vorgangs haben sich sogenannte Chaperonen (Begleiter) an die Polypeptidkette gebunden, um an deren Faltung und Raumstruktur mitzuwirken. Den Regulationen zur Raumstruktur liegt ein komplexes Netzwerk der Weitergabe und Verrechnung von Information zugrunde mit mehreren Möglichkeiten. So kann eine Regulation während der Transkription am DNA-Abschnitt erfolgen, aber auch beim RNA-Transport aus dem Kern ins Cytoplasma oder bei der Translation am Ribosom und beim RNA-Abbau vor der Translation. Auch eine Inaktivierung der mRNA kann der Regulation dienen. Alle diese Regulationsmöglichkeiten lassen sich durch Multiprotein-Komplexe (Enzyme) steuern, die bei Bedarf entstehen und nach Beendigung der Tätigkeit wieder enzymatisch zerfallen. Als fertiges Protein hat sich das Polypeptid vom Ribosom abgelöst und seine endgültige Raumstruktur gebildet, die sich mit reduzierter Information am Merkmal dann zeigt. Die Information des DNA-Abschnitts ist nun übersetzt und auf das Merkmal übergegangen - unter Berücksichtigung der Information von beteiligten Umweltfaktoren (Temperatur, Druck, Konzentration usw.).

Zwischen der Information des Merkmals und der des Übertragens muss unterschieden werden. Die Information des Merkmals - als Endinformation - ist bestimmbar, die des Übertragens - als Zwischeninformation - vermutlich nicht. Allele Gene und verschiedene Umweltfaktoren variieren das Merkmal innerhalb festgelegter Grenzen (Modifikationsbreite, 4).

9.3.3. Raumstruktur des biologischen Organismus

Wie entsteht die Raumstruktur vieler Zellen untereinander, also die des Organismus? Alle Zellen gehen auf die befruchtete Eizelle zurück, später, nach vielen Teilungen, auf die drei Keimblätter: das Ektoderm, Mesoderm und Entoderm. Eine Ausnahme bilden die Geschlechtszellen, die sich frühzeitig absondern und keinem Keimblatt zugeordnet sind. In der Anordnung der drei Keimblätter ist das Grundmuster des Organismus festgelegt (Urschema der Evolution). Im weiteren Verlauf grenzen sich die Organanlagen ab. Der bisher kugelförmige Keim streckt sich in die Länge und beginnt die spätere Körpergestalt zu entwickeln.

Auf der DNA jeder Zelle liegen nicht nur die Informationen zu deren Gestaltung, sondern auch die zur Gestaltung des Organismus insgesamt (Totipotenz jeder Zelle). Wichtig ist dabei die Erkenntnis, dass zwar jede Zelle totipotent ist, jedoch nur Teilbereiche der DNA aktiviert sind, insbesondere durch Proteine bzw. Enzyme im Plasma der einzelnen Zelle (differenzielle Genaktivierung). Alle übrigen Bereiche sind blockiert, nicht eingeschaltet. Mit zunehmender Differenzierung werden freie Potenzen der Zelle eingeschränkt. Oder anders: Aus embryonalen Stammzellen können viele verschiedene Zelltypen entstehen, aus adulten Stammzellen meist je nur einer. Aus differenzierten Zellen können aber noch vollständige Lebewesen entstehen. Diese Entdifferenzierung ist wahrscheinlich bei der Regeneration ebenfalls wirksam. Manche Tiere haben gleich den Pflanzen die Fähigkeit, aus einzelnen Stücken ihres Körpers ein Ganzes neu zu bilden. Im Allgemeinen nimmt aber die Fähigkeit zur Regeneration mit steigender Entwicklungshöhe ab. Außer der Wundheilung regenerieren Wirbel- und Säugetiere kaum noch.

Während der gesamten Entwicklung eines Organismus werden Gene und Gengruppen in unterschiedlichen Geweben aktiviert oder ausgeschaltet, wobei Stoffe (Enzyme) beteiligt sind, welche die Transkription der Gene fördern oder hemmen. Zunächst aber müssen unterschiedliche Gewebe aufgebaut worden sein. In der Frühphase des Embryos sind deshalb *determinierende* Stoffe wirksam, die ein Muster unterschiedlicher Zellaktivitäten bilden, zu dem die Körperachsen und später die drei Keimblätter gehören. Als Bedingung der Musterbildung muss jede aufgebaute Zelle darüber informiert sein, an welcher Stelle des Bauplans sie sich befindet. Die dafür erforderliche Information erhält sie u.a. durch Botenstoffe, die an Rezeptoren der Zellmembran binden und die Information ins Zellinnere schleusen. Nach *Verrechnung* können auf der cytoplasmatischen Seite der Zellmembran ganze Reaktionsketten ausgelöst werden - als Verstärkung bzw. Verminderung des Informationsflusses (4.2). Durch diese Signalketten werden Gene, welche die Entwicklung steuern, mehr oder weniger aktiviert bzw. blockiert.

Weil diffundierende Proteine an der Musterbildung bzw. Morphogenese beteiligt sind, werden sie Morphogene genannt. Eine entscheidende Rolle bei der Interaktion von Zellen spielt jedoch die sogenannte *Induktion.* Alle Zellen des Embryos sind aus der befruchteten Eizelle hervorgegangen. Die Wechselwirkung der Zellen des frühen Embryos ist für die Gestaltbildung des Organismus notwendig. Während der Wechselwirkung beeinflusst eine Gruppe embryonaler Zellen die Determinierung einer anderen durch Signalübertragung, d.h. durch Induktion oder Induktionsketten. Ein durch Induktion entstandenes Gewebe erhält selbst wieder induktive Fähigkeiten und induziert die Umbildung eines weiteren Gewebestücks, das nach der Umbildung seinerseits wieder zum Induktor wird (Aufbau durch sich selbst, hierarchisiertes Urschema).

Die drei Keimblätter gehen auf verschiedene Plasmabezirke der befruchteten Eizelle zurück. Ihre Zellarten sind durch determinierende Stoffe im Cytoplasma entstanden - mit Vorzugsbereich *„Grauer Halbmond"*. Der Differenzierung geht die Determinierung voraus: die Festlegung der Entwicklungsrichtung undifferenzierter Zellen.

In bestimmten Entwicklungsphasen sind Zellen des Keims für spezifische Entwicklungen bereit. Sie bedürfen nur noch eines Auslösers (Katalysators), um sich differenzieren zu können. Diese Bereitschaft beruht darauf, dass inaktive Informationsträger in der Zelle schon bereitliegen, welche die Differenzierung dann steuern. Durch *Induktionsstoffe* müssen sie nur aktiviert werden. Die Induktion ist also eine bedingte Aktivierung von Zellpotenzen. Bereits differenziertes Gewebe kann durch stoffliche Einflüsse um- oder entdifferenziert werden.

Alle bekannten Morphogene und Induktionsstoffe sind Proteine, die als sogenannte Transkriptionsfaktoren fungieren oder als Stoffe, die über Signalketten deren Bildung auslösen. Im menschlichen Genom sind über zwei Tausend verschiedene Transkriptionsfaktoren mit sowohl Coaktivatoren als auch Aktivatorproteinen nachgewiesen worden, durch die Transkriptionen eingeleitet, reguliert und beendet werden. Morphogene diffundieren im Zellverbund, steuern die Entwicklung der Gesamtstruktur des Organismus, also dessen räumliche Gestalt. Induktionsstoffe diffundieren nicht, wirken lokal: Eine Zellgruppe determiniert die Entwicklungsrichtung einer benachbarten Zellgruppe usw. Doch es gibt fließende Übergänge zwischen beiden Funktionen. Stets beeinflussen beide Funktionen die Aktivität der Gene. Der energetische Umsatz von Nährstoffen für einen beliebigen Organismus ist empirisch bestimmbar, der für die Zelle nur im statistischen Mittel.

9.3.4. Raumstruktur des sozialen Systems

Wie entsteht die Raumstruktur von vielen Lebewesen untereinander, also die des sozialen Systems? Hier sei auf Darwins Selektionstheorie gewiesen, die bezüglich der Stämme, Klassen und Arten freilebender *Pflanzen* und *Tiere* kausale Erklärungen liefert und in groben Zügen folgende Aussagen macht: Lebewesen einer Art variieren in ihren Merkmalen und haben viel mehr Nachkommen als zur Erhaltung der Art notwendig sind. Weil ein ständiger Wettbewerb zwischen ihnen besteht, erfolgt eine Anpassung an die Umwelt durch natürliche Selektion. Nur die gut angepassten Individuen einer bestimmten Population gelangen zur Fortpflanzung und können ihre „tauglichen" Merkmale an die nächste Generation weitergeben. Tauglichkeit (Fitness) wird also messbar anhand der Nachkommensrate von Individuen einer Art. Daraus folgt, dass sich die Arten langsam, aber stetig verändern und der Evolutionsvorgang lange Zeiträume erfordert.

Die Selektion setzt am Merkmal an: am Phänotyp, und verändert die genetische Anlage: den Genotyp. In der Soziobiologie wird nach innerartlicher und zwischenartlicher Selektion unterschieden, d.h. nach Konkurrenz um Revier, Nahrung, Geschlechtspartner etc. einerseits und nach Gefahr vor Fressfeinden, Parasiten, Geographie etc. andererseits. Als Evolutionsfaktor hat die *Selektion keine Richtung,* sondern nur die Mutation (Lehrbücher behaupten das Gegenteil). Um dies zu verdeutlichen, zwei Gedankenexperimente. Nur das zweite ist realistisch.

Erstens: Alle Frösche in einem See haben den gleichen Genotyp und den gleichen Phänotyp, d.h. Mutationen treten nicht auf (unrealistisch). Kein Frosch unterscheidet sich von einem anderen. Untereinander herrscht aber Konkurrenz. Auch befinden sich im See und um ihn herum viele Fressfeinde, sodass die Froschpopulation etwa konstant bleibt. Viele Frösche sind gefressen worden, andere haben ihren Feinden entkommen können, nur auf Grund ihrer individuellen Umwelten und Situationen. Eine Selektion hat zwar stattgefunden, ist jedoch ohne Richtung gewesen! Oder anders: Evolution bzw. Höherentwicklung hat nicht stattgefunden, ist nicht möglich gewesen.
Zweitens: Alle Frösche im selben See sind untereinander verschieden, haben verschiedene Gene und Merkmale, d.h. Mutationen treten auf (realistisch). Ihre Umwelt insgesamt hat sich nicht verändert, also auch die Zahl und Art ihrer Feinde nicht. Weil der eine Frosch besser als der andere sieht oder besser getarnt, kräftiger ist, kann er nicht nur seinen Feinden entkommen, sondern auch in der Froschpopulation sich besser durchsetzen. Evolution bzw. Höherentwicklung hat stattgefunden, und zwar auf Grund von *Mutation,* die immer eine Richtung hat (Vektor). Die *Selektion* ist zwar nötig, ist jedoch selbst richtungslos (Skala).

In der Natur gab es noch nie einen Zustand, bei dem alle Individuen einer Population gleich waren. Mutationen treten *in allen Richtungen* auf, wobei die Selektion diejenigen beseitigt, die „untaugliche" Merkmale erzeugt haben. Die „tauglichen" Merkmale, die nicht beseitigt wurden, füllen gleichsam einen nach „oben" hin aufgeweiteten Freiraum, schaffen *Grenzen eines Richtungsraumes,* der dem Urschema bzw. der Evolutionsrichtung entsprechen könnte (5/9.4.1). Mutation und Selektion gehören zusammen, ergänzen sich gegenseitig, entsprechen einer Komplementarität (Ursache-Wirkung), die am Phänotyp ansetzt und sich dort auswirkt. Nur Mutationen in den Keimbahnzellen sind für die Evolution sinnvoll. Die in den Körperzellen werden an die Nachkommen nicht weitergegeben, können aber krank machen (Krebs etc.). Schon im molekularen Bereich sind Mutation und Selektion erkennbar (Molekulardarwinismus, 7).

Zu unterscheiden sind Mutationen, die zum einen von innen her, zum andern von außen her ausgelöst werden. Zu den ersten gehört die Gen- bzw. Punktmutation, die zufällig und am meisten vorkommt. Man kann nicht vorhersagen, welches Gen mutiert und wann das geschieht (Mangel an Objektivität). Dennoch muss ein Auslöser existieren, der wahrscheinlich von metaphysischer Art ist - ähnlich dem für die Radioaktivität. Mutationen treten häufig auf, erscheinen im Phänotyp aber eher selten. Bei den höchsten Vielzellern kann man davon ausgehen, dass in jedem dritten bis vierten Gameten (Eizelle oder Spermium) eine neue Mutation in einem Gen ausgelöst wird. Von metaphysischer Art muss auch jener Auslöser sein, durch den sich bestimmte DNA-Stücke „von selbst" aus dem Verband lösen und an anderer Stelle in ein Chromosom wieder einfügen (Transpositionsvorgänge = Transpons).

Außer den metaphysischen Auslösern existieren physikalische und biologische, die sowohl von innen als auch von außen kommen, z.B. Enzyme oder hochfrequente Strahlen, chemische Substanzen oder hohe und tiefe Temperaturen. Unabhängig von der Richtung wirkt jeder Auslöser letztlich nach außen. Die moderne Genetik verfügt über einige Verfahren, Mutationen gezielt auszulösen. In relativ wenigen Fällen sind künstliche wie natürliche Mutationen für das Lebewesen von Vorteil. Oft führen sie zu veränderten Enzymstrukturen, sodass bestimmte Stoffwechselschritte nicht mehr katalysiert werden können und folglich der Tod eintritt. Untaugliche Mutationen sind auf diese Weise beseitigt worden. Kurz: Selektion durch das Lebewesen selbst, was dem Urschema bzw. der Richtung der Evolution wahrscheinlich entspricht (naturgesetzliches Sterberecht).

9.4. Ethische Bestimmung

Zwischen Mensch und Tier gibt es keine scharfe Grenze. Obwohl der Mensch 46 und der Schimpanse 48 Cromosomen besitzt, stimmen beide Genome zu 98,7 Prozent überein. In einem solchen Fall würde man zwei Tierarten in dieselbe Gattung einordnen. Analysen der Genome und Proteome zeigen allerdings, dass sich Aktivitätsmuster im Gehirn von Mensch und Schimpanse erheblich unterscheiden. Hauptsächlich durch seine Gehirnleistung unterscheidet sich der Mensch von dem ihm nahestehenden Schimpansen. Die genetische Grundlage der Gehirnleistung gilt als primärer Merkmalskomplex für die Höherentwicklung allgemein. Viel weniger als der Schimpanse ist der Mensch an sein ererbtes Verhalten gebunden, viel höher ist seine ererbte Lernfähigkeit und die ihm entsprechende Freiheit. Zu seinen Ansprüchen auf Lernen und Freiheit sind Absprachen erforderlich. Technische, wirtschaftliche und soziale Wechselbeziehungen können nur mit Hilfe der Sprache/Schrift geregelt werden. Daher besteht ein *Selektionsdruck* in Richtung höherer Sprach- und Denkfähigkeit und folglich höheren Gehirnvolumens. Spezifisch menschlich ist die Fähigkeit, Ursache-Wirkungs-Beziehungen aufzudecken, auch hinsichtlich seiner selbst und seines sozialen bzw. ethischen Verhaltens. Der Ursache-Wirkungs-Zusammenhang beginnt in der metaphysischen Ordnung und reißt nach „oben" hin nicht ab. Aufgrund *quantitativer* Veränderungen sind in der Evolution *qualitative* Veränderungen eingetreten: vom physikalischen über das biologische zum ethischen Segment. Wie gewohnt sollte der Blick von unten nach oben schweifen - wie bei den Katalysen! Ich beginne mit einer kurzen Wiederholung.

9.4.1. Kausalität und Komplementarität

Nach der Quantenmechanik sind alle natürlichen Gesetze von statistischer Art, enthalten sowohl *erkenntnistheoretische* als auch *ontologische* Unbestimmtheiten, was im Wahrscheinlichkeitsbegriff berücksichtigt worden ist (3.2). Sind die Quantenzahlen eines Objektes klein, wie z.B. bei neurologischen Phänomenen, dann dürfen die Unbestimmtheiten bzw. Wahrscheinlichkeiten in den Zustandsfunktionen nicht vernachlässigt werden. Das heißt, genaue Messungen an neurologischen Phänomenen sind nicht möglich, was den *Heisenberg*schen Unbestimmtheitsrelationen entspricht, die eine Grenze erkennen lassen - zur metaphysischen Ordnung hin. Die Produkte ihrer Bestimmungsgrößen wie Ort und Impuls oder Energie und Zeit stellen je eine *Ursache bzw. Wirkung* dar, die mit der „Erst-Ursache" hinter der Grenze verknüpft sein könnte, dort, wo stärkste Kausalität bzw. Determiniertheit herrschen müsste. Die schwächste Art der Kausalität bzw. Determiniertheit (kleinster Zwang) müsste, wie erwähnt, im ethischen Segment herrschen (3.1).

Eine unleugbare Tatsache besteht darin, dass jedem Lebewesen eine *Potenzialität* innewohnt (ontologisch), die zum einen durch den Grundtrieb (4.3.1), zum andern durch ein festes Ziel gekennzeichnet ist: Reife bzw. Tod *(teleologische Entwicklung)*. Auch der Grundtrieb, der nach positiver Information sucht, ist letztlich auf ein Ziel gerichtet: auf *Anerkennung bzw. Gleichheit* gegenüber den Sozialpartnern! Weil die ontologische Potenzialität zu einer zeitlichen Ursache-Wirkungs-Kette führt, jedoch selbst eine „Ursache" ohne Rückwirkung ist (Erst-Ursache), sollte besser von einem dialektischen Zusammenhang gesprochen werden. Wenn weiterhin keine Rückwirkung auf die Erst-Ursache erfolgt, dann sollte die Ursache-Wirkungs-Kette als eine endliche(!) Reihe von *Wechselwirkungen* aufgefasst werden. So gesehen wäre die Kausalität: die einzelne Ursache-Wirkung, nur ein zeitliches Moment dieser Reihe von endlichen Wechselwirkungen. Um die einzelne Erscheinung, das zeitliche Moment, besser verstehen zu können, ist die Ursache-Wirkungs-Kette zerstückelt worden.

Erst durch Zerstückelung kann das eine als Ursache, das andere als Wirkung beschrieben werden. Weil Rückwirkung auf die Erst-Ursache nicht wahrscheinlich ist, fallen Ursache und Wirkung in der metaphysischen Ordnung zusammen - anders jedoch nach „oben" hin: Im physikalischen Segment ebenso wie im biologischen und ethischen erscheint die Kausalität (Ursache-Wirkung) *aufgelockert* bzw. zeitlich getrennt (3). Eine bestimmte Erscheinung usw., die Ursache genannt wird, bringt eine andere, die Wirkung genannt wird, nicht notwendig hervor. Der Wahrscheinlichkeitsbegriff, der Zufälligkeit bzw. fehlende Notwendigkeit berücksichtigt, hat allgemeine Wichtigkeit erhalten.

Mutationen zufälliger Art werden in der metaphysischen Ordnung „verursacht". Jede Erst-Ursache führt zu einer Wirkung, die man als Produkt aus *Ort* und *Impuls* fassen könnte (*Wirkung* als Vektorprodukt). Weil Mutationen den Genotyp verändern und am Phänotyp sich auswirken, hat jede eine Richtung (Vektoren beliebiger Richtungen), deren „Tauglichkeit" durch Selektion besteht oder nicht besteht. Zur Mutation gehört die Selektion, die man als Produkt aus *Energie* und *Zeit* fassen könnte (*Ursache* als Skalaprodukt). Ursache und Wirkung stellen eine Komplementarität dar, schaffen *Grenzen eines Richtungsraumes,* der sich nach oben hin aufweitet (5/9.3.4). Auch im ethischen Segment, wo die Freiheit am größten ist, existieren Grenzen durch Komplementarität, die sowohl von innen als auch von außen „verursacht" werden kann. Im ersten Fall könnte man von „sterben" sprechen, im zweiten Fall von „töten".

Niels Bohr hat die physikalische Komplementarität als *logische Erweiterung* des klassischen Kausalbegriffs gedeutet und überdies als Spezialfall einer *universellen* Tatsache der Natur, also auch des biologischen und ethischen Segments (2/8). Nach der Evolutionstheorie hat sich eine genetisch vorprogrammierte Verhaltensstrategie entwickelt, deren Häufigkeitsverteilung stabil bleibt (evolutionsstabile Strategie, ESS). Diese *Strategie(!)* ist durch die Spieltheorie entdeckt worden, einen Zweig der höheren Mathematik. Sie geht davon aus, dass jeder Spieler auf Nutzenmaximierung ausgerichtet und von der Strategie der Mitspieler beeinflusst wird (Ursache-Wirkung bzw. actio-reactio). Den Gewinnen und Verlusten ordnet man Tauglichkeitswerte zu (Fitness) und simuliert das Spiel am Computer. So kann man z.B. Rangordnungskämpfe simulieren und nach Kommentkämpfern und Beschädigungskämpfern unterscheiden. Erstere drohen nur, verletzen aber die Rivalen nicht. In gefährlichen Situationen fliehen sie, bleiben also unverletzt. Die Beschädigungskämpfer fliehen erst nach Verletzung. Wird die *Lernfähigkeit* einbezogen - wie beim Menschen -, dann kommen Spieler hinzu, die als Kommentkämpfer beginnen und so lange Kommentkämpfer bleiben, wie die Rivalen das auch tun. Gehen diese zum Beschädigungskampf über, so handeln sie ebenso: Wie du mir, so ich dir (*Tit-for-tat-Stategie,* 4.3.2).

Ist die Tit-for-tat-Strategie erst einmal entstanden, dann wird sie zur *allein stabilen Strategie* unter fast allen Ausgangsbedingungen. „Wie du mir, so ich dir" ist zur Selbstverständlichkeit geworden (actio gleich reactio), sogar unabhängig vom Verwandtschaftsgrad. Im ethischen Sinn soll *Gleichheit* zwischen den Sozialpartnern herrschen, allerdings zeitlich gestreckt! Nicht so sehr Betragsgleichheit soll durchgesetzt werden, vielmehr *rechtliche* Gleichheit! Von daher ist das Gleichheitsprinzip anerkannt und in viele Verfassungen eingebaut worden (Gleichheit der Rechtsanwendung und Gleichheit der Rechtssetzung, Art. 1(3) GG) - abgesehen von Mängeln der realen Umsetzung! Logisch erweitert kann der Kausalbegriff (Ursache-Wirkung bzw. actio-reactio) auf die gesamte Natur angewendet werden. Ich beginne wieder mit dem physikalischen Segment.

9.4.2. Prinzip der kleinsten Wirkung

Im Kausalzusammenhang ist das Prinzip der kleinsten Wirkung wichtig, das auch *Prinzip des kleinsten Aufwands* (Strategie!) oder, vom Objekt aus, *Prinzip des kleinsten Zwangs bzw. Widerstands* (Ziel!) genannt wird und im 19. Jh. durch Hamilton die letzte mathematische Fassung erhalten hat: Bewegt sich ein physikalisches System von einem bestimmten Punkt zu einem bestimmten Ziel, dann ist der tatsächliche Weg, unter allen möglichen Wegen, immer so beschaffen, dass die Wirkung des Systems zu einem *Minimum* wird, d.h. die Summe der Produkte der beteiligten Massen, Strecken und Geschwindigkeiten. Dieses Prinzip hat sich unter allen anderen als überaus fruchtbar erwiesen, nicht nur in der Mechanik, auch in der Thermodynamik, dem Elektromagnetismus und der Quantentheorie. Schon um die Mitte des 17. Jh. hatte Fermat verkündet, dass ein Lichtstrahl zwischen zwei gegebenen Punkten immer den Weg Δs wählt, der die kürzeste Zeit Δt beansprucht: $\Delta s / c = \Delta t = \text{min.}$ (Prinzip des kleinsten Aufwands von ihm genannt). Dieser Weg ist nicht notwendig eine Gerade, sondern vom Brechungsindex des Mediums abhängig, was an Lichtbrechungen zwischen verschiedenen Medien beobachtet werden kann. Aus dem tatsächlichen Weg und der kürzesten Zeit ergibt sich die kleinste Wirkung, die sich vom Ziel aus erkennen lässt.

Seit Fermat haben viele Naturwissenschaftler - wenn auch vorsichtig - das

Prinzip der kleinsten Wirkung als einen Ausdruck für das Wirken der Natur *insgesamt* angesehen (Fermat, Leibniz, Maupertuis, Planck u.a.). Trotzdem konnten sich jene Physiker des 19. Jahrhunderts durchsetzen, die dem Prinzip keine *teleologische* Bedeutung zuordnen wollten. An dieser Stelle sei auf eine Bemerkung Plancks gewiesen, die im Vortrag „Religion und Naturwissenschaft" (Leipzig, 1937, S. 25) gemacht worden ist. Planck stellt zwar fest, dass es sich beim Prinzip der kleinsten Wirkung „lediglich um eine der Form nach verschiedene, sachlich jedoch vollkommen gleichberechtigte Betrachtungsweise" handelt, wie sie auf physikalischer Kausalität basierte Prinzipien ausdrücken; zugleich aber betont er, „dass die theoretisch-physikalische Forschung in ihrer historischen Entwicklung auffallenderweise zu einer Formulierung der physikalischen Ursächlichkeit geführt hat, welche einen ausgesprochen *teleologischen* Charakter besitzt." (3.1)

Die Kausalität (Ursache-Wirkung bzw. actio-reactio) könnte als Komplementarität aufgefasst werden, die sich aus zwei Vektoren bzw. zwei Skalaren zusammensetzt, die sich einerseits ergänzen, sich andererseits widersprechen (Gegensatzpaar, 2/9.4.1). Dem Prinzip der kleinsten Wirkung (bzw. Ursache) ist das einzelne Glied der Kette wahrscheinlich genauso unterworfen wie die gesamte Kausalkette, schon allein deswegen, weil weniger die Kette die Glieder als die Glieder die Kette bestimmen. Um dies zu begründen, sei auf die Punkte 6 und 8.3.2 gewiesen. Aus Punkt 6 wird der Massendefekt herangezogen, aus Punkt 8.3.2 die Begriffsstruktur. Vorsorglich sei wiederholt, dass bei exothermer Reaktion, in der *„Erregung"* bzw. *„Aktivierungsenergie"* abgebaut wird, sich die Masse verringert (6). Oder: Bei Massendefekt wird Information abgebaut, bei Massenzuwachs aufgebaut (endotherme Reaktion: Synthese).

Gemäß dem *Einstein*schen Gesetz von der Äquivalenz zwischen träger Masse und Energie muss die Masse Information tragen! Hier nun eine Begründung für das Prinzip der kleinsten Wirkung unter Berücksichtigung der universellen Naturkonstanten, die wahrscheinlich alle Segmente der natürlichen Gesetzeseinheit bestimmen: das physikalische, biologische und ethische Segment. Im ersten Fall wird der Massendefekt Δm berücksichtigt, dem eine Verminderung der Energiedichte der Elektronen ρ_e* entspricht, bezogen auf ein bestimmtes Volumen V_e im Raum der Elektronen. Aus der *Schrödinger*schen Wellengleichung nämlich folgen verschiedene Verteilungsfunktionen, aus denen sich die Elektronenformen wiederum ergeben. In allen drei Fällen wird die kürzeste Zeit Δt

angenommen (c, h und j sind Maximal- bzw. Minimalwerte für sowohl v als auch n · h als auch n · j; siehe dazu 8.3.2).

4.1. Wirkung des Partikels

$\Delta E = c^2 \cdot \Delta m = \rho_e{*} \cdot V_e$ erweitern mit Δt

$\Delta E \cdot \Delta t = \underline{\rho_e{*} \cdot V_e \cdot \Delta t}$ => min. (kleinstes Δt *und* weil $\rho_e{*}$ kleiner geworden ist)

4.2. Wirkung des Photons

$\Delta E = h \cdot \nu$ erweitern mit Δt

$\Delta E \cdot \Delta t = \underline{h \cdot \nu \cdot \Delta t}$ => min. (kleinstes Δt *und* weil n · h zu h geworden ist)

4.3. Wirkung der Erregung

$\Delta Q' = j \cdot \Delta S'$ erweitern mit Δt

$\Delta Q' \cdot \Delta t = \underline{j \cdot \Delta S' \cdot \Delta t}$ => min. (kleinstes Δt *und* weil n · j zu j geworden ist; laut 1. Exkurs folgt daraus *Tod;* bei max. $\Delta S'$ ist die Information auch min.)

An der natürlichen Gesetzeseinheit sind drei Schnittstellen definiert worden, wo qualitative Veränderungen beginnen, auch hinsichtlich der Katalysen, von der physikalischen bis zur ethischen Katalyse. Man darf vermuten, dass alle Katalysen dem Prinzip der kleinsten Wirkung (des kleinsten Zwangs bzw. Widerstands) letztlich folgen. In der physikalischen Katalyse stellt sich ein Zustand ein, bei dem die Geschwindigkeit von Hin- und Rückreaktion gleich groß ist, was als *Gleichgewichtszustand* bezeichnet worden ist (4). Die *Maxwell*sche Theorie des elektromagnetischen Feldes z.B. geht von schwingenden Ladungen aus, die im Wechselspiel zwischen elektrischen und magnetischen Feldern Energie an den Raum abgeben, und zwar gleichgewichtig. Jede elektrische Feldänderung führt zur Entstehung eines magnetischen Feldes und umgekehrt. Die Felder vermögen sich gerade dann gegenseitig aufrechtzuerhalten, wenn ihre Vektoren sowohl senkrecht zueinander als auch senkrecht auf dem Geschwindigkeitsvektor der gesamten Welle stehen. Wenn die Ladungen plötzlich nicht mehr schwingen oder sich nicht mehr verändern, dann werden die Felder elektrostatisch. Doch die vorher erzeugte Serie von Schwingungen pflanzt sich als Welle im Raum weiter fort. Gemäß der *Maxwell*schen Gleichungen ist die Energie des elektrischen Feldes genauso groß wie die des magnetischen Feldes bei Lichtgeschwindigkeit.

Oder anders: Die Energiedichten beider Felder sind bei Lichtgeschwindigkeit gleich groß: $\rho_e^* = \rho_m^*$. Der *Gleichgewichtszustand* wurde hergestellt, der des kleinsten Zwangs bzw. Widerstands! Dass dieser Zustand existiert, macht der *Fermat*sche Satz ebenfalls deutlich. Im biologischen und ethischen Segment übrigens entwickelt sich die „Wirkung der Erregung“ (s. oben!) auf den individuellen *Tod* - das Ziel - hin.

Hier ein Zitat aus dem „Gilgamesch-Epos“, einer Rede an den König von Uruk (um 2800 v. Chr.), der auf die Suche nach Unsterblichkeit gegangen war, sie verfehlte und als „Unwissender“ starb: „Gilgamesch, wohin läufst du? / Das Leben, das du suchst, wirst du sicher nicht finden! / Als die Götter die Menschheit erschufen, / Teilten den Tod sie der Menschheit zu, / Nahmen das Leben für sich in die Hand ...“ (10. Tafel).

Für das biologische und ethische Segment sollte das Prinzip der kleinsten Wirkung sowohl von der *Strategie(!)* als auch vom *Ziel(!)* aus hinterfragt werden. Analog der Zelle ist der Organismus ein offenes bzw. geschlossenes System, das Stoffe bzw. Informationen aufnimmt und in veränderter Form wieder abgibt. Auf die embryonale Entwicklung des Menschen sei hier gewiesen, die sozusagen automatisch abläuft (naturgesetzlich) und einen ausgesprochen *teleologischen* Charakter besitzt - weitestgehend ohne ererbte Lernfähigkeit. Trotz des teleologischen Charakters aber ist die embryonale Entwicklung des Menschen nicht gänzlich starr. Sie bewegt sich in Grenzen der Freiheit, hat schon Spielraum, der im sozialen Verhalten größer und größer wird, auf Grund von *ererbter* Lernfähigkeit.

Im Fließgleichgewicht von Reaktionsketten, die für offene Systeme typisch sind, werden zufließende Stoffe bzw. Informationen in andere umgebaut und als solche dann abgegeben, wobei jede Zwischenreaktion durch ein eigenes Enzym katalysiert wird. Reaktionsketten ähnlicher Art sollen in Richtung kleinsten Zwangs bzw. Widerstands laufen (Ziel), aber nicht in physischer Hinsicht allein, sondern auch in affektiver, ja kognitiver Hinsicht (Nervenzellen, 4.2/4.2.1). Im biologischen Segment dominiert noch die sogenannte Erbkoordination (4.2.3), die durch Schlüsselreiz ausgelöst wird und eine relativ starre, genetisch vorgegebene Abfolge von Bewegungen meint, so z.B. das Balzverhalten von Tieren oder das Saugen eines neugeborenen Kindes an der Mutterbrust oder das erwähnte Kindchenschema (4.3). Anders als beim Reflex ist das Auslösen der Erbkoordination vom inneren Zustand des Individuums abhängig, der ein Such- und Annäherungsverhalten auslöst (Appetenzverhalten) und als Motivation oder Handlungsbereitschaft bezeichnet wird. Ein Kleinkind z.B. sucht seine Mutter, läuft umher, schreit. Beim Wahrnehmen der Mutter erfolgt die gezielte Annäherung, um den Kontakt herzustellen. Mit zunehmendem Alter verändert sich das Verhalten des Kindes. Aufgrund von *ererbter Lernfähigkeit* kann der Mensch die Wirkung von Schlüsselreizen kontrollieren und verändern, bis hin zu erlernten Auslösemechanismen, die vollkommen neu entstehen und *nur auf Lernvorgängen* beruhen. Das Prinzip des kleinsten Zwangs bzw. Widerstands (Ziel) wird durch freie Entscheidung und egoistisches Verhalten auch gestört! Was ist dagegen zu tun?

In der Evolution hat sich altruistisches Verhalten, neben egoistischem, nachhaltig durchgesetzt, was die Soziobiologie belegen konnte. Die Tendenz zum altruistischen Verhalten ist einerseits angeboren, andererseits modifizierbar. Von daher ist der Altruismus bedürftig und auf Lernvorgänge angewiesen - zwecks Verstärkung im positiven Sinne, was Kirchen, Schulen usw. nicht vergessen sollten! Der Altruist hat in eine zukünftige Gegenleistung investiert, die gewährt werden sollte. Wechselseitiger Altruismus ist stabil, wenn die meisten der beteiligten Individuen ein *gutes Gedächtnis* haben, was in politischer Hinsicht nur mangelhaft zutrifft. Das politische Bewusstsein sollte folglich unterstützt werden: durch *Kopfverstärker (vernetzte Computer).* Im ethischen Segment verlangt die natürliche Gesetzeseinheit kulturelle Unterstützung - der individuellen Freiheit wegen, die zum Missbrauch verleiten und beidseitig verletzen kann. Als Ziel gilt das *dynamische Gleichgewicht* (quasi das eines geschlossenen Systems), bei dem die hin- und rückfließende Energie bzw. Information ungefähr gleich ist und keiner der Sozialpartner auf Kosten des anderen lebt (4/4.3). Im nächsten Kapitel erst soll darauf eingegangen werden. Zuvor ist zu klären, wie das staatliche Gesetz zur natürlichen Gesetzeseinheit sich verhält.

9.4.3. Potenzialität und Wechselwirkung

Reale Systeme haben verschiedene Potenzialitäten, die je auf ontologischer Potenzialität basieren (3.1). Bei miteinander gekoppelten Systemen bestimmt das höher entwickelte das niedere in stärkerem Maße als umgekehrt. Die Potenzialitäten der Systeme aber müssen je der natürlichen Gesetzeseinheit folgen bzw. deren Segmenten (wobei das höhere Segment die niederen in sich trägt). Um dies zu verdeutlichen, seien einige Beispiele genannt. Zwei „tote“ Körper haben an Ladung, Schwere usw. verschiedene Potenzialitäten. Die Wechselwirkung zwischen ihnen findet im physikalischen Segment der natürlichen Gesetzeseinheit statt. Sind weiterhin ein toter Körper und ein lebender Organismus miteinander verkoppelt, dann findet die Wechselwirkung ebenfalls nur im physikalischen Segment statt. Zwei lebende Organismen aber wirken sowohl physikalisch als auch biologisch aufeinander, also im biologischen Segment, und zwar je nach ihrer Potenzialität. Eine Maus beispielsweise ist einer Katze gegenüber unterlegen, ebenso ein Kind gegenüber einem Erwachsenen (nicht in jeder Hinsicht). Nur im zweitgenannten Fall wirken beide im ethischen Segment aufeinander. Ist weiterhin ein Mensch mit einem toten Körper verkoppelt, dann wirken beide nur im physikalischen Segment aufeinander, also der Mensch nur mit seiner physischen Potenzialität (Knochenbau, Muskelstärker usw.). Eine Wechselwirkung im ethischen Segment kann in diesem Fall nicht stattfinden. Physikalische, biologische und ethische Systeme nämlich wirken nur bis zum Niveau des niedrigst entwickelten Systems aufeinander.

Im biologischen Segment der natürlichen Gesetzeseinheit sind die verschiedenen Potenzialitäten der Pflanzen und Tiere durch physikalisch-biologische Evolution entstanden. Ein Hai beispielsweise hat ohne eigenes Zutun eine höhere Potenzialität als ein Hering, ein Löwe eine höhere als ein Hase (nicht in jeder Hinsicht). Alle Tiere verfügen über keine äußeren *Handlungsverstärker* bzw. *Mittel zur Freiheit,* sind nicht befähigt, Werkzeuge, Geräte, Maschinen herzustellen zwecks Steigerung ihrer Potenzialitäten. Erst im ethischen Segment ist diese Fähigkeit hervorgewachsen, sprich: beim Menschen, der als kulturschaffendes und geschichtsbildendes Wesen gilt.

Die geschaffenen und eingesetzten Handlungsverstärker sind nicht von physikalischer Art allein. Einzelne Personen und Gruppen sind in der Lage, sowohl Pflanzen als auch Tiere als auch Menschen, ja ganze Völker zu manipulieren bzw. zu versklaven, um auf deren Kosten leben und sich höher entwickeln zu können (6.2). Soweit die manipulierten Wesen - samt Werkzeugen, Maschinen, Waffen - einheitlich fungieren und einem übergeordneten Willen folgen, gelten sie als physikalische, biologische, ethische Handlungsverstärker des ihnen übergeordneten Willens, dessen Potenzialität viel stärker sein kann als die des ursprünglichen Willens. Weil der innere Ablauf solcher Handlungsverstärker verlässlich sein muss, sind Absprachen erforderlich, und zwar schriftlich fixiert. Auf höchstem Niveau kann ein solcher Handlungsverstärker zum Staat werden (Exekutive, Judikative), die zugehörigen Absprachen zum staatlichen Gesetz - erlassen durch die Staatsführung (Legislative). Staat und Staatsführung sind dem natürlichen Gesetz unterworfen, genauer: dem physikalischen, biologischen und ethischen Gesetz. Als *Gesetz allgemein* ist das natürliche und staatliche Gesetz bezeichnet worden: als „primäres Prinzip gewissermaßen“ (Schlusssatz des ersten Buches).

Der Staat gilt als Denk- und Handlungsverstärker der übergeordneten Staatsführung (Gesetzgebung) - zwecks Regulierung zugehöriger Individuen, Gruppen, ja der Gesellschaft insgesamt. Durch das staatliche Gesetz hat die Gesellschaft auch solche Strukturen erhalten, die als ungerecht bezeichnet werden: Mit Hilfe des staatlichen Gesetzes haben sich Minderheiten, die an der Gesetzgebung (Staatsführung) direkt oder indirekt beteiligt sind, stärkere Potenzialitäten aneignen oder aufbauen können als die zugehörigen Mehrheiten, ohne sonderliche Fähigkeiten oder Leistungen der Minderheiten, was sich weiterhin auf deren Nachkommen übertragen lässt. Jede Potenzialität aber - egal wie hoch und wodurch - ist dem natürlichen Gesetz unterworfen. Weil sich Potenzialitäten durch das staatliche Gesetz zwar bilden, jedoch dem natürlichen Gesetz folgen, ist die Bezeichnung „Gesetz allgemein“ gewählt worden, was dem Begriff der *Information* entspricht.

NACHTRAG: Unter Berücksichtigung des ersten und dritten Buches (s. Literaturliste ganz oben) ist das Modellsystem in sich schlüssig geworden, in dem das *Prinzip der kleinsten Wirkung* zum *primären Prinzip(!)* erhoben worden ist - also nicht das Gesetz allgemein (natürliche und staatliche Gesetz), zu dem das Prinzip der kleinsten Wirkung aber gehört. Zwar weist der letzte Satz des ersten Buches auf das „Gesetz allgemein“, jedoch nur als „primäres Prinzip gewissermaßen“. Bezüglich des Handlungskonzepts (Strategie: *drittes*/viertes Buch) soll das Prinzip der kleinsten Wirkung noch sittlich begründet werden - hin zur sittlichen Freiheit bzw. echten Demokratie (Ziel).

10. Kulturelle Evolution

Aufgrund ererbter Lernfähigkeit und höherer Freiheit kann der Mensch sein Schicksal viel mehr selbst beeinflussen als jedes andere Lebewesen. Er kann über die Natur, deren Gesetz und über sich selbst nachdenken. Er kann Werkzeuge produzieren, die zur Herstellung anderer Werkzeuge dienen. Alle Produkte dieser Art erweitern, verstärken und verfeinern seine Glieder, seine Organe und Sinne, sein Gehirn und Nervensystem, d.h. seine ererbte Denk- und Lernfähigkeit. Was die Natur in langen Zeiträumen entwickelt hat, potenziert sich durch sich selbst (9.3.3) - hin zur verwirklichten Idee bzw. Freiheit: zur Welt des Geistes aus ihm selbst hervorgebracht als eine zweite Natur (Hegel). Dieses Streben nach Freiheit entspricht der Neigung zum *kleinsten Zwang bzw. Widerstand (Ziel).* Als Idee der Vernunft soll die Neigung sich verstärken, über die Natur hinauswachsen, jedoch selbst Natur bleiben. Wie ist die Geschichte der Menschheit verlaufen? Was ist die Aufgabe der Menschheit insgesamt?

Durch Kultur schafft sich der Mensch eine „zweite Natur". Die kulturelle Evolution verläuft zur biologischen parallel. Was für die biologische Entwicklung die *Mutationen* sind, sind für die kulturelle Entwicklung die *Ideen.* Zwar treten die Ideen ebenso spontan auf wie die Mutationen, jedoch werden weniger brauchbare schon vor ihrer Verwirklichung verworfen. Folglich verläuft die kulturelle Evolution viel schneller als die biologische. Erst der Mensch der Neuzeit aber durchläuft in rascher Folge viele Kulturstufen. Die Möglichkeit der Informationsweitergabe an alle Individuen einer Gesellschaft hat erst mit dem Buchdruck und der Renaissance begonnen. Durch den Buchdruck konnte das griechische und römische Denken wiedergeboren werden, konnten neue Ideen ebenso wie bestehende verbreitet werden. Die Geschichte der Menschheit ist nicht die Geschichte der Herrscher, Kriege usw., sondern die der Ideen - analog der Mutationen (was in jedem meiner Bücher berücksichtigt worden ist).

Die zuerst aufgesogenen Ideen waren die nach größerer Freiheit, was Reformation, Humanismus, Bauernkrieg usw. belegen. Im Mittelalter war das Leben auf das Jenseits ausgerichtet. Der Mensch sollte zur Demut, zum Glauben und zum tätigen Glied der Kirche geführt werden. Viele große Baumeister und Bildhauer blieben unbekannt. Der Künstler ebenso wie das Individuum allgemein war relativ unwichtig. Nun ist die mittelalterliche Ordnung zusammengebrochen. Der Mensch vollzieht die Wende von innen nach außen: Porträt und Selbstporträt treten hervor. Der Strukturwandel erfasst alle Lebensbereiche. In der Renaissance wird das

Prinzip der modernen Wissenschaft geboren! Eine autonome und voraussetzungslose Forschung kündigt sich an - als Idee der Vernunft! Philosophie und Naturwissenschaften wenden sich gegen das scholastische Denken und die verstaubten Autoritäten. Rationalismus, Empirismus, Sensualismus sind die wichtigsten Ideen. Das führt dazu, dass die Gegenwart, analog der Biologie, als Ergebnis eines langen und dramatischen Prozesses aufgefasst wird, oder umgekehrt: die Vergangenheit als eine Vielzahl von Etappen in der Herausbildung der Gegenwart (Hegel). Die Geschichte der Menschheit verläuft in Richtung *sittlicher Freiheit,* oder anders: in Richtung kleinsten Zwangs bzw. Widerstands (Ziel).

Auch die kulturelle Evolution könnte anhand eines Stammbaums zurückverfolgt werden, wobei die Ideen und Ideologien den Mutationsschritten entsprächen. Man erinnere diesbezüglich die Nucleotid-Sequenzvergleiche, die Homologie in Stammbäumen von Proteinen und Genen (9.3). Sowohl die Naturphilosophie als auch die Soziologie als auch die Ethik könnten je ein Standardmodell entwickeln und mit der Biologie synchron arbeiten (Reduktion von Information). Dieser Gedanke ist in der *Kant*schen Philosophie schon angedeutet.

Kants Schriften sind eine zeitlose Quelle der Moral und kritischen Philosophie. Sie beginnen damit, endgültig klarzumachen, dass eine *natürliche* Grenze der Erfahrung existiert und nicht überschritten werden kann (vgl. Unbestimmtheitsrelationen). Hier soll nur vom Ziel seiner Schriften gesprochen werden: vom „Grundgesetz der *reinen* praktischen Vernunft" als Idee gegen die Gleichgültigkeit und Entfremdung des Menschen. Viel zu niedrig würde der Einzelne die Vernunft einordnen, wenn er deren „pragmatische" Funktion nur sähe: persönliches Glück, materieller Wohlstand usw. Der Egoismus verleitet dazu, sich zu verstellen, sein wahres Handeln zu verstecken. Weil sich die Vernunft eher oberflächlich zeigt, sollte ihr Wesen aufgespürt werden. Den Einzelnen könnte sie würdig machen, auffordern, die beschwerliche Tat zu üben: Selbsterkenntnis! Die Natur muss einen Sinn haben, schon wegen des Gewissens als Urteil der Vernunft. Ihn zu *entschlüsseln,* muss möglich sein. Die „Kritik der reinen Vernunft" führt notwendig zur Wissenschaft, die über die Möglichkeit der Metaphysik entscheiden und von der Grenze möglicher Erfahrung ausgehen muss - auch spekulativ! Die Metaphysik der *„spekulativen Vernunft" (2/9)* wäre das, was man im engeren Sinne Metaphysik zu nennen pflegte. Das bedeutet, dass man darauf verzichtet, die Metaphysik als Wissenschaft vom Übersinnlichen zu etablieren. Folglich ist die Metaphysik als Erkenntnis des Übersinnlichen verworfen! Stattdessen ist der

Weg frei für eine Metaphysik, die zum *gerechten Gesetz allgemein* führt (vgl. 16.6.3 des ersten Beitrags bzw. Schlusssatz des ersten Buches).

Als wesentliche Funktion der Vernunft gilt die *allgemeine* Gesetzgebung, die vom „Grundgesetz der *reinen praktischen* Vernunft" ausgehen muss: „Handele so, dass die Maxime deines Willens jederzeit zugleich als Prinzip einer *allgemeinen(!)* Gesetzgebung dienen könne." (Kritik der *praktischen* Vernunft, § 7). Mit diesem Formalismus, der auch moralisches Gesetz oder Sittengesetz oder kategorischer Imperativ genannt wird, ist das einzige Faktum(!) der *„reinen* Vernunft" gegeben, die sich dadurch als ursprünglich *gesetzgebend* ankündigt. Gefasst ist das Sittengesetz als Prinzip: als *natürliches(!)* Prinzip, was zur Annahme der natürlichen Gesetzeseinheit berechtigt hat (Hypothese, 2). Nach Kant liegt das Ethische nicht auf der Ebene des Wissens: Es zeigt sich im moralischen Verhalten, das durch die physische, affektive und kognitive Komponente zustande käme (4.2.1/2). Der richtige Gebrauch der praktischen Vernunft hat im praktischen Tun seinen berechtigten Platz. Das Sittengesetz ist ins Grundgesetz aufgenommen worden (Art. 2 (1).

Kants Schriften sind *juristisch* charakterisiert, stellen Grenzen bzw. Rechte und Pflichten sicher, weisen böse Praktiken zurück. Am tiefsten zeigt sich der juristische Charakter in der wesentlichen Funktion der Vernunft: der *staatlichen* Gesetzgebung! Die Idee des in der Vernunft liegenden Sittengesetzes entspricht dem persönlichen Gewissen und, religiös gewendet, dem wichtigsten Ausspruch des Propheten Jeremia über den *Neuen Bund:* „Spruch des HERRN: ‚Ich lege mein Gesetz in ihr Inneres und schreibe es ihnen ins Herz. Dann brauchen sie einander nicht mehr gegenseitig zu belehren: Erkennet den HERRN.'" (Bibel, Jer 31,33f) Mit dem Gesetz des HERRN ist die Goldene Regel gemeint, das größte Gebot im(!) Gesetz: „Du sollst den HERRN, deinen Gott lieben ... und deinen Nächsten *wie(!)* dich selbst." (Bibel, Mt 22,36-39) Das Wort „wie" bezieht sich nicht auf das Persönliche allein, sondern auch auf die staatliche Gesetzgebung, die dem *„Reich Gottes"* nach außen sich weihende Handlung. Es weist auf das *Gleichheitsprinzip,* dessen zwei Komponenten: die Gleichheit der Rechtsanwendung und die Gleichheit der Rechtssetzung (Art. 1(3) GG). Oder anders: Sowohl das Gewissen als auch das Sittengesetz als auch die Goldene Regel als auch das Grundgesetz (Art. 1, 3, 33) fordern das Gleichheitsprinzip, insbesondere die *Gleichheit der Rechtssetzung* - als Idee der Vernunft, die der Tit-for-tat-Strategie entspricht (wie du mir, so ich dir, 4.3.2). Wie ist das zu verstehen?

Bei miteinander *gekoppelten* Sozialsystemen bestimmt das höher entwickelte das niedere in stärkerem Maße als umgekehrt. Diesbezüglich sei die Entwicklung allgemein gekennzeichnet. Durch Mutation und Selektion haben sich einerseits egoistische, andererseits altruistische Dispositionen durchgesetzt, die als Gegensatzpaar der Tit-for-tat-Strategie unterliegen. Die egoistische Disposition gehört mehr zum biologischen, die altruistische mehr zum ethischen Segment. Weil sowohl biologische als auch ethische Systeme offen bzw. geschlossen sind, entstehen Mischverhältnisse: *Fließgleichgewichte* ebenso wie *dynamische Gleichgewichte* von Energien bzw. Informationen (4.3/8). Die Neigung zum Fließgleichgewicht (egoistische Disposition im biologischen und ethischen Segment) vermindert die Entropie des *eingebetteten* Sozialpartners, der seine Ordnung anreichert und auf Kosten des *einbettenden* Sozialpartners lebt (Versklavung, Ausbeutung, 4/6.2). Andererseits besteht die Neigung zum dynamischen Gleichgewicht zwischen den Sozialpartnern (altruistische Disposition im ethischen Segment), wobei der Hin- und Rückfluss von Energie bzw. Information ungefähr *gleich(!)* ist und keiner der Sozialpartner auf Kosten des anderen lebt. Der kleinste Zwang bzw. Widerstand (Ziel) wird im *dynamischen Gleichgewicht* erreicht und beruht auf Freiwilligkeit, Solidarität, Absicherung, was durch Austausch von Geschenken, Freundlichkeiten usw. in allen Kulturen gepflegt wird. Zum evolutiven Erbe gehören Mitleid, Mitgefühl und Solidarität.

Geschenke, Freundlichkeiten usw. werden auch als Lockmittel (Auslöser) benutzt, im Großen wie im Kleinen. Wechselseitiger Altruismus, der auch in Verbrechersyndikaten vorkommt, setzt ein gutes Gedächtnis der beteiligten Personen voraus, was die meisten in Sachen „Politik“ überfordert. Wegen der egoistischen Disposition sollte das Gedächtnis, wie erwähnt, unterstützt werden durch Kopfverstärker (vernetzte Computer). Analog der biologischen Evolution, die an Mutationsschritten der DNA-Sequenzen erkennbar ist, sollte die kulturelle Evolution verlaufen - basiert auf der Tit-for-tat-Strategie(!) als *evolutionsstabiler* Strategie (ESS, 4.3.2/9. 4.1). In der politischen Arbeit sollte das Prinzip der kleinsten Wirkung beachtet werden, das, wie erwähnt, verschiedene Namen trägt und einerseits *Prinzip des kleinsten Aufwands* (Strategie!) genannt wird.

In allen Schriften habe ich die „Entwicklung“ thematisiert - letztlich die der Gesellschaft und des politischen Systems. Ohne auf die Schriften eingehen zu wollen, sei 1. das Ziel betont: Der *genetischen Anlage* des Organismus (DNA) entspricht die *soziale Anlage* der Gesellschaft, die *personelle Zusammensetzung der gesetzgebenden Parlamente!* Das Berufsprofil der gesetzgebenden Parlamente sollte mit dem der Gesamtbevölkerung etwa übereinstimmen, was der *Gleichheit* der Rechtssetzung entspräche (größtes Gebot im(!) staatlichen Gesetz). 2. die Strategie: Die soziale Anlage sollte gezielt verändert werden, was dem Prinzip des kleinsten Aufwands entspräche. Frage: Was nützt die *Gleichheit* der Rechtsanwendung, wenn die Gesetze selbst ungerecht sind? Justitia, die Verkörperung der Gerechtigkeit, sollte an Orten der Rechtsanwendung (Gericht, Verwaltung) und an Orten der Rechtssetzung (Parlament) aufgestellt werden. Das Gleichheitsprinzip hat zwei Komponenten - ist komplementär!

In der kulturellen Evolution ist der Kopfverstärker entwickelt worden, der als Idee der Vernunft deren Funktion verstärken soll, genauer: deren *gesetzgebende* Funktion. Nach der *Kant*schen Ethik ist der praktischen Vernunft, vor aller Erfahrung, das Sittengesetz eingeschrieben - als einziges Faktum(!) der reinen Vernunft, die sich dadurch als ursprünglich gesetzgebend ankündigt. Das Sittengesetz ist der *natürlichen Gesetzeseinheit* zugeordnet worden (Hypothese, 2), die insgesamt Freiheit zulässt und selbst die Funktion der praktischen Vernunft entwickelt hat - hin zum kleinsten Zwang bzw. Widerstand (Ziel). Die Ethik (Religion) ist bedürftig, auf Unterstützung angewiesen (Kopfverstärker), sollte - begrenzt - als *Naturwissenschaft* aufgefasst werden (vgl. 3.2).

Das Prinzip der kleinsten Wirkung erstreckt sich sowohl auf die *Strategie* (kleinster Aufwand) als auch auf das *Ziel* des Handelns (kleinster Zwang bzw. Widerstand). Zum kleinsten Aufwand gehört die Empfehlung: Veränderung der sozialen Anlage, zum kleinsten Zwang bzw. Widerstand gehören Fakten: das Gleichheitsprinzip, das Sittengesetz (Art. 2(1) GG), das persönliche Gewissen, das jüdisch-christliche Gebot (Bibel, Mt 22,36-39/ 23,23). Sowohl inhaltlich als auch formal erweist sich das Prinzip der kleinsten Wirkung als *natürlich* und *universell.* In logischer Erweiterung der Kausalität(!) stellt es eine Komplementarität dar (Stategie-Ziel), soll als primäres Prinzip folglich gelten (letzter Absatz 9.4.3) - als neues Paradigma auch für Ethik, Politik bzw. Parteiarbeit.

Ohne berufliche Erfahrung gelangen Abgeordnete in die Parlamente, lassen Gesetze schreiben von Interessensvertretern, was die Demokratie untergräbt. Zwischen dem Berufsprofil der Parlamente und dem der Gesellschaft besteht ein Verhältnis, das sich zahlenmäßig erfassen und auf den einzelnen Abgeordneten übertragen lässt, in Verbindung mit der Maßzahl n_3 bzw. der Gleichung $L_M = n_1 \cdot (n_2 + n_3) \cdot j \cdot \Delta S'$ (siehe 8.3.1). Mit vernetzten Computern lässt sich Information weiterleiten, an die Mitglieder der politischen Parteien (Parlamentsparteien), deren Berufsprofil etwa dem der Bevölkerung entspricht - im Gegensatz zum Berufsprofil der gesetzgebenden Parlamente (kein dynamisches Gleichgewicht an Erfahrung bzw. Information). Als Ziel gilt das *dynamische Gleichgewicht,* quasi das eines geschlossenen Systems (menschliche Gemeinschaft, s. erster Beitrag), bei dem die hin- und rückfließende Energie bzw. Information ungefähr gleich ist und keiner der Sozialpartner auf Kosten des anderen lebt. Als primäre Instanz erlässt die Politik das staatliche Gesetz, das der Staat - als Denk- und Handlungsverstärker bzw. Mittel zur Freiheit - durchzusetzen hat, zum Wohle der Gesellschaft, ja der Menschheit insgesamt. Nähere Erklärungen liegen bereits vor (Strategie: *drittes/* viertes Buch, siehe beigefügte Literaturliste 1 bis 8).

Zum Schluss noch eine Zusammenfassung der wichtigsten Begriffe des zweiten Beitrags.

Abfolge der Hauptbegriffe

1. metaphysische Ordnung ↓

ontologische Potenzialität
ontologische Unbestimmtheit

2. physikalisches Segment

teleologische Kausalität (aufgelockert: Freiheit)
Ursache ↔ Wirkung
Komplementarität
Zeit · Energie ↔ Ort × Impuls
Prinzip der kleinsten Wirkung
physikalisches Gleichgewicht (Katalysator)

3. biologisches Segment

teleologische Kausalität (mehr aufgelockert: Freiheit)
molekulare Evolution usw.
chemisch-biologisches Gleichgewicht (Biokatalysator)
*
teleologische Evolution (noch mehr aufgelockert: Freiheit)
Selektion (Merkmal) ↔ Mutation (Gen)
Komplementarität
Zeit · Energie ↔ Ort × Impuls
Prinzip der kleinsten Wirkung (ESS)
biologisches Gleichgewicht (angeborener Schlüsselreiz bzw. Auslöser)

4. ethisches Segment

teleologische Evolution (weiterhin mehr aufgelockert: Freiheit)
Selektion (staatliches Gesetz) ↔ Mutation (politische Idee)
Komplementarität
Strategie (kleinster Aufwand) ↔ Ziel (kleinster Zwang bzw. Widerstand)
Prinzip der kleinsten Wirkung (Ordnung und Offenheit)
ethisches Gleichgewicht (erlernter Auslöser bzw. Denkverstärker: Computer) ↑

*

wahre Demokratie im Bewusstsein sittlicher Freiheit

Die „Abfolge der Hauptbegriffe" gründet auf ontologischer Potenzialität: auf einer Metaphysik der spekulativen Vernunft. Wahrscheinlich ist die physikalische, biologische, ethische Evolution von teleologischer Art. Kein Modell der Naturwissenschaften braucht auszuschließen, dass die natürliche Gesetzeseinheit existiert, mit jedem Lebewesen auf- und abgebaut wird und in langen Zeiträumen sich höher entwickelt. Dass sich das ethische Segment mit der metaphysischen Ordnung vereinen könnte, liegt im Bereich der Religion, sprich: jenseits der Naturwissenschaften (siehe Graphik ganz oben).

Literaturnachweis (zweiter Beitrag)

Das Lehrbuch *Linder, Biologie (Gesamtband)* ist als „Rahmen" für den zweiten Beitrag benutzt worden. Hrsg.: H. Bayrhuber u. U. Kull, Schroedel, 22. Auflage, Braunschweig 2005.

Weil der zweite Beitrag als Neubearbeitung des 3. Kapitels des ersten Beitrags gilt, sei auf die Literaturliste des ersten Beitrags gewiesen, also auch auf mein erstes Buch: Entwicklungslinien naturphilosophischen Denkens in der Auseinandersetzung zwischen Materialismus und Idealismus (siehe ganz oben). Aus diesem Buch und der zugehörigen Literatur sind Textstellen ebenfalls herangezogen worden.

Gewiesen sei auf F.S.C. Northrop: Einführung in die Probleme der Naturphilosophie, in: W. Heisenberg, Physik und Philosophie, Ullstein, Frankfürt/Main, Berlin 1986, S. 175 - 197. Für das Kapitel „Freiheitsproblem" sind Textstellen daraus herangezogen worden.

Das Gedicht auf der Rückseite des Buchdeckels: siehe Literaturnachweis zum ersten Beitrag.

FSC®
www.fsc.org
MIX
Papier aus verantwortungsvollen Quellen
Paper from responsible sources
FSC® C105338